Sammlung

Aufserdeutscher Strafgesetzbücher

in deutscher Übersetzung.

Herausgegeben von den Redaktionen

der

Zeitschrift für die gesamte Strafrechtswissenschaft

und der

Mitteilungen der Internationalen Kriminalistischen Vereinigung.

XXII.

Dänisches Gesetz vom 1. April 1905

(sogen. Prügelgesetz)

nebst Ausführungsbestimmungen.

BERLIN 1906.

J. Guttentag, Verlagsbuchhandlung,

G. m. b. H.

Die Sammlung außerdeutscher Strafgesetzbücher enthält bisher die folgenden Übersetzungen als Beilagen zu der **„Zeitschrift für die gesamte Strafrechtswissenschaft"** oder zu den **„Mitteilungen der Internationalen Kriminalistischen Vereinigung"**:

I. **Niederländisches** Str.G.B. v. 3. März 1881; **Französisches** Prefsgesetz v. 29. Juli 1881; **Österreichisches** Wuchergesetz v. 28. Mai 1881 (Zeitschrift Bd. 1).

II. **Dänisches** Militär-Str.G.B. v. 7. Mai 1881; **Schwedisches** Militär-Str.G.B. v. 7. Oktober 1881 nebst Einführungsgesetz u. Disziplinar-O. f. d. Kriegsmacht (Zeitschrift Bd. 2).

III. **Italienisches** Ges. betr. die polit. Wahlen v. 22. Januar 1882 Art. 86—97 (Strafbestimmungen); **Ungarisches** Wuchergesetz v. 27. April 1883; **Niederländisches** Ges. z. Bekämpfung d. Trunksucht v. 28. Juni 1881 (Zeitschrift Bd. 3).

IV. **New Yorker** Str.G.B. v. 26. Juli 1881 (Zeitschrift Bd. 4.)

V. **Norwegische** Str.Proz.O. v. 1. Juli 1887 (Zeitschrift Bd. 9.)

VI. **Italienisches** Str.G.B. u. Ges. betr. öffentliche Sicherheit vom 30. Juni 1889 (Zeitschrift Bd. 10).

VII. **Finnländisches** Str.G.B. v. 19. Dezember 1889 u. Verordn. üb. d. Strafvollstreckung (Zeitschrift Bd. 11).

VIII. **Mexikanisches** Str.G.B. v. 7. Dezember 1871 (Zeitschrift Bd. 14).

IX. **Norwegisches** Ges. betreffend d. Behandlung verwahrl. Kinder v. 6. Juni 1896 (Zeitschrift Bd. 17).

X. Vorentwurf z. **Schweizerischen** Str.G.B. (Mitt. Bd. VI).

XI. Entwurf z. **Norwegischen** Str.G.B. (Mitt. Bd. VII).

XII. **Bulgarisches** Str.G.B. v. 2. Februar 1896 (Zeitschrift Bd. 18).

XIII. **Ungarische** Str.P.O. v. 4. Dezember 1896 (Zeitschrift Bd. 19).

XIV. Vorentwurf z. **Japanischen** Str.G.B. (Zeitschrift Bd. 20).

XV. **Chilenisches** Str.G.B. v. 1. März 1875 nebst Ergänzungs-Ges. (Zeitschrift Bd. 20).

XVI. **Dänisches** Str.G.B. v. 10. Februar 1866. **Dänisches** Ges. betr. Gewalt gegen schuldlose Personen vom 11. Mai 1897 (Zeitschrift Bd. 21).

XVII. **Bulgarische** Str.Proz.O. v. 3. April 1897 (Zeitschrift Bd. 22).

XVIII. **Norwegisches** Militär-Str.G.B. und Militär-Str.Proz.O. und **Norwegische** Str.Proz.O., Änderungs-Ges. v. 1902 (Mitt. Bd. XI).

XIX. **Portugiesisches** Str.G.B. v. 16. September 1886 (Zeitschr. Bd. 24).

XX. **Norwegisches** Str.G.B. v. 22. Mai 1902 und **Norwegisches** Ges. gegen Arbeitsscheu u. Trunksucht v. 1900 (Mitt. Bd. XII).

XXI. **Ottomanische** Str.P.O. v. 25. Juni 1879 (Mitt. Bd. XII).

XXII. **Dänisches** Gesetz v. 1. April 1905 (sogen. **Prügelgesetz**) nebst Ausführungsbestimmungen (Mitt. Bd. XIII).

Dänemark.

I. Das interimistische Gesetz No. 129
vom 1. April 1905
über
einige Änderungen der Strafgesetze.
(Sogenanntes **Prügelgesetz.**)

II. Verordnung
betreffend
die Körperstrafe und ihre Vollziehung.

III. Bekanntmachung No. 140
vom 6. September 1905
betreffend
die Durchführung der im interimistischen Gesetze vom 1. April d. J. betr. einige Änderungen der Strafgesetze § 12 enthaltenen Bestimmung, daſs Gefängnisstrafe bei gewöhnlicher Kost mit Arbeitszwang verbunden ist.

BERLIN 1906.
J. Guttentag, Verlagsbuchhandlung,
G. m. b. H.

Das interimistische Gesetz (Nr. 129—1905)

über

einige Änderungen der Strafgesetze.

Wir Christian der Neunte, von Gottes Gnaden König zu Dänemark, der Wenden und Goten, Herzog zu Schleswig, Holstein, Stormarn, Dithmarschen, Lauenburg und Oldenburg, tun kund und zu wissen: der Reichstag hat angenommen, und Wir haben durch Unsere Zustimmung folgendes Gesetz bestätigt:

1. Kapitel.

Strafbestimmungen für verschiedene Gewalttats- und Sittlichkeits-Verbrechen, für Bettelei und Landstreicherei.

§ 1

Wer gegen eine schuldlose Person — d. h. eine Person, deren Verhalten keinen begründeten Anlafs zu der Gewalthandlung geben konnte — Gewalt verübt, die zwar weder eine Wunde, noch einen anderen Schaden verursacht (Allgemeines bürgerliches Strafgesetz, § 200), aber doch dem Überfallenen ein nicht rein vorübergehendes körperliches Leiden bereitet hat, wird mit Gefängnis oder Zwangsarbeit bestraft. Im Wiederholungsfalle, oder wenn der schuldlos Angegriffene eine der im Allgemeinen bürgerlichen Strafgesetze, §§ 201 oder 202, genannten Personen[1]) ist, so kann die Strafe bis auf 6 Jahre Strafarbeit steigen. Ist der schuldlos Angegriffene des Täters Verwandter aufsteigender Linie, so kann die Strafe nicht niedriger, als im Allgemeinen bürgerlichen Strafgesetze, § 201, festgesetzt ist,[2]) bemessen werden.

Wird Gewalt, die unter § 203 des Allgemeinen bürgerlichen Strafgesetzes fällt,[3]) gegen eine schuldlose Person verübt, so wird der Schuldige mit Gefängnis, Zwangsarbeit oder Strafarbeit bis zu 6 Jahren bestraft. Hat der Täter in diesem Falle den eingetretenen Erfolg gewollt oder ihn doch als eine natürliche oder nicht unwahr-

---

[1]) Verwandte aufsteigender Linie, Ehegatte, des Täters eigene oder seiner Fürsorge anvertraute fremde Kinder.

[2]) Gefängnis nicht unter 4 Monaten oder Besserungshausarbeit bis zu 2 Jahren.

[3]) Verwundung oder Gesundheitsbeschädigung leichterer Art.

scheinliche Folge der Tat voraussehen müssen, so kann keine niedrigere Strafe als 3 Monate Gefängnis bei gewöhnlicher Gefangenenkost oder Gefängnis bei Wasser und Brot oder entsprechend lange Zwangsarbeit zur Anwendung kommen. Hat unter derselben Voraussetzung die Gewalthandlung für den Angegriffenen ein längeres Krankenlager zur Folge gehabt oder ihn für längere Zeit arbeitsunfähig gemacht, so ist der Täter mit Strafarbeit bis zu 6 Jahren zu bestrafen.

Bei Bemessung der Strafe nach diesem Paragraphen ist besonders darauf Rücksicht zu nehmen, ob die Gewalt von mehreren gemeinschaftlich verübt worden ist.

§ 2.

Gewalt gegen eine schuldlose Person soll, selbst wenn sie keine Wunde oder anderen Schaden (Allgemeines bürgerliches Strafgesetz, § 200,) verursacht hat, auch nicht gegen eine der im Allgemeinen bürgerlichen Strafgesetze, §§ 201 oder 202, bezeichneten Personen verübt worden ist, Gegenstand amtlicher Verfolgung sein, wenn es entweder der Angegriffene beantragt, oder das öffentliche Interesse es nach dem Ermessen der Anklagebehörde erfordert. Ist die amtliche Verfolgung lediglich auf Antrag des Angegriffenen eingetreten, so wird das weitere Verfahren eingestellt, wenn er es beantragt, bevor in erster Instanz ein Urteil ergangen ist.

Sachen, die in Gemäfsheit des ersten Absatzes dieses Paragraphen amtlich verfolgt werden, sind als öffentliche Polizeisachen zu behandeln, sofern nicht der Beschuldigte bereits früher in einer amtlich verfolgten Sache wegen Gewalt bestraft worden ist. Die für die Erledigung öffentlicher Polizeisachen ohne Urteil geltenden Vorschriften finden hierbei keine Anwendung.

In Kopenhagen sollen die Abteilungsrichter in solchen Fällen aufser den im Gesetze über die Behandlung öffentlicher Polizeisachen in Kopenhagen vom 11. Februar 1863, § 14, Absatz 1, bezeichneten Strafen auf Gefängnis bei gewöhnlicher Gefangenenkost bis zu 20 Tagen erkennen können.

Die Kosten des ärztlichen Gutachtens über die gegen eine schuldlose Person verübte Gewalthandlung gehören zu den vom Täter zu tragenden Kosten des Verfahrens.

§ 3.

Für die im Allgemeinen bürgerlichen Strafgesetze §§ 168—174 und § 176 in Verbindung mit §§ 168—170 und §§ 173—174 behandelten Verbrechen erhöht sich die Strafe im Wiederholungsfalle dergestalt, dafs für das vollendete Verbrechen leichtere Strafe als Strafarbeit nicht anwendbar ist, dafs das vorgeschriebene Höchstmafs der zeitigen Strafarbeit innerhalb der im Allgemeinen bürgerlichen Strafgesetze, § 11, festgesetzten Grenzen um die Hälfte erhöht wird, und dafs für Versuch leichtere Strafe als Strafarbeit nicht angewandt werden kann. Diese Rückfallstrafen sind anzuwenden, wenn jemand, der bereits früher wegen eines der bezeichneten Verbrechen oder des Versuches dazu verurteilt worden ist, danach abermals eines dieser Verbrechen oder des Versuches dazu schuldig befunden wird.

§ 4.

Wer auf andere Weise, als im Allgemeinen bürgerlichen Strafgesetze, § 182, vorgesehen ist, als Vermittler in gewinnsüchtiger Absicht zur Unzucht aufmuntert oder ihr Vorschub leistet, oder wer in solcher Absicht die gewerbsmäfsige Unzucht eines Weibes ausnutzt oder es zu hindern sucht, dieselbe aufzugeben, wird mit Gefängnis oder Zwangsarbeit bestraft. Im Wiederholungsfalle kann die Strafe zu Besserungshausarbeit bis zu 2 Jahren steigen. Dieselbe Strafe trifft denjenigen, welcher sich ganz oder teilweise von einem Weibe, das gewerbsmäfsig Unzucht treibt, unterhalten läfst, sofern es sich nicht um eine Person unter 18 Jahren handelt, gegenüber welcher das Weib unterhaltungspflichtig ist.

Die gleiche Strafe trifft denjenigen, welcher gegen Bezahlung mit anderen Personen gleichen Geschlechtes Unzucht treibt oder sich von ihnen dazu gebrauchen läfst, sofern nicht nach § 177 des Allgemeinen bürgerlichen Strafgesetzes eine höhere Strafe verwirkt worden ist.

§ 5.

Auf körperliche Züchtigung ist als Zusatzstrafe zu der im übrigen in öffentlichen Sachen verwirkten Strafe gegen Personen männlichen Geschlechts im Alter von 18 bis 55 Jahren zu erkennen:

1) für solche gegen schuldlose Personen begangenen Gewalthandlungen der im Allgemeinen bürgerlichen Strafgesetze, §§ 200—204, behandelten Arten, welche dem Angegriffenen erhebliche körperliche Schmerzen oder längeres Krankenlager oder Arbeitsunfähigkeit für längere Zeit verursacht haben, sofern der Täter entweder solchen Erfolg gewollt hat oder ihn doch als natürliche oder nicht unwahrscheinliche Folge seiner Tat hat voraussehen müssen, und er ferner im Laufe der letzten 5 Jahre in einer öffentlichen Sache wegen vorsätzlicher Gewalt oder wegen eines mit vorsätzlicher Gewalt verbundenen Verbrechens entweder zu einer Freiheitsstrafe oder zu einer Bufse von mindestens 200 Kronen verurteilt worden ist oder sich mit einer solchen Bufse einverstanden[1]) erklärt hat;

2) für wiederholte Unzucht oder unzüchtiges Verhalten gegen Mädchen unter 12 Jahren oder wegen Versuchs hierzu (Allgemeines bürgerliches Strafgesetz, §§ 173 und 176 in Verbindung mit § 173).

Dafs die unter 1 angeführte Gewalthandlung den Bestandteil eines anderen Verbrechens bildet, schliefst die Anwendung der körperlichen Züchtigung nicht aus, sofern die unter 1 angegebenen Bedingungen vorliegen.

Wenn eine Person zur Zeit der Urteilsfällung über 50 Jahre alt ist, kann jedoch das Gericht, falls keine besonders erschwerende Umstände vorliegen, die Verurteilung zu Körperstrafe unterlassen.

---

[1]) Vgl. Gesetz vom 11. Februar 1863, § 17.

Ebenso kann das Gericht die Anwendung körperlicher Züchtigung bei Personen unterlassen, für die nach § 39 Allgemeinen bürgerlichen Strafgesetzes[1]) eine mildere Strafe in Betracht kommt. Jedoch kann der Umstand, dafs das Verbrechen in selbstverschuldetem Rausche begangen worden ist, in keinem Falle die Anwendung körperlicher Züchtigung bei solchen Personen ausschliefsen, denen im Augenblicke der Tat die zur Bestrafung erforderliche Zurechnungsfähigkeit nicht gänzlich gefehlt hat.

In den Fällen, in welchen auf Körperstrafe als Zusatzstrafe erkannt wird, darf auf Gefängnis bei Wasser und Brot nicht als Hauptstrafe erkannt werden.

Die körperliche Züchtigung wird mit dem Tauende (Tamp) oder mit dem Rohrstocke (Rotting) vollzogen, die Zahl der Schläge darf nicht unter 10 und nicht über 27 betragen. Die Anzahl der Schläge wird im Urteile bestimmt. Die näheren Vorschriften über die Strafe und deren Vollziehung werden durch königliche Verordnung erlassen.

Die Züchtigung soll in der Regel vor der Vollstreckung der im übrigen zuerkannten Strafe vollzogen werden. Der Verurteilte soll die letzten 2 Tage vor Vollziehung der Züchtigung und den ersten Tag nach derselben im Untersuchungsgefängnis in einer Einzelzelle zubringen.

Bevor hiernach jemandem eine körperliche Züchtigung auferlegt wird, mufs durch ein ärztliches Gutachten dargetan worden sein, dafs er sie vertragen kann. Kann er die Zusatzstrafe der körperlichen Züchtigung nicht vertragen, so hat die allgemeine Strafe eine angemessene Verschärfung zu erfahren.

Das Justizministerium hat jährlich dem Könige und dem Reichstage Bericht über Anzahl und Beschaffenheit derjenigen Fälle zu erstatten, in welchen körperliche Züchtigung in Gemäfsheit dieses Paragraphen Anwendung gefunden hat.

§ 6.

Ist jemand in amtlich verfolgter Sache der Gewalt gegen eine schuldlose Person oder eines Verbrechens gegen die im § 3 angeführten Bestimmungen des Allgemeinen bürgerlichen Strafgesetzes für schuldig befunden worden, und findet das Gericht, dafs das Verbrechen unter Einwirkung spirituöser Getränke begangen worden ist, so kann ihm zu Gerichtsprotokoll eröffnet werden, dafs er während eines bestimmten Zeitraumes, jedoch nicht über 5 Jahre von seiner Entlassung ab, in keiner Schankwirtschaft spirituöse Getränke geniefsen und auch nicht aufserhalb seiner Wohnung in ersichtlich trunkenem Zustande betroffen werden darf. Betreffs einer solchen Auflage wird das Erforderliche in die „Polizeinachrichten“ aufgenommen, doch darf keine Mitteilung darüber bei Strafe von 10 bis 200 Kronen in den Zeitungen abgedruckt werden.

---

[1]) Nicht voll zurechnungsfähige Personen.

Wer eine solche Auflage übertritt, ist mit Gefängnis bei gewöhnlicher Gefangenenkost oder mit Zwangsarbeit bis zu 3 Monaten zu bestrafen.

Von der Polizeibehörde kann ein gewerbepolizeiliches Verbot erlassen werden, solchen Personen spirituöse Getränke auszuschenken. Übertretung dieses Verbots wird mit Bufse von 20 bis 400 Kronen bestraft.

Sachen wegen Übertretung der Vorschriften dieses Paragraphen werden als öffentliche Polizeisachen behandelt. Die erkannten Geldbufsen fallen an die Polizeikasse, in Kopenhagen an die Stadtkasse.

§ 7.

Wenn ein Ausländer, welcher im Laufe von 5 Jahren zweimal in öffentlicher Strafsache zu höherer Strafe als einfachem Gefängnisse wegen Gewalt gegen eine schuldlose Person oder wegen eines Verbrechens gegen die im § 3 angeführten Bestimmungen des Allgemeinen bürgerlichen Strafgesetzes verurteilt worden ist, aufs neue in öffentlicher Strafsache wegen eines dieser Verbrechen verurteilt wird, die Voraussetzungen für die Anwendung des § 16, Absatz 1, des Allgemeinen bürgerlichen Strafgesetzes jedoch nicht vorliegen, so kann im letzten Urteile bestimmt werden, dafs er nach verbüfster Strafe aus dem Reiche zu verweisen sei. Kehrt ein solchergestalt Ausgewiesener ohne Erlaubnis zurück, so wird er in öffentlicher Polizeisache mit Gefängnis bei gewöhnlicher Gefangenenkost oder mit Zwangsarbeit bis zu 3 Monaten bestraft und ist er wiederum zur Ausweisung aus dem Reiche zu verurteilen.

§ 8.

Wegen Landstreicherei und Bettelei kann, aufser auf die im Gesetze vom 3. März 1860, §§ 1 und 3, bestimmten Strafen, auch auf Gefängnis bei gewöhnlicher Gefangenenkost bis zu 4 und beziehungsweise 2 Monaten erkannt werden.

Wenn eine Person, die im Laufe der letzten 5 Jahre zweimal zu höherer Strafe als einfachem Gefängnisse wegen Bettelei oder Landstreicherei oder eines der im § 4 dieses Gesetzes oder in den Kapiteln 23 bis 27 des Allgemeinen bürgerlichen Strafgesetzes behandelten Verbrechen verurteilt worden ist, sich der Bettelei oder Landstreicherei schuldig macht, so kann als Strafe für dieses Vergehen auf Gefängnis bei gewöhnlicher Gefangenenkost bis zu 6 Monaten oder auf Zwangsarbeit erkannt werden.

Wenn eine Person, die im Laufe der letzten 5 Jahre zweimal in der zu Anfang des vorhergehenden Absatzes erwähnten Weise verurteilt worden ist, aufs neue einer der dort behandelten Gesetzesübertretungen schuldig befunden wird, so kann ihr im Urteile die Auflage erteilt werden, bis zu 5 Jahren von ihrer Entlassung an ihren Aufenthalt in der Gemeinde zu nehmen, welche ihr von der Polizei angewiesen wird. Den Aufenthalt an einem Orte aufserhalb der unterhaltspflichtigen Gemeinde kann ihr jedoch die Polizei nur mit Zustimmung des Gemeinderats des Aufenthaltsortes anweisen. Wer eine solche Auflage übertritt, wird in öffentlicher Polizeisache mit Gefängnis bei gewöhnlicher Gefangenenkost oder mit Zwangsarbeit bis zu 3 Monaten bestraft. Die Polizei ist befugt, die Zeitdauer, für welche der Zwangsaufenthalt in einer Gemeinde angewiesen worden ist, zu verkürzen, kann jedoch später nicht den Zwangsaufenthalt in einer anderen als der unterhaltspflichtigen Gemeinde anweisen. Ein solcher Zwangsaufenthalt ist rücksichtlich des Erwerbs der Unterstützungsberechtigung als nicht vorhanden anzusehen. Ist der Verurteilte ein Ausländer, so findet § 7 entsprechende Anwendung.

Gegen ein Strafurteil wegen Bettelei oder Landstreicherei gegen eine Person, die bereits zweimal zu höherer Strafe als einfachem Gefängnisse wegen eines dieser Vergehen verurteilt worden ist, kann nur mit Genehmigung des Justizministers die Entscheidung des Höchsten Gerichts angerufen werden.

§ 9.

Für die Durchführung der Bestimmungen dieses Kapitels kommen die Vorschriften des Allgemeinen bürgerlichen Strafgesetzes, Kapitel 1—8 und Kapitel 31, zur Anwendung, soweit sie nicht im Widerspruche mit den einzelnen Bestimmungen dieses Kapitels stehen.

Hinsichtlich der in den vorstehenden §§ 1, 3, 5, 7 und 8 behandelten Rückfallswirkungen kommen Urteile und freiwillige Annahmen[1]), die aus der Zeit vor dem Inkrafttreten dieses Gesetzes herrühren, ebenso in Betracht wie Urteile, die in Gemäſsheit dieses gegenwärtigen Gesetzes gefällt worden sind.

Körperliche Züchtigung, auf die als Zusatzstrafe in Gemäſsheit dieses Gesetzes erkannt worden ist, kommt nicht bei der Entscheidung darüber in Betracht, ob der Verurteilte beanspruchen kann, daſs das Urteil von Amtswegen vor das Höchste Gericht gebracht werde.

2. Kapitel.

Allgemeine Bestimmungen.

§ 10.

Wird eine Person, die eine Freiheitsstrafe verbüſst, während ihrer Strafzeit in eine Strafzelle gesetzt, so wird die Zeit, während welcher sie dort sitzt, auf die ihr zuerkannte Strafzeit nicht angerechnet.

§ 11.

Zwangsarbeit wird in den dazu bestimmten Anstalten verbüſst. Sobald die Verhältnisse es erheischen, ist durch Gesetz eine für das ganze Land gemeinsame Zwangsarbeitsanstalt zu errichten, deren

[1]) Vgl. Gesetz vom 11. 2. 1863, § 17.

Bau- und Betriebskosten der Staatskasse zur Last fallen würden. In dieser Anstalt sind alle diejenigen unterzubringen, welche zu Zwangsarbeit in Gemäſsheit des gegenwärtigen Gesetzes verurteilt worden sind.

Zwangsarbeit kann nicht für kürzere Zeit als 12 Tage und nicht für längere Zeit als 2 Jahre zuerkannt werden. Zwangsarbeit wird als Strafart dem Gefängnis bei Wasser und Brot nachgeordnet (Allgemeines bürgerliches Strafgesetz, § 31). 6 Tage Zwangsarbeit entsprechen 1 Tage Gefängnis bei Wasser und Brot.

In die Vorschriften für Zwangsarbeitsanstalten können Bestimmungen über Unterricht und Erziehung von Gefangenen sowie über Belohnungen für gute Führung aufgenommen werden: soweit die Verhältnisse es zulassen, sind dabei die geltenden Vorschriften über den Vollzug der Strafarbeit zum Muster zu nehmen.

Ebenso kann in diesen Vorschriften der Anstaltsverwaltung die Befugnis gewährt werden, mit Zustimmung des Polizeimeisters Gefangenen, die einen offenbaren Mangel an gutem Willen zur Arbeit an den Tag legen, ein der noch zu verbüſsenden Strafzeit angemessenes Maſs von Arbeit mit der Wirkung aufzuerlegen, daſs der Gefangene nicht eher entlassen wird, bis er — sofern nicht etwa ein nicht anzurechnendes Hindernis eintritt — die betreffende Arbeit vollendet hat. Die Verlängerung darf jedoch nicht $1/3$ der zuerkannten Strafzeit übersteigen.

Zu den Disziplinarstrafen, die nach § 41 des Armengesetzes für Zwangsarbeitsanstalten festgesetzt werden können, kann noch hinzugefügt werden, daſs die Anstaltsverwaltung, nachdem der Ortspolizeimeister in jedem einzelnen Falle seine Zustimmung erteilt hat, wegen grober Unordnungen Gefangenen hartes Nachtlager, Dunkelarrest mit oder ohne Kostbeschränkung, sowie männlichen Gewalttätern, falls andere Strafen sich als unwirksam erwiesen haben, körperliche Züchtigung nach den in diesem Gesetze gegebenen Vorschriften zuerkennen kann. Dagegen ist die Anwendung der Zwangsjacke als Disziplinarstrafe verboten.

Ist eine Zwangsarbeitsanstalt oder eine besondere Abteilung einer solchen nur für Gewalttäter und für Personen eingerichtet, bei denen sich die gewöhnlichen Disziplinarmittel der Zwangsarbeitsanstalten als unzulänglich erwiesen haben, so kann durch eine Bestimmung der Anstaltsordnung körperliche Züchtigung in Gemäſsheit der Vorschriften dieses Gesetzes gegen die dort untergebrachten Mannspersonen, mit Zustimmung des Polizeimeisters in jedem einzelnen Falle, zur Anwendung gebracht werden.

Über die körperlichen Züchtigungen, welche in Gemäſsheit dieses Paragraphen angewandt werden, hat der Justizminister dem Könige und Reichstage jährlich Bericht zu erstatten.

§ 12.

Gefängnisstrafe bei gewöhnlicher Gefangenenkost ist mit Arbeitszwang verbunden. Ausgaben, welche einem Gefängnisse dadurch erwachsen, dafs es in Übereinstimmung mit dieser Vorschrift Einrichtungen trifft, trägt die Staatskasse. Schliefsen es die Verhältnisse aus, dafs ein Gefängnis so eingerichtet werden kann, wie es eine genaue Beobachtung dieser Vorschrift erfordert, so sind die Gefangenen, welche ihre Strafe darin zu verbüfsen hätten, in ein Gefängnis zu bringen, wo die Vorschrift bereits zur Ausführung gebracht wird. Die dadurch entstehenden Ausgaben trägt die Staatskasse. Der Justizminister hat die erforderlichen näheren Bestimmungen hierüber zu treffen.

§ 13.

In Fällen, wo nach dem Allgemeinen bürgerlichen Strafgesetze die leichteste für ein Verbrechen festgesetzte Strafe Gefängnis bei Wasser und Brot ist, kann die Strafe in Gefängnis bei gewöhnlicher Gefangenenkost in dem gesetzlich bestimmten Verhältnisse (Allgemeines bürgerliches Strafgesetz, § 25) oder, beim Vorliegen mildernder Umstände, in mindestens die doppelte Zeit umgewandelt werden.

§ 14.

Die Bestimmung, Geldstrafen durch Gefängnis bei Wasser und Brot abbüfsen zu können, wird aufgehoben.

§ 15.

Gesetzesübertretungen von Kindern, die noch nicht 14 Jahre vollendet haben, werden nicht bestraft. Anstelle der Strafe sind, nach Vornahme der strafrechtlichen Untersuchung, gegen solche Kinder die erforderlichen Erziehungs- und Sicherungsmafsnahmen anzuwenden, wie Verwarnung an das Kind und dessen Erzieher; Anordnung einer Aufsicht über den Erzieher in der Person eines zuverlässigen Mannes oder Frau, welche dazu bereit und geeignet ist; Auflage, dafs das Kind eine Tagarbeitsschule, eine Arbeitsstube oder ähnliche Anstalt, wo es Arbeit findet, besuchen soll; Auflage an den Erzieher, dem Kinde zuhause eine passende körperliche Züchtigung unter zweckdienlicher Aufsicht zu erteilen; ferner Unterbringung des Kindes aufser dem Hause in einer ehrenhaften und zuverlässigen Familie, in einem Kinderheime oder in einer Erziehungsanstalt, unter gleichzeitiger Übertragung des Erziehungsrechtes auf eine dazu geeignete Person. Wird die letztgenannte Mafsnahme nicht für erforderlich befunden, so ist doch dem Inhaber des Erziehungsrechtes bekannt zu geben, dafs er dessen Entziehung zu gewärtigen habe, falls er der ihm erteilten Auflage nicht nachkomme oder der Beaufsichtigung Hindernisse in den Weg lege, oder wenn es sich im übrigen des Kindes wegen notwendig erweisen sollte.

Mafsnahmen, welche nicht auf die Unterbringung aufser dem Hause Bezug haben, oder denen die Eltern oder Vormünder zugestimmt haben, kann die Unterbehörde, in Kopenhagen der Polizeidirektor, anordnen. Diese Anordnung kann jedoch von den Eltern oder Vormündern des Kindes bei der Oberbehörde angefochten werden. Unterbringung aufser dem Hause und Übertragung des Erziehungsrechtes auf andere ohne Zustimmung der Eltern oder Vormünder kann nur die Oberbehörde anordnen. Solche Unterbringung kann sich bis zum 18. Jahre des Kindes erstrecken. Unter besonderen Umständen kann der Justizminister bestimmen, dafs sie über dieses Alter hinaus bis zu 3 Jahren von der Unterbringung ab fortdauern soll.

Während der strafrechtlichen Untersuchung der Gesetzesübertretungen von Kindern soll Untersuchungshaft nur dann angewandt werden, wenn es die Umstände nicht zulassen, sie durch Unterstellung des Kindes unter die Obhut zuverlässiger Personen zu ersetzen.

Ausgaben, welche durch die in diesem Paragraphen behandelten Erziehungs- und Sicherungsmafsnahmen entstehen, werden als Prozefskosten verrechnet. Die öffentlichen Kassen, aus denen sie bestritten werden, können deren Wiedererstattung von dem Unterhaltspflichtigen nach Bestimmung der Oberbehörde unter den im Armengesetze, § 9, enthaltenen Bedingungen und nach den im genannten Paragraphen gegebenen Vorschriften fordern.

§ 16.

Die über Bestrafung und Verfolgung von Gesetzesübertretungen von Personen zwischen 15 und 18 Jahren geltenden Bestimmungen werden auch auf Übertretungen ausgedehnt, welche im Alter zwischen 14 und 15 Jahren begangen worden sind. Jedoch soll die körperliche Züchtigung, die nach den Vorschriften des Allgemeinen bürgerlichen Strafgesetzes und dieses gegenwärtigen Gesetzes in gewissen Fällen gegen Knaben zwischen 14 und 15 Jahren erkannt werden kann, mit der Rute erfolgen.

Personen zwischen 14 und 18 Jahren sollen ferner, wie bisher, nicht zu Gefängnis bei Wasser und Brot verurteilt werden. Die Vorschrift, dafs Körperstrafe gegen männliche Personen dieses Alters anstelle von Gefängnis bei Wasser und Brot anwendbar ist, wird dahin eingeschränkt, dafs sie nur noch dann gilt, wenn die Verurteilung wegen Gewalthandlungen erfolgt ist.

Wird voraussichtlich die Strafe für eine Person zwischen 14 und 18 Jahren einen niedrigeren Strafarbeitsgrad nicht übersteigen, so kann der Justizminister bestimmen, dafs die Anklage unter der Bedingung unterbleibt, dafs der Betreffende in anscheinend genügende Sicherheit bietende Verhältnisse gebracht und für einen nach der Beschaffenheit des Falles bemessenen Zeitraum, der sich bis zum vollendeten 21. Jahre erstrecken kann, einer dazu geeigneten Aufsicht durch einen in diesem Sinne wirkenden Verein oder in anderer Weise unterstellt wird. Zur Durchführung dieser Mafsnahme ist die Zustimmung der Eltern und des Vormundes nicht notwendig. Der Prozefs ist nach Bestimmung des Justizministers wieder aufzunehmen, falls die betreffende Person innerhalb der festgesetzten Frist entweder sich eines neuen Verbrechens schuldig macht oder wesentliche Übertretungen der ihr von der Aufsicht mitgeteilten Vorschriften begeht. Die durch solche Maſsnahmen entstehenden Unkosten werden, falls sie nicht auf privatem Wege gedeckt werden, als Prozeſskosten verrechnet. Bezüglich ihrer Zahlung durch die Unterhaltspflichtigen findet die Schluſsbestimmung des § 15 entsprechende Anwendung.

§ 17.

§ 40, Absatz 1, Satz 2, des Allgemeinen bürgerlichen Strafgesetzes erhält folgende Fassung:

„Doch soll es nur zur Verteidigung des Lebens, der Gesundheit oder der Wohlfahrt, oder zur Abwehr eines Überfalles, falls dadurch bedeutender Schaden für die Person mit Wahrscheinlichkeit zu befürchten ist, erlaubt sein, solche Verteidigungsmittel anzuwenden, durch welche das Leben des Angreifers augenscheinlicher Gefahr ausgesetzt wird.“

§ 18.

Bei der Ausmessung der Strafe für ein Verbrechen, das unter Kapitel 23—27 des Allgemeinen bürgerlichen Strafgesetzes oder unter § 4 dieses Gesetzes fällt, sowie für Bettelei oder Landstreicherei ist als sehr strafschärfender Umstand in Betracht zu ziehen, wenn der Schuldige eine Person ist, von der nach den vorliegenden Ermittelungen angenommen werden muſs, daſs sie sich ganz oder teilweise durch Gesetzesübertretungen oberwähnter Art ernährt.

§ 19.

Der Justizminister kann unter besonderen Umständen bestimmen, daſs öffentliche Polizeisachen in Kopenhagen eigentlicher strafrechtlicher Behandlung zu unterziehen sind, statt daſs sie nach dem Gesetze vom 11. Februar 1863, §§ 5—17, behandelt werden. Daſs das Verfahren in Anwendung des § 17 abgeschlossen worden ist, soll einer solchen Bestimmung in Fällen, wo die Gesetze Beendigung ohne Urteile ausschlieſsen, nicht hinderlich sein. Der Justizminister kann ferner innerhalb einer Frist von 3 Monaten nach der Urteilsfällung Vorlegung solcher Urteile anordnen, die in Anwendung des § 14 des gedachten Gesetzes gefällt worden sind. Werden im Falle solcher Vorlegung weitere Ermittelungen für nötig befunden, so sind dieselben durch eine der Abteilungen für die Behandlung der Strafsachen anzustellen.

3. Kapitel.

Bedingte Verurteilung.

§ 20.

Lautet ein Urteil nur auf Geldbuſse, Gefängnis oder Zwangsarbeit, so kann beim Vorliegen mildernder Umstände — wie Lebensalter, früherer Lebenswandel, offenes Geständnis, unbedeutender Wert des Gegenstandes, geleisteter oder angebotener Schadensersatz, Einwilligung, sich einer moralischen Fürsorge zu unterstellen — im

Urteile bestimmt werden, dafs die Vollziehung ausgesetzt werden soll. Die Strafaussetzung kann davon abhängig werden, dafs der Verurteilte innerhalb einer bestimmten Frist dem Verletzten den angebotenen Ersatz leistet, und unter Umständen davon, dafs er sich einer näher bestimmten moralischen Fürsorge unterstellt.

Wird ein dergestalt Verurteilter im Laufe von 5 Jahren von der Rechtskraft des bedingten Urteils ab in einer öffentlichen Sache wegen eines vorsätzlichen Verbrechens mit dem Erfolge angeklagt, dafs er zu höherer Strafe als Geldbufse verurteilt wird, so ist auch die ausgesetzte Strafe mitzuvollziehen. Im entgegengesetzten Falle unterbleibt ihre Vollziehung.

Ist das später begangene Verbrechen, für welches Strafe der angeführten Höhe verwirkt worden ist, fahrlässig begangen, so entscheidet das Gericht nach dem gesamten Verhalten, ob das frühere Urteil vollzogen werden soll oder nicht.

Wird die Anklage wegen eines innerhalb der 5 Jahre begangenen Verbrechens erst nach Ablauf der 5 Jahre erhoben, so kommt der stattgefundene Bruch der Bedingungen als strafschärfender Umstand bei Ausmessung der Strafe für dieses Verbrechen in Betracbt.

Wird eine in Anwendung des Absatzes 1, Satz 2, festgesetzte Bedingung nicht erfüllt, so ist die Strafe gleichfalls zu vollziehen, wenn nicht behauptet wird, dafs Umstände vorliegen, welche dem Verurteilten nicht zugerechnet werden können. Auf sein Ansuchen hat das Gericht, welches den Prozefs entschieden hat, durch Erkenntnis zu bestimmen, ob die Vollziehung stattfinden soll, oder ob die Bedingungen zurückgenommen oder den Verhältnissen entsprechend abgeändert werden sollen. Gegen ein solches Erkenntnis kann vom Verurteilten nicht an ein höheres Gericht appelliert werden.

§ 21.

Kommt die ausgesetzte Strafe nicht zur Vollziehung, so wird sie als bei Rechtskraft des Urteils verbüfst betrachtet, und die an die Rehabilitation geknüpften Folgen treten ohne besondere Rehabilitationserklärung ein.

§ 22.

Wird der bedingt Verurteilte innerhalb 5 Jahre nach der Rechtskraft des bedingten Urteils unter eine öffentliche Anklage wegen einer strafbaren Handlung gestellt, welche er beging, bevor gegen ihn das Urteil in erster Instanz erging, und für welche eine andere Strafe verwirkt worden ist als eine solche, deren Vollziehung nach § 20 ausgesetzt werden kann, so soll das Gericht eine neue, beide Verbrechen umfassende Strafe festsetzen, vergl. Allgemeines bürgerliches Strafgesetz, §§ 62 und 64.

Ist es dagegen nach der für das später aufgeklärte Delikt verwirkten Strafe nicht ausgeschlossen, dafs rücksichtlich desselben ein bedingtes Urteil gefällt werden könnte, so soll das Gericht unter Berücksichtigung der im § 20 hervorgehobenen Umstände entscheiden, ob eine beide Verbrechen umfassende Strafe zur Vollziehung ohne Aussetzung gelangen, oder ob ein neues bedingtes Strafurteil gefällt werden mufs.

§ 23.

Im Tenor eines jeden bedingten Strafurteils soll unter ausdrücklichem Hinweise auf dieses Gesetz ausgesprochen werden, dafs die Strafe nach Verlauf von 5 Jahren in Wegfall kommt, sofern die gesetzlichen und die im übrigen festgesetzten Bedingungen befolgt worden sind.

4. Kapitel.

Gültigkeitsdauer des Gesetzes; Übergangsbestimmungen; Aufhebungsbestimmung.

§ 24.

Dieses Gesetz tritt einen Monat nach der Veröffentlichung im Gesetzblatte in Kraft.

Die im Gesetze enthaltenen abgeänderten Vorschriften über die Art und Weise des Strafvollzuges kommen in allen Fällen zur Anwendung, wo die endgültige rechtliche Entscheidung eines Prozesses nach dem Inkrafttreten des Gesetzes stattfindet. Für vor dem Inkrafttreten des Gesetzes begangene Verbrechen sind die übrigen Vorschriften des Gesetzes vom Gerichtshofe nur dann zur Anwendung zu bringen, sofern sich erkennen läfst, dafs der Schuldige dadurch nicht strenger behandelt wird als nach der bisherigen Gesetzgebung. Die Vorschriften in den §§ 15 und 16 sind in allen Prozessen anzuwenden, die nicht vor dem Inkrafttreten des Gesetzes endgültig abgeurteilt worden sind.

§ 25.

Das Gesetz bleibt in Kraft, bis das Allgemeine bürgerliche Strafgesetz von den gesetzgebenden Gewalten einer Durchsicht unterworfen worden ist, jedoch mit Ausnahme der §§ 10—17, nicht über 6 Jahre.

Die in den §§ 15 und 16 enthaltenen Bestimmungen über öffentliche Erziehung behalten jedoch nur solange Gültigkeit, bis ein Gesetz über die Bestrafung verbrecherischer und verwahrloster Kinder und jugendlicher Personen in vollem Umfange in Kraft getreten ist.

§ 26.

Das Gesetz, betreffend einige Bestimmungen über Gewalt gegen schuldlose Personen vom 11. Mai 1897 wird aufser Kraft gesetzt, solange das gegenwärtige Gesetz in seinem vollen Umfange gilt.

§ 27.

Durch ein besonderes Gesetz ist zu bestimmen, mit welchen Änderungen dieses Gesetz auch bei den Militärgerichten zur Anwendung kommen soll.

Wonach alle, die es angeht, sich zu richten haben.

Gegeben zu Amalienborg, den 1. April 1905.

Unter Unserer Königlichen Hand und Siegel.

Christian R.

(L. S.) Alberti.

Verordnung
über
die Strafe der körperlichen Züchtigung und ihre Vollziehung.

Wir Christian der Neunte, von Gottes Gnaden König zu Dänemark, der Wenden und Goten, Herzog zu Schleswig, Holstein, Stormarn, Dithmarschen, Lauenburg und Oldenburg, tun kund: Im Hinblick auf § 5 des interimistischen Gesetzes vom 1. April d. J. über einige Änderungen der Strafgesetze werden hierdurch folgende nähere Vorschriften über körperliche Züchtigung und ihre Vollziehung erlassen:

Die Körperstrafe bei Anwendung der erwähnten Gesetzesbestimmung soll mit dem Stocke (Rotting) oder mit dem Tau (Tamp) vollzogen werden.

Der Stock ist gegen denjenigen Verurteilten anzuwenden, welcher zum erstenmale gemäfs jener Bestimmung Körperstrafe zu erleiden hat; soll der Betreffende später wieder Körperstrafe erleiden, so ist das Tau anzuwenden. Als Stock ist ein $1^1/_2$ Ellen langes und $1^1/_2$ Zoll dickes, an beiden Enden mit Pechdraht umwundenes spanisches Rohr zu benutzen. Als Tau ist ein $2^1/_2$ Zoll dickes, an beiden Enden mit Pechdraht umwundenes, gepichtes Stück Seil zu benutzen; an dem Ende, an welchem die die Strafe vollziehende Person das Tau hält, bildet dieses einen Knoten: die Länge vom Knoten bis zum Ende des Taues beträgt $1^1/_4$ Elle.

Die körperliche Züchtigung wird von den vom Justizministerium dazu bestellten Personen vollzogen, und zwar in der Regel vor dem Beginne des Vollzuges der im übrigen erkannten Strafe.

Die letzten 2 Tage vor Vollziehung der Züchtigung soll der Verurteilte im Untersuchungsgefängnisse, und zwar in einer Einzelzelle, zubringen. Durch ein unmittelbar vor der Vol'ziehung erstattetes ärztliches Gutachten mufs erwiesen werden, dafs der Verurteilte die erkannte Strafe zu ertragen imstande ist.

Die Stockschläge werden auf das Gesäfs erteilt und zwar dergestalt, dafs der betreffende Körperteil nur von einem Hemde beschützt wird. Die Tauschläge werden auf dieselbe Stelle, jedoch über Hemd und Beinkleider, gegeben.

Nachdem die Vollziehung stattgefunden hat, hat der Verurteilte auch noch den folgenden Tag im Untersuchungsgefängnisse und in Einzelhaft zuzubringen.

Bis 15. September eines jeden Jahres erstattet für Kopenhagen der Polizeidirektor und aufserhalb Kopenhagens der Polizeimeister durch Vermittelung des betreffenden Amtes dem Justizministerium Bericht über Anzahl und Beschaffenheit derjenigen Fälle, in welchen körperliche Züchtigung im Laufe des Jahres bis 1. September gemäfs Vorstehendem Anwendung gefunden hat, unter Beifügung einer Abschrift der betreffenden Urteile. Ein entsprechender Bericht ist vom Oberinspektor für das Gefängniswesen über die Fälle zu erstatten, in welchen die Vollziehung der körperlichen Züchtigung nach dem vorerwähnten Gesetze in den Strafanstalten stattgefunden hat.

Die Verordnung tritt gleichzeitig mit dem vorerwähnten Gesetze in Kraft.

Wonach alle, die es angeht, sich zu richten haben.

Gegeben zu Amalienborg, den 4. August 1905.

Unter Unserer Königlichen Hand und Siegel.

Christian R.

(L. S.) Alberti.

Gesetzblatt für 1905. S. 511 f. Nr. 140, 6. September. Ausgegeben den 7. September.

Bekanntmachung

über

die Durchführung der in dem interimistischen Gesetze vom 1. April d. J. über einige Änderungen der Strafgesetze, § 12, enthaltenen Bestimmung, daß Gefängnisstrafe bei gewöhnlicher Gefangenenkost mit Arbeitszwang verbunden ist.

In Ausführung des § 12 des interimistischen Gesetzes vom 1. April d. J. über einige Änderungen der Strafgesetze erläfst das Justizministerium hiermit folgende Vorschriften über die Verbindung von Arbeitszwang mit Gefängnisstrafe bei gewöhnlicher Gefangenenkost:

Verbüfst jemand Gefängnis, der ein Handwerk oder dergleichen erlernt hat, so kann er die nötigen Materialien und Werkzeuge selbst mitbringen und dann sein Handwerk während der Haft ausüben, soweit dies ohne Schaden für Ordnung und Sicherheit im Haftlokale geschehen kann.

Im übrigen werden die hier in Frage kommenden Häftlinge, da die Verbüfsungszeiten sehr oft zu kurz sind, als dafs Fertigkeit in schwierigeren Arbeiten erworben, und der in solcher Hinsicht nötige Unterricht auch nicht ohne unverhältnismäfsige Kosten beschafft werden kann, mit der einen oder anderen leichteren Arbeit zu beschäftigen sein, und zwar in der Regel in derselben Weise, wie die Häftlinge nach der bis jetzt geltenden Ordnung beschäftigt worden sind, wenn sie freiwillig zu arbeiten wünschen, z. B. mit Wergzupfen, Rohrflechten, Strohflechten, Wollschur, leichteren Bürstenbinderarbeiten, Ausbesserung von Holzschuhzeug, Weben, Spinnen, und weibliche Häftlinge mit verschiedenen weiblichen Handarbeiten.

Wenn die Rücksicht auf die Sicherheit dadurch nicht hintangesetzt wird, ist es zulässig, den Häftling in freier Luft arbeiten zu lassen (z. B. mit Steineschlagen oder Holzspalten). Innerhalb des Tores soll die Arbeit in der Regel in einer Einzelzelle ausgeführt werden, nur unter besonderen Umständen kann sie von mehreren in Gemeinschaft ausgeführt werden.

Die Arbeitszeit soll täglich 10 Stunden dauern, abgerechnet die durch die Mahlzeiten und Spaziergänge verursachten Unterbrechungen. Das nähere in dieser Hinsicht wird bis auf weiteres von den Arrestinspektoren bestimmt.

Mit Rücksicht auf die nähere Ordnung wird dabei, ausgenommen das Kopenhagener Stadtgefängnis, folgendes bemerkt:

1. Die Arbeit der Arrestanten kann in den Fällen, wo diese nicht selbst die nötigen Materialien und Werkzeuge mitbringen, entweder so geordnet werden, dafs seitens der Arresthausverwaltung ein Abkommen mit einem Gewerbetreibenden getroffen wird, wonach gegen angemessene Bezahlung ans Arresthaus der betreffende Arrestant mit einer der oben erwähnten Arbeiten oder mit einer ähnlichen beschäftigt wird, oder in der Weise, dafs das Arresthaus für eigene Rechnung Rohmaterialien zur Bearbeitung durch die Arrestanten einkauft und selbst die verarbeiteten Waren absetzt.

2. Wenn Arrestanten damit beschäftigt werden, dafs sie mit eigenen Werkzeugen selbstmitgebrachte Materialien verarbeiten, worunter die im 2. Absatze dieser Bekanntmachung gedachte Handwerksarbeit und in häufigen Fällen Frauen-Handarbeit fallen, stehen die Arbeitsprodukte ihnen selbst zu. In den anderen erwähnten Fällen, wo das Arbeitserzeugnis nicht dem Arrestanten zufällt, kann unter Berücksichtigung des von jedem einzelnen Arrestanten bewiesenen

Fleifses, sowie der Art und des Wertes seiner Arbeit, demselben eine Arbeitsvergütung von höchstens 50 Öre für den Tag zugebilligt werden.

3. Es wird als erwünscht angesehen, dafs man die Arrestbewahrer und unter Umständen das übrige Aufsichtspersonal, welches die Aufsicht über die Arbeit der Arrestanten führt, an einer zuverlässigen und wirksamen Durchführung der Verordnung dadurch zu interessieren sucht, dafs sie einen kleinen Anteil an dem vom Arresthause für die Ausbeute der Arbeit der Arrestanten gewonnenen Betrage oder eine im Verhältnisse dazu festgesetzte mäfsige Vergütung erhalten. In dem regelmäfsigen Falle, dafs die Arrestanten für Rechnung des Arresthauses mit dessen Materialien und Werkzeugen arbeiten, kann diese Vergünstigung bis zu 10 v. H. der Bruttoeinnahme für das verkaufte Arbeitsprodukt festgesetzt werden. In dem andern Falle kann die dem Aufsichtspersonal zuzubilligende Vergünstigung pro Arbeitstag ungefähr entsprechend dem Durchschnitte bemessen werden, der unter der normalen Arbeitsordnung dem Aufsichtspersonal zufällt. Der Bericht hierüber wird nach dem Verlaufe eines jeden Rechenschaftsjahres durch die Ämter erwartet.

Es ist Pflicht der Arrestanten, anhaltend, fleifsig und genau zu arbeiten. Soweit ein Arrestant aus offenbarem Mutwillen es unterläfst, gehörig zu arbeiten, kommen die im Reglement für das Arrestwesen in Dänemark vom 7. Mai 1846 für Bruch des schuldigen Gehorsams und der Ordnung im Arresthause festgesetzten Strafbestimmungen zur Anwendung.

Jeder einzelne Abbüfser von Gefängnis bei gewöhnlicher Gefangenenkost mufs bei der Einlieferung mit seinen Arbeitsverhältnissen und seiner Verantwortlichkeit in Übereinstimmung mit dem Vorstehenden bekannt gemacht werden.

Die Arrestbewahrer müssen ein nach einem von der Oberinspektion für das Gefängniswesen gutgeheifsenen Schema eingerichtetes Arbeitsprotokoll führen, worin Rechenschaft über die Ausgaben und Einnahmen bei der Arbeit für jeden arbeitspflichtigen Gefangenen gelegt wird.

Was hiermit zur allgemeinen Kenntnis gebracht wird.

Justizministerium, den 6. September 1905.

Alberti.

V. Nellemann.

Druck von Leonhard Simion Nf. in Berlin SW.

Die Sammlung außerdeutscher Strafgesetzbücher enthält bisher die folgenden Übersetzungen als Beilagen zu der „**Zeitschrift für die gesamte Strafrechtswissenschaft**" oder zu den „**Mitteilungen der Internationalen Kriminalistischen Vereinigung**":

I. **Niederländisches** Str.G.B. v. 3. März 1881; **Französisches** Prefsgesetz v. 29. Juli 1881; **Österreichisches** Wuchergesetz v. 28. Mai 1881 (Zeitschrift Bd. 1).

II. **Dänisches** Militär-Str.G.B. v. 7. Mai 1881; **Schwedisches** Militär-Str.G.B. v. 7. Oktober 1881 nebst Einführungsgesetz u. Disziplinar-O. f. d. Kriegsmacht (Zeitschrift Bd. 2).

III. **Italienisches** Ges. betr. die polit. Wahlen v. 22. Januar 1882 Art. 86—97 (Strafbestimmungen); **Ungarisches** Wuchergesetz v. 27. April 1883; **Niederländisches** Ges. z. Bekämpfung d. Trunksucht v. 28. Juni 1881 (Zeitschrift Bd. 3).

IV. **New Yorker** Str.G.B. v. 26. Juli 1881 (Zeitschrift Bd. 4.)

V. **Norwegische** Str.Proz.O. v. 1. Juli 1887 (Zeitschrift Bd. 9.)

VI. **Italienisches** Str.G.B. u. Ges. betr. öffentliche Sicherheit vom 30. Juni 1889 (Zeitschrift Bd. 10).

VII. **Finnländisches** Str.G.B. v. 19. Dezember 1889 u. Verordn. üb. d. Strafvollstreckung (Zeitschrift Bd. 11).

VIII. **Mexikanisches** Str.G.B. v. 7. Dezember 1871 (Zeitschrift Bd. 14)

IX. **Norwegisches** Ges. betreffend d. Behandlung verwahrl. Kinder v. 6. Juni 1896 (Zeitschrift Bd. 17).

X. Vorentwurf z. **Schweizerischen** Str.G.B. (Mitt. Bd. VI).

XI. Entwurf z. **Norwegischen** Str.G.B. (Mitt. Bd. VII).

XII. **Bulgarisches** Str.G.B. v. 2. Februar 1896 (Zeitschrift Bd. 18).

XIII. **Ungarische** Str.Proz.O. v. 4. Dezember 1896 (Zeitschr. Bd. 19).

XIV. Vorentwurf z. **Japanischen** Str.G.B. (Zeitschrift Bd. 20).

XV. **Chilenisches** Str.G.B. v. 1. März 1875 nebst Ergänzungs-Ges. (Zeitschrift Bd. 20).

XVI. **Dänisches** Str.G.B. v. 10. Februar 1866. **Dänisches** Ges. betr Gewalt gegen schuldlose Personen vom 11. Mai 1897 (Zeitschrift Bd. 21).

XVII. **Bulgarische** Str.Proz.O. v. 3. April 1897 (Zeitschrift Bd. 22).

XVIII. **Norwegisches** Militär-Str.G.B. und Militär-Str.Proz.O. und **Norwegische** Str.Proz.O., Änderungs-Ges. v. 1902 (Mitt. Bd. XI).

XIX. **Portugiesisches** Str.G.B. v. 16. September 1886 (Zeitschr. Bd. 24).

XX. **Norwegisches** Str.G.B. v. 22. Mai 1902 und **Norwegisches** Ges. gegen Arbeitsscheu u. Trunksucht v. 1900 (Mitt. Bd. XII).

XXI. **Ottomanische** Str.Proz.O. v. 25. Juni 1879 (Mitt. Bd. XII).

XXII. **Dänisches** Gesetz v. 1. April 1905 (sogen. **Prügelgesetz**) nebst Ausführungsbestimmungen (Mitt. Bd. XIII).

XXIII. **Japanisches** Str.G.B. vom 23. April 1907. (Zeitschr. Bd. 28.)

Sammlung

Außerdeutscher Strafgesetzbücher

in deutscher Übersetzung.

Herausgegeben von den Redaktionen

der

Zeitschrift für die gesamte Strafrechtswissenschaft

und der

Mitteilungen der Internationalen Kriminalistischen Vereinigung.

XXIII.

Strafgesetzbuch für das Kaiserlich japanische Reich vom 23. April 1907.

BERLIN 1908.

J. Guttentag, Verlagsbuchhandlung,

G. m. b. H.

Strafgesetzbuch

für das

Kaiserlich japanische Reich

vom 23. April 1907.

Übersetzt

von

Dr. jur. Shigema Oba,
Kaiserlich japanischer Staatsanwalt.

BERLIN 1908.
J. Guttentag, Verlagsbuchhandlung,
G. m. b. H.

Inhaltsverzeichnis

des

Strafgesetzbuches für das kaiserlich japanische Reich.

Erster Teil.

Allgemeine Vorschriften.

Zweiter Teil.

Verbrechen.

Vorbemerkung.

I. Das gegenwärtig geltende japanische Strafgesetzbuch trat am 1. Januar 1882 in Kraft; das neue Gesetzbuch wurde am 23. April 1907 sanktioniert und wird an einem durch kaiserliche Verordnung festzusetzenden Tage in Kraft treten.

Schon seit 1883 ist der erste Versuch zu einer Reform des geltenden Strafgesetzbuches von Ministerialrat Dr. Miyagi und Ministerialrat Dr. Kameyama u. a. unternommen worden. Im Jahre 1890 wurde der von den Genannten redigierte Entwurf, der unter Mitarbeit des Reichsgerichts-Präsidenten Dr. Yokota verbessert worden war, dem Reichstage vorgelegt. Da jedoch der damalige Reichstag aus politischen Gründen aufgelöst wurde, war eine Durchberatung des Entwurfes nicht möglich. Letzterer stand derart unter dem Einflusse des französischen Strafgesetzbuches, daß er allgemein als mißgeborener Enkel des Code penal bezeichnet wurde.

Das französische Vorbild, das zu jener Zeit in der Gesetzgebung und in der Rechtsprechung maßgebend war, wurde indessen nach und nach durch englischen und deutschen Einfluß, der schon seit der allgemeinen Reform des Jahres 1868 an Boden gewonnen hatte, verdrängt. Gleichzeitig erkannte man überall die Notwendigkeit an, das japanische Gesetz einzig und allein auf dem absoluten Selbständigkeitsgefühl des Volkes zu basieren. Diese neuere Strömung erfaßte von Jahr zu Jahr einen immer größeren Teil der an der Kriminalistik interessierten Kreise.

In dieser Richtung bewegten sich auch die Arbeiten der Kommission, welche im Jahre 1893 im Justizministerium und später im Kabinet eingesetzt und mit der Ausarbeitung eines Entwurfes zu einem Strafgesetzbuche betraut wurde. Die erwähnte Kommission setzte sich aus folgenden Mitgliedern zusammen: Reichtsgerichts-Präsident Dr. Yokota, Kabinets-Obersekretär Dr. Ischiwatari, Ministerialdirektor im Ministerium des Innern Dr. Koga, Oberstaatsanwalt Dr. Kuratomi und Reichsgerichtsrat Dr. Kameyama. Mit dem durch diese Kommission ausgearbeiteten Entwurf hat sich der Reichstag seit seiner XV. Session (1900—1901) sehr oft beschäftigt, aber ihn niemals genehmigt, nur allein das Herrenhaus hat in seiner XVI. Session diesen Entwurf verbessert und angenommen.

Im Frühjahr 1906 hat nun Justizminister Matzuda ein neues Komitee berufen, dessen Mitglieder aus 34 Juristen bestand, nämlich aus Professoren, Richtern, Staatsanwälten, Rechtsanwälten und höheren Beamten der verschiedenen Ministerien.

Ferner hat der Justizminister von diesen sämtlichen Herren die folgenden für das Hauptkomitee ernannt:

Professor Dr. Hosumi, Oberstaatsanwalt Dr Kuratomi, Ministerialdirektor Dr. Hiranuma, Professor Dr. Okada, Rechtsanwalt Dr. Hanai, Herrenhausmitglied Dr. Kikuchi und Rechtsanwalt Dr. Egi. Die Arbeiten des Komitees schritten so rasch vorwärts, daß der verbesserte Entwurf seit Ende des Jahres 1906 im Reichstage beraten wurde. Nachdem der Entwurf bei beiden Häusern durchgegangen war, hat er am 23. April 1907 Gesetzeskraft erlangt.

Hier muß ich das große Verdienst von Ministerialdirektor Dr. Hiranuma und Oberstaatsanwalt Dr. Kuratomi, das sich diese Herren bei der Gesetzgebung des neuen Strafgesetzbuches erworben haben, hervorheben. Die beiden Herren haben nicht nur im Hauptkomitee ganz besonders für die Ausarbeitung des Entwurfes ihre stets anregende Tatkraft gewidmet, sondern haben sich auch als Referenten in den beiden Häusern um das erfolgreiche Vollenden des Unternehmens verdient gemacht.

II. Der hauptsächlichste und wesentlichste Unterschied des neuen Strafgesetzbuches im Verhältnis zu dem geltenden liegt in der Vereinfachung der Bestimmungen; während das geltende Strafgesetzbuch aus 430 Paragraphen besteht, hat das neue nur 264 Paragraphen. Ferner unterscheidet sich das letztere von dem ersteren insbesondere in folgenden Punkten:

1. Vereinfachung der Einteilung der Straftaten und Strafarten; während das geltende die Straftaten in drei Arten einteilt und vierzehn Hauptstrafen und fünf Nebenstrafen bestimmt, schafft das neue diese Dreiteilung ab und erkennt nur sechs Hauptstrafen und eine Nebenstrafe an.

2. Erweiterung des freien Ermessens des Richters, die im neuen bis zur äußersten Konsequenz durchgeführt wird.

3. Einführung von Bestimmungen über das internationale Geltungsgebiet des Strafgesetzbuches und den internationalen Verkehr.

4. Verschärfung der Strafe beim Rückfall; während im geltenden Gesetze sie um ein Viertel verschärft werden kann, kann sie im neuen verdoppelt werden.

5. Erhöhung des strafmündigen Alters vom vollendeten 12. Lebensjahre auf das vollendete 14. Lebensjahr und Abschaffung der eigentlichen Strafmilderung wegen Minderjährigkeit.

6. Im neuen kann der Versuch milder bestraft werden, aber die Strafe muß nicht gemildert werden, soweit nicht freiwilliger Rücktritt vom Versuche vorliegt.

7. Bestimmungen über die Begnadigung und Amnestie, die Aberkennung der bürgerlichen Ehrenrechte und die Polizeiaufsicht wurden im neuen Strafgesetzbuche nicht vorgesehen, da solche Bestimmungen besser von Spezialgesetzen zu treffen sind.

8. Einführung der bedingten Begnadigung, die bis jetzt in Spezialgesetzen bestimmt wird.

III. Vom deutschen Strafgesetzbuche unterscheidet sich das neue japanische Strafgesetzbuch hauptsächlich dadurch, daß es tunlichst jede technische Definition der Straftaten, die für den Fachmann wohl überflüssig, für den Laien aber schwer verständlich ist, zu vermeiden sucht. (Vergleiche beispielsweise die Paragraphen über Diebstahl, Raub usw.) Ferner liegt der Unterschied zwischen den beiden Gesetzbüchern noch insbesondere darin, daß das japanische Gesetzbuch bei jeder Straftat die Strafmilderung auf Grund des freien Ermessens und bei den meisten Straftaten die Verschärfung der Strafe beim Rückfall allgemein zuläßt, während bei dem deutschen Strafgesetzbuche dies nicht der Fall ist, trotzdem der Strafrahmen in diesem Gesetzbuche bei weitem nicht so groß ist, wie im japanischen.

München, 10. August 1907.

Der Übersetzer.

Strafgesetzbuch für das kaiserlich japanische Reich.

Vom 23. April 1907.

Erster Teil.

Allgemeine Vorschriften.

Erster Abschnitt.

Einleitende Bestimmungen.

§ 1. Das Gesetz findet Anwendung auf alle Personen, welche im Reichsgebiet ein Verbrechen begehen. Das Gleiche gilt für diejenigen Personen, welche auf einem außerhalb des Reichsgebietes befindlichen Reichsschiffe ein Verbrechen begehen.

§ 2. Das Gesetz findet Anwendung auf alle Personen, welche außerhalb des Reichsgebietes folgende Verbrechen begehen:

1. Verbrechen der §§ 73—76.
2. Verbrechen der §§ 77—79.
3. Verbrechen der §§ 81—89.
4. Verbrechen des § 148 und dessen Versuch.
5. Verbrechen der §§ 154, 155, 157 und 158.
6. Verbrechen der §§ 162, 163.
7. Verbrechen der §§ 164—166 und der Versuch von § 164 Abs. 2; § 165 Abs. 2; § 166 Abs. 2.

§ 3. Das Gesetz findet Anwendung auf diejenigen Reichsuntertanen, welche außerhalb des Reichsgebietes folgende Verbrechen begehen:

1. Verbrechen der §§ 108, 109 Abs. 1 und diejenigen Verbrechen, auf die § 109 Abs. 1 entsprechende Anwendung findet, und deren Versuch.
2. Verbrechen des § 119.
3. Verbrechen der §§ 159—161.
4. Verbrechen des § 167 und der Versuch des Verbrechens des § 167 Abs. 2.
5. Verbrechen der §§ 176—179, 181 und 184.
6. Verbrechen der §§ 199, 200 und dessen Versuch.
7. Verbrechen der §§ 204 und 205.
8. Verbrechen der §§ 214—216.
9. Verbrechen des § 218 und dasjenige Verbrechen, durch dessen Begehung der Tod, die Körperverletzung oder Gesundheitsbeschädigung eines Menschen verursacht worden ist.
10. Verbrechen der §§ 220 und 221.
11. Verbrechen der §§ 224—228.

12. Verbrechen des § 230.
13. Verbrechen der §§ 235, 236, 238—241 und 243.
14. Verbrechen der §§ 246—250
15. Verbrechen des § 253.
16. Verbrechen des § 256 Abs. 2.

Das Gleiche gilt für diejenigen Ausländer, welche außerhalb des Reichsgebietes die im obigen Absatze erwähnten Verbrechen gegen Reichsuntertanen begehen.

§ 4. Das Gesetz findet Anwendung auf öffentliche Beamten des Reiches, welche außerhalb des Reichsgebietes folgende Verbrechen begehen:

1. Verbrechen des § 101 und dessen Versuch.
2. Verbrechen des § 156.
3. Verbrechen der §§ 193, 195 Abs. 2, 197 und dasjenige Verbrechen, welches durch die Begehung des Verbrechens des § 195 Abs. 2 den Tod, die Körperverletzung oder Gesundheitsbeschädigung eines Menschen verursacht.

§ 5. Die nochmalige Bestrafung wegen einer im Auslande rechtskräftig abgeurteilten Handlung ist nicht ausgeschlossen. Hat der Täter die gegen ihn im Auslande erkannte Strafe gänzlich oder teilweise verbüßt, so kann die Vollstreckung der Strafe gemildert oder erlassen werden.

§ 6. Ist die Strafe durch ein nach Begehung eines Verbrechens erlassenes Gesetz geändert worden, so findet das mildere Gesetz Anwendung.

§ 7. Im Sinne dieser Gesetze bedeutet der Ausdruck „öffentliche Beamte“ die Staats- und anderen öffentlichen Beamten, Mitglieder von Versammlungen und Ausschüssen und andere Funktionäre, welche gemäß Gesetz oder Verordnung öffentliche Funktionen ausüben. Der Ausdruck „öffentliche Behörden“ bedeutet diejenigen Behörden, in welchen die öffentlichen Beamten ihre Funktionen ausüben.

§ 8. Die „Allgemeinen Vorschriften“ dieses Gesetzes finden auch Anwendung auf die in anderen Gesetzen oder Verordnungen bestimmten Verbrechen, es sei denn, daß in betreffenden Gesetzen oder Verordnungen besondere Vorschriften getroffen sind.

Zweiter Abschnitt.

Strafen.

§ 9. Todesstrafe, Zuchthaus-, Gefängnis-, Geldstrafe, Haft und Geldbuße (Kario)[1]) sind Hauptstrafen; Einziehung ist Nebenstrafe.

[1]) Geldstrafe nicht unter 20 Yen (ungefähr 42 Mark) heißt Bakkin, Geldstrafe von 10 Sen (ungefähr 20 Pfennig) bis zu 20 Yen heißt Kario. Vergl. §§ 15, 17. In dieser Übersetzung brauche ich für leichte Geldstrafe (nach Dr. Lönholms Übersetzung Kario), den Ausdruck Geldbuße. Vgl. Dr. Lönholms Übersetzung des neuen japanischen Strafgesetzbuches, S. 5. Yokohama 1907.

§ 10. Die Schwere der Hauptstrafen richtet sich nach der im § 9 gegebenen Reihenfolge. Jedoch ist die lebenslängliche Gefängnisstrafe schwerer als die zeitige Zuchthausstrafe. Wenn das Maximum einer zeitigen Gefängnisstrafe das Doppelte des Maximums einer zeitigen Zuchthausstrafe überschreitet, so gilt die Gefängnisstrafe als die schwerere.

Bei gleichartigen Strafen gilt die nach dem Maximum der Zeit oder des Betrages größere Strafe als die schwerere; bei gleichem Maximum gilt die nach dem Minimum der Zeit oder des Betrages größere Strafe als die schwerere.

Bei zwei oder mehreren Todesstrafen oder bei gleichem Maximum und Minimum von zwei oder mehreren gleichartigen Strafen wird die Schwere nach den Umständen der begangenen Verbrechen bestimmt.

§ 11. Die Todesstrafe wird in einer Strafanstalt durch Hängen vollstreckt.

Der zu der Todesstrafe Verurteilte wird bis zur Vollstreckung in der Strafanstalt inhaftiert.

§ 12. Die Zuchthausstrafe ist eine lebenslängliche oder zeitige. Das Minimum der zeitigen Zuchthausstrafe ist ein Monat, ihr Maximum fünfzehn Jahre. Der zu Zuchthausstrafe Verurteilte wird im Zuchthause inhaftiert und hat sich den vorgeschriebenen Arbeiten zu unterziehen.

§ 13. Die Gefängnisstrafe ist eine lebenslängliche oder zeitige. Das Minimum der zeitigen Gefängnisstrafe ist ein Monat, ihr Maximum fünfzehn Jahre. Der zur Gefängnisstrafe Verurteilte wird in dem Gefängnis inhaftiert.

§ 14 Wenn die zeitige Zuchthaus- oder Gefängnisstrafe zu verschärfen ist, so kann sie bis zu zwanzig Jahren verschärft, und, wenn sie zu mildern ist, unter einen Monat gemildert werden.

§ 15 Das Minimum der Geldstrafe ist zwanzig Yen. Wenn sie zu mildern ist, kann sie unter zwanzig Yen gemildert werden.

§ 16. Das Minimum der Haft ist ein Tag, ihr Maximum dreißig Tage, sie wird in einer Haftanstalt vollstreckt.

§ 17. Das Minimum der Geldbuße ist zehn Sen, ihr Maximum zwanzig Yen.

§ 18. Wer die Geldstrafe nicht bezahlen kann, ist während der Zeitdauer von einem Tage bis zu einem Jahre in einem Arbeitshause unterzubringen.

Wer die Geldbuße nicht bezahlen kann, ist während der Zeitdauer von einem Tage bis zu dreißig Tagen in einem Arbeitshause unterzubringen.

Jedoch ist bei den zu mehreren Geldbußen Verurteilten die Unterbringung über sechzig Tage nicht zulässig.

Gleichzeitig mit der Geldstrafe oder der Geldbuße ist die Zeitdauer der im Falle der Nichtbezahlung eintretenden Unterbringung in einem Arbeitshause auszusprechen.

Bei der Geldstrafe ist innerhalb eines Monats und bei der Geldbuße innerhalb zehn Tagen nach Rechtskraft des Urteils die Unterbringung in einem Arbeitshause ohne Zustimmung des Verurteilten nicht zulässig.

Wenn der zu der Geldstrafe oder Geldbuße Verurteilte einen Teil derselben bezahlt, so wird er auf eine Zeitdauer in einem Arbeitshause untergebracht, die zu dem Reste der Geldstrafe oder der Geldbuße in dem gleichen Verhältnisse steht, wie die ausgesprochene Zeitdauer zu der ganzen Geldsumme.

Zahlt der in einem Arbeitshause bereits Untergebrachte einen Teil der Geldstrafe oder Geldbuße, so ist die Zeitdauer einer weiteren Unterbringung nach dem im obigen Absatz bestimmten Verhältnisse zu berechnen.

Die Bezahlung eines Geldbetrages, welcher geringer ist als der Betrag, der einer eintägigen Unterbringung entspricht, ist nicht zulässig.[1])

§ 19. Folgende Gegenstände können eingezogen werden:

1. Die Gegenstände, welche den Tatbestand eines Verbrechens gebildet haben.[2])
2. Die Gegenstände, welche zur Begehung eines Verbrechens gedient haben oder dienen sollten.
3. Die Gegenstände, welche aus der Begehung eines Verbrechens hervorgegangen oder dadurch erlangt sind

Die Einziehung ist nur zulässig, wenn die Gegenstände keinem Anderen als dem Verbrecher gehören.

§ 20. Bei einem nur mit Haft- oder Geldbuße bedrohten Verbrechen kann auf Einziehung nicht erkannt werden, soweit nicht besondere Vorschriften bestehen; doch gilt dies nicht für die in § 19 Abs. 1 erwähnten Gegenstände.

§ 21. Auf die Strafe kann die erlittene Untersuchungshaft ganz oder teilweise angerechnet werden.

Dritter Abschnitt.

Berechnung der Zeitdauer.

§ 22. Eine nach Monaten oder Jahren bestimmte Zeitdauer ist nach der Kalenderzeit zu berechnen.

§ 23. Die Strafzeit wird berechnet vom Tage der Rechtskraft des Urteils an.

Diejenigen Tage, an welchen der Verurteilte nicht inhaftiert war, werden selbst nach Rechtskraft des Urteils in die Strafzeit nicht eingerechnet.

---

[1]) Lönholm übersetzt irrtümlich diesen Satz: Ein Betrag, der nicht dem Verhältnis eines Tages Festhaltung gleichkommt, braucht nicht bezahlt zu werden. Vgl. Lönholm S. 8.

[2]) Okada übersetzt denselben Satz wie folgt: diejenigen Gegenstände, welche den äußeren Tatbestand der strafbaren Handlung gebildet haben. Vergl. Okada, Vorentwurf zu einem Strafgesetzbuch für das Kaiserlich japanische Reich, § 25, Berlin 1899.

§ 24. Der Anfangstag der Strafverbüßung wird ohne Rücksicht auf die Stunde als ein ganzer Tag gerechnet; das Gleiche gilt für den Anfangstag der Verjährungsfrist.

Die Freilassung erfolgt an dem dem Ablauf der Strafzeit folgenden Tage.

Vierter Abschnitt.

Aufschub der Strafvollstreckung.

§ 25. Folgende Personen, gegen welche auf Zuchthaus- oder Gefängnisstrafe bis zu zwei Jahren erkannt worden ist, können nach den Umständen des Falles einen Aufschub der Strafvollstreckung auf die Dauer von einem bis zu fünf Jahren, von dem Tage der Rechtskraft des Urteils an gerechnet, erlangen:

1. Wer bisher noch nicht zu einer Gefängnisstrafe oder zu einer schwereren Strafe verurteilt worden ist.
2. Wer zwar früher zu einer Gefängnisstrafe oder zu einer schwereren Strafe verurteilt wurde, aber seit der Verbüßung der Strafe oder dem Erlaß der Strafvollstreckung innerhalb der letzten sieben Jahre zu einer solchen Strafe nicht wieder verurteilt worden ist.

§ 26. In folgenden Fällen ist das den Aufschub der Strafvollstreckung bewilligende Erkenntnis zu widerrufen:

1. Wenn der Verurteilte wegen eines innerhalb der Aufschubszeit begangenen neuen Verbrechens zu einer Gefängnisstrafe oder zu einer schwereren Strafe verurteilt wird.
2. Wenn er wegen eines anderen vor der Bewilligung des Aufschubes begangenen Verbrechens zu einer Gefängnisstrafe oder zu einer schwereren Strafe verurteilt wird.
3. Wenn bekannt wird, daß er vor der Bewilligung des Aufschubes außer der im § 25, 2 erwähnten Strafe auch noch wegen eines anderen Verbrechens zu einer Gefängnisstrafe oder zu einer schwereren Strafe verurteilt wird.

§ 27. Wenn die Zeitdauer des Strafaufschubes verflossen ist, ohne daß ein Widerruf des den Aufschub bewilligenden Erkenntnisses erfolgt, so verliert das Strafurteil von Rechtswegen seine Wirkung.

Fünfter Abschnitt.

Vorläufige Entlassung aus der Strafanstalt.

§ 28. Der zu Zuchthaus oder Gefängnis Verurteilte kann, wenn anzunehmen ist, daß er sich gebessert hat, bei zeitiger Strafe nach Ablauf eines Drittels der Strafzeit, bei lebenslänglicher Strafe nach Ablauf von zehn Jahren durch Verfügung der Verwaltungsbehörde vorläufig entlassen werden.

§ 29. In folgenden Fällen kann die Verfügung der vorläufigen Entlassung widerrufen werden:

1. Wenn der Entlassene innerhalb der Zeitdauer der vorläufigen Entlassung wegen eines neubegangenen Verbrechens zu

einer Geldstrafe oder zu einer schwereren Strafe verurteilt wird.

2. Wenn er wegen eines anderen vor der vorläufigen Entlassung begangenen Verbrechens zu einer Geldstrafe oder zu einer schwereren Strafe verurteilt wird.
3. Wenn er vor der vorläufigen Entlassung wegen eines anderen Verbrechens zu einer Geldstrafe oder zu einer schwereren Strafe verurteilt worden war, und nunmehr diese Strafe zu vollstrecken ist.
4. Wenn er den Vorschriften über die vorläufige Entlassung zuwiderhandelt.

Wenn die Verfügung der vorläufigen Entlassung widerrufen wird, ist die Zeit, während welcher der Verurteilte vorläufig entlassen war, in die Strafzeit nicht einzurechnen.

§ 30. Der zur Haft Verurteilte kann nach den Umständen des Falles jederzeit durch Verfügung der Verwaltungsbehörde aus der Haftanstalt entlassen werden.

Das Gleiche gilt für denjenigen, der wegen Nichtbezahlung einer Geldstrafe oder Geldbuße in einem Arbeitshause untergebracht worden ist.

Sechster Abschnitt.

Verjährung.

§ 31. Der zur Strafe Verurteilte wird durch Verjährung der Strafvollstreckung frei.

§ 32. Die Verjährung ist vollendet, wenn in den folgenden Zeiträumen die Strafe nach der Rechtskraft des Urteils nicht vollstreckt worden ist:

1. bei der Todesstrafe in dreißig Jahren.
2. Bei lebenslänglicher Zuchthaus- oder Gefängnisstrafe in zwanzig Jahren.
3. bei zeitiger Zuchthaus- oder Gefängnisstrafe nicht unter zehn Jahren in fünfzehn Jahren, — nicht unter drei Jahren in zehn Jahren, — unter drei Jahren in fünf Jahren.
4. Bei Geldstrafe in drei Jahren.
5. Bei Haft, Geldbuße oder Einziehung in einem Jahre.

§ 33. Die Verjährung läuft nicht während der Zeit, in welcher die Strafvollstreckung auf Grund eines Gesetzes oder einer Verordnung aufgeschoben oder gehemmt ist.

§ 34. Jede zum Zwecke der Strafvollstreckung erfolgte Festnahme des Verurteilten unterbricht die Verjährung.

Jede zum Zwecke der Strafvollstreckung erfolgte Verfügung unterbricht die Verjährung der Geldstrafe, Geldbuße und Einziehung.

Siebenter Abschnitt.

Nichtvorhandensein eines Verbrechens, Milderung und Erlaß der Strafe.

§ 35. Eine Handlung, welche auf Grund eines Gesetzes oder einer Verordnung oder in Ausübung eines berechtigten Berufes vorgenommen wird, ist nicht strafbar.

§ 36. Eine Handlung, welche unvermeidlich ist, um einen dringenden, rechtswidrigen Angriff auf ein Recht von sich oder einem Anderen abzuwehren, ist nicht strafbar.

Wenn der Täter über das erforderliche Maß der Abwehr hinausgegangen ist, so kann die Strafe nach den Umständen des Falles gemildert oder erlassen werden.

§ 37. Eine Handlung, welche unvermeidlich ist, um eine gegenwärtige Gefahr für Leben, Leib, persönliche Freiheit oder Vermögen von sich oder einem Anderen abzuwenden, ist nur dann nicht strafbar, wenn der aus der Handlung entstehende Schaden den Grad des abzuwendenden Schadens nicht übersteigt. Bei Überschreitung dieses Grades kann jedoch die Strafe nach den Umständen des Falles gemildert oder erlassen werden.

Die Vorschriften des obigen Absatzes finden keine Anwendung auf denjenigen, dem auf Grund seines Amtes oder Berufes eine besondere Pflicht obliegt.

§ 38. Eine Handlung, bei welcher der Wille, ein Verbrechen zu begehen, fehlt, ist nicht strafbar; dies gilt jedoch nicht, soweit das Gesetz besondere Vorschriften bestimmt.

Der Täter wird bei Begehung eines Verbrechens, dessen Tatbestand in Wirklichkeit schwerer ist, als er annahm, nicht nach dem schwereren Tatbestand verurteilt.

Die Unkenntnis des Gesetzes schließt den Willen, ein Verbrechen zu begehen, nicht aus; es kann jedoch nach den Umständen des Falles die Strafe gemildert werden.

§ 39. Handlungen Bewußtloser sind nicht strafbar. Handlungen Geistesschwacher sind milder zu bestrafen.

§ 40. Die Handlung eines Taubstummen ist nicht strafbar oder milder zu bestrafen.

§ 41. Die Handlung einer Person, welche das vierzehnte Lebensjahr noch nicht vollendet hat, ist nicht strafbar.

§ 42. Wenn jemand ein Verbrechen begangen hat und Selbstanzeige macht, ehe das Verbrechen der Behörde bekannt ist, so kann die Strafe gemildert werden.

Das Gleiche gilt bei einem auf Antrag zu verfolgenden Verbrechen, wenn der Täter dem Antragsberechtigten gegenüber die Tat eingesteht.

Achter Abschnitt.

Versuch.

§ 43. Wer die Ausführung eines Verbrechens begonnen, aber nicht vollendet hat, kann milder bestraft werden; wenn der Täter aus eigenem Willen die Ausführung aufgibt, so wird die Strafe gemildert oder erlassen.

§ 44. Die Strafbarkeit des Versuches wird durch das Gesetz in den einzelnen Paragraphen bestimmt.

Neunter Abschnitt.

Zusammentreffen von Verbrechen.

§ 45. Mehrere Verbrechen, die von einem Täter begangen und noch nicht rechtskräftig abgeurteilt sind, sind zusammentreffende Verbrechen. Wenn bezüglich eines Verbrechens schon eine rechtskräftige Aburteilung vorliegt, so sind dieses Verbrechen und das vor dessen rechtskräftiger Aburteilung begangene Verbrechen zusammentreffende Verbrechen.

§ 46. Wenn wegen eines der zusammentreffenden Verbrechen auf Todesstrafe zu erkennen ist, so werden die anderen Strafen nicht verhängt; dies gilt jedoch nicht für Einziehung.

Wenn wegen eines der zusammentreffenden Verbrechen auf lebenslängliche Zuchthaus- oder Gefängnisstrafe zu erkennen ist, so werden ebenfalls die anderen Strafen nicht verhängt; dies gilt jedoch nicht für Geldstrafe, Geldbuße und Einziehung.

§ 47. Wenn unter den zusammentreffenden Verbrechen zwei oder mehrere mit zeitigem Zuchthaus oder Gefängnis zu bestrafen sind, so ist das Maximum der zu verhängenden Strafe das um die Hälfte erhöhte Maximum der für das schwerste Verbrechen angedrohten Strafe; doch darf die Gesamtstrafe den Betrag des zusammengerechneten Maximums der verwirkten Einzelstrafen nicht überschreiten.

§ 48. Eine Geldstrafe und eine andere Strafe werden neben einander verhängt; doch gilt dies nicht für den in § 46, Abs. 1 erwähnten Fall. Bei zwei oder mehreren Geldstrafen wird bis auf den zusammengerechneten Betrag der für alle einzelnen Verbrechen bestimmten Geldstrafen erkannt.

§ 49. Wenn bei zusammentreffenden Verbrechen zwar nicht für das schwerste, aber für eines der anderen die Einziehung zu verhängen ist, so kann neben der Hauptstrafe auf Einziehung erkannt werden.

Zwei oder mehrere Einziehungen werden neben einander verhängt.

§ 50 Wenn über eines der zusammentreffenden Verbrechen bereits ein Urteil vorliegt, während über die anderen noch nicht erkannt ist, so sind nunmehr die letzteren abzuurteilen.

§ 51. Wenn bei zusammentreffenden Verbrechen zwei oder mehrere Urteile vorliegen, so sind die Strafen neben einander zu vollstrecken. Wenn Todesstrafe zu vollstrecken ist, so sind andere Strafen mit Ausnahme der Einziehung nicht zu vollstrecken. Wenn lebenslängliche Zuchthaus- oder Gefängnisstrafe zu vollstrecken ist, so sind andere Strafen mit Ausnahme der Geldstrafe, Geldbuße und Einziehung nicht zu vollstrecken. Wenn zwei oder mehrere zeitige Zuchthaus- oder Gefängnisstrafen zu vollstrecken sind, so darf die Vollstreckung das anderthalbfache Maximum der für das schwerste Verbrechen angedrohten Strafe nicht überschreiten.

§ 52. Wenn eines der als zusammentreffend abgeurteilten Verbrechen von einer Amnestie betroffen ist, so wird die Strafe für die von der Amnestie nicht betroffenen Verbrechen besonders festgesetzt.

§ 53. Haft oder Geldbuße und andere Strafen sind neben einander zu verhängen; doch gilt dies nicht für den in § 46 erwähnten Fall.

Zwei oder mehrere Haftstrafen oder Geldbußen sind neben einander zu verhängen.

§ 54. Bei einem und demselben Verbrechen, welches mehrere Vorschriften dieses Gesetzes verletzt, oder bei einem und demselben Verbrechen, dessen Mittel oder Wirkung mehrere Vorschriften dieses Gesetzes verletzt, kommt diejenige Vorschrift, welche die schwerste Strafe androht, zur Anwendung.

Die Bestimmung des § 49 Abs. 2 ist auf diesen Fall anzuwenden.

§ 55. Mehrere fortgesetzt begangene Handlungen, welche einzeln den Tatbestand eines Verbrechens bilden, sind als ein Verbrechen anzusehen.

Zehnter Abschnitt.

Rückfall.

§ 56. Wenn der zu Zuchthausstrafe Verurteilte binnen fünf Jahren seit der Verbüßung der Strafe oder dem Erlaß der Strafvollstreckung abermals ein Verbrechen, welches mit zeitigem Zuchthaus zu bestrafen ist, begeht, so liegt **Rückfall** vor.

Ist jemand wegen eines Verbrechens, dessen Beschaffenheit einem mit Zuchthaus bedrohten Verbrechen gleichkommt, zum Tode verurteilt, und begeht er binnen der in obigem Absatze erwähnten Zeitdauer seit dem Erlaß der Strafvollstreckung, oder wenn er bei Strafmilderung zu zeitigem Zuchthaus verurteilt wurde, seit dem Ende der Strafverbüßung oder seit dem Erlasse der Strafvollstreckung abermals ein Verbrechen, welches mit zeitigem Zuchthaus zu bestrafen ist, so gilt das Gleiche.

Wenn jemand wegen zusammentreffender Verbrechen verurteilt worden ist, und sich darunter ein mit Zuchthaus bedrohtes Verbrechen befindet, so wird er, selbst wenn dieses Verbrechen nicht das schwerste ist, in bezug auf die Anwendung der Vorschriften über den Rückfall so behandelt, als wenn er zu Zuchthaus verurteilt worden wäre.

§ 57. Das Maximum der Strafe des Rückfalls ist das Doppelte des Maximums derjenigen Strafe, welche für das betreffende Verbrechen im Gesetze bestimmt ist.

§ 58. Wenn erst nach Rechtskraft des Urteils die Tatsache des Rückfalles bekannt wird, so wird die zu verschärfende Strafe nach Vorschrift des § 57 festgesetzt.

Die Bestimmung des obigen Absatzes findet keine Anwendung, wenn die Tatsache des Rückfalles nach der Verbüßung der Strafe oder nach dem Erlasse der Strafvollstreckung bekannt wird.

§ 59. Auf einen zwei- oder mehrmals Rückfälligen finden die Vorschriften über den Rückfall Anwendung.

Elfter Abschnitt.

Teilnahme.

§ 60. Wenn zwei oder mehrere Personen ein Verbrechen gemeinschaftlich ausführen, so sind sie Täter.

§ 61. Wer einen Anderen zu dem von demselben begangenen Verbrechen angestiftet hat, ist gleich dem Täter zu betrachten. — Das Gleiche gilt für den Anstifter des Anstifters.

§ 62. Wer einem Täter Beistand leistet ist Gehilfe. Wer einen Gehilfen anstiftet, ist gleich dem Gehilfen zu betrachten.

§ 63. Die Strafe des Gehilfen ist im Verhältnis zur Strafe des Täters zu mildern.

§ 64. Die Anstiftung und Beihilfe zu einem Verbrechen, welches nur mit Haft oder Geldbuße bedroht ist, wird nur bestraft, wenn dies besonders bestimmt ist.

§ 65. Wenn mehrere gemeinschaftlich ein Verbrechen begehen, dessen Strafbarkeit durch die persönlichen Verhältnisse (Lebensstellung) eines der Täter begründet wird, so liegt auch bezüglich derjenigen, in deren Person diese Verhältnisse (Lebensstellung) nicht zutreffen, Teilnahme vor.

Wenn infolge der persönlichen Verhältnisse (Lebensstellung) eines der Täter eine Milderung oder Verschärfung der Strafe eintritt, so ist gegen diejenigen, in deren Person diese Verhältnisse (Lebensstellung) nicht zutreffen, auf die gewöhnliche Strafe zu erkennen.

Zwölfter Abschnitt.

Strafmilderung auf Grund freien Ermessens.

§ 66. Wenn bei Begehung eines Verbrechens mildernde Umstände vorliegen, so kann die Strafe nach freiem Ermessen gemildert werden.

§ 67. Auch wenn die Strafe kraft des Gesetzes zu verschärfen oder zu mildern ist, kann noch eine Strafmilderung auf Grund freien Ermessens daneben eintreten.

Dreizehnter Abschnitt.

Strafschärfung und Strafmilderung.

§ 68. Wenn ein oder mehrere Gründe vorliegen, kraft des Gesetzes die Strafe zu mildern, so findet die Milderung in folgender Weise statt:

1. Wenn die Todesstrafe zu mildern ist, so ist auf lebenslängliche Zuchthaus- oder Gefängnisstrafe oder auf Zuchthaus- oder Gefängnisstrafe nicht unter zehn Jahre zu erkennen.
2. Wenn lebenslängliche Zuchthaus- oder Gefängnisstrafe zu mildern ist, so ist auf zeitige Zuchthaus- oder Gefängnisstrafe nicht unter sieben Jahren zu erkennen.
3. Wenn zeitige Zuchthaus- oder Gefängnisstrafe zu mildern ist, so ist bis zur Hälfte der Strafzeit zu mildern.
4. Wenn Geldstrafe zu mildern ist, so ist bis zur Hälfte des Betrages zu mildern.
5. Wenn Haft zu mildern ist, so ist bis zur Hälfte des Maximums zu mildern.
6. Wenn Geldbuße zu mildern ist, so ist bis zur Hälfte des Maximums zu mildern.

§ 69. Wenn ein Verbrechen zwei oder mehrere Vorschriften des Gesetzes verletzt und die Strafe auf Grund des Gesetzes gemildert werden soll, so ist zunächst die anzuwendende Strafe zu bestimmen und sodann diese zu mildern.

§ 70. Ergibt sich durch Milderung der Zuchthaus-, Gefängnis- oder Haftstrafe ein Bruchteil, welcher geringer ist als ein Tag, so wird dieser Bruchteil nicht gerechnet.

Das Gleiche gilt, wenn durch Milderung einer Geldstrafe oder Geldbuße ein Bruchteil, welcher geringer als ein Yen ist, sich ergibt.

§ 71. Bei Strafmilderung auf Grund freien Ermessens wird die Strafe in gleicher Weise, wie in den §§ 68 und 70 bestimmt.

§ 72. Wenn eine Strafe gleichzeitig verschärft und gemildert werden soll, so ist sie in nachstehender Reihenfolge zu verschärfen und zu mildern:

1. Verschärfung wegen Rückfalls.
2. Gesetzliche Milderung.
3. Verschärfung wegen Zusammentreffens von Verbrechen.
4. Milderung auf Grund freien Ermessens.

Zweiter Teil.

Verbrechen.

Erster Abschnitt.

Verbrechen wider die kaiserliche Familie.

§ 73. Wer eine gefahrbringende Handlung gegen den Kaiser, die Kaiserin Großmutter, die Kaiserin Mutter, die Kaiserin, den

Kronprinzen oder den zur Thronfolge bestimmten Enkel des Kaisers begeht oder zu begehen unternimmt, wird mit dem Tode bestraft.

§ 74. Wer eine unehrerbietige Handlung gegen den Kaiser, die Kaiserin Großmutter, die Kaiserin Mutter, die Kaiserin, den Kronprinzen oder den zur Thronfolge bestimmten Enkel des Kaisers begeht, wird mit Zuchthaus von drei Monaten bis zu fünf Jahren bestraft.

Das Gleiche gilt für denjenigen, der gegen den allerheiligsten kaiserlichen Tempel oder eine kaiserliche Grabstätte eine unehrerbietige Handlung begeht.

§ 75. Wer eine gefahrbringende Handlung gegen ein Mitglied der kaiserlichen Familie begeht, wird mit dem Tode bestraft. Wer eine solche Handlung zu begehen unternimmt, wird mit lebenslänglichem Zuchthaus bestraft.

§ 76. Wer eine unehrerbietige Handlung gegen ein Mitglied der kaiserlichen Familie begeht, wird mit Zuchthaus von zwei Monaten bis zu vier Jahren bestraft.

Zweiter Abschnitt.

Verbrechen gegen die innere Sicherheit des Staates.

§ 77. Wer eine aufständische Bewegung hervorruft in der Absicht, die Regierung zu stürzen oder dem Reiche Gebiete zu entreißen oder sonst in die Reichsverfassung einzugreifen, wird nach folgender Maßgabe bestraft:

1. Der Rädelsführer mit dem Tode oder lebenslänglicher Gefängnisstrafe.
2. Wer an den Beratungen über eine aufständische Bewegung teilgenommen oder den Befehl über eine Menschenmenge geführt hat, mit lebenslänglichem Gefängnis oder mit Gefängnis nicht unter drei Jahren; wer sonst irgend eine leitende Stellung übernommen hat, mit Gefängnis von einem bis zu zehn Jahren.
3. Wer sich nur den Anderen angeschlossen oder sich sonst einfach an der aufständischen Bewegung beteiligt hat, mit Gefängnis bis zu drei Jahren.

Der Versuch der im obigen Absatze erwähnten Verbrechen ist strafbar, ausgenommen der in Ziffer 3 erwähnte Fall.

§ 78. Wer die Ausführung einer aufständischen Bewegung vorbereitet oder sich mit Anderen zu einer solchen Bewegung verschworen hat, wird mit Gefängnis von einem bis zu zehn Jahren bestraft.

§ 79. Wer dadurch, daß er Waffen, Geld oder Getreide liefert, oder durch sonst eine Handlung zu den in den §§ 77 und 78 erwähnten Verbrechen Beihilfe leistet, wird mit Zuchthaus bis zu sieben Jahren bestraft.

§ 80. Wer eines der in den §§ 78 und 79 erwähnten Verbrechen begeht, aber, ehe es zu einer aufständischen Bewegung gekommen ist, Selbstanzeige macht, wird von der Strafe befreit.

Dritter Abschnitt.

Verbrechen in Beziehung auf ausländische Angriffe.

§ 81. Wer im Einverständnisse mit einem fremden Staat bewirkt, daß das Reich in einen Krieg verwickelt wird, oder wer mit einem feindlichen Staat sich verbindet und gegen das Reich die Waffen ergreift, wird mit dem Tode bestraft.

§ 82. Wer eine Festung, ein Feldlager, einen Truppenteil, ein Kriegsfahrzeug oder zu militärischen Zwecken dienende Plätze oder Baulichkeiten dem feindlichen Staate überliefert, wird mit dem Tode bestraft.

Wer Waffen, Munition oder sonst zur Kriegsführung dienende Gegenstände dem feindlichen Staat überliefert, wird mit dem Tode oder mit lebenslänglichem Zuchthaus bestraft.

§ 83. Wer zum Vorteil eines feindlichen Staates eine Festung, ein Feldlager, ein Kriegsfahrzeug, Waffen, Munition, Wagen einer Dampf- oder elektrischen Bahn, eine Eisenbahn, eine elektrische Leitung oder sonst zu Kriegszwecken dienende Plätze oder Gegenstände zerstört oder für den Gebrauch untauglich macht, wird mit dem Tode oder mit lebenslänglichem Zuchthaus bestraft.

§ 84. Wer Waffen, Munition oder sonst unmittelbar zum Gebrauche für den Krieg dienende Gegenstände, welche nicht militärischen Zwecken des Reiches dienen, dem feindlichen Staate überliefert, wird mit lebenslänglichem Zuchthaus oder mit Zuchthaus nicht unter drei Jahren bestraft.

§ 85. Wer einem feindlichen Staate Spiondienst leistet oder einem Spion des feindlichen Staates Unterstützung gewährt, wird mit dem Tode oder mit lebenslänglichem Zuchthaus oder mit Zuchthaus nicht unter fünf Jahren bestraft.

Das Gleiche gilt für denjenigen, der dem feindlichen Staate militärische Geheimnisse verrät.

§ 86. Wer durch ein anderes als die in den §§ 81 bis 85 bezeichneten Mittel dem feindlichen Staate einen militärischen Vorteil verschafft oder das militärische Interesse des Reiches schädigt, wird mit zeitigem Zuchthaus nicht unter zwei Jahren bestraft.

§ 87. Der Versuch der in den §§ 81 bis 86 bezeichneten Verbrechen ist strafbar.

§ 88. Wer eines der in den §§ 81 bis 86 erwähnten Verbrechen vorbereitet oder sich zu deren Begehung verschwört, wird mit Zuchthaus von einem bis zu zehn Jahren bestraft.

§ 89. Die Vorschriften dieses Abschnittes finden auch Anwendung auf Handlungen, welche in Kriegszeiten gegen einen verbündeten Staat gerichtet sind.

Vierter Abschnitt.

Verbrechen in Beziehung auf den internationalen Verkehr.

§ 90. Wer gegen einen im Reichsgebiete weilenden Souverän oder Präsidenten eines fremden Staates eine Tätlichkeit oder Drohung begeht, wird mit Zuchthaus von einem bis zu zehn Jahren bestraft.

Wer gegen einen im Reichsgebiete weilenden Souverän oder Präsidenten eines fremden Staates eine Beleidigung begeht, wird mit Zuchthaus bis zu drei Jahren bestraft, doch findet die Verfolgung nur auf Antrag der fremden Regierung statt.

§ 91. Wer gegen einen nach dem Reiche geschickten ausländischen Gesandten eine Tätlichkeit oder Drohung begeht, wird mit Zuchthaus bis zu drei Jahren bestraft.

Wer gegen einen nach dem Reiche geschickten ausländischen Gesandten eine Beleidigung begeht, wird mit Zuchthaus bis zu zwei Jahren bestraft; doch findet die Verfolgung nur auf Antrag des Verletzten statt.

§ 92. Wer in der Absicht, einen fremden Staat zu beleidigen, die Flagge oder ein sonstiges Hoheitszeichen dieses Staates zerstört, beschädigt, fortnimmt oder beschmutzt, wird mit Zuchthaus bis zu zwei Jahren oder mit Geldstrafe bis zu zweihundert Yen bestraft; doch findet die Verfolgung nur auf Antrag der fremden Regierung statt.

§ 93. Wer in der Absicht, gegen einen fremden Staat ohne obrigkeitliche Erlaubnis Krieg zu führen, Vorbereitungen hierzu trifft oder sich mit Anderen hierzu verschwört, wird mit Gefängnis von drei Monaten bis zu fünf Jahren bestraft; doch wird der Täter von der Strafe befreit, wenn er sich selbst anzeigt.

§ 94. Wer im Falle eines Krieges zwischen Ausländern den Vorschriften über die Neutralität zuwider handelt, wird mit Gefängnis bis zu drei Jahren oder mit Geldstrafe bis zu eintausend Yen bestraft.

Fünfter Abschnitt.

Verbrechen, welche die Ausübung amtlicher Verrichtungen hindern oder stören.

§ 95. Wer gegen einen in Ausführung des Berufes handelnden öffentlichen Beamten Gewalt oder Drohung anwendet, wird mit Zuchthaus oder Gefängnis bis zu drei Jahren bestraft.

Das Gleiche gilt gegenüber demjenigen, der Gewalt oder Drohung anwendet, um einen öffentlichen Beamten zur Vornahme oder Unterlassung einer Verfügungshandlung oder zur Aufgabe seiner Stellung zu nötigen.

§ 96. Wer dadurch, daß er ein von einem öffentlichen Beamten angelegtes Siegel oder Zeichen der Beschlagnahme zerstört, oder durch sonstige Mittel bewirkt, daß das Siegel oder Zeichen unwirksam wird, wird mit Zuchthaus bis zu zwei Jahren oder mit Geldstrafe bis zu dreihundert Yen bestraft.

Sechster Abschnitt.

Verbrechen der Gefangenen-Flucht bezw. Befreiung.

§ 97. Entweicht ein schon verurteilter oder noch nicht abgeurteilter Gefangener, so wird er mit Zuchthaus bis zu einem Jahre bestraft.

§ 98. Entweicht ein schon verurteilter oder noch nicht abgeurteilter Gefangener oder ein gemäß dem Vorführungsbefehl Vorgeführter unter Beschädigung von Gefängnisgebäuden oder Verwahrungsgegenständen oder unter Anwendung von Gewalt oder Drohung oder im Einverständnis mit einer oder mehreren Personen, so wird er mit Zuchthaus von drei Monaten bis zu fünf Jahren bestraft.

§ 99. Wer einen auf Grund eines Gesetzes oder einer Verordnung Inhaftierten gewaltsam entführt, wird mit Zuchthaus von drei Monaten bis zu fünf Jahren bestraft.

§ 100. Wer, um einem auf Grund eines Gesetzes oder einer Verordnung Inhaftierten zur Entweichung zu verhelfen, Werkzeuge liefert oder sonst eine die Entweichung ermöglichende Handlung begeht, wird mit Zuchthaus bis zu drei Jahren bestraft.

Wer zu dem im vorigen Absatze erwähnten Zwecke Gewalt oder Drohung anwendet, wird mit Gefängnis von drei Monaten bis zu fünf Jahren bestraft.

§ 101. Wer einen auf Grund eines Gesetzes oder einer Verordnung Inhaftierten, den er beaufsichtigt oder begleitet, entweichen läßt, wird mit Zuchthaus von einem bis zu zehn Jahren bestraft.

§ 102. Der Versuch der in diesem Abschnitte erwähnten Verbrechen ist strafbar.

Siebenter Abschnitt.

Verbrechen des Verbergens von Verbrechern und der Beseitigung von Beweisgegenständen.

§ 103. Wer einen entwichenen Gefangenen oder eine Person, welche ein mit einer Geld- oder schwereren Strafe bedrohtes Verbrechen begangen hat, verbirgt oder entfliehen läßt, wird mit Zuchthaus bis zu zwei Jahren oder mit Geldstrafe bis zu zweihundert Yen bestraft.

§ 104. Wer einen Beweisgegenstand, der die Strafverfolgung eines Anderen betrifft, beseitigt, fälschlich anfertigt oder verfälscht, oder wer von einem fälschlich angefertigten oder verfälschten Beweisgegenstand Gebrauch macht, wird mit Zuchthaus bis zu zwei Jahren oder mit Geldstrafe bis zu zweihundert Yen bestraft.

§ 105. Die in diesem Abschnitte erwähnten Verbrechen bleiben straflos, wenn sie von einem Verwandten des Verbrechers oder des Entwichenen zu dessen Gunsten begangen werden.

Achter Abschnitt.

Verbrechen des Aufruhrs.

§ 106. Wenn sich eine Menschenmenge zusammenrottet und Gewalthandlungen oder Drohungen begeht, so wird sie wegen Aufruhrs nach folgenden Maßgaben bestraft:

1. Die Rädelsführer mit Zuchthaus oder Gefängnis von einem bis zu zehn Jahren.
2. Wer den Befehl über die Anderen führt oder dadurch, daß er den Anderen vorangeht, die Stärke des Aufruhrs erhöht, mit Zuchthaus oder Gefängnis von sechs Monaten bis zu sieben Jahren.
3. Wer sich lediglich an der Ansammlung beteiligt, mit Geldstrafe bis zu fünfzig Yen.

§ 107. Wenn sich eine Menschenmenge zusammenrottet um Gewalthandlungen oder Drohungen zu begehen und trotz dreimaliger Aufforderung des zuständigen öffentlichen Beamten sich nicht zerstreut, so werden die Rädelsführer mit Zuchthaus oder Gefängnis bis zu drei Jahren, die übrigen Teilnehmer mit Geldstrafe bis zu fünfzig Yen bestraft.

Neunter Abschnitt.

Verbrechen der vorsätzlichen und fahrlässigen Brandstiftung.

§ 108. Wer Feuer anlegt und dadurch ein Gebäude, einen Wagen der Dampfbahn oder elektrischen Bahn, ein Fahrzeug oder ein Bergwerk, welche gegenwärtig als Wohnung oder Aufenthalt von Menschen dienen, oder in welchen sich gerade ein Mensch befindet, in Brand setzt, wird mit dem Tode oder mit lebenslänglichem Zuchthaus oder mit Zuchthaus nicht unter fünf Jahren bestraft.

§ 109. Wer Feuer anlegt und dadurch ein Gebäude, ein Fahrzeug oder ein Bergwerk, welche gegenwärtig nicht als Wohnung oder Aufenthalt von Menschen dienen, oder in welchen sich gerade kein Mensch befindet, in Brand setzt, wird mit zeitigem Zuchthaus nicht unter zwei Jahren bestraft.

Wenn der in obigem Absatz erwähnte Gegenstand im Eigentum des Täters steht, so ist auf Zuchthaus von sechs Monaten bis zu sieben Jahren zu erkennen; jedoch bleibt der Täter straflos, wenn keine Gefahr für das Publikum entstanden ist.

§ 110. Wer Feuer anlegt, um dadurch einen Gegenstand, der nicht zu den in den §§ 108 und 109 erwähnten gehört, in Brand setzt und dadurch eine Gefahr für das Publikum herbeiführt, wird mit Zuchthaus von einem bis zu zehn Jahren bestraft.

Wenn der im obigen Absatz erwähnte Gegenstand im Eigentum des Täters steht, so ist auf Zuchthaus bis zu einem Jahre oder auf Geldstrafe bis zu einhundert Yen zu erkennen.

§ 111. Wenn infolge der Begehung des im § 109 Abs. 2 oder 110 Abs. 2 erwähnten Verbrechens einer der in § 108 oder 109 Abs. 1 erwähnten Gegenstände Feuer fängt, so ist auf Zuchthaus von drei Monaten bis zu zehn Jahren zu erkennen.

Wenn infolge der Begehung des in § 110 Abs. 2 erwähnten Verbrechens einer der in § 110 Abs. 1 erwähnten Gegenstände Feuer fängt, so ist auf Zuchthaus bis zu drei Jahren zu erkennen.

§ 112. Der Versuch der in den §§ 108 und 109 Abs. 1 erwähnten Verbrechen ist strafbar.

§ 113. Wer Vorbereitungen zum Zwecke der Begehung eines der in den §§ 108 und 109 Abs. 1 erwähnten Verbrechen trifft, wird mit Zuchthaus bis zu zwei Jahren bestraft. Doch kann nach den Umständen des Falles diese Strafe erlassen werden.

§ 114. Wer bei einem Brande die Löschgerätschaften verbirgt oder beschädigt oder sonst auf irgend eine Weise die Löschung des Feuers hindert oder erschwert, wird mit Zuchthaus von einem bis zu zehn Jahren bestraft.

§ 115. Wer einen der in den §§ 109 Abs 1 und 110 Abs. 1 erwähnten Gegenstände, welcher zwar in seinem Eigentum steht, aber mit Beschlag belegt, mit einem dinglichen Rechte belastet, vermietet oder versichert ist, in Brand setzt, wird ebenso bestraft, als wenn der Gegenstand ein fremder wäre.

§ 116. Wer aus Fahrlässigkeit einen der in § 108 erwähnten Gegenstände oder einen der in § 109 erwähnten Gegenstände, welcher im fremden Eigentume steht, in Brand setzt, wird mit Geldstrafe bis zu dreihundert Yen bestraft.

Derselben Strafe unterliegt, wer aus Fahrlässigkeit einen der in § 109 erwähnten eigenen Gegenstände oder einen der in § 110 erwähnten Gegenstände in Brand setzt und dadurch eine Gefahr für das Publikum herbeiführt.

§ 117. Wer einen der in § 108 erwähnten Gegenstände oder einen der in § 109 erwähnten Gegenstände, welcher im fremden Eigentume steht, dadurch zerstört, daß er Pulver, Dampfkessel oder sonst einen explodierbaren Gegenstand zur Explosion bringt, unterliegt den für vorsätzliche Brandstiftung angedrohten Strafen. Das Gleiche gilt für denjenigen, der dadurch eine Gefahr für das Publikum herbeiführt, daß er einen in seinem Eigentume stehenden Gegenstand, der in den §§ 109 und 110 erwähnten Art zerstört.

Wenn die im obigen Absatze erwähnte Handlung aus Fahrlässigkeit begangen wird, so findet die Vorschrift des § 116 über fahrlässige Brandstiftung entsprechende Anwendung.

§ 118. Wer dadurch, daß er Gas, Elektrizität oder Dampf ableitet oder ausströmen läßt, oder die Ableitung oder die Ausströmung von Gas, Elektrizität oder Dampf abhält, das Leben, den Körper oder das Vermögen von Menschen gefährdet, wird mit Zuchthaus bis zu drei Jahren oder mit Geldstrafe bis zu einhundert Yen bestraft.

Wer den Tod oder die Verletzung von Menschen dadurch verursacht, daß er Gas, Elektrizität oder Dampf ableitet oder ausströmen läßt, oder die Ableitung oder die Ausströmung von Gas, Elektrizität oder Dampf abhält, wird nach den Vorschriften über die Körperverletzung und Gesundheitsbeschädigung bestraft, wenn deren Strafen schwerer sind.

Zehnter Abschnitt.

Verbrechen in Beziehung auf Überschwemmungen und Wasserlauf.

§ 119. Wer durch Herbeiführung einer Überschwemmung ein Gebäude, einen Wagen der Dampfbahn oder der elektrischen Bahn, oder ein Bergwerk, welche gegenwärtig als Wohnung oder Aufenthalt von Menschen dienen, oder in welchen sich gerade jemand befindet, beschädigt, wird mit dem Tode oder mit lebenslänglichem Zuchthaus oder mit Zuchthaus nicht unter drei Jahren bestraft.

§ 120. Wer durch Herbeiführung einer Überschwemmung einen Gegenstand, der nicht zu den in § 119 erwähnten gehört, beschädigt, und dadurch eine Gefahr für das Publikum hervorruft, wird mit Zuchthaus von einem bis zu zehn Jahren bestraft.

Wenn der beschädigte Gegenstand zwar im Eigentume des Täters steht, aber mit Beschlag belegt, mit einem dinglichen Rechte belastet, vermietet oder versichert ist, so ist nach der Vorschrift des obigen Absatzes zu erkennen.

§ 121. Wer bei Gelegenheit einer Überschwemmungsgefahr einen Gegenstand, der dem Zwecke der Abwehr des Wassers dient, verbirgt, zerstört oder sonst auf irgend eine Weise die Abwehr des Wassers hindert oder erschwert, wird mit Zuchthaus von einem bis zu zehn Jahren bestraft.

§ 122. Wer aus Fahrlässigkeit eine Überschwemmung herbeiführt, durch welche einer der in § 119 erwähnten Gegenstände beschädigt wird oder durch welche einer der in § 120 erwähnten Gegenstände beschädigt und hierdurch eine Gefahr für das Publikum hervorgerufen wird, wird mit Geldstrafe bis zu dreihundert Yen bestraft.

§ 123. Wer einen Damm durchbricht, eine Schleuse beschädigt oder sonst eine Handlung begeht, welche geeignet ist, den Wasserlauf zu zerstören oder eine Überschwemmung herbeizuführen, wird mit Zuchthaus oder Gefängnis bis zu zwei Jahren oder mit Geldstrafe bis zu zweihundert Yen bestraft.

Elfter Abschnitt.

Verbrechen der Verkehrsstörung.

§ 124. Wer einen Landweg, eine Wasserstraße oder eine Brücke beschädigt, zerstört oder unpassierbar macht und dadurch eine

Störung des Verkehrs herbeiführt, wird mit Zuchthaus bis zu zwei Jahren oder mit Geldstrafe bis zu zweihundert Yen bestraft.

Wer durch Begehung der im obigen Absatze erwähnten Verbrechen den Tod oder die Verletzung von Menschen verursacht, wird nach den Vorschriften über die Körperverletzung und Gesundheitsbeschädigung bestraft, sofern deren Strafen schwerer sind.

§ 125. Wer eine Eisenbahn oder deren Signalzeichen beschädigt, oder sonst auf irgend eine Weise den Verkehr von Dampfwagen oder elektrischen Wagen gefährdet, wird mit zeitigem Zuchthaus nicht unter zwei Jahren bestraft.

Das Gleiche gilt für denjenigen, der durch Beschädigung eines Leuchtturmes oder einer Boje oder sonst auf irgend eine Weise den Schiffsverkehr gefährdet.

§ 126. Wer einen Wagen der Dampfbahn oder der elektrischen Bahn, in welchem sich ein Mensch befindet, zum Umsturz bringt oder zerstört, wird mit lebenslänglichem Zuchthaus oder mit Zuchthaus nicht unter drei Jahren bestraft.

Das Gleiche gilt für denjenigen, der ein Schiff, in dem sich ein Mensch befindet, zum Kentern bringt oder zerstört.

Wer durch Begehung eines der in den vorstehenden beiden Absätzen erwähnten Verbrechen den Tod eines Menschen verursacht, wird mit dem Tode oder mit lebenslänglichem Zuchthaus bestraft.

§ 127. Wer durch Begehung eines der im § 125 erwähnten Verbrechen einen Wagen der Dampfbahn oder der elektrischen Bahn umstürzt oder zerstört oder ein Schiff zum Kentern bringt oder zerstört, wird gemäß den Bestimmungen des § 126 bestraft.

§ 128. Der Versuch der in den §§ 124 Abs. 1, 125 und 126 Abs. 1 und 2 erwähnten Verbrechen ist strafbar.

§ 129. Wer aus Fahrlässigkeit den Verkehr eines Wagens der Dampfbahn oder der elektrischen Bahn oder eines Schiffes gefährdet oder den Umsturz oder die Zerstörung eines Wagens der Dampfbahn oder der elektrischen Bahn oder das Kentern oder die Zerstörung eines Schiffes herbeiführt, wird mit Geldstrafe bis zu fünfhundert Yen bestraft.

Wenn ein in dem betreffenden Betriebe Beschäftigter eines der in obigem Absatze erwähnten Verbrechen begeht, so ist auf Gefängnis bis zu drei Jahren oder auf Geldstrafe bis zu eintausend Yen zu erkennen.

Zwölfter Abschnitt.

Verbrechen des Hausfriedensbruches.

§ 130. Wer widerrechtlich in die Wohnung eines Anderen oder in Höfe, Baulichkeiten oder Schiffe, welche unter der Obhut eines Anderen stehen, eindringt oder sich auf Aufforderung des Berechtigten nicht entfernt, wird mit Zuchthaus bis zu drei Jahren oder mit Geldstrafe bis zu fünfzig Yen bestraft.

§ 131. Wer widerrechtlich in den Palast, Palastrayon, Nebenpalast oder in den zeitweiligen Aufenthaltsplatz des Kaisers eindringt, wird mit Zuchthaus von drei Monaten bis zu fünf Jahren bestraft.

Das Gleiche gilt für denjenigen, der in den allerheiligsten, kaiserlichen Tempel oder in eine kaiserliche Grabstätte widerrechtlich eindringt.

§ 132. Der Versuch der in diesem Absatze erwähnten Verbrechen ist strafbar.

Dreizehnter Abschnitt.

Verbrechen der Verletzung von Geheimnissen.

§ 133. Wer unbefugt ein verschlossenes Schriftstück öffnet, wird mit Zuchthaus bis zu einem Jahre oder mit Geldstrafe bis zu zweihundert Yen bestraft.

§ 134. Ärzte, Apotheker, Drogisten, Hebammen, Rechtsanwälte, Verteidiger, Notare, sowie diejenigen Personen, die eine solche Tätigkeit ausgeübt haben, werden, wenn sie unbefugt ein fremdes Geheimnis, welches ihnen bei ihrer Tätigkeit anvertraut oder zu ihrer Kenntnis gelangt ist, offenbaren, mit Zuchthaus bis zu sechs Monaten oder mit Geldtrafe bis zu einhundert Yen bestraft.

Das Gleiche gilt für diejenigen Personen, die einen geistlichen Beruf ausüben oder ausgeübt haben, wenn sie unbefugt ein fremdes Geheimnis, welches ihnen bei ihrer Tätigkeit anvertraut oder zu ihrer Kenntnis gelangt ist, offenbaren.

§ 135. Die Verfolgung der in diesem Abschnitte erwähnten Verbrechen tritt nur auf Antrag ein.

Vierzehnter Abschnitt.

Verbrechen, in Beziehung auf Rauchopium.

§ 136. Wer Rauchopium einführt, herstellt oder verkauft, oder wer Rauchopium besitzt in der Absicht es zu verkaufen, wird mit Zuchthaus von sechs Monaten bis zu sieben Jahren bestraft.

§ 137. Wer ein Gerät, aus dem Rauchopium geraucht wird, einführt, herstellt oder verkauft, oder wer ein solches Gerät besitzt in der Absicht es zu verkaufen, wird mit Zuchthaus von drei Monaten bis zu fünf Jahren bestraft.

§ 138. Ein Zollbeamter, welcher die Einfuhr von Rauchopium oder von Geräten für das Opiumrauchen gestattet oder selbst eine solche Sache einführt, wird mit Zuchthaus von einem bis zu zehn Jahren bestraft.

§ 139. Wer Rauchopium raucht, wird mit Zuchthaus bis zu drei Jahren bestraft.

Wer seines Vorteils wegen einem Anderen einen Raum zum Opiumrauchen zur Verfügung stellt, wird mit Zuchthaus von sechs Monaten bis zu sieben Jahren bestraft.

§ 140. Wer Rauchopium oder ein Gerät zum Opiumrauchen im Eigentum oder Besitz hat, wird mit Zuchthaus bis zu einem Jahre bestraft.

§ 141. Der Versuch der in diesem Abschnitte erwähnten Verbrechen ist strafbar.

Fünfzehnter Abschnitt.

Verbrechen in Beziehung auf das Trinkwasser.

§ 142. Wer reines Wasser, das Menschen zum Trinken dient, verunreinigt und dadurch ungenießbar macht, wird mit Zuchthaus bis zu sechs Monaten oder mit Geldstrafe bis zu fünfzig Yen bestraft.

§ 143. Wer das aus einer Wasserleitung für den öffentlichen Gebrauch gelieferte reine Trinkwasser oder dessen Quelle verunreinigt und das Wasser dadurch ungenießbar macht, wird mit Zuchthaus von sechs Monaten bis zu sieben Jahren bestraft.

§ 144. Wer reinem Wasser, das Menschen zum Trinken dient, Gift oder sonst einen Stoff, der die menschliche Gesundheit zu schädigen geeignet ist, zusetzt, wird mit Zuchthaus bis zu drei Jahren bestraft.

§ 145. Wenn durch Begehung der in den §§ 142 144 erwähnten Verbrechen der Tod oder die Verletzung eines Menschen verursacht wird, so finden die Vorschriften über die Körperverletzung und Gesundheitsbeschädigung Anwendung, wenn deren Strafen schwerer sind.

§ 146. Wer dem aus einer Wasserleitung für den öffentlichen Gebrauch gelieferten reinen Trinkwasser oder dessen Quelle Gift oder einen anderen Stoff, der die menschliche Gesundheit zu schädigen geeignet ist, zusetzt, wird mit zeitigem Zuchthaus nicht unter zwei Jahren bestraft. Ist durch Begehung des obigen Verbrechens der Tod eines Menschen verursacht worden, so ist auf Todesstrafe oder auf lebenslängliche Zuchthausstrafe oder auf Zuchthausstrafe nicht unter fünf Jahren zu erkennen.

§ 147. Wer die Leitung eines zum Trinken für den öffentlichen Gebrauch gelieferten reinen Wassers beschädigt, zerstört oder absperrt, wird mit Zuchthaus von einem bis zu zehn Jahren bestraft.

Sechzehnter Abschnitt.

Verbrechen der Münzfälschung.

§ 148. Wer im Verkehr befindliche Geldmünzen, Papiergeld oder Banknoten zum Zwecke des Gebrauches nachmacht oder verfälscht, wird mit lebenslänglichem Zuchthaus oder mit Zuchthaus nicht unter drei Jahren bestraft.

Das Gleiche gilt für denjenigen, der nachgemachte oder verfälschte Geldmünzen, Banknoten oder auf solche Weise hergestelltes

Papiergeld gebraucht oder zum Zwecke des Gebrauches einem Anderen gibt oder einführt.

§ 149. Wer im Inlande umlaufende ausländische Geldmünzen, Banknoten oder ausländisches Papiergeld nachmacht oder verfälscht, wird mit zeitigem Zuchthaus nicht unter zwei Jahren bestraft.

Das Gleiche gilt für denjenigen, der im Inland nachgemachte oder verfälschte ausländische Geldmünzen, Banknoten oder auf solche Weise hergestelltes Papiergeld gebraucht oder zum Zwecke des Gebrauches einem Anderen gibt oder einführt.

§ 150. Wer nachgemachte oder verfälschte Geldmünzen, Banknoten oder auf solche Weise hergestelltes Papiergeld zum Zwecke des Gebrauches an sich bringt, wird mit Zuchthaus bis zu drei Jahren bestraft.

§ 151. Der Versuch der in den §§ 148—150 erwähnten Verbrechen ist strafbar.

§ 152. Wer, nachdem er Geldmünzen, Papiergeld oder Banknoten empfangen hat, solche, wissend, daß sie nachgemacht oder verfälscht sind, gebraucht oder zum Zweck des Gebrauches einem Anderen gibt, wird mit Geldstrafe oder mit Geldbuße bis zum dreifachen Betrage des Nennwertes bestraft; jedoch darf die Strafe nicht unter einem Yen sein.

§ 153. Wer Werkzeuge oder Materialien, in der Absicht, sie zur Nachahmung oder Verfälschung von Geldmünzen, Papiergeld oder Banknoten zu verwenden, bereitstellt, wird mit Zuchthaus von drei Monaten bis zu fünf Jahren bestraft.

Siebzehnter Abschnitt.

Verbrechen der Urkundenfälschung.

§ 154. Wer zum Zwecke des Gebrauches unter Benutzung des kaiserlichen Siegels, Stempels, des Staatssiegels, -Stempels oder der Unterschrift des Kaisers ein dessen Aeußerung enthaltendes Schriftstück oder ein sonstiges Schriftstück fälschlich anfertigt, oder wer unter Benutzung eines fälschlich angefertigten kaiserlichen Siegels, Stempels, Staatssiegels, -Stempels oder einer fälschlich angefertigten Unterschrift des Kaisers ein dessen Aeußerung enthaltendes Schriftstück oder ein sonstiges Schriftstück fälschlich anfertigt, wird mit lebenslänglichem Zuchthaus, oder mit Zuchthaus nicht unter drei Jahren bestraft.

Derselben Strafe unterliegt, wer ein mit dem kaiserlichen Siegel, Stempel, dem Staatssiegel, -Stempel oder der Unterschrift des Kaisers versehenes, ein dessen Aeußerung enthaltendes Schriftstück oder ein sonstiges Schriftstück verfälscht.

§ 155. Wer zum Zwecke des Gebrauchs unter Benutzung des Siegels, Stempels oder der Unterschrift einer öffentlichen Behörde oder eines öffentlichen Beamten ein von der Behörde oder dem Beamten anzufertigendes Schriftstück oder Zeichnung fälschlich anfertigt, oder wer unter Benutzung eines fälschlich angefertigten Siegels, Stempels oder einer fälschlich angefertigten Unterschrift einer öffentlichen Behörde oder eines öffentlichen Beamten, ein von der Behörde oder dem Beamten anzufertigendes Schriftstück oder Zeichnung fälschlich anfertigt, wird mit Zuchthaus von einem bis zu zehn Jahren bestraft.

Derselben Strafe unterliegt, wer ein mit dem Siegel, Stempel, oder der Unterschrift einer öffentlichen Behörde oder eines öffentlichen Beamten versehenes Schriftstück oder Zeichnung verfälscht.

Wer außer in den vorstehend bezeichneten Fällen ein von einer öffentlichen Behörde oder von einem öffentlichen Beamten anzufertigendes Schriftstück oder Zeichnung fälschlich anfertigt, oder ein von einer öffentlichen Behörde oder einem öffentlichen Beamten angefertigtes Schriftstück oder Zeichnung verfälscht, wird mit Zuchthaus bis zu drei Jahren oder mit Geldstrafe bis zu dreihundert Yen bestraft.

§ 156. Ein öffentlicher Beamter, der ein falsches Schriftstück oder Zeichnung herstellt oder ein Schriftstück oder Zeichnung verfälscht, um es im Hinblick auf seinen Beruf zu gebrauchen, wird gemäß den Bestimmungen der §§ 154 und 155 und nach der Maßgabe, ob ein Siegel, Stempel oder eine Unterschrift in Frage kommt oder nicht, bestraft.

§ 157. Wer einem öffentlichen Beamten gegenüber eine falsche Angabe macht, und dadurch bewirkt, daß in der Unterschrift einer auf ein Recht oder eine Verpflichtung bezüglichen öffentlichen Urkunde eine unwahre Eintragung gemacht wird, wird mit Zuchthaus bis zu zwei Jahren oder mit Geldstrafe bis zu einhundert Yen bestraft.

Wer einem öffentlichen Beamten gegenüber eine falsche Angabe macht und dadurch bewirkt, daß in einem Erlaubnisscheine, einem Beglaubigungsscheine oder in einem Paß eine unwahre Eintragung gemacht wird, wird mit Zuchthaus bis zu sechs Monaten oder mit Geldstrafe bis zu fünfzig Yen bestraft.

Der Versuch der in diesem Paragraphen erwähnten Verbrechen ist strafbar.

§ 158. Wer von einem der in den §§ 154—157 erwähnten Schriftstücken oder Zeichnungen Gebrauch macht, wird ebenso bestraft wie derjenige, der ein solches Schriftstück oder Zeichnung fälschlich anfertigt oder verfälscht oder ein falsches Schriftstück oder Zeichnung herstellt oder eine unwahre Eintragung bewirkt.

Der Versuch der in diesem Paragraphen erwähnten Verbrechen ist strafbar.

§ 159. Wer zum Zwecke des Gebrauches unter unberechtigter Benutzung des Siegels, Stempels oder der Unterschrift eines Anderen ein auf dem Beweis eines Rechtes, einer Verpflichtung oder einer Tatsache bezügliches Schriftstück oder Zeichnung fälschlich anfertigt, oder unter Benutzung eines fälschlich angefertigten Siegels, Stempels oder einer gefälschten Unterschrift eines Anderen ein auf dem Beweis eines Rechtes, einer Verpflichtung oder einer Tatsache bezügliches

Schriftstück oder Zeichnung fälschlich anfertigt, wird mit Zuchthaus von drei Monaten bis zu fünf Jahren bestraft.

Der gleichen Strafe unterliegt, wer ein von einem Andern gesiegeltes oder unterschriebenes auf den Beweis eines Rechtes, einer Verpflichtung oder einer Tatsache bezügliches Schriftstück oder Zeichnung verfälscht.

Wer außer den in obigen beiden Absätzen erwähnten Fällen ein auf den Beweis eines Rechtes, einer Verpflichtung oder einer Tatsache bezügliches Schriftstück oder Zeichnung fälschlich anfertigt oder verfälscht, wird mit Zuchthaus bis zu einem Jahre oder mit Geldstrafe bis zu einhundert Yen bestraft.

§ 160. Ein Arzt, der in einer ärztlichen Berichtigungs- oder Untersuchungserklärung oder Todesbescheinigung, die einer öffentlichen Behörde vorzulegen ist, eine falsche Angabe macht, wird mit Zuchthaus bis zu drei Jahren, oder mit Geldstrafe bis zu fünfhundert Yen bestraft.

§ 161. Wer von einem der in den §§ 159 und 160 erwähnten Schriftstücken oder Zeichnungen Gebrauch macht, wird ebenso bestraft wie derjenige, der ein solches Schriftstück oder Zeichnung anfertigt oder verfälscht oder eine falsche Angabe macht.

Der Versuch der in diesem Paragraphen erwähnten Verbrechen ist strafbar.

Achtzehnter Abschnitt.

Verbrechen der Fälschung von Wertpapieren.

§ 162. Wer zum Zwecke des Gebrauches einen Staatsschuldschein, den Schuldschein einer öffentlichen Behörde, den Anteilschein einer Gesellschaft oder ein sonstiges Wertpapier fälschlich anfertigt oder verfälscht, wird mit Zuchthaus von drei Monaten bis zu zehn Jahren bestraft.

Das Gleiche gilt für denjenigen, der zum Zwecke des Gebrauches in einem solchen Papiere eine betrügerische Eintragung macht.

§ 163. Wer von einem fälschlich angefertigten, verfälschten oder mit einer betrügerischen Eintragung versehenen Wertpapier Gebrauch macht, oder ein solches zum Zwecke des Gebrauches einem Anderen gibt oder einführt, wird mit Zuchthaus von drei Monaten bis zu zehn Jahren bestraft.

Der Versuch der in diesem Paragraphen erwähnten Verbrechen ist strafbar.

Neunzehnter Abschnitt.

Verbrechen der Siegel- oder Stempelfälschung.

§ 164. Wer zum Zwecke des Gebrauches den kaiserlichen Siegel oder Stempel, den Staatssiegel, -Stempel oder die Unterschrift des Kaisers fälschlich anfertigt, wird mit zeitigem Zuchthaus nicht unter zwei Jahren bestraft.

Der gleichen Strafe unterliegt, wer den kaiserlichen Siegel oder Stempel, den Staatssiegel oder -Stempel, oder die Unterschrift des Kaisers unberechtigterweise benutzt, oder wer einen fälschlich angefertigten kaiserlichen Siegel oder Stempel, den Staatssiegel oder -Stempel, oder eine fälschlich angefertigte Unterschrift des Kaisers benutzt.

§ 165. Wer zum Zwecke des Gebrauches den Siegel, Stempel, oder die Unterschrift einer öffentlichen Behörde, oder eines öffentlichen Beamten fälschlich anfertigt, wird mit Zuchthaus von drei Monaten bis zu fünf Jahren bestraft.

Der gleichen Strafe unterliegt, wer den Siegel, -Stempel, oder die Unterschrift einer öffentlichen Behörde oder eines öffentlichen Beamten unberechtigterweise benutzt, oder wer einen fälschlich angefertigten Siegel oder Stempel oder eine fälschlich angefertigte Unterschrift einer öffentlichen Behörde oder eines öffentlichen Beamten benutzt.

§ 166. Wer zum Zwecke des Gebrauches das Abzeichen einer öffentlichen Behörde fälschlich anfertigt, wird mit Zuchthaus bis zu drei Jahren bestraft. Der gleichen Strafe unterliegt, wer das Abzeichen einer öffentlichen Behörde unberechtigterweise benutzt, oder wer ein fälschlich angefertigtes Abzeichen einer öffentlichen Behörde benutzt.

§ 167. Wer zum Zwecke des Gebrauches den Siegel oder Stempel oder die Unterschrift eines Anderen fälschlich anfertigt, wird mit Zuchthaus bis zu drei Jahren bestraft.

Der gleichen Strafe unterliegt, wer den Siegel, Stempel, oder die Unterschrift eines Anderen unberechtigterweise benutzt, oder wer den fälschlich angefertigten Siegel oder Stempel oder die gefälschte Unterschrift eines Anderen benutzt.

§ 168. Der Versuch der in den §§ 164 Abs. 2, 165 Abs. 2, 166 Abs. 2 und 167 Abs. 2 erwähnten Verbrechen ist strafbar.

Zwanzigster Abschnitt.

Verbrechen der falschen Abgabe eines Zeugnisses.

§ 169. Wer in Gemäßheit der Gesetze vereidigt als Zeuge eine falche Aussage macht, wird mit Zuchthaus von drei Monaten bis zu zehn Jahren bestraft.

§ 170. Wenn derjenige, der das im § 169 erwähnte Verbrechen begeht, ein Geständnis ablegt, bevor die Sache, in welcher das Zeugnis abgegeben worden ist, rechtskräftig abgeurteilt, bezw. in der Sache eine Disziplinar-Verfügung erlassen ist, so kann die Strafe gemildert oder ganz erlassen werden

§ 171. Wer, in Gemäßheit der Gesetze vereidigt, als Sachverständiger oder Dolmetscher ein falsches Gutachten bezw. eine falsche Übersetzung abgibt, unterliegt den Bestimmungen der vorstehenden beiden Paragraphen.

Einundzwanzigster Abschnitt.

Verbrechen der falchen Anschuldigung.

§ 172. Wer in der Absicht, gegen eine Person eine strafrechtliche oder disziplinarische Verfolgung herbeizuführen, eine falsche Anzeige macht, unterliegt der Bestimmung des § 169.

§ 173. Wenn derjenige, der das im vorhergehenden Paragraphen bezeichnete Verbrechen begeht, ein Geständnis ablegt, bevor die Sache, in welcher die Anzeige gemacht worden ist, rechtskräftig abgeurteilt oder in der Sache eine Disziplinar-Verfügung erlassen ist, so kann die Strafe gemildert oder ganz erlassen werden.

Zweiundzwanzigster Abschnitt.

Verbrechen der Unsittlichkeit, der Unzucht und Doppelehe.

§ 174. Wer öffentlich eine unsittliche Handlung vornimmt, wird mit Geldbuße bestraft.

§ 175. Wer eine unsittliche Schrift, Zeichnung, Abbildung oder andere unsittliche Gegenstände verbreitet, verkauft oder öffentlich ausstellt, wird mit Geldstrafe bis zu fünfhundert Yen oder mit Geldbuße bestraft.

Das Gleiche gilt für denjenigen, der solche Gegenstände besitzt, in der Absicht, sie zu verkaufen.

§ 176. Wer an einer Manns- oder Frauensperson, die das dreizehnte Lebensjahr vollendet hat, mit Gewalt oder Drohung eine unsittliche Handlung vornimmt, wird mit Zuchthaus von sechs Monaten bis zu sieben Jahren bestraft.

Der gleichen Strafe unterliegt, wer eine unsittliche Handlung an einer Manns- oder Frauensperson unter dreizehn Jahren vornimmt.

§ 177. Wer unter Anwendung von Gewalt oder Drohung mit einer Frauensperson, welche das dreizehnte Lebensjahr vollendet hat, den Beischlaf ausübt, wird wegen Notzucht mit zeitigem Zuchthaus nicht unter zwei Jahren bestraft.

Der gleichen Strafe unterliegt, wer mit einer Frauensperson unter dreizehn Jahren den Beischlaf ausübt.

§ 178. Wer an einer Person, die sich im Zustande der Sinnesstörung oder der Unmöglichkeit, Widerstand zu leisten, befindet, eine unsittliche Handlung vornimmt oder mit einer solchen Person den Beischlaf ausübt, oder wer ein solches Verbrechen begeht, nachdem er sie in den Zustand der Sinnesstörung oder der Unmöglichkeit, Widerstand zu leisten, versetzt hat, unterliegt den Bestimmungen der §§ 176 und 177.

§ 179. Der Versuch der in den §§ 176—178 erwähnten Verbrechen ist strafbar.

§ 180. Die Verfolgung der in den §§ 176—178 erwähnten Verbrechen tritt nur auf Antrag ein.

§ 181. Wer durch die Begehung eines der in den §§ 176—179 erwähnten Verbrechen den Tod, die Körperverletzung oder Gesundheitsbeschädigung eines Menschen verursacht, wird mit lebenslänglichem Zuchthaus oder mit Zuchthaus nicht unter drei Jahren bestraft.

§ 182. Wer aus Gewinnsucht eine Frauensperson, die einem unsittlichen Lebenswandel nicht ergeben ist, zum geschlechtlichen Verkehr mit Anderen veranlaßt, wird mit Zuchthaus bis zu drei Jahren oder mit Geldstrafe bis zu fünfhundert Yen bestraft.

§ 183. Eine Ehefrau, welche einen Ehebruch begeht, wird mit Zuchthaus bis zu zwei Jahren bestraft.

Das Gleiche gilt für denjenigen, der mit ihr die Ehe bricht.

Die Verfolgung des im obigen Absatze erwähnten Verbrechens tritt nur auf Antrag des Ehemanns ein; jedoch ist der Antrag wirkungslos, wenn der Ehemann mit dem Ehebruch einverstanden war.

§ 184. Wer als Ehegatte eine neue Ehe eingeht, wird mit Zuchthaus bis zu zwei Jahren bestraft.

Das Gleiche gilt für denjenigen, der mit ihm eine Ehe eingeht.

Dreiundzwanzigster Abschnitt.

Verbrechen, in Beziehung auf Glückspiel und Lotterie.

§ 185. Wer um Geldeinsätze ein Spiel oder eine Wette, wobei der Zufall allein den Ausschlag gibt, eingeht, wird mit Geldstrafe bis zu eintausend Yen oder mit Geldbuße bestraft, es sei denn, daß nur um solche Sachen gespielt oder gewettet wird, welche dem sofortigen Genusse dienen.

§ 186. Wer gewohnheitsmäßig spielt oder wettet, wird mit Zuchthaus bis zu drei Jahren bestraft.

Wer aus Gewinnsucht Spielbanken eröffnet oder Mitspieler wirbt, wird mit Zuchthaus von drei Monaten bis zu fünf Jahren bestraft.

§ 187. Wer Lotterielose zum Verkaufe feilhält, wird mit Zuchthaus bis zu zwei Jahren oder mit Geldstrafe bis zu dreitausend Yen bestraft.

Wer den Vertrieb von Lotterielosen vermittelt, wird mit Zuchthaus bis zu einem Jahre oder mit Geldstrafe bis zu zweitausend Yen bestraft.

Wer außer den in obigen beiden Absätzen erwähnten Fällen ein Lotterielos annimmt oder einem Anderen gibt, wird mit Geldstrafe bis zu dreihundert Yen oder mit Geldbuße bestraft.

Vierundzwanzigster Abschnitt.

Verbrechen in Beziehung auf Plätze religiöser Verehrung und auf Grabstätten.

§ 188. Wer an einem Tempel, einer buddhistischen Kirche, einem Begräbnisplatze oder sonst einem Platze religiöser Verehrung öffentlich eine beschimpfende Handlung vornimmt, wird mit Zuchthaus oder Gefängnis bis zu sechs Monaten, oder mit Geldstrafe bis zu fünfzig Yen bestraft.

Wer eine Predigt, Andacht oder Begräbnisfeier hindert oder stört, wird mit Zuchthaus oder Gefängnis bis zu einem Jahre oder mit Geldstrafe bis zu einhundert Yen bestraft.

§ 189. Wer ein Grab öffnet, wird mit Zuchthaus bis zu zwei Jahren bestraft.

§ 190. Wer einen Leichnam, die Gebeine oder Haarreste eines Toten oder Sachen, die mit in den Sarg gelegt worden sind, zerstört, wegwirft oder an sich nimmt, wird mit Zuchthaus bis zu drei Jahren bestraft.

§ 191. Wer bei der Begehung des in § 189 erwähnten Verbrechens einen Leichnam, die Gebeine oder Haarreste eines Toten oder Sachen, die mit in den Sarg gelegt worden sind, zerstört, wegwirft oder an sich nimmt, wird mit Zuchthaus von drei Monaten bis zu fünf Jahren bestraft.

§ 192. Wer ohne die vorgeschriebene Leichenschau eine Person, die eines widernatürlichen Todes gestorben ist, begräbt, wird mit Geldstrafe bis zu fünfzig Yen oder mit Geldbuße bestraft.

Fünfundzwanzigster Abschnitt.

Verbrechen im Amte.

§ 193. Ein öffentlicher Beamter, der unter Mißbrauch seiner Amtsgewalt jemand zu einer Handlung, zu welcher er nicht verpflichtet ist, veranläßt, oder ihn in der Ausführung eines Rechtes beeinträchtigt, wird mit Zuchthaus oder Gefängnis bis zu sechs Monaten bestraft.

§ 194. Wer richterliche, staatsanwaltschaftliche oder polizeiliche Funktionen ausübt, oder dabei als Gehülfe tätig ist, und in dieser Eigenschaft unter Mißbrauch seiner Amtsgewalt eine Person festnimmt oder in Haft hält, wird mit Zuchthaus oder Gefängnis von sechs Monaten bis zu sieben Jahren bestraft.

§ 195. Wer richterliche, staatsanwaltschaftliche oder polizeiliche Funktionen ausübt. oder dabei als Gehülfe tätig ist und in Ausübung seines Amtes einen Angeklagten oder eine andere Person gewalttätig behandelt oder mißhandelt, wird mit Zuchthaus oder Gefängnis bis zu drei Jahren bestraft.

Das Gleiche gilt für denjenigen, der mit der Bewachung oder Begleitung eines auf Grund Gesetzes Inhaftierten betraut ist, und diesen gewalttätig behandelt oder mißhandelt.

§ 196. Wer durch Begehung eines der in den §§ 194 und 195 erwähnten Verbrechen den Tod, die Verletzung eines Menschen verursacht, wird nach den Vorschriften über die Körperverletzung und Gesundheitsbeschädigung bestraft, wenn deren Strafen schwerer sind.

§ 197. Ein öffentlicher Beamter oder ein Schiedsrichter, der in Bezug auf seinen Dienst ein Geschenk oder einen anderen Vorteil annimmt, verlangt oder sich versprechen läßt, wird mit Zuchthaus bis zu drei Jahren bestraft. Wenn er infolge der Bestechung eine rechtswidrige Handlung begeht oder eine pflichtsmäßige Handlung vorzunehmen unterläßt, so wird er mit Zuchthaus von einem bis zu zehn Jahren bestraft.

Der im vorstehenden Falle vom Täter angenommene Bestechungsgegenstand wird eingezogen; wenn er ganz oder teilweise nicht eingezogen werden kann, so verfällt dafür der entsprechende Wertbetrag.

§ 198. Wer einem öffentlichen Beamten oder Schiedsrichter ein Geschenk oder einen anderen Vorteil gewährt, anbietet oder verspricht, wird mit Zuchthaus bis zu drei Jahren oder mit Geldstrafe bis zu dreihundert Yen bestraft.

Wenn der Täter Selbstanzeige macht, so kann die Strafe gemildert oder erlassen werden.

Sechsundzwanzigster Abschnitt.

Verbrechen der Tötung.

§ 199. Wer einen Menschen tötet, wird mit dem Tode oder mit lebenslänglichem Zuchthaus oder mit Zuchthaus nicht unter drei Jahren bestraft.

§ 200. Wer einen Menschen, der in aufsteigender gerader Linie mit ihm oder seinem Ehegatten verwandt ist, tötet, wird mit dem Tode oder mit lebenslänglichem Zuchthaus bestraft.

§ 201. Wer eine Vorbereitungshandlung vornimmt, um eines der in den §§ 199 und 200 erwähnten Verbrechen zu begehen, wird mit Zuchthaus bis zu zwei Jahren bestraft; jedoch kann nach den Umständen des Falles die Strafe erlassen werden.

§ 202. Wer einen Anderen zu dem von ihm begangenen Selbstmord angestiftet hat, oder wer einem Anderen auf sein Verlangen oder mit seiner Zustimmung tötet, wird mit Zuchthaus oder Gefängnis von sechs Monaten bis zu sieben Jahren bestraft.

§ 203. Der Versuch der in den §§ 199, 200 und 202 erwähnten Verbrechen ist strafbar.

Siebenundzwanzigster Abschnitt.

Verbrechen der Körperverletzung und Gesundheitsbeschädigung.

§ 204. Wer einen Anderen körperlich verletzt oder an seiner Gesundheit beschädigt, wird mit Zuchthaus bis zu zehn Jahren oder mit Geldstrafe bis zu fünfhundert Yen oder mit Geldbuße bestraft.

§ 205. Wer durch die Körperverletzung oder die Gesundheitsbeschädigung den Tod eines Menschen verursacht, wird mit zeitigem Zuchthaus nicht unter zwei Jahren bestraft.

Wer ein solches Verbrechen gegen einen Menschen, der in aufsteigender gerader Linie mit ihm oder seinem Ehegatten verwandt ist, begeht, wird mit lebenslänglichem Zuchthaus oder mit Zuchthaus nicht unter drei Jahren bestraft.

§ 206. Wer am Orte und im Augenblick der Begehung eines Verbrechens der in den §§ 204 und 205 erwähnten Art den Täter zur Begehung aufmuntert, wird, auch wenn er an der Körperverletzung oder Gesundheitsbeschädigung persönlich nicht beteiligt ist, mit Zuchthaus bis zu einem Jahre oder mit Geldstrafe bis zu fünfzig Yen oder mit Geldbuße bestraft.

§ 207. Wenn zwei oder mehrere Personen durch eine Gewalttätigkeit einen Menschen körperlich verletzt oder an der Gesundheit beschädigt haben, und es sich nicht ermitteln läßt, von wem die Verletzung oder die Gesundheitsbeschädigung herrührt, oder welchen Anteil die Einzelnen daran haben, so werden sie, auch wenn sie nicht Mittäter sind, nach den Vorschriften über die Teilnahme bestraft.

§ 208. Wer eine Gewalttätigkeit begeht, ohne daß dadurch die Körperverletzung oder Gesundheitsbeschädigung eines Anderen verursacht wird, wird mit Zuchthaus bis zu einem Jahre oder mit Geldstrafe bis zu fünfzig Yen oder mit Haft oder mit Geldbuße bestraft.

Die Verfolgung des in diesem Paragraphen erwähnten Verbrechens tritt nur auf Antrag ein.

Achtundzwanzigster Abschnitt.

Verbrechen der fahrlässigen Körperverletzung und Gesundheitsbeschädigung.

§ 209. Wer durch Fahrlässigkeit einen Anderen körperlich verletzt oder an seiner Gesundheit beschädigt, wird mit Geldstrafe bis zu fünfhundert Yen oder mit Geldbuße bestraft.

Die Verfolgung des in diesem Paragraphen erwähnten Verbrechens tritt nur auf Antrag ein.

§ 210. Wer durch Fahrlässigkeit den Tod eines Menschen verursacht, wird mit Geldstrafe bis zu eintausend Yen bestraft.

§ 211. Wer dadurch, daß er die ihm beruflich obliegende Sorgfalt außer Acht läßt, den Tod, die Körperverletzung oder Gesundheitsbeschädigung eines Menschen verursacht, wird mit Gefängnis bis zu drei Jahren oder mit Geldstrafe bis zu eintausend Yen bestraft.

Neunundzwanzigster Abschnitt.

Verbrechen der Abtreibung.

§ 212. Eine schwangere Frauensperson, welche ihre Leibesfrucht durch Anwendung von Arzneimitteln oder durch andere Mittel abtreibt, wird mit Zuchthaus bis zu einem Jahre bestraft.

§ 213. Wer auf Verlangen oder mit Zustimmung der Frauensperson die Abtreibung bewirkt, wird mit Zuchthaus bis zu zwei Jahren bestraft. Wird hierdurch der Tod, die Körperverletzung, oder Gesundheitsbeschädigung der Frauensperson verursacht, so wird der Täter mit Zuchthaus von drei Monaten bis zu fünf Jahren bestraft.

§ 214. Ärzte, Hebammen, Apotheker oder Drogisten, die auf Verlangen oder mit Zustimmung der Frauensperson die Abtreibung bewirken, werden mit Zuchthaus von drei Monaten bis zu fünf Jahren und, wenn hierdurch der Tod, die Körperverletzung, oder Gesundheitsbeschädigung der Frauensperson verursacht wird, mit Zuchthaus von sechs Monaten bis zu sieben Jahren bestraft.

§ 215. Wer ohne Verlangen oder Zustimmung einer Frauensperson, deren Leibesfrucht abtreibt, wird mit Zuchthaus von sechs Monaten bis zu sieben Jahren bestraft.

Der Versuch des in diesem Paragraphen erwähnten Verbrechens ist strafbar.

§ 216. Wenn durch Begehung des im vorigen Paragraphen erwähnten Verbrechens der Tod, die Verletzung der Frauensperson verursacht wird, so ist nach den Vorschriften über die Körperverletzung und Gesundheitsbeschädigung zu bestrafen, wenn deren Strafen schwerer sind.

Dreißigster Abschnitt.

Verbrechen der Aussetzung.

§ 217. Wer eine Person, die wegen Jugend, Alters, körperlicher Gebrechen oder Krankheit hilfsbedürftig ist, aussetzt, wird mit Zuchthaus bis zu einem Jahre bestraft.

§ 218. Wer eine jugendliche, altersschwache, mit körperlichen Gebrechen behaftete oder kranke Person, deren Fürsorge ihm obliegt, aussetzt, oder einer solchen Person, die zu ihrem Leben erforderliche Fürsorge nicht zu teil werden läßt, wird mit Zuchthaus von drei Monaten bis zu fünf Jahren bestraft.

Wer ein solches Verbrechen gegen eine Person, die in aufsteigender, gerader Linie mit ihm oder seinem Ehegatten verwandt ist, begeht, wird mit Zuchthaus von sechs Monaten bis zu sieben Jahren bestraft.

§ 219. Wer durch Begehung eines der in den §§ 217 und 218 erwähnten Verbrechen den Tod oder die Verletzung eines Menschen verursacht, wird nach den Vorschriften über die Körperverletzung und Gesundheitsbeschädigung bestraft, wenn deren Strafen schwerer sind.

Einunddreißigster Abschnitt.

Verbrechen in Beziehung auf Festnahme und Einsperrung.

§ 220. Wer einen Anderen widerrechtlich festnimmt oder einsperrt, wird mit Zuchthaus von drei Monaten bis zu fünf Jahren bestraft.

Wer ein solches Verbrechen gegen eine Person, die in aufsteigender gerader Linie mit ihm oder seinem Ehegatten verwandt ist, begeht, wird mit Zuchthaus von sechs Monaten bis zu sieben Jahren bestraft.

§ 221. Wer durch Begehung eines der im § 220 erwähnten Verbrechen den Tod oder die Verletzung eines Menschen verursacht, wird nach den Vorschriften über die Körperverletzung und Gesundheitsbeschädigung bestraft, wenn deren Strafen schwerere sind.

Zweiunddreißigster Abschnitt.

Verbrechen der Bedrohung.

§ 222. Wer einen Anderen mit der Verletzung von Leben, Leib, persönlicher Freiheit, Ehre oder Vermögen bedroht, wird mit Zuchthaus bis zu einem Jahre oder mit Geldstrafe bis zu einhundert Yen bestraft.

Das Gleiche gilt für denjenigen, der einen Anderen mit der Verletzung von Leben, Leib, persönlicher Freiheit, Ehre oder Vermögen seines Verwandten bedroht.

§ 223. Wer durch Bedrohung mit der Verletzung von Leben, Leib, persönlicher Freiheit, Ehre oder Vermögen, oder durch Anwendung einer Gewalttätigkeit einen Anderen zur Vornahme einer Handlung, zu welcher er nicht verpflichtet ist, nötigt, oder ihn in einem ihm zustehenden Rechte beeinträchtigt, wird mit Gefängnis bis zu drei Jahren bestraft.

Das Gleiche gilt für denjenigen, der einen Anderen durch Bedrohung, mit der Verletzung von Leben, Leib, persönlicher Freiheit, Ehre oder Vermögen seines Verwandten zur Vornahme einer Handlung, zu welcher er nicht verpflichtet ist, nötigt oder ihn in einem ihm zustehenden Rechte beeinträchtigt.

Der Versuch der in obigen beiden Absätzen erwähnten Verbrechen ist strafbar.

Dreiunddreißigster Abschnitt.

Verbrechen des Menschenraubes und der Entführung.

§ 224. Wer einen Minderjährigen raubt oder entführt, wird mit Zuchthaus von drei Monaten bis zu fünf Jahren bestraft.

§ 225. Wer einen Menschen aus Gewinnsucht oder zum Zwecke der Unzucht oder der Eheschließung raubt oder entführt, wird mit Zuchthaus von einem bis zu zehn Jahren bestraft.

§ 226. Wer einen Menschen, um ihn in das Ausland zu verbringen, raubt oder entführt, wird mit zeitigem Zuchthaus nicht unter zwei Jahren bestraft. Das Gleiche gilt für denjenigen, der einen Menschen, um ihn in das Ausland zu verbringen, verkauft oder kauft, oder einen von einem Anderen gekauften oder entführten Menschen in das Ausland verbringt.

§ 227. Wer zum Zwecke der Beihilfe zu einem der in den §§ 224 bis 226 bezeichneten Verbrechen den entführten oder gekauften Menschen bei sich aufnimmt, verbirgt oder fortschaffen läßt, wird mit Zuchthaus von drei Monaten bis zu fünf Jahren bestraft.

Wer aus Gewinnsucht oder zum Zwecke der Unzucht einen entführten oder gekauften Menschen bei sich aufnimmt, wird mit Zuchthaus von sechs Monaten bis zu sieben Jahren bestraft.

§ 228. Der Versuch der in diesem Abschnitt erwähnten Verbrechen ist strafbar.

§ 229 Die Verfolgung der in diesem Abschnitt erwähnten Verbrechen, sofern sie nicht aus Gewinnsucht begangen sind, tritt nur auf Antrag ein; ausgenommen sind das Verbrechen des § 226, das Verbrechen des § 227 Abs. 1, wenn es zum Zwecke der Beihilfe zum Verbrechen des § 226 begangen ist, sowie der Versuch der genannten beiden Verbrechen. Falls der Täter mit dem Entführten die Ehe eingegangen hat, ist der Antrag erst zulässig, wenn das die Ehe für nichtig erklärende oder aufhebende Urteil rechtskräftig geworden ist.

Vierunddreißigster Abschnitt.

Verbrechen wider die Ehre.

§ 230. Wer durch öffentliche Äußerung einer Tatsache die Ehre eines Anderen verletzt, wird, ohne Rücksicht auf Wahrheit oder Unwahrheit der geäußerten Tatsache, mit Zuchthaus oder Gefängnis bis zu einem Jahre oder mit Geldstrafe bis zu fünfhundert Yen bestraft.

Wer das Andenken eines Verstorbenen verletzt, wird nur bestraft, wenn die Äusserung verleumderisch ist.

§ 231. Wer ohne Äußerung einer Tatsache einen Anderen öffentlich beleidigt, wird mit Haft oder Geldbuße bestraft.

§ 232. Verfolgung der in diesem Abschnitt erwähnten Verbrechen tritt nur auf Antrag ein.

Fünfunddreißigster Abschnitt.

Verbrechen in Beziehung auf Kredit und Beruf.

§ 233. Wer durch Verbreitung eines unwahren Gerüchtes oder unter Anwendung von Arglist den Kredit eines Anderen schädigt, oder ihn in der Ausübung seines Berufes hindert, wird mit Zuchthaus bis zu drei Jahren oder mit Geldstrafe bis zu tausend Yen bestraft.

§ 234. Der gleichen Strafe unterliegt, wer unter Anwendung von Gewalt einen Anderen in der Ausübung seines Berufes hindert.

Sechsunddreißigster Abschnitt.

Verbrechen des Diebstahls und des Raubes.

§ 235. Wer einem Anderen eine vermögenswerte Sache stiehlt, wird wegen Diebstahls mit Zuchthaus bis zu zehn Jahren bestraft.

§ 236. Wer einem Anderen eine vermögenswerte Sache unter Anwendung von Gewalt oder unter Bedrohung[1]) raubt, wird wegen Raubes mit zeitigem Zuchthaus nicht unter fünf Jahren bestraft.

Das Gleiche gilt für denjenigen, der durch eines der in obigem Absatze erwähnten Mittel sich oder einen Anderen einen rechtswidrigen Vermögensvorteil verschafft.

§ 237. Wer Vorbereitungshandlungen trifft, um einen Raub zu begehen, wird mit Zuchthaus bis zu zwei Jahren bestraft.

§ 238. Wer, um die Zurückforderung der gestohlenen Sache zu verhindern. oder sich der Festnahme zu entziehen, oder um die Spuren des begangenen Verbrechens zu verwischen, Gewalt oder Drohung anwendet, wird gleich einem Räuber bestraft.

§ 239 Wer einem Anderen eine vermögenswerte Sache stiehlt, nachdem er ihn in einen bewußtlosen Zustand versetzt hat, wird gleich einem Räuber bestraft.

§ 240. Ein Räuber, der einen Menschen körperlich verletzt, wird mit lebenslänglichem Zuchthaus oder mit Zuchthaus nicht unter sieben Jahren bestraft; ein Räuber, der den Tod eines Menschen verursacht, wird mit dem Tod oder mit lebenslänglichem Zuchthaus bestraft.

§ 241. Ein Räuber, der bei Begehung des Raubes eine Frauensperson notzüchtigt, wird mit lebenslänglichem Zuchthaus oder mit Zuchthaus nicht unter sieben Jahren bestraft; wird der Tod der Frauensperson verursacht, so wird der Räuber mit dem Tode oder mit lebenslänglichem Zuchthause bestraft.

§ 242. In Ansehung der in diesem Abschnitte erwähnten Verbrechen ist auch die eigene Sache einer fremden Sache gleich zu erachten, wenn sie im Besitz eines Anderen ist, oder auf Anordnung einer öffentlichen Behörde von einem Anderen verwaltet wird.

§ 243. Der Versuch der in den §§ 235, 236, 238 bis 241 erwähnten Verbrechen ist strafbar.

§ 244. Wenn das Verbrechen des § 235 oder dessen Versuch gegen Verwandte gerader Linie, Ehegatten, zusammenlebende Verwandte oder Hausgenossen begangen wird, so bleibt es straflos; bei anderen Verwandten oder Hausgenossen tritt die Verfolgung nur auf Antrag ein

Die Bestimmung des obigen Absatzes findet keine Anwendung auf denjenigen Teilnehmer, der weder Verwandter noch Hausgenosse des Täters ist.

---

[1]) Hier gebrauche ich „Bedrohung" als Übersetzung des Wortes Kyōhaku. Aber das Wort „Kyōhaku" bedeutet eine Bedrohung, die sich auf gegenwärtige und dringende Gefahr für Leben, Leib, persönliche Freiheit oder Vermögen bezieht. Der frühere Entwurf enthält im § 299 genau dieselbe Auslegung für das Wort Kyohaku wie die eben gegebene. Vgl. Okadas Übersetzung S. 51.

§ 245. In Ansehung der in diesem Abschnitt erwähnten Verbrechen ist die Elektrizität als eine vermögenswerte Sache anzusehen.

Siebenunddreißigster Abschnitt.

Verbrechen des Betruges und der Erpressung.

§ 246. Wer durch betrügerische Täuschung sich von einem Anderen eine vermögenswerte Sache verschafft, wird mit Zuchthaus bis zu zehn Jahren bestraft.

Das Gleiche gilt für denjenigen, der durch das im obigen Absatz erwähnte Mittel sich oder einen Anderen einen rechtswidrigen Vermögensvorteil verschafft.

§ 247. Wer die Angelegenheiten eines Anderen besorgt, und in der Absicht, sich oder einem Dritten einen Vermögensvorteil zu verschaffen, oder den Anderen zu beschädigen, eine seine Befugnis überschreitende Handlung vornimmt, wird mit Zuchthaus bis zu fünf Jahren oder mit Geldstrafe bis zu eintausend Yen bestraft.

§ 248. Wer unter Ausbeutung der Unerfahrenheit einer minderjährigen oder geistesschwachen Person sich von derselben eine vermögenswerte Sache übertragen läßt oder sich oder einem Dritten einen rechtswidrigen Vermögensvorteil verschafft, wird mit Zuchthaus bis zu zehn Jahren bestraft.

§ 249. Wer unter Anwendung einer Bedrohung[1]) von einem Anderen sich eine vermögenswerte Sache übertragen läßt, wird mit Zuchthaus bis zu zehn Jahren bestraft.

Das Gleiche gilt für denjenigen, der durch das in obigem Absatze erwähnte Mittel sich oder einem Dritten einen rechtswidrigen Vermögensvorteil verschafft.

§ 250. Der Versuch der in diesem Abschnitte erwähnten Verbrechen ist strafbar.

§ 251 Auf die in diesem Abschnitte erwähnten Verbrechen finden die Bestimmungen der §§ 242, 244 und 245 entsprechende Anwendung.

Achtunddreißigster Abschnitt.

Verbrechen der Unterschlagung.

§ 252. Wer eine Sache, die er für einen anderen im Besitz hat, unterschlägt, wird mit Zuchthaus bis zu fünf Jahren bestraft.

Das Gleiche gilt für denjenigen, der eine ihm gehörige Sache, deren Aufbewahrung ihm durch eine öffentliche Behörde geboten ist, unterschlägt.

---

[1]) Hier gebrauche ich „Bedrohung" als Übersetzung des Wortes „Kyokatsu". Aber das Wort Kyokatsu bedeutet eine Bedrohung, die sich auf eine andere Gefahr als die im § 236 bezeichnete bezieht. Dies drückt der frühere Entwurf wörtlich im § 306 aus. Vgl. Okadas Übersetzung S. 51. Lönholm braucht für dasselbe Wort „Einschüchterung". Vgl. Lönholms Übersetzung S. 78.

§ 253. Wer eine Sache, die er beruflich für einen Anderen im Besitze hat, unterschlägt, sich aneignet, wird mit Zuchthaus von einem bis zu zehn Jahren bestraft.

§ 254. Wer eine verlorene, gestrandete oder sonst aus dem Besitz eines Anderen gekommene fremde Sache unterschlägt, wird mit Zuchthaus bis zu einem Jahre oder mit Geldstrafe bis zu einhundert Yen oder mit Geldbuße bestraft.

§ 255. Auf die in diesem Abschnitte erwähnten Verbrechen finden die Bestimmungen des § 244 entsprechende Anwendung.

Neununddreißigster Abschnitt.

Verbrechen der Hehlerei.

§ 256. Wer eine Sache, welche mittels eines Verbrechens erlangt ist, annimmt, wird mit Zuchthaus bis zu drei Jahren bestraft.

Wer eine Sache, welche mittels eines Verbrechens erlangt ist, transportiert, aufbewahrt, kauft, oder bei deren Absatz mitwirkt, wird mit Zuchthaus bis zu zehn Jahren und mit Geldstrafe bis zu eintausend Yen bestraft.

§ 257. Wenn die im obigen Paragraphen erwähnten Verbrechen zwischen Ehegatten, zwischen Verwandten gerader Linie, zusammenlebenden Verwandten oder Hausgenossen, oder zwischen einen von diesen und einem deren Ehegatten begangen werden, so wird die Strafe erlassen.

Die Bestimmung des obigen Absatzes findet keine Anwendung auf denjenigen Teilnehmer, der weder Verwandter noch Hausgenosse ist.

Vierzigster Abschnitt.

Verbrechen der Sachbeschädigung und der Unterdrückung von Briefen.

§ 258. Wer eine zum Gebrauch einer öffentlichen Behörde dienende Urkunde beschädigt oder vernichtet, wird mit Zuchthaus von drei Monaten bis zu sieben Jahren bestraft.

§ 259. Wer eine auf ein Recht oder eine Verpflichtung sich beziehende Urkunde eines Anderen beschädigt oder vernichtet, wird mit Zuchthaus bis zu fünf Jahren bestraft.

§ 260. Wer eine Baulichkeit oder ein Fahrzeug eines Anderen beschädigt oder zerstört, wird mit Zuchthaus bis zu fünf Jahren bestraft; wenn der Tod, oder die Verletzung eines Menschen verursacht wird, so finden die Vorschriften über die Körperverletzung und Gesundheitsbeschädigung Anwendung, wenn deren Strafen schwerer sind.

§ 261. Wer eine andere als die in den obigen drei Paragraphen bezeichnete Sache beschädigt oder zerstört, wird mit Zuchthaus bis zu drei Jahren oder mit Geldstrafe bis zu fünfhundert Yen oder mit Geldbuße bestraft.

§ 262. Wer seine eigene Sache, welche beschlagnahmt, mit einem dinglichen Rechte belastet oder vermietet ist, beschädigt oder zerstört, wird nach Maßgabe der Vorschriften der §§ 259 bis 261 bestraft.

§ 263. Wer einen fremden Brief unterdrückt, wird mit Zuchthaus oder Gefängnis bis zu sechs Monaten oder mit Geldstrafe bis zu fünfzig Yen oder mit Geldbuße bestraft.

§ 264. Die Verfolgung der in den §§ 259, 261 und 263 erwähnten Verbrechen tritt nur auf Antrag ein.

Druck von Leonhard Simion Nf. in Berlin SW.

Sammlung

Außerdeutscher Strafgesetzbücher

in deutscher Übersetzung.

Herausgegeben von den Redaktionen

der

Zeitschrift für die gesamte Strafrechtswissenschaft

und der

Mitteilungen der Internationalen Kriminalistischen Vereinigung.

XXIV.

Das neue russische Strafgesetzbuch. (Ugolovnoje Uloženje.)

Allerhöchst bestätigt am 22. März 1903.

BERLIN 1908.

J. Guttentag, Verlagsbuchhandlung,

G. m. b. H.

Das neue russische Strafgesetzbuch.

(Ugolovnoje Uloženje.)

Allerhöchst bestätigt am 22. März 1903.

Aus dem Russischen übersetzt

von

Dr. O. S. Bernstein
in Shitómir (Rußland).

BERLIN 1908.
J. Guttentag, Verlagsbuchhandlung,
G. m. b. H.

Inhaltsverzeichnis.

Der Ukas an den Dirigierenden Senat.

Vor mehr als einem halben Jahrhundert, im Jahre 1845 wurde unter der Regierung Unseres Urgroßvaters Kaiser Nicolaus I. das Gesetzbuch über Kriminal- und Korrektionsstrafen veröffentlicht, dessen Herausgabe langwierige gesetzgeberische Arbeiten vorangegangen sind.

Die unter der Regierung Unseres Großvaters Kaiser Alexander II. erfolgten grundlegenden Reformen haben die ganze Ordnung des staatlichen Lebens Rußlands umgewandelt. Die unter dem Einfluß dieser Reformen veränderten Bedingungen des Volkslebens haben die Notwendigkeit hervorgerufen, die Strafgesetze mit ihnen in Einklang zu bringen.

Dieses Werk wurde begonnen auf Kaiserliche Weisung Kaiser Alexander II. und durch den Herrscherwillen Unseres Unvergeßlichen Vaters Kaiser Alexander III. einer Besonderen Kommission anvertraut, welcher befohlen wurde, den Entwurf eines Strafgesetzbuches fertigzustellen.

Nach Besteigung des Urgroßväterlichen Thrones hörten Wir nicht auf, für die Vollendung dieses Werkes von äußerster staatlicher Wichtigkeit zu sorgen.

Aus diesen Gründen haben Wir nach Abschluß der umfangreichen Arbeiten der Kommission befohlen, den von ihr ausgearbeiteten Entwurf eines Strafgesetzbuches im Zusammenhang mit den Gutachten der Ressorts zuerst im Besonderen Konseil des Staatsrats, dann in der Besonderen Session seiner Vereinigten Departements und in seiner Plenarversammlung der Beratung zu unterziehen.

Nachdem Wir für richtig befunden, das auf diesem Wege verfaßte und geprüfte Strafgesetzbuch zu bestätigen, überweisen wir es dem Dirigierenden Senat mit dem Befehle, die gehörigen Anordnungen zu treffen zu seiner Veröffentlichung und zu seiner Inkraftsetzung in einer von Uns dazu besonders zu bestimmenden Frist.

In der Hoffnung, daß das neue mit den gegenwärtigen Bedingungen des staatlichen und gesellschaftlichen Lebens in Einklang gebrachte Strafgesetz zu einer erfolgreichen Ausübung der Strafjustiz beitragen

wird, verbleiben Wir in der festen Überzeugung, daß dies Gesetz durch die Abgrenzung der Gebiete des Verbotenen und des Erlaubten und durch die Entgegenwirkung verbrecherischen Eingriffen zum festeren Schutz der bürgerlichen Ordnung und zur Befestigung des Gefühls der Gesetzlichkeit im Volke dienen wird, von dem ein jeder ständig geleitet werden muß sowohl in seinem persönlichen Wirkungskreise, als auch in der Gesamtheit der Stände und Gesellschaften.

Auf dem Original befindet sich die Eigenhändige Unterschrift Seiner Kaiserlichen Majestät:

Zarskoje Ssjelo, 22. März 1903. „Nicolai."

Seine Kaiserliche Majestät hat das in der Angelegenheit des Entwurfs eines Strafgesetzbuches von der Plenarversammlung des Staatsrats abgegebene Gutachten Allerhöchst zu bestätigen geruht und auszuführen befohlen.

Unterschrieben: Der Vorsitzende des Staatsrats Michaïl.

Das Gutachten des Staatsrats.

Den Journals der Besonderen Session vom 19. Dezember 1901, vom 3., 7., 16., 23. und 30. Januar, 6., 13. und 20. Februar, 6., 13., 20. und 27. März und 3. und 17. Mai 1902 und der Plenar-Versammlung vom 10. Februar 1903 entnommen.

Der Staatsrat in der Besonderen Session und in der Plenarversammlung hat nach Prüfung der Angelegenheit des Entwurfes eines Strafgesetzbuches folgendes Gutachten abgegeben:

I. Zur Ergänzung der Strafprozeßordnung ist zu beschließen:

1) Ein Ausländer, der im Auslande ein Verbrechen oder Vergehen begangen hat, sogar wenn dieses durch politische Motive veranlaßt oder zugleich mit einer in den völkerrechtlichen Verträgen als politisch bezeichneten strafbaren Handlung oder aus Anlaß einer solchen Handlung verübt wurde, ebenso ein Ausländer, der sich eines Unternehmens gegen das Leben, die Gesundheit oder die Freiheit des Oberhauptes eines ausländischen Staates oder der Mitglieder seiner Familie schuldig macht, unterliegt der Auslieferung gemäß dem mit dem die Auslieferung des Täters begehrenden Staat geschlossenen Vertrage oder der in dieser Beziehung mit diesem Staat feststehenden Gegenseitigkeit, falls er nicht wegen der von ihm begangenen Handlung im Inlande in der festgesetzten Ordnung verurteilt, freigesprochen oder von der Strafe befreit worden ist.

2) Über die Gesuche um Wiederherstellung der Rechte (§ 31 des St.G.B.) wird von den örtlichen Landgerichten des Wohnortes der Bittsteller in der festgesetzten Ordnung entschieden.

II. Zur Abänderung, Ergänzung und Aufhebung der betreffenden Gesetze ist zu beschließen:

1) Die in Zwangsarbeitsgefängnissen Eingesperrten werden beim Vorhandensein der dazu notwendigen Einrichtungen für die Nacht isoliert.

2) Personen weiblichen Geschlechts können die Zwangsarbeit auch in besonderen Räumlichkeiten bei den Korrektionshäusern verbüßen.

3) Die zur Korrektionshausstrafe Verurteilten werden während ihrer Anhaltung in gemeinsamer Haft beim Vorhandensein der dazu notwendigen Einrichtungen für die arbeitsfreie Zeit und für die Nacht isoliert.

4) Personen männlichen Geschlechts, im Falle ihrer Verwendung zu Arbeiten außerhalb des Korrektionshauses, verrichten diese getrennt von den freien Arbeitern.

5) In den Festungen werden die Sträflinge beim Vorhandensein der dazu notwendigen Einrichtungen für die Nacht isoliert.

6) Wird festgestellt, daß die Einzelhaft im Korrektionshaus oder Gefängnis (§§ 18 und 20 St.G.B.) für die Gesundheit des Verurteilten gefährlich ist, so wird er in gemeinsamer Haft angehalten. In diesem Falle wird die Dauer der gemeinsamen Haft nicht dem § 20 des Strafgesetzbuches gemäß verlängert.

7) Die Untersuchung eines zur Korrektionshausstrafe oder Gefängnis Verurteilten (§§ 18 und 20 St.G.B.) zur Feststellung der Gefahr der Einzelhaft für seine Gesundheit wird in Gegenwart des Korrektionshaus- bezw. Gefängnisdirektors und eines Beamten der Staatsanwaltschaft von dem Korrektionshaus- bezw. Gefängnisarzt gemeinsam mit dem Kreis- und dem Stadtarzt vorgenommen. Das hierüber aufgenommene, von allen bezeichneten Personen unterschriebene Protokoll wird vom Korrektionshaus- bezw. Gefängnisdirektor, durch den Gouvernementsgefängnisinspektor, wo ein solcher vorhanden ist, dem Gouverneur vorgelegt, welcher nach Einforderung des Gutachtens der Medizinalabteilung der Gouvernementsregierung über den Bericht des Korrektionshaus- bezw. Gefängnisdirektors endgültig entscheidet.

8) Über die Verbringung von Sträflingen aus der Zwangsarbeit zur Ansiedlung vor dem Ablauf der Frist der ihnen auferlegten Zwangsarbeit, ebenso über die Entlassung der zur Ansiedlung oder zur Korrektionshausstrafe Verurteilten (§ 23 St.G.B.) wird durch die Plenarversammlung der zuständigen Gouvernements- oder Provinzregierung oder der zuständigen Gouvernementsverwaltung oder durch den zuständigen Provinzialrat auf den Bericht des zuständigen Chefs der Zwangsarbeit, der Ansiedlung oder des Korrektionshauses hin entschieden.

An der Plenarversammlung der Gouvernements- oder Provinzialregierung nehmen als Mitglieder teil, bei der Entscheidung solcher Sachen, der Präsident und der Staatsanwalt des Landgerichts.

Die Beschlüsse der Plenarversammlungen der Gouvernementsverwaltungen und der Provinzregierungen, ebenso der Provinzialräte werden in den Gouvernements Irkutsk und Jenissei, ebenso in den Sibirischen Steppenprovinzen erst nach ihrer Bestätigung durch die zuständigen Generalgouverneure ausgeführt.

9) Diejenigen, welche der Standesrechte verlustig gingen (§§ 25 bis 27 St.G.B.), werden nach ihrer Befreiung von der Ansiedlung oder aus dem Korrektionshaus oder Gefängnis durch die Gewalt der örtlichen Gouvernementsobrigkeit den Wolostjen*) einverleibt. Den bezeichneten Personen ist es anheimgestellt in eine Dorf- oder Kleinbürgergemeinde, nach den allgemeinen Grundsätzen, nach der Erhaltung des gehörigen Aufnahmebeschlusses der Gemeinde einzutreten.

10) Zur Zwangsarbeit, zur Verschickung zur Ansiedlung, zur Korrektionshausstrafe oder zu einer mit Entziehung der Standesrechte verbundenen Gefängnisstrafe Verurteilte werden nicht im Staatsdienst angestellt.

11) Über die Abkürzung der Dauer der Fristen der Rechtsbeschränkungen in der Wahl und im Wechsel des Wohnortes (§ 35 St.G.B.) entscheidet der Gouverneur nach der gehörigen Bestätigung durch die Ortsobrigkeit der guten Führung der den genannten Beschränkungen Unterworfenen.

12) Minderjährige, die das vierzehnte, aber nicht das siebzehnte Lebensjahr vollendet haben und die auf Grund des § 55 Zif. 1 des Strafgesetzbuches zur Gefängnisstrafe verurteilt wurden, werden in gemeinsamer Haft, aber von den Erwachsenen getrennt gehalten.

III. Die in den Abschnitten I und II dieses Gesetzes bezeichneten Maßregeln sind gleichzeitig mit dem Strafgesetzbuch in Kraft zu setzen.

IV. Die durch das neue Strafgesetzbuch nicht ersetzten Bestimmungen des § 57 des Gesetzbuchs über Kriminal- und Korrektionsstrafen (B. XV des Codex, Ausgabe 1885) und der Anmerkungen 1 und 2 zu diesem Paragraphen über die Verbüßung der kurzzeitigen Haftstrafen — sind in Geltung zu belassen.

Das Original-Gutachten ist in den Journals vom Vorsitzenden und von den Mitgliedern unterschrieben.

---

*) Wolostj = ein russ. ländlicher Verwaltungsbezirk.

Strafgesetzbuch.

Erstes Kapitel.

Von strafbaren*) Handlungen und Strafen im allgemeinen.

Erster Abschnitt.

Allgemeine Bestimmungen.

§ 1. Eine Handlung ist strafbar, wenn sie zur Zeit ihrer Begehung mit Strafe bedroht war.

§ 2. Auf strafbare Handlungen werden folgende Strafen erkannt:

1) Todesstrafe;
2) Zwangsarbeit („Katorga");
3) Verschickung zur Ansiedlung („ssylka na posselenje");
4) Korrektionshaus;
5) Festungshaft;
6) Gefängnis;
7) Haft;
8) Geldstrafe.

§ 3. Eine mit dem Tode, mit Zwangsarbeit oder mit Verschickung zur Ansiedlung bedrohte Handlung ist ein Verbrechen.**)

Eine mit Korrektionshaus, mit Festungshaft oder mit Gefängnis bedrohte Handlung ist ein Vergehen.

Eine mit Haft oder mit Geldstrafe bedrohte Handlung ist eine Übertretung.

Zweiter Abschnitt.

Das Geltungsgebiet des StGB.

§ 4. Dieses Gesetz findet Anwendung auf alle im Inlande begangenen strafbaren Handlungen, auch wenn der Täter ein Ausländer ist, mit den im § 5 bezeichneten Ausnahmen.

§ 5. Dieses Gesetz findet keine Anwendung:

1) auf Handlungen, die nach kirchlichen Gesetzen, nach den Militär- und Kriegsmarinestrafordnungen, nach den Disziplinar-

---

*) S. Anm. zu Abschn. IV.

**) Das russ. StGB. unterscheidet (der größeren psychologischen Wirkung wegen): schwere Verbrechen, Verbrechen und Übertretungen. Des deutschen Lesers halber wurde die Einteilung des R. StGB. eingeführt.

ordnungen, nach der Verschicktenordnung, nach den Ordnungen der Staats- und Verwaltungsbehörden und nach besonderen Bestimmungen und Verordnungen, in den durch diese Gesetze, Ordnungen, Bestimmungen und Verordnungen gezogenen Grenzen, gestraft werden.

2) auf Handlungen, die nach den Gewohnheiten der fremden Völkerschaften gestraft werden, in den durch das Gesetz gezogenen Grenzen.

3) auf die im Großfürstentum Finnland begangenen strafbaren Handlungen, mit Ausnahme der im Gesetz besonders bezeichneten Fälle.

4) auf strafbare Handlungen von Ausländern, die in Rußland das Recht der Exterritorialität genießen.

§ 6. Dieses Gesetz findet Anwendung auf die im Auslande von russischen Untertanen, die dort das Recht der Exterritorialität genießen, begangenen strafbaren Handlungen.

§ 7. Dieses Gesetz findet Anwendung auf die von russischen Untertanen in der Türkei, in Persien, in China, in Korea oder anderen Ländern, deren Gerichtsbarkeit sie nicht unterworfen sind, begangenen strafbaren Handlungen.

§ 8. Dieses Gesetz findet Anwendung auf die in Buchara von russischen Untertanen oder von Ausländern christlichen Glaubensbekenntnisses begangenen strafbaren Handlungen.

§ 9. Dieses Gesetz findet Anwendung, mit den Modifikationen der §§ 10—12, auf die von russischen Untertanen im Auslande, mit Ausnahme der in den §§ 7 und 8 bezeichneten Länder, begangenen strafbaren Handlungen: 1) wenn die Handlung als ein Verbrechen oder Vergehen anzusehen ist, und 2) wenn die Handlung als eine derartige Übertretung anzusehen ist, deren Bestrafung, im Falle ihrer Begehung in einem auswärtigen Staate oder überhaupt im Auslande, durch einen völkerrechtlichen Vertrag vorgesehen ist.

Dieses Gesetz findet Anwendung, mit den Modifikationen der §§ 10 und 11, auf die von Ausländern im Auslande, mit Ausnahme Bucharas (§ 8), begangenen strafbaren Handlungen: 1) wenn die Handlung als ein Verbrechen oder ein solches Vergehen anzusehen ist, welches einen Angriff gegen Rechte russischer Untertanen, das Vermögen oder die Einkünfte des russischen Fiskus darstellt und 2) wenn die Bestrafung der Handlung im Falle ihrer Begehung in einem auswärtigen Staate oder im Auslande überhaupt durch einen von Rußland geschlossenen völkerrechtlichen Vertrag vorgesehen ist.

§ 10. Wer im Auslande eine strafbare Handlung begangen hat, wird in den Fällen des § 9 nach diesem Gesetz nicht verfolgt: 1) wenn die Handlung nach den Gesetzen des Ortes, an dem sie begangen wurde, nicht verboten ist; 2) wenn der Täter durch ein rechtskräftiges Urteil des ausländischen Gerichts freigesprochen oder von der Strafe befreit worden ist; 3) wenn der Täter die vom ausländischen Gericht erkannte Strafe voll verbüßt hat und 4) wenn die gegen einen auswärtigen Staat gerichtete strafbare Handlung zu denjenigen gehört, wegen deren Auslieferung unzulässig ist.

Wer wegen einer im Auslande begangenen strafbaren Handlung nach § 9 verfolgt wird, wird wieder bestraft, nach den Grundsätzen des § 53, wenn er einen Teil der vom ausländischen Gericht gegen ihn erkannten Strafe verbüßt, oder wenn das Gesetz des Ortes, an welchem die strafbare Handlung begangen wurde, milder ist als dieses Gesetz.

§ 11. Die Bestimmungen des § 10 Abs. 1, Ziff. 1 und 2 und Abs. 2 finden auf die in den §§ 99—102 und 126 und, wenn der Täter russischer Untertan ist, auch auf die in den §§ 103 Abs. 1, 108—111, 114—118, 643 Abs. 2 und 3, 645 Abs. 4 und 668 vorgesehenen strafbaren Handlungen keine Anwendung.

§ 12. Gegen einen russischen Untertan, der wegen einer strafbaren Handlung, die in diesem Gesetz oder in besonderen Ordnungen oder Verordnungen mit einer nicht geringeren Strafe als Zwangsarbeit bedroht ist, im Auslande die Strafe voll verbüßt hat (§ 10 Abs. 1 Zif. 3), ist nach seiner Rückkehr nach Rußland auf den in den §§ 25, 28—31, 34 und 35 erwähnten Verlust der Rechte, und, falls jene Strafe wegen der in den §§ 99—102 vorgesehenen Verbrechen verbüßt war, außerdem auf Verschickung zur Ansiedlung durch Gerichtsurteil zu erkennen.

§ 13. Ein Ausländer, der im Auslande ein Verbrechen oder Vergehen begangen hat, unterliegt der Auslieferung gemäß dem mit dem die Auslieferung des Täters begehrenden Staate geschlossenen Vertrage oder der in dieser Beziehung mit diesem Staat feststehenden Gegenseitigkeit, wenn er nicht wegen jener strafbaren Handlung in Rußland im festgesetzten Wege verurteilt, freigesprochen oder von der Bestrafung befreit worden ist.

§ 14. Das spätere Gesetz wird vom erkennenden Gericht auch auf diejenigen vor dessen Inkrafttreten begangenen Handlungen, die zur Zeit ihrer Begehung mit Strafe bedroht waren, angewandt.

Wenn das Gesetz zur Zeit der begangenen Handlung milder ist als das spätere Gesetz, so ist die nach dem späteren Gesetz bestimmte Strafe nach den Grundsätzen des § 53 zu ermäßigen.

Die Bestrafungsverjährung wird nach dem Gesetz der Zeit der begangenen Handlung (§ 68, Zif. 1 u. 2) oder der Zeit der Fällung des Urteils (§ 68 Zif. 3) berechnet, wenn durch dies Gesetz eine kürzere Verjährung festgesetzt ist, als nach dem späteren Gesetz.

Dritter Abschnitt.

Strafen.

§ 15. Die Todesstrafe ist durch den Strang und nicht öffentlich zu vollziehen.

§ 16. Die Zwangsarbeitsstrafe ist eine lebenslängliche oder eine zeitige. Der Höchstbetrag der zeitigen Zwangsarbeitsstrafe ist fünfzehn Jahre, ihr Mindestbetrag vier Jahre.

Die Verurteilten sind in den Zwangsarbeitsanstalten in gemeinsamer Haft und zu schweren Zwangsarbeiten inner- und außerhalb der Anstalten anzuhalten.

Nach Verbüßung der Zwangsarbeitsstrafe sind die Verbrecher nach den hierfür bestimmten Gegenden zur Ansiedlung zu verbringen.

§ 17. Die Strafe der Verschickung zur Ansiedlung ist eine lebenslängliche.

Die Verurteilten werden verschickt nach den für diesen Zweck vorausbestimmten Gegenden, die für jedes Triennium auf Vorstellung des Justizministers und des Ministers des Innern im Wege der Gesetzgebung festgesetzt werden.

§ 18. Der Höchstbetrag der Korrektionshausstrafe ist sechs Jahre, ihr Mindestbetrag ein Jahr sechs Monate.

Die Verurteilten sind zuerst auf die Dauer von drei bis zu sechs Monaten in Einzelhaft anzuhalten, dann sind sie in gemeinsame Haft zu überführen.

Die Verurteilten sind mit den im Korrektionshaus eingeführten Arbeiten in der Anstalt zu beschäftigen; Personen männlichen Geschlechts können auch zu Arbeiten außerhalb des Korrektionshauses verwendet werden.

§ 19. Der Höchstbetrag der Festungshaft ist sechs Jahre, ihr Mindestbetrag zwei Wochen.

Die Verurteilten werden in gemeinsamer Haft angehalten.

§ 20. Der Höchstbetrag der Gefängnisstrafe ist ein Jahr, ihr Mindestbetrag zwei Wochen.

Die Verurteilten sind in Einzelhaft anzuhalten. Beim Nichtvorhandensein oder Mangel an Einzelkammern im Gefängnis, sind die Verurteilten in gemeinsamer Haft anzuhalten, und in diesem Falle sind vier Tage gemeinsamer Haft drei Tagen Einzelhaft gleich zu achten.

Die Verurteilten sind mit den im Gefängnis eingeführten Arbeiten zu beschäftigen.

§ 21. Der Höchstbetrag der Haft ist sechs Monate, ihr Mindestbetrag ein Tag.

Die Verurteilten sind in den für Haft eingerichteten Räumlichkeiten in gemeinsamer Haft, auf ihr Verlangen und beim Vorhandensein von freien Einzelkammern in Einzelhaft anzuhalten.

Die zu mehr als sieben Tagen Haft Verurteilten haben eine solche Beschäftigung zu wählen, die im Haftlokal zugelassen werden kann.

Die zu nicht mehr als sieben Tagen Haft Verurteilten können auf diesbezügliche Verfügung des Gerichts die Haft an ihrem Wohnort verbüßen.

§ 22. Die Dauer der Zwangsarbeitsstrafe darf nur nach vollen Halbjahren; der Korrektionshausstrafe — nur nach vollen Monaten; der Festungs- und Gefängnisstrafe — nur nach vollen Wochen, und der Haftstrafe — nur nach vollen Tagen bemessen werden.

Die Dauer der im Gesetz vorgesehenen Nebenstrafen: der Entziehung des Rechts, die im Gesetz bestimmten Arten von Handel und Gewerbe oder andere im Gesetz bezeichnete Tätigkeiten nach Verbüßung der Strafe auszuüben, ebenso des Verbotes der Bekleidung gleicher und höherer Ämter, welches die Folge der Amtsentsetzung der Beamten und der geistlichen Personen andersgläubiger christlichen und auch nichtchristlichen Konfessionen die Folge ist, — darf nur nach vollen Monaten bemessen werden.

Bei der Berechnung der Fristen wird der Monat zu dreißig Tagen, der Tag zu vierundzwanzig Stunden gerechnet.

§ 23. Die zur lebenslänglichen Zwangsarbeitstrafe Verurteilten, wenn sie fünfzehn Jahre, und die zu einer zeitigen Zwangsarbeitstrafe Verurteilten, wenn sie zwei Dritteile der ihnen auferlegten Strafe verbüßt, sich auch gut geführt haben, können nach den für ihre Ansiedlung bestimmten Gegenden verbracht werden.

Die aus der Zwangsarbeit zur Ansiedlung Verbrachten, ebenso die zur Verschickung zur Ansiedlung Verurteilten können, wenn sie zehn Jahre der Ansiedlung verbüßt, sich auch gut geführt haben, entlassen werden.

Die zur Korrektionshausstrafe Verurteilten können, wenn sie fünf Sechstel der ihnen auferlegten Strafe verbüßt, sich auch gut geführt haben, entlassen werden.

§ 24. Die Größe der Geldstrafe darf nur nach vollen Halbrubeln bemessen werden, mit Ausnahme der Fälle, in denen das Gesetz eine besondere Art ihrer Berechnung angibt. Wenn als Höchstbetrag einer Strafe nicht weniger als hundert Rubel festgesetzt sind, so darf nicht unter den Betrag von zehn Rubeln herabgegangen werden.

Das Gericht kann die Zahlung einer Geldstrafe in Raten gestatten oder sie aufschieben, nicht länger als auf ein Jahr von dem Tage der Rechtskraft des Urteils.

Eine Geldstrafe, über deren Bestimmung im Gesetz nichts besonderes gesagt wird, ist zur Einrichtung von Einsperrungsstätten zu verwenden.

§ 25. Die Verurteilung zur Todesstrafe, Zwangsarbeit oder Verschickung zur Ansiedlung hat die Entziehung der Standesrechte zur Folge.

Die Entziehung dieser Rechte besteht: für Adelige — im Verlust des erblichen oder persönlichen Adels und aller mit diesem verbundenen Vorrechte; für Religionsdiener, Personen des Mönchsstandes und überhaupt des geistlichen Standes — im Verlust der geistlichen Würde und des Standes und aller mit diesen verbundenen Vorrechte; für persönliche und erbliche Ehrenbürger, für Kaufleute und Angehörige der übrigen Stände — im Verlust der jedem dieser Stände im besonderen zugeeigneten Rechte und Vorrechte.

§ 26. Die Verurteilung zur Korrektionshausstrafe hat für Adelige, Religionsdiener, Personen des Mönchsstandes und überhaupt des geistlichen Standes, Ehrenbürger und Kaufleute die Entziehung der Standesrechte (§ 25) zur Folge.

§ 27. Die Verurteilung zur Gefängnisstrafe hat für Adelige, Religionsdiener, Personen des Mönchsstandes und überhaupt des geistlichen Standes, ebenso für Ehrenbürger, wenn sie eins der in den §§ 158 Abs. 2 Zif. 1, 168 Abs. 2 Zif. 2, 274 Abs. 2, 279, 344 Abs. 4, 351, 352, 427, 428, 431, 432, 434, 435 Abs. 2, 440, 441, 442 Abs 3, 443 Abs. 3, 516, 524—527, 574 Abs. 1 u. 2, 575 - 578, 579 Abs. 2, 580, 581 (Abs. 1—3), 582, 583, 586, 588, 590, 591 Abs. 1 u. 2, 592 - 596, 598, 599, 607—609, 611—616, 619 Abs. 2, 626, 656 Abs. 3, 657—659, 661, 664, 665 und 673—675 vorgesehenen Vergehen begangen haben, die Entziehung der Standesrechte (§ 25) zur Folge.

Für die Gemeinen der Reserve und für die in der Reserveklasse oder in den Freijahren befindlichen Kasaken hat die Verurteilung zur Gefängnisstrafe, wenn sie eins der in den im Abs. 1 aufgezählten Paragraphen vorgesehenen Vergehen begangen haben, die Entziehung des Unteroffiziersranges und der anderen diesem entsprechender Ränge zur Folge.

§ 28. Die Verurteilung zur Todesstrafe, zur Zwangsarbeitsstrafe, zur Verschickung zur Ansiedlung, ebenso zu einer mit Entziehung der Standesrechte verbundenen Gefängnisstrafe (§ 27), hat den Verlust der Ehrentitel, Würden, Orden und anderer von der Regierung verliehenen Ehrenzeichen, der Ehrenämter und Pensionen, ebenso die Entfernung aus den staatlichen, kirchlichen, ständischen, landschaftlichen, städtischen und öffentlichen Ämtern zur Folge.

. § 29. Die Verurteilung zur Todesstrafe, Zwangsarbeitsstrafe oder Verschickung zur Ansiedlung hat für den Verurteilten zur Folge:

1) den Verlust der sowohl aus dem Familienverband fließenden als auch überhaupt der Vermögensrechte, die ihm vor der Erlangung der Rechtskraft des Urteils oder vor der in den gehörigen Fällen erfolgten Allerhöchsten Genehmigung der Vollziehung des Urteils, zugestanden haben;

2) den Verlust des Erbrechts in den nach Erlangung der Rechtskraft des Urteils oder nach der in den gehörigen Fällen erfolgten Allerhöchsten Genehmigung der Vollziehung des Urteils eintretenden Erbfällen.

Die Verurteilung zur Zwangsarbeitsstrafe oder zur Verschickung zur Ansiedlung zieht nach sich, außer der in Abs. 1 Zif. 1 u. 2 bezeichneten Folgen:

1) das Erlöschen der ehelichen Rechte, wenn der Ehegatte des Verurteilten diesem nicht nachgefolgt ist, und die Trennung der Ehe in diesem Falle auf Klage eines der Ehegatten;

2) das Erlöschen der elterlichen Gewalt über den vor der Erlangung der Rechtskraft des Urteils oder vor der in den gehörigen Fällen erfolgten Allerhöchsten Genehmigung der Vollziehung des Urteils erzeugten Kindern, die dem Verurteilten entweder nicht nachgefolgt sind oder ihn nachher verließen.

Ausführliche Bestimmungen über die Familien- und Vermögensrechte der Verurteilten sowohl bis zu ihrer Befreiung von der Ansiedlung, als auch nach dieser Befreiung, und ebenso über die Erbfolge in den Vermögensrechten, deren die Verurteilten infolge des gerichtlichen Urteils verlustig gegangen sind, befinden sich in den bürgerlichen Gesetzen und in der Verschicktenordnung.

§ 30. Die zur Zwangsstrafe, Verschickung zur Ansiedlung oder Korrektionshausstrafe, und ebenso die zu einer mit Entziehung der Standesrechte verbundenen Gefängnisstrafe (§ 27) Verurteilten verlieren das Recht:

1) an den Beschlußfassungen und Wahlen der ständischen Versammlungen teilzunehmen und in den landschaftlichen, städtischen oder öffentlichen Versammlungen zu wählen oder gewählt zu werden;

2) in staatlichem, ständischem, landschaftlichem oder öffentlichem Dienst zu stehen;

3) im Heere oder in der Marine zu dienen;

4) Kirchenämter zu bekleiden;

5) für Handelsunternehmungen der ersten zwei, und für Gewerbeunternehmungen der ersten fünf Klassen, ebenso für diesen entsprechende Dampfschiffunternehmungen und auch für Unternehmungen zum Betrieb von Gold- und Platinwerken Gewerbescheine zu lösen;

6) Vormund oder Pfleger zu sein;

7) Vorsteher, Erzieher oder Lehrer an einer öffentlichen oder privaten Lehranstalt zu sein oder die Rechte eines Hauslehrers zu genießen;

8) Schiedsrichter, Mitglied einer Konkursverwaltung oder Administration, beeidigter Pfleger, Geschworener, Rechtsanwalt oder Anwalt in Angelegenheiten, die in staatlichen, ständischen, landschaftlichen, städtischen oder öffentlichen Instituten verhandelt werden, zu sein;

9) Zeuge bei Verträgen oder Vorgängen zu sein, die der Beglaubigung durch Zeugen bedürfen.

§ 31. Die auf Grund des § 30 verlorenen Rechte werden, mit Ausnahme der Fälle, in denen ihre Widerherstellung nach Ablauf irgend welcher Fristen mit besonderen Gesetzesbestimmungen unvereinbar wäre, wiedererworben: von den zur Zwangsarbeit oder Verschickung zur Ansiedlung Verurteilten — nach Ablauf von zehn Jahren nach ihrer Befreiung von der Ansiedlung; von den zur Korrektionshausstrafe Verurteilten — nach Ablauf von zehn Jahren, und von den zur Gefängnisstrafe Verurteilten — nach Ablauf von fünf Jahren nach ihrer Befreiung.

Wenn die Verurteilten sich gut geführt haben, kann auf ihr Ersuchen die Dauer der bezeichneten Fristen reduziert werden, wenn für sie die Hälfte der Dauer dieser Fristen schon abgelaufen ist und wenn sie dabei am letzten Wohnorte nicht weniger als zwei Jahre verbracht hatten.

§ 32. Die zu einer Gefängnisstrafe Verurteilten können, falls nach Erkenntnis des Gerichts die strafbare Handlung eine Folge ihres Müßiggangs und Faulenzerei ist, auf Anordnung des Gerichts unmittelbar nach Verbüßung der Strafe für die Dauer von sechs Monaten bis zu zwei Jahren in einem Arbeitshaus untergebracht werden.

§ 33. In den vom Gesetz vorgesehenen Fällen ist auf die im Gesetz besonders bezeichneten Nebenstrafen unter Beobachtung folgender Bestimmungen in den entsprechenden Fällen zu erkennen:

1) die Zeitdauer der Entziehung des Rechts, die im Gesetz bestimmten Arten von Handel und Gewerbe oder andere im Gesetz bezeichnete Tätigkeiten auszuüben, wird von der Verbüßung der Strafe gerechnet;

2) eine im Gesetz besonders vorgeschriebene Geldbuße ist zur Einrichtung von Einsperrungsstätten zu verwenden, wenn das Gesetz nichts über ihre anderweitige Bestimmung verfügt;

3) in den Fällen, in welchen das Gesetz die Veröffentlichung des gerichtlichen Urteils vorschreibt, ist dieses auf Kosten des Schuldigen in einer Regierungs- und einer privaten Zeitschrift nach Bestimmung des Gerichts zum Abdruck zu bringen;

4) die im Gesetz vorgeschriebene Amtsentsetzung von Beamten, ebenso von geistlichen Personen der andersgläubigen christlichen und nichtchristlichen Konfessionen zieht das zeitige oder lebenslängliche Verbot der Bekleidung gleicher und höherer Ämter nach sich, mit Ausnahme des in § 65 Abs. 2 vorgesehenen Falles.

§ 34. Die zur Zwangsarbeitsstrafe, Verschickung zur Ansiedlung oder Korrektionshausstrafe, ebenso die zu einer mit Entziehung der Standesrechte verbundenen Gefängnisstrafe (§ 27) Verurteilten unterliegen nach ihrer Befreiung von der Ansiedlung oder Einsperrung folgenden Beschränkungen:

1) sie dürfen in den vom Gesetz bezeichneten Gouvernements, Kreisen (Ujezdy), Städten oder anderen Gegenden weder wohnen noch sich aufhalten;

2) falls sie bei der Entlassung keinen Wohnort wählen, wird ihnen dieser von der lokalen Gouvernementsobrigkeit angewiesen;

3) sie dürfen den gewählten oder angewiesenen Wohnort vor Ablauf eines halben Jahres nach ihrer Niederlassung an diesem ohne besondere Erlaubnis der Ortspolizei nicht verlassen, und

4) dürfen sie nach Ablauf eines halben Jahres nach ihrer Niederlassung am gewählten oder angewiesenen Wohnort, diesen nur mit Wissen der Ortspolizei wechseln.

§ 35. Die Dauer der im § 34 bezeichneten Fristen der Rechtsbeschränkungen in der Wahl und im Wechsel des Wohnorts beträgt: für die zur Zwangsarbeitsstrafe oder Verschickung zur Ansiedlung Verurteilten — fünf Jahre nach der Befreiung von der Ansiedlung;

für die zur Korrektionshausstrafe Verurteilten — drei Jahre, und für die zur Gefängnisstrafe Verurteilten — ein Jahr nach der Befreiung von der Einsperrung.

Wenn die Verurteilten sich gut geführt haben, kann die Dauer der bezeichneten Fristen reduziert werden, und zwar: der fünfjährigen — auf drei Jahre und der dreijährigen — auf ein Jahr; die einjährige Frist kann ganz aufgehoben werden.

Die zur Zwangsarbeitsstrafe Verurteilten dürfen auch nach Ablauf der in diesem Paragraphen bezeichneten Fristen der Rechtsbeschränkungen in der Wahl und im Wechsel des Wohnorts nicht ständig wohnen: in den Residenzstädten, in deren Gouvernements und im Gouvernement, in dessen Gebiet die strafbare Handlung begangen wurde.

Für Ausländer kann die Rechtsbeschränkung in der Wahl und im Wechsel des Wohnorts durch Ausweisung nach dem Auslande, mit dem Verbot der Rückkehr nach Rußland, ersetzt werden.

§ 36. Gegenstände, deren Herstellung, Verkauf, Verbreitung, Beisichhaben oder Aufbewahrung untersagt ist, sind einzuziehen und, wenn im Gesetz über ihre Bestimmung nichts besonderes gesagt ist, zu vernichten oder dem Fiskus zuzuwenden. Der Erlös vom Verkauf der dem Fiskus verfallenen Gegenstände ist zur Einrichtung von Einsperrungsstätten zu verwenden.

Nach denselben Grundsätzen sind einzuziehen und zu vernichten oder dem Fiskus zuzuwenden: 1) Gegenstände, welche zur Begehung strafbarer Handlungen bestimmt oder gebraucht wurden, in den Fällen, in welchen ihre Einziehung im Gesetz besonders vorgesehen ist, und 2) andere im Gesetz besonders bezeichnete Gegenstände.

§ 37. Was ohne gehörige Erlaubnis eröffnet oder eingerichtet worden ist, ist bis zur Einholung dieser Erlaubnis zu schließen.

Was in unrichtiger Weise erbaut, eröffnet, eingerichtet, umgebaut, verbessert oder wiederhergestellt worden ist, ist binnen einer vom Gericht zu bestimmenden Frist auf Kosten des Schuldigen niederzureißen, zu schließen, zu verbessern, an einen anderen Ort zu überführen oder in den früheren Zustand zu bringen:

1) wenn das vom Schuldigen Begangene für die öffentliche Sicherheit oder für das Volkswohl als schädlich befunden werden wird;

2) wenn es sich um Begehung der in den §§ 223 Zif. 3, 224, 310 Abs. 2, 311, 312, 316 Zif. 3, 318, 380 Abs. 2, 384, 388, 398 und 407 vorgesehenen strafbaren Handlungen handelt.

§ 38. Die Bestimmungen der §§ 36 und 37 sind vom Gericht auch im Falle der Freisprechung des Schuldigen, oder seiner Straffreierklärung und ebenso im Falle der endgültigen oder vorläufigen Einstellung des Strafverfahrens zur Anwendung zu bringen.

Vierter Abschnitt.

Bedingungen der Zurechnung und der Strafbarkeit) der Handlungen.*

§ 39. Eine strafbare Handlung ist dem Täter nicht zuzurechnen, wenn er bei ihrer Begehung infolge krankhafter Störung der Seelentätigkeit oder von Bewußtlosigkeit oder der von einem körperlichen Gebrechen oder einer Krankheit herrührenden mangelhaften geistigen Entwickelung die Natur und die Bedeutung seines Tuns nicht verstehen oder seiner Handlungen nicht Herr sein konnte.

Wenn dem Gericht die Belassung derartiger Personen ohne besondere Aufsicht gefährlich erscheint, überweist es sie den Eltern, oder anderen Personen, die sich zur Übernahme der Pflege bereit erklärt haben, zur verantwortlichen Beaufsichtigung, oder läßt sie in einer Heilanstalt unterbringen. Obligatorisch ist die Unterbringung in einer Heilanstalt bei Personen, die einen Mord, eine sehr schwere Körperverletzung, eine Vergewaltigung oder eine Brandstiftung begangen oder versucht haben.

§ 40. Eine strafbare Handlung ist dem Täter nicht zuzurechnen, wenn er bei ihrer Begehung das zehnte Lebensjahr nicht vollendet hat.

§ 41. Eine strafbare Handlung ist dem Täter nicht zuzurechnen, wenn er bei ihrer Begehung das zehnte, aber nicht das siebzehnte Lebensjahr vollendet hat und die Natur und die Bedeutung seines Tuns nicht verstehen oder seiner Handlungen nicht Herr sein konnte.

Solche Minderjährige können den Eltern, Personen, in deren Pflege sie sich befinden, oder anderen zuverlässigen Personen, die sich dazu bereit erklärt haben, zur verantwortlichen Beaufsichtigung überwiesen werden; haben sie jedoch ein Verbrechen oder Vergehen begangen, so können sie auch in eine Erziehungs- und Besserungsanstalt gebracht werden.

Minderjährige, die das vierzehnte, aber nicht das siebzehnte Lebensjahr vollendet haben, sind, wenn sie ein Verbrechen begangen haben, vorzugsweise in Erziehungs- und Besserungsanstalten, und wenn dies nicht möglich ist, in speziell für Minderjährige an Gefängnissen und Haftlokalen eingerichtete Räumlichkeiten zu bringen.

Weibliche Minderjährige können im Falle der Unmöglichkeit ihrer Unterbringung in Erziehungs- und Besserungsanstalten in Frauenklöster ihres Glaubensbekenntnisses gebracht werden, wenn der Aufenthalt von Fremden in diesen Klöstern nicht durch die Statuten dieser verboten ist.

Die in eine Erziehungs- und Besserungsanstalt, in speziell für Minderjährige an Gefängnissen und Haftlokalen eingerichtete Räum-

---

*) = „Presstupnosti“, eigentlich „des Verbrecherischen“, „des Deliktischen“, „des kriminellen“, wie überall „presstupny“ nicht „verbrecherisch“, sondern „strafbar“ übersetzt wurde.

lichkeiten oder in Klöster gebrachten Minderjährigen können dort nicht über das vollendete einundzwanzigste Lebensjahr hinaus belassen werden.

§ 42. Eine strafbare Handlung ist dem Täter nicht zuzurechnen, wenn er sie nicht voraussehen oder nicht verhindern konnte.

§ 43. Die Unkenntnis eines die Strafbarkeit der Handlung bedingenden oder eines die Verantwortlichkeit erhöhenden Umstandes schließt die Zurechnung der Handlung selbst oder des die Verantwortlichkeit erhöhenden Umstandes aus.

Bei der Bestrafung fahrlässig begangener Handlungen gilt diese Bestimmung nur insoweit, als die Unkenntnis selbst nicht durch Fahrlässigkeit verschuldet ist.

§ 44. Eine Handlung ist nicht als strafbar zu betrachten, wenn sie in Ausführung eines Gesetzes oder eines ordnungsgemäß von der zuständigen Obrigkeit in den Grenzen ihrer Kompetenz erteilten Dienstbefehls begangen wurde, wenn dieser Befehl nichts offenbar strafbares enthielt.

§ 45. Eine Handlung ist nicht als strafbar zu betrachten, wenn sie bei der Notwehr gegen einen rechtswidrigen Angriff auf die Persönlichkeits- oder Vermögensgüter des Verteidigers selbst oder eines Anderen begangen wurde.

Die Überschreitung der Notwehr durch übermäßige oder unzeitgemäße Verteidigung ist nur in den vom Gesetz besonders bezeichneten Fällen zu bestrafen.

§ 46. Eine Handlung ist nicht als strafbar zu betrachten, wenn sie zur Rettung des Lebens des Täters oder eines Anderen aus einer Gefahr, die durch Drohung, rechtswidrige Nötigung oder eine andere Ursache entstanden ist und in derselben Zeit durch andere Mittel nicht abzuwenden war, begangen wurde.

Eine Handlung ist auch dann nicht als strafbar zu betrachten, wenn sie zur Rettung der Gesundheit, der Freiheit, der Keuschheit oder eines anderen Persönlichkeits- oder Vermögensgutes des Täters oder eines anderen aus einer Gefahr, die durch Drohung, rechtswidrige Nötigung oder eine andere Ursache entstanden ist und in derselben Zeit durch ein anderes Mittel nicht abzuwenden war, begangen wurde, wenn der Täter genügenden Grund hatte, den von ihm verursachten Schaden für geringfügig im Verhältnis zum verteidigten Gut zu halten.

Obige Bestimmungen finden keine Anwendung in Fällen, in denen das Ausweichen der Gefahr schon an sich strafbar ist.

§ 47. Eine Handlung ist nicht als strafbar zu betrachten, wenn sie gegen einen in der realen Wirklichkeit nicht vorhandenen oder zur Begehung von strafbaren Handlungen der vorgehabten Art offenbar untauglichen Gegenstand gerichtet war.

Fünfter Abschnitt.

Die Arten der Schuld.

§ 48. Eine strafbare Handlung ist nicht nur dann als eine vorsätzliche zu betrachten, wenn der Schuldige ihre Begehung wollte, sondern auch wenn er bewußt den Eintritt des die Strafbarkeit dieser Handlung bedingenden Erfolges gestattete.

Eine strafbare Handlung ist nicht nur dann als fahrlässig zu bezeichnen, wenn der Schuldige sie nicht vorausgesehen hat, obwohl er sie hätte voraussehen können oder müssen, sondern auch, wenn er, obwohl den Eintritt des die Strafbarkeit dieser Handlung bedingenden Erfolges voraussehend, leichtsinnigerweise glaubte, diesen Erfolg abzuwenden.

Verbrechen sind nur bei vorsätzlicher Begehung zu bestrafen.

Vergehen sind bei vorsätzlicher Begehung immer, bei fahrlässiger nur in den vom Gesetz besonders bezeichneten Fällen zu bestrafen.

Übertretungen sind nicht nur bei vorsätzlicher, sondern auch bei fahrlässiger Begehung zu bestrafen, mit Ausnahme der vom Gesetz besonders bezeichneten Fälle.

§ 49. Der Anfang der Ausführung einer vom Schuldigen gewollten strafbaren Handlung, die dank einem von seinem Willen unabhängigen Umstand nicht zu Ende geführt worden ist, ist als Versuch zu betrachten.

Das versuchte Verbrechen und, in den vom Gesetz besonders bezeichneten Fällen, auch das versuchte Vergehen — sind strafbar, jedoch werden die im Gesetz für die strafbaren Handlungen bestimmten Strafen nach den im § 53 aufgestellten Grundsätzen gemildert.

Die versuchte Übertretung ist straflos.

Der Versuch der Begehung einer strafbaren Handlung durch offenbar untaugliche, aus äußerster Unwissenheit oder aus Aberglauben gewählte Mittel, ist straflos.

§ 50. Die Anschaffung oder Zurechtmachung von Mitteln zur Ausführung einer vorsätzlichen strafbaren Handlung ist als Vorbereitung zu betrachten.

Die Vorbereitung ist nur in den vom Gesetz besonders bezeichneten Fällen zu bestrafen, und nur, wenn sie infolge eines vom Willen des Schuldigen unabhängigen Umstandes eingestellt worden ist.

§ 51. Wenn eine strafbare Handlung von mehreren begangen wurde, die ihre Ausführung vereinbart haben oder wissentlich gemeinsam handelten, so gelten als Teilnehmer:

1) diejenigen, welche die strafbare Handlung unmittelbar verübt oder an ihrer Ausführung teilgenommen haben; 2) diejenigen, welche einen anderen zur Teilnahme an der strafbaren Handlung angestiftet haben; 3) die als Gehilfen Mittel verschafften, oder Hinder-

nisse beseitigten, oder sonst der Begehung der strafbaren Handlung durch Rat, Wink oder Versprechen deren Ausführung nicht zu hindern oder sie zu verhehlen Vorschub geleistet haben.

Die Strafe der Teilnehmer eines Verbrechens oder Vergehens ist nach demjenigen Gesetze festzusetzen, welches auf die begangene strafbare Handlung Anwendung findet, jedoch ist sie für denjenigen Gehilfen, dessen Hilfeleistung unwesentlich war, nach den im § 53 aufgestellten Grundsätzen zu mildern.

Von den Teilnehmern einer Übertretung sind zu bestrafen nur derjenige, welcher sie unmittelbar begangen oder an ihrer Ausführung teilgenommen hat; der Anstifter und der Gehilfe sind nur in den vom Gesetz besonders bezeichneten Fällen zu bestrafen.

Besondere persönliche Verhältnisse und Umstände, welche die Strafbarkeit eines der Teilnehmer begründen, erhöhen oder vermindern, bleiben auf die Verantwortlichkeit der übrigen ohne Einfluß.

Ein Teilnehmer, der die Beteiligung an einer strafbaren Handlung aufgegeben, und alle von ihm abhängigen Maßregeln zur Abwendung ihres Erfolges ergriffen hat, ist von der Strafe zu befreien.

§ 52. Wer in die Beteiligung an einer Verbindung zur Begehung eines Verbrechens oder Vergehens eingewilligt und die weitere Mitbeteiligung nicht aufgegeben, aber am Verbrechen oder Vergehen nicht teilgenommen hat, ist nur für die Beteiligung an der Verbindung verantwortlich.

Die Beteiligung an einer auf Begehung eines Verbrechens oder Vergehens gerichteten Verbindung, oder an einer zum Zwecke der Begehung mehrerer Verbrechen oder Vergehen gebildeten Bande ist in den vom Gesetz besonders bezeichneten Fällen zu bestrafen.

Sechster Abschnitt.

Gründe, welche die Strafe mildern oder ändern.

§ 53. Die Strafe des Schuldigen, dem mildernde Umstände zugebilligt worden sind, ist nach folgenden Grundsätzen zu mildern:

1) es kann nicht auf den Höchstbetrag der für die begangene strafbare Handlung gesetzlich angedrohten Strafe erkannt werden; 2) ist im Gesetz ein Mindestbetrag der Strafe angegeben, so kann das Gericht diese bis auf den gesetzlichen Mindestbetrag der angedrohten Strafart ermäßigen; und 3) ist im Gesetz kein Mindestbetrag der Strafe angegeben, so kann das Gericht entweder diese bis auf den gesetzlichen Mindestbetrag der angedrohten Strafart ermäßigen, oder es kann mit Ausnahme der unten angeführten Fälle, auf eine andere Strafe erkennen, und zwar in folgender Abstufung: an Stelle der Todesstrafe — auf lebenslängliche Zwangsarbeit oder auf Zwangsarbeit von zehn bis zu fünfzehn Jahren; an Stelle der lebenslänglichen Zwangsarbeit — auf eine zeitige; an Stelle der zeitigen Zwangsarbeit — auf Korrektionshaus; an Stelle der Verschickung zur Ansiedlung — auf Festungshaft nicht unter einem Jahre; an Stelle

der Korrektionshausstrafe — auf Gefängnis, und an Stelle der Gefängnisstrafe — auf Haft.

Bei Milderung der Strafen für die in den §§ 84 Abs. 2, 100 bis 103, 105, 108, 110, 126, 129, 130, 163, 164, 166, 168, 173 und 643 bis 645 vorgesehenen Verbrechen kann die Zwangsarbeit nur durch Verschickung zur Ansiedlung ersetzt werden.

Bei Milderung der Strafen der wegen der in den §§ 84 Abs. 4 und 85 vorgesehenen Verbrechen Verurteilten kann die Zwangsarbeit nur durch Verschickung zur Ansiedlung in die für diese Verurteilten besonders bestimmten Gegenden ersetzt werden. Verschickung zur Ansiedlung in die für die Verurteilten besonders bestimmten Gegenden kann nicht durch Festungshaft ersetzt werden.

§ 54. Ist gegen den Schuldigen auf Korrektionshaus, Festungshaft, Gefängnis oder Haft erkannt, so kann ihm die Untersuchungshaft durch das erkennende Gericht ganz oder teilweise auf die Strafe angerechnet werden.

§ 55. Bei Minderjährigen, die das zehnte, aber nicht das siebzehnte Lebensjahr vollendet haben, denen die von ihnen begangene strafbare Handlung zugerechnet worden ist, kommen folgende Bestimmungen zur Anwendung:

1) Gegen Minderjährige, die das vierzehnte, aber nicht das siebzehnte Lebensjahr vollendet haben, ist an Stelle der Todesstrafe oder der lebenslänglichen Zwangsarbeit — auf Gefängnis von acht bis zu zwölf Jahren, und an Stelle der zeitigen Zwangsarbeit — auf Gefängnis von drei bis zu acht Jahren zu erkennen;

2) Gegen Minderjährige, die das zehnte, aber nicht das vierzehnte Lebensjahr vollendet haben, ist an Stelle der Todesstrafe, der Zwangsarbeit, der Verschickung zur Ansiedlung, des Korrektionshauses, der Festungshaft oder der Gefängnisstrafe, ebenso gegen Minderjährige, die das vierzehnte, aber nicht das siebzehnte Lebensjahr vollendet haben, an Stelle der Verschickung zur Ansiedlung, des Korrektionshauses, der Festungshaft oder der Gefängnisstrafe — auf Unterbringung in eine Erziehungs- und Besserungsanstalt zu erkennen;

3) gegen Minderjährige, die das zehnte, aber nicht das siebzehnte Lebensjahr vollendet haben, ist an Stelle der Haft oder der Geldstrafe — auf gerichtlichen Verweis zu erkennen; findet jedoch das Gericht, daß der Minderjährige die Übertretungen gewerbs- oder gewohnheitsmäßig begeht, so ist auf Unterbringung in einer Erziehungs- und Besserungsanstalt zu erkennen.

Im Falle der Unmöglichkeit der Unterbringung der Minderjährigen in eine Erziehungs- und Besserungsanstalt: 1) können die wegen eines Verbrechens oder eines derartigen Vergehens, auf welches das Gesetz Korrektionshaus als höchste Strafe setzt, Verurteilten, in speziell für Minderjährige an Gefängnissen und Straflokalen eingerichtete Räumlichkeiten eingesperrt werden; 2) die wegen einer leichteren, als die obigen, strafbaren Handlung Verurteilten, können ihren Eltern, Personen, in deren Pflege sie sich befinden, oder anderen zuverlässigen Personen, die sich dazu bereit erklärt haben, zur verantwortlichen Beaufsichtigung überwiesen werden; 3) weibliche Minderjährige können in Frauenklöster ihres Glaubensbekenntnisses gebracht werden, wenn der Aufenthalt von Fremden in diesen Klöstern nicht durch die Statuten dieser verboten ist.

Die in eine Erziehungs- und Besserungsanstalt, in speziell für Minderjährige an Gefängnissen und Haftlokalen eingerichtete Räumlichkeiten oder in Klöster gebrachten Minderjährigen können dort nicht über das vollendete einundzwanzigste Lebensjahr hinaus behalten werden.

Ein Minderjähriger, der gemäß Abs. 1 Zif. 2 dieses Paragraphen in einer Erziehungs- und Besserungsanstalt unterzubringen war, ist, wenn er während der Vollziehung des Urteils das achtzehnte Lebensjahr bereits vollendet hat, ins Gefängnis zu überführen: wenn die ursprüngliche Strafe Verschickung zur Ansiedlung oder eine schwerere Strafe war — für die Dauer nicht über fünf Jahren, in den übrigen Fällen ist die ursprüngliche Strafe mindestens um die Hälfte zu verkürzen.

§ 56. Gegen Minderjährige, die das zehnte, aber nicht das siebzehnte Lebensjahr vollendet haben, ist weder auf Verlust noch auf Beschränkung der Rechte zu erkennen, mit Ausnahme der Minderjährigen, die das vierzehnte, aber nicht das siebzehnte Lebensjahr vollendet haben, denen gegen sie wegen eines Verbrechens erkannte Todesstrafe oder lebenslängliche Zwangsarbeit gemäß § 55 Abs. 1 Zif. 1 durch Gefängnis ersetzt wurde. Bei diesen Minderjährigen treten die in den §§ 25, 28, 30, 31, 34 und 35 bezeichneten Folgen der Verurteilung zum Tode und zur Zwangsarbeit ein.

§ 57. Gegen Minderjährige, die das siebzehnte, aber nicht das 21. Lebensjahr vollendet haben, kommen folgende Bestimmungen zur Anwendung:

1) die Todesstrafe ist durch lebenslängliche Zwangsarbeit zu ersetzen:

2) die lebenslängliche Zwangsarbeit ist durch fünfzehnjährige zu ersetzen;

3) die Dauer der Zwangsarbeit, der Korrektionshausstrafe, der Festungshaft und der Gefängnisstrafe ist um ein Drittel abzukürzen;

4) Entziehung oder Beschränkung der Rechte kommt nur im Falle der Verurteilung zur Zwangsarbeit oder zur Verschickung zur Ansiedlung in Anwendung.

§ 58. Wer das siebzigste Lebensjahr vollendet hat, ist an Stelle der Todesstrafe oder der Zwangsarbeit mit Verschickung zur Ansiedlung zu bestrafen. Personen weiblichen Geschlechts, die das siebzigste Lebensjahr nicht vollendet haben, sind an Stelle der Todesstrafe mit lebenslänglicher Zwangsarbeit zu bestrafen, mit Ausnahme des im § 99 vorgesehenen Verbrechens.

§ 59. Eine Geldstrafe, die einen Monat nach Eintritt der Rechtskraft des Urteils, und bei Zahlungsaufschub — am Zahlungstermin nicht bezahlt wird, ist nach ordnungsgemäßer Feststellung der Zahlungsunfähigkeit des Verurteilten durch Haft zu ersetzen, deren Dauer das Gericht im Urteil in folgendem Verhältnis zu bestimmen hat: an die Stelle einer Geldstrafe bis zur Höhe von fünfundzwanzig Rubel tritt Haft bis zu einer Woche; an die Stelle einer Geldstrafe von fünfundzwanzig bis hundert Rubel — Haft von einer Woche bis zu einem Monat; an die Stelle einer Geldstrafe von hundert bis zu fünfhundert Rubel — Haft von einem bis zu drei Monaten; an die Stelle einer Geldstrafe von fünfhundert bis zu tausend Rubel — Haft von drei bis zu sechs Monaten; an die Stelle einer Geldstrafe über tausend Rubel — Haft von sechs Monaten bis zu einem Jahr.

Wird die ganze Geldstrafe oder ein Teil während der Verbüßung der Ersatzhaft bezahlt, so wird diese eingestellt oder ihre Dauer entsprechend dem eingezahlten Betrag abgekürzt. Bei dieser Abkürzung ist die Haft nach dem vom Gericht im Urteil bestimmten Verhältnis anzurechnen.

Siebenter Abschnitt.

Gründe, welche die Strafe erhöhen.

§ 60. Gegen denjenigen, welcher vor der Verkündung des Urteils, der Resolution oder des Schuldigkeitsspruches zwei oder mehrere strafbare Handlungen begangen hat, ist auf die höchste vom Gericht für diese Handlungen bestimmte Strafe zu erkennen. Das Gericht kann die verwirkte höchste Strafe bis auf den Höchstbetrag der vom Gesetz auf die entsprechende Handlung gesetzten Strafe erhöhen, jedoch darf die Gesamtstrafe den Betrag aller verwirkten Einzelstrafen nicht übersteigen, und müssen die Bestimmungen des § 22 beobachtet werden, wobei die Zwangsarbeitsstrafe auch nach Vierteljahren bemessen werden darf. Trifft jedoch bei der Gesamtaburteilung Zwangsarbeit oder Korrektionshaus einerseits mit Geldstrafe, Haft oder Festungshaft nicht über einem Jahre anderseits zusammen, so darf das Gericht die verwirkte schwere Strafe nicht erhöhen.

War neben einer der verwirkten Einzelstrafen, wenn auch nicht neben der schwersten, der Verlust oder die Beschränkung der Rechte oder andere im Gesetz bezeichneten Nebenstrafen geboten, so ist auf diese neben der schwersten Strafe zu erkennen.

§ 61. Hat der Schuldige die Strafe für eine der strafbaren Handlungen, die nach den im § 60 festgesetzten Bestimmungen über die Gesamtaburteilung eine zeitige Freiheitsstrafe oder eine Geldstrafe nach sich ziehen, ganz oder teilweise verbüßt, so ist die verbüßte Strafe auf die Gesamtstrafe anzurechnen.

§ 62. Bei der Festsetzung der Gesamtstrafe ist die verhältnismäßige Schwere der Strafen bei ihrer Gleichartigkeit — durch ihre

Dauer oder ihren Umfang, bei ihrer Ungleichartigkeit — durch ihre nach den in §§ 2 und 53 bezeichneten Grundsätzen festgestellte Stufenfolge gegeben.

§ 63. Bei der Zusammenlegung und Anrechnung der Strafen ist sechsmonatliche Zwangsarbeitsstrafe einer einjährigen Korrektionshausstrafe, einer anderthalbjährigen Gefängnisstrafe, einer zweijährigen Festungshaft oder einer vierjährigen Haft gleich zu achten.

Bei der Zusammenlegung von Festungshaft mit Gefängnis ist immer auf Gefängnisstrafe zu erkennen, unter entsprechender Verlängerung ihrer Dauer.

Geldstrafe ist mit Haft in den im § 59 bestimmten Grenzen zu vergleichen.

§ 64. Gegen denjenigen, welcher vor Verkündung des Urteils, der Resolution oder des Schuldigkeitsspruches zwei oder mehrere identische oder gleichartige strafbare Handlungen gewohnheits- oder gewerbsmäßig begangen hat, ist nach den in den §§ 60 bis 63 bestimmten Regeln über die Gesamtaburteilung zu erkennen, wenn im Gesetz für derartige Handlungen keine besondere Strafe angedroht ist.

Überdies kann das Gericht:

1) wenn es als schwerste Strafe lebenslängliche Zwangsarbeit bestimmt — die Überführung zur Ansiedlung vor dem Ablauf von zwanzig Jahren verbieten;

2) wenn es als schwerste Strafe eine zeitige Freiheitsstrafe bestimmt, diese verlängern, und zwar: wenn ein Höchstmaß der Strafe vom Gesetz bestimmt ist — bis zum gesetzlichen Höchstbetrag der anbedrohten Strafart, und wenn kein Höchstmaß bestimmt: Zwangsarbeit — bis auf zwanzig Jahre, Korrektionshaus und Festungshaft — bis auf acht Jahre, Gefängnis — bis auf zwei Jahre und Haft bis auf ein Jahr;

3) wenn es als schwerste Strafe eine Geldstrafe bestimmt, außerdem auf Haft nicht über einen Monat erkennen.

§ 65. Nach den im § 64 aufgestellten Grundsätzen kann das Gericht die Strafe eines Beamten erhöhen, der eine gemeine strafbare Handlung begangen oder an ihrer Begehung teilgenommen hat, wenn er dies entweder unter Verletzung der dienstlichen Subordination, oder durch Mißbrauch seiner Pflicht oder Vollmacht, oder durch Drohung mit Bedrückung oder mit anderweitigem Gewaltmißbrauch, oder unter Verletzung der Amtspflicht gegen Privatpersonen getan, falls diese Verletzungen, Mißbräuche oder Drohungen vom Gesetz nicht mit besonderen Strafen belegt sind.

Wird ein Beamter wegen einer im staatlichen oder öffentlichen Dienst begangenen strafbaren Handlung zur Haft verurteilt, so kann das Gericht die Haft durch Amtsenthebung ersetzen oder neben der ersteren auch auf die letztere erkennen.

Wird ein Beamter wegen eines im staatlichen oder öffentlichen Dienst begangenen Vergehens zu einer Gefängnisstrafe verurteilt, die keinen Verlust der Standesrechte nach sich zieht (§ 27), so kann das

Gericht den Schuldigen für die Dauer von einem bis zu fünf Jahren seines Amtes entheben.

§ 66. Wer nach Verkündung des Urteils, der Resolution, oder des Schuldigkeitsspruches, oder während der Strafverbüßung eine strafbare Handlung begeht, hat diese nach den allgemeinen Grundsätzen zu verantworten, jedoch unter Beobachtung folgender Bestimmungen:

1) bei Vereinigung lebenslänglicher Zwangsarbeit mit ebensolcher ist die für die Überführung zur Ansiedlung bestimmte Frist (§ 23) auf dreißig Jahre zu erhöhen;

2) bei Vereinigung lebenslänglicher Zwangsarbeit mit zeitiger ist die für die Überführung zur Ansiedlung bestimmte Frist um die Hälfte der Dauer der zeitigen Zwangsarbeit zu verlängern;

3) bei Vereinigung lebenslänglicher oder zeitiger Zwangsarbeit mit Verschickung zur Ansiedlung, ebenso der Verschickung zur Ansiedlung mit den beiden Arten der Zwangsarbeit ist die für die Verbringung von der Zwangsarbeit zur Ansiedlung bestimmte Frist (§ 23) um die Dauer von sechs Monaten bis zu zwei Jahren zu verlängern;

4) bei der Vereinigung lebenslänglicher Zwangsarbeit, mit anderen, außer der Zwangsarbeit, zeitigen Freiheitsstrafen, ist die für die Verbringung von der Zwangsarbeit zur Ansiedlung bestimmte Frist (§ 23) um die diesen Strafen nach den Anrechnungsbestimmungen des § 63 entsprechenden Fristen Zwangsarbeit, jedoch nicht mehr als um zwei Jahre zu verlängern;

5) bei Vereinigung der Verschickung zur Ansiedlung mit ebensolcher Strafe darf die Befreiung von der Ansiedlung nicht vor dem Ablauf von fünfzehn Jahren erfolgen;

6) bei Vereinigung der Verschickung zur Ansiedlung mit Korrektionshausstrafe, Festungshaft, Gefängnisstrafe oder Haft, ist die zeitige Freiheitsstrafe unmittelbar nach Eintritt der Rechtskraft des Urteils zu verbüßen, und die Dauer dieser Strafen ist nicht auf die in § 23 zur Befreiung von der Ansiedlung festgesetzte Frist anzurechnen;

7) bei Vereinigung zeitiger Freiheitsstrafen werden diese kumuliert; sind sie ungleichartig, so ist die ihrer Art nach schwerste Strafe um die übrigen zu erhöhen, mit Abkürzung der Dauer dieser nach den Anrechnungsbestimmungen des § 63, wobei die Gesamtdauer der Strafen die im § 64 Abs. 2 Zif. 2 bezeichneten Fristen nicht übersteigen darf.

Während der Verbüßung der Zwangsarbeit von den Verurteilten begangene strafbare Handlungen sind nach den Bestimmungen der Verschicktenordnung abzuurteilen.

§ 67. Wer nach der Verbüßung der Strafe eine strafbare Handlung begeht, hat sie nach den allgemeinen Grundsätzen zu verantworten. Hat jedoch der Verurteilte eine mit der früher begangenen identische oder ihr gleichartige Handlung begangen, so ist, mit Ausnahme der Fälle, in denen das Gesetz für die Wiederholung strafbarer Handlungen besondere Strafen bestimmt, die neu festzusetzende

Strafe nach den in § 64 aufgestellten Grundsätzen zu erhöhen, wenn bis zur Begehung der neuen identischen oder gleichartigen strafbaren Handlung seit der Verbüßung der Strafe für die früheren: für ein Verbrechen — nicht mehr als fünf Jahre, für ein Vergehen — nicht mehr als drei Jahre, und für eine Übertretung — nicht mehr als ein Jahr verflossen.

Achter Abschnitt.

Gründe, welche die Strafbarkeit aufheben.

§ 68. Durch Verjährung wird die Anwendung der Strafe ausgeschlossen:

1) wenn seit dem Tage der Begehung der strafbaren Handlungen bis zum Tage der Eröffnung der ordnungsmäßigen Strafverfolgung des Angeklagten folgende Fristen verstrichen sind: bei Verbrechen, die vom Gesetz im Höchstbetrage mit dem Tode bedroht sind — fünfzehn Jahre; bei den übrigen Verbrechen — zehn Jahre; bei Vergehen, die vom Gesetz im Höchstbetrage mit Korrektionshaus bedroht sind — acht Jahre; bei den übrigen Vergehen — drei Jahre, und bei Übertretungen — ein Jahr;

2) wenn seit dem Tage der Begehung bis zum Tage der Urteilsfällung gegen den Schuldigen bei Verbrechen und Vergehen — die doppelten, bei Übertretungen die dreifachen Fristen der Zif. 1 dieses Paragraphen verstrichen sind;

3) wenn seit dem Tage der Fällung des Urteils bis zu dem Tage seiner Vollstreckung die in der Zif. 2 dieses Paragraphen bezeichneten Fristen verstrichen sind, die in diesen Fällen entsprechend der im Urteil bestimmten Strafe zu berechnen sind.

Die Strafbarkeit des im § 99 vorgesehenen Verbrechens wird durch die im Zif. 1 dieses Paragraphen bestimmte Verjährung nicht aufgehoben; sind jedoch seit dem Tage der Begehung dieser strafbaren Handlung bis zum Tage der Eröffnung der ordnungsmäßigen Strafverfolgung des Angeklagten fünfzehn Jahre verflossen, so ist gegen ihn an Stelle der Todesstrafe oder der Zwangsarbeit auf Verschickung zur Ansiedlung zu erkennen.

§ 69. Die Entziehung oder die Beschränkung der Rechte, die der Verurteilte nach einem rechtskräftigen, aber der Verjährung wegen nicht vollstreckten Urteil zu erleiden hat, wird durch die Verjährung nicht aufgehoben. Die Dauer des Verlustes oder der Beschränkung der Rechte ist seit dem Tage der Verjährung der im Urteil erkannten Strafe zu berechnen.

§ 70. Bei einer aus mehreren Akten bestehenden strafbaren Handlung sind die Verjährungsfristen von dem Tage der Vollziehung des letzten Aktes, und bei einer ununterbrochen fortdauernden strafbaren Handlung — von ihrer Einstellung zu berechnen.

§ 71. Wenn die Strafverfolgung nach dem Gesetz nicht vor Entscheidung der Sache im Zivil- oder Kirchengericht begonnen werden kann, oder wenn das Verfahren nach begonnener Strafverfolgung oder die Vollstreckung des Urteils aus im Gesetze bezeichneten Gründen ruhte, so wird die Dauer des Verfahrens in diesen Gerichten oder der gesetzlichen Einstellung nicht auf die Dauer der Verjährung angerechnet.

§ 72. Begnadigung und Verzeihung stehen dem Gericht nicht zu. Sie gehen unmittelbar von der Allerhöchsten Selbstherrschergewalt aus und können nur die Folge der Gnade des Monarchen sein. Die Kraft und der Wirkungsbereich dieser Gnade, als einer Ausnahme von den allgemeinen Gesetzen, werden in demselben Allerhöchsten Befehl oder Ukas oder allgemeinen Gnadenmanifest bestimmt, durch welche das Los der Schuldigen gemildert oder ihnen vollkommene Verzeihung gewährt wird.

Zweites Kapitel.

Verletzung der zum Schutze der Religion erlassenen Bestimmungen.

§ 73. Wer den in der einigen Dreifaltigkeit gepriesenen Gott, unsere Heilige Mutter Gottes und Jungfrau Maria, die unkörperlichen Himmelsmächte oder die Heiligen Diener Gottes lästert; wer die Heiligen Sakramente, das Heilige Kreuz, die Heiligen Reliquien, die Heiligen Bilder oder andere, von der orthodoxen oder einer anderen christlichen Kirche als heilig verehrten Gegenstände (Beilage I) durch Tat oder Wort beschimpft; wer die Heilige Schrift, oder die orthodoxe Kirche und ihre Dogmen, oder überhaupt die Christliche Religion schmäht,

wird wegen dieser Gotteslästerung oder Beschimpfung des Heiligtums bestraft:

1) wenn sie während eines öffentlichen Gottesdienstes oder in der Kirche begangen:

mit zeitiger Zwangsarbeit oder mit Verschickung zur Ansiedlung;

2) wenn sie in einer Kapelle oder in einem christlichen Bethaus, oder öffentlich oder in verbreiteten oder öffentlich ausgestellten Erzeugnissen der Buchdruckerpresse, in Handschriften oder Abbildungen begangen:

mit Verschickung zur Ansiedlung;

3) wenn sie begangen, um die Anwesenden in Versuchung zu bringen:

mit Korrektionshaus nicht über drei Jahren oder
mit Festungshaft nicht über drei Jahren.

Wurde jedoch die Gotteslästerung oder die Beschimpfung des Heiligtums zwar unter den in diesem Paragraphen bezeichneten Umständen, aber aus Unverstand, Unwissenheit oder im Zustande der Trunkenheit begangen, so wird der Schuldige bestraft:

mit Haft.

§ 74. Wer:

1) die Einrichtungen oder die Gebräuche der orthodoxen Kirche oder des Christentums überhaupt schmäht;

2) die durch Gebrauch bei dem orthodoxen oder anderem christlichen Gottesdienst geheiligten Gegenstände (Beilage II) durch Tat oder Wort beschimpft;

3) die in § 73 aufgezählten heiligen Gegenstände oder Gegenstände des Glaubens ungebührlich verspottet,

wird wegen dieser Religionsspötterei bestraft:

1) wenn sie während eines öffentlichen Gottesdienstes oder in einer Kirche begangen:

mit Gefängnis nicht unter sechs Monaten;

2) wenn sie in einer Kapelle oder in einem christlichen Bethaus, oder öffentlich, oder in verbreiteten oder öffentlich ausgestellten Erzeugnissen der Buchdruckerpresse, in Handschriften oder Abbildungen begangen:

mit Gefängnis;

3) wenn sie begangen, um die Anwesenden in Versuchung zu bringen:

mit Gefängnis nicht über sechs Monaten.

Wurde jedoch die Religionsspötterei zwar unter den in diesem Paragraphen bezeichneten Umständen, aber aus Unverstand, Unwissenheit oder im Zustande der Trunkenheit begangen, so wird der Schuldige bestraft:

mit Haft nicht über drei Monaten.

§ 75. Wer während eines öffentlichen christlichen Gottesdienstes oder in einer Kirche, Kapelle oder einem christlichen Bethaus ungebührlich schreit, lärmt oder sonstigen störenden Unfug verübt, wird bestraft:

mit Haft nicht über drei Monaten.

Wenn infolge dieses Unfugs der Gottesdienst unterbrochen wurde, oder wenn dieser Unfug von einem Haufen verübt wurde, so wird der Schuldige bestraft:

mit Haft.

Wenn der im Abs. 1 dieses Paragraphen bezeichnete Unfug zum Zwecke der Verhinderung des Gottesdienstes verübt wurde, so wird der Schuldige bestraft:

mit Gefängnis.

Wenn infolge des zum Zwecke der Verhinderung des Gottesdienstes verübten Unfugs der Gottesdienst unterbrochen wurde, oder wenn dieser Unfug von einem Haufen verübt wurde, so wird der Schuldige bestraft:

mit Gefängnis nicht unter sechs Monaten.

§ 76. Wer ein in Rußland anerkanntes nichtchristliches Glaubensbekenntnis schmäht, oder einen Gegenstand der religiösen Verehrung dieses Glaubensbekenntnisses durch Tat oder Wort beschimpft, wird, wenn diese Schmähung oder Beschimpfung in einem Bethaus des nichtchristlichen Glaubensbekenntnisses oder bei öffentlicher Vornahme eines durch dieses Glaubensbekenntnis vorgeschriebenen öffentlichen Religionsdienstes begangen wurde, bestraft:

mit Haft.

Wenn diese Schmähung oder Beschimpfung aus Unverstand, Unwissenheit oder im Zustande der Trunkenheit begangen wurde, so wird der Schuldige bestraft:

mit Haft nicht über einem Monat oder mit Geldstrafe nicht über hundert Rubel.

§ 77. Wer durch ungebührliches Schreien, Lärmen oder sonstigen Unfug den öffentlichen Religionsdienst eines in Rußland anerkannten nichtchristlichen Glaubensbekenntnisses unterbricht, wird, wenn er diesen Unfug öffentlich oder im Bethaus eines solchen Glaubensbekenntnisses verübt, bestraft:

mit Haft nicht über drei Monaten.

§ 78. Wer einen Christen ohne christliche Zeremonie beerdigt, obwohl die Einladung einer geistlichen Person des entsprechenden Glaubensbekenntnisses zur Vornahme dieser Zeremonie keine besonderen Schwierigkeiten bot, wird bestraft:

mit Haft nicht über drei Monaten.

§ 79. Wer einen beerdigten oder nicht beerdigten Leichnam entwendet oder durch Tat beschimpft, wird bestraft:

mit Korrektionshaus nicht über drei Jahren.

Hat dabei der Schuldige an dem Leichnam eine unsittliche Handlung vorgenommen, so wird er bestraft:

mit Korrektionshaus nicht unter drei Jahren.

Wurden jedoch die in diesem Paragraphen bezeichneten Handlungen aus Aberglauben, Unverstand, Unwissenheit oder im Zustande der Trunkenheit begangen, so wird der Täter bestraft:

mit Gefängnis nicht über sechs Monaten.

§ 80. Wer:

1) jemand durch Gewalt gegen die Person oder durch strafbare Drohung einen Gottesdienst oder eine Zeremonie, welche nach den Vorschriften des Glaubensbekenntnisses des Genötigten verboten oder unerlaubt sind, vorzunehmen oder an einem solchen Gottesdienst oder an einer solchen Zeremonie teilzunehmen nötigt;

2) jemand durch Gewalt gegen die Person oder durch strafbare Drohung durch die Vorschriften eines in Rußland anerkannten Glaubensbekenntnisses, dem der Genötigte angehört, vorgeschriebene Gottesdienst oder Zeremonie vorzunehmen, oder an einem solchen Gottesdienst oder einer solchen Zeremonie teilzunehmen verhindert,

wird bestraft:

mit Gefängnis.

Wurde diese Nötigung oder Verhinderung gegen einen Religionsdiener eines christlichen Glaubensbekenntnisses oder eine geistliche

Person eines nichtchristlichen Glaubensbekenntnisses verübt, so wird der Täter bestraft:

mit Gefängnis nicht unter drei Monaten.

§ 81. Ein Nichtchrist, der einen in seinem Dienst, Handwerkslehre oder Arbeit befindlichen Christen, wenn auch ohne Gewalt gegen die Person oder strafbare Drohung, eine religiöse Pflicht seines Glaubensbekenntnisses zu erfüllen oder an der von seinem Glaubensbekenntnis vorgeschriebenen Feier des Sonntags oder eines anderen Festtags teilzunehmen verhindert, wird bestraft:

mit Geldstrafe nicht über fünfzig Rubel.

§ 82. Wer durch Mißbrauch der Gewalt, Nötigung, Verlockung mittels Versprechen von Vorteilen oder Betrug einen Christen zu einem nichtchristlichen Glauben verführt, wird bestraft:

mit Korrektionshaus nicht über drei Jahren oder mit Festungshaft nicht über drei Jahren.

Wurde jedoch die Verführung durch Gewalt gegen die Person oder durch strafbare Drohung begangen, so wird der Verführer bestraft:

mit Zwangsarbeit nicht über sechs Jahren oder mit Verschickung zur Ansiedlung.

§ 83. Wer durch Mißbrauch der Gewalt, Nötigung, Verlockung mittels Versprechen von Vorteilen oder Betrug einen Orthodoxen zu einem anderen christlichen Glaubensbekenntnis verführt, wird bestraft:

mit Festungshaft nicht über drei Jahren.

Wurde jedoch die Verführung durch Gewalt gegen die Person oder durch strafbare Drohung begangen, so wird der Verführer bestraft:

mit Verschickung zur Ansiedlung.

§ 84. Wer durch Mißbrauch der Gewalt, Nötigung, Verlockung mittels Versprechen von Vorteilen oder Betrug einen Orthodoxen zu bereits vorhandenen oder neu gepredigten Schismen oder Sekten verführt, wird bestraft:

mit Verschickung zur Ansiedlung.

Wurde jedoch diese Verführung durch Gewalt gegen die Person oder durch strafbare Drohung begangen, so wird der Verführer bestraft:

mit Zwangsarbeit nicht über sechs Jahren oder mit Verschickung zur Ansiedlung.

Ist die Zugehörigkeit zu dem Schisma oder der Sekte, zu denen der Orthodoxe verführt wurde, mit fanatisch-abergläubischen Anschlägen gegen eigenes oder fremdes Leben, mit Kastration seiner selbst oder Anderer, oder mit offenbar unsittlichen Handlungen verbunden, so wird der Verführer bestraft:

mit Verschickung zur Ansiedlung in für diese Verurteilte besonders bestimmte Gegenden.

Wurde jedoch diese Verführung durch Gewalt gegen die Person oder durch strafbare Drohung begangen, so wird der Verführer bestraft:

mit Zwangsarbeit nicht über acht Jahren.

Dieselben Strafen nach denselben Grundsätzen treffen einen Anhänger des Skopzentums oder einer anderen fanatisch-abergläubischen Lehre der obenbezeichneten Art, welcher einen heterodoxen Christen oder einen Nichtchristen zu seiner Lehre verführt.

§ 85. Wer einen Anhänger der skopzischen Ketzerei, oder wenn auch einen Nichtanhänger dieser, so doch um ihn zu ihr zu verführen, kastriert, wird bestraft:

mit Zwangsarbeit nicht über sechs Jahren.

Wurde die Kastration durch Gewalt gegen die Person oder durch strafbare Drohung begangen, so wird der an der Kastration Schuldige bestraft:

mit Zwangsarbeit nicht über zehn Jahren.

§ 86. Ein Mohammedaner, Jude oder Heide, der durch Mißbrauch der Gewalt, Nötigung, Verlockung mittels Versprechen von Vorteilen oder Betrug einen Angehörigen einer Fremdvölkerschaft nichtchristlichen Glaubensbekenntnisses, der russischer Untertan ist, zu einem anderen nichtchristlichen Glauben verführt, wird bestraft:

mit Gefängnis nicht über drei Monaten.

§ 87. Wer durch Gewalt gegen die Person oder durch strafbare Drohung Jemand aus einem Glaubensbekenntnis zu einem anderen verführt, wird, wenn er nicht nach den §§ 82 bis 84 zu bestrafen ist, bestraft:

mit Korrektionshaus nicht über drei Jahren.

§ 88. Eltern oder Vormünder, die nach dem Gesetz ihre minderjährigen Kinder oder Mündel, die das vierzehnte Lebensjahr nicht vollendet haben, gemäß den Vorschriften des christlichen Glaubens zu erziehen verpflichtet sind, werden bestraft, wenn sie mit ihnen religiöse Zeremonien eines nichtchristlichen Glaubensbekenntnisses vornehmen:

mit Festungshaft nicht über drei Jahren.

§ 89. Eltern oder Vormünder, die nach dem Gesetz ihre minderjährigen Kinder oder Mündel, die das vierzehnte Lebensjahr nicht vollendet haben, gemäß den Vorschriften des orthodoxen Glaubens zu erziehen verpflichtet sind, werden bestraft, wenn sie die Kinder oder Mündel zur Taufe oder zu sonstigen Sakramenten eines anderen christlichen Glaubensbekenntnisses bringen:

mit Festungshaft nicht über einem Jahr.

§ 90. Wer Predigten, Reden oder Abhandlungen öffentlich vorträgt oder vorliest oder Abhandlungen oder Bilder verbreitet oder öffentlich ausstellt, welche Orthodoxe zum Übertritt zu einem anderen Glaubensbekenntnis, oder zu einem Schisma oder Sekte auffordern, wird, wenn er diese Handlungen zum Zwecke der Verführung von Orthodoxen begangen hat, bestraft:

mit Festungshaft nicht über einem Jahr oder mit Haft.

§ 91. Ein Schismatiker oder Sektierer, der an einer notorisch orthodoxen oder an einer gemäß den Vorschriften der orthodoxen Kirche zu taufenden Person die Taufe oder eine andere geistliche, die Aufnahme in das Schisma oder in die Sekte kennzeichnende Handlung vornimmt, wird, wenn er nicht wegen Verführung zu bestrafen ist, bestraft:

mit Haft.

Dieselbe Strafe trifft einen Schismatiker oder Sektierer, der eine sonstige geistliche Handlung an einer Person vornimmt, welche während der Vornahme dieser Handlung notorisch den orthodoxen Glauben bekannte.

§ 92. Wer öffentlich ein gesetzlich verbotenes Schisma bekennt, wird bestraft:

mit Geldstrafe nicht über dreihundert Rubel.

§ 93. Ein Geistlicher eines heterodoxen christlichen Glaubensbekenntnisses, welcher:

1) an einer notorisch orthodoxen Person eine Konfirmation, Ölsalbung oder eine andere die Aufnahme in den heterodoxen Glauben kennzeichnende kirchliche Handlung nach seinem Ritus vornimmt oder die Taufe eines notorisch gemäß den Vorschriften des orthodoxen Glaubens zu taufenden Kindes nach seinem Ritus vornimmt oder zuläßt;

2) eine notorisch orthodoxe Person zur Beichte zuläßt, oder ihr das Abendmahl verabreicht oder an ihr die letzte Ölung nach dem Ritus seines Glaubensbekenntnisses vornimmt;

3) eine nicht volljährige Person notorisch orthodoxen Bekenntnisses im Katechismus seines Glaubensbekenntnisses unterrichtet;

4) die Ehe einer heterodoxen Person mit einer Person notorisch orthodoxen Bekenntnisses schließt, bevor die Ehe von einem orthodoxen Priester geschlossen wurde,

wird bestraft:

mit Geldstrafe nicht über dreihundert Rubel.

Überdies ist der Schuldige in den in Zif. 1 dieses Paragraphen bezeichneten Fällen — für die Dauer von drei Monaten bis zu einem Jahre, und im Wiederholungsfalle — für die Dauer von einem bis zu drei Jahren oder für immer; im Falle der Wiederholung der in den Ziff. 2 und 3 dieses Paragraphen bezeichneten Übertretungen — für die Dauer von drei Monaten bis zu einem Jahre, und im Falle der Wiederholung der in Zif. 4 dieses Paragraphen bezeichneten Übertretung — für die Dauer von drei bis zu sechs Monaten: des Kirchenamtes zu entheben.

§ 94. Ein Geistlicher eines heterodoxen christlichen Glaubensbekenntnisses, welcher:

1) die Ehe zwischen einer heterodoxen Person und einer Person notorisch orthodoxen Bekenntnisses schließt, falls die Ehe nachher nicht nach orthodoxem Ritus geschlossen wurde;

2) eine Ehe zwischen notorisch orthodoxen Personen schließt, wird bestraft:

mit Geldstrafe nicht über fünfhundert Rubel.

Überdies ist der Schuldige für die Dauer von drei Monaten bis zu einem Jahre, und im Wiederholungsfalle — für die Dauer von einem bis zu drei Jahren oder für immer des Kirchenamtes zu entheben.

§ 95. Wer eine Person, die den orthodoxen Glauben annehmen will, durch Gewalt gegen die Person oder durch strafbare Drohung daran verhindert, wird bestraft:

mit Gefängnis nicht unter sechs Monaten.

§ 96. Wer einem Schisma oder einer Sekte angehört, die mit fanatisch-abergläubischen Anschlägen gegen eigenes oder fremdes Leben, oder mit Kastration seiner selbst oder Anderer, oder mit offenbar unsittlichen Handlungen verbunden sind, wird bestraft:

mit Verschickung zur Ansiedlung in für diese Verurteilte besonders bestimmte Gegenden.

Dieselbe Strafe trifft denjenigen, welcher, durch Fanatismus irregeführt, sich selbst kastriert.

§ 97. Wer in eigenmächtiger Anmaßung der Würde eines Religionsdieners eines christlichen Glaubensbekenntnisses eine kirchliche Handlung vornimmt, die nur von einem Religionsdiener dieses Glaubensbekenntnisses vorgenommen werden darf, wird bestraft:

mit Gefängnis.

Hat der Schuldige eine Taufe oder eine Eheschließung vorgenommen, so wird er bestraft:

mit Korrektionshaus.

§ 98. Personen nichtchristlichen oder heterodoxen christlichen Glaubensbekenntnisses, Schismatiker oder Sektierer, die einem orthodoxen Religionsdiener zwar nicht während der Vornahme durch ihn eines Gottesdienstes oder einer geistlichen Handlung, aber zum Zwecke der Erzeigung von Mißachtung der orthodoxen Glaubens und Kirche beleidigen, oder die in § 475 vorgesehene Gewalt gegen seine Person verüben, werden bestraft:

mit Gefängnis.

Wird diese Beleidigung oder Gewalt gegen die Person während der Vornahme durch den Religionsdiener eines Gottesdienstes oder einer geistlichen Handlung verübt, so wird der Schuldige bestraft:

wegen Beleidigung — mit Korrektionshaus nicht über drei Jahren;

wegen Gewalt — mit Korrektionshaus.

Drittes Kapitel.

Hochverrat und strafbare Handlungen gegen die Heilige Person des Kaisers und die Mitglieder des Kaiserlichen Hauses.

§ 99. Wer eines Unternehmens gegen das Leben, die Gesundheit, Freiheit oder überhaupt Unantastbarkeit der Heiligen Person des Regierenden Kaisers, der Kaiserin oder des Thronfolgers sich schuldig macht, oder wer es unternimmt, den Regierenden Kaiser zu entthronen, Ihm die Oberste Gewalt zu entziehen, oder die Rechte dieser zu beschränken, wird bestraft:

mit dem Tode.

Als Unternehmen ist sowohl die Vollendung wie der Versuch dieses Verbrechens anzusehen.

§ 100. Wer es unternimmt, die in Rußland oder in irgend einem Teile desselben durch die Grundgesetze festgelegte Regierungsform oder Thronfolgeordnung gewaltsam abzuändern, oder irgend einen Teil Rußlands vom ganzen loszureißen, wird bestraft:

mit dem Tode.

Wurde jedoch dieses Unternehmen gleich im Anfang entdeckt und veranlaßte es keine besonderen Maßregeln zu seiner Unterdrückung, so ist der Schuldige zu bestrafen:

mit zeitiger Zwangsarbeit.

Als Unternehmen ist sowohl die Vollendung wie der Versuch dieses Verbrechens anzusehen.

§ 101. Wer der Vorbereitung zu dem im § 100 vorgesehenen Verbrechen sich schuldig macht, wird bestraft:

mit Zwangsarbeit nicht über zehn Jahren.

Verfügte dabei der Schuldige über Explosionsmittel oder über eine Waffenniederlage, so wird er bestraft:

mit zeitiger Zwangsarbeit.

Wer der Vorbereitung zu dem im § 99 vorgesehenen Verbrechen sich schuldig macht, wird bestraft:

mit dem Tode.

§ 102. Wer der Teilnahme an einer Verbindung sich schuldig macht, die zur Begehung des im § 100 vorgesehenen Verbrechens sich gebildet hat, wird bestraft:

mit Zwangsarbeit nicht über acht Jahren.

Verfügte diese Verbindung über Explosionsmittel oder über eine Waffenniederlage, so werden die Teilnehmer an dieser Verbindung bestraft:

mit zeitiger Zwangsarbeit.

Wer der Teilnahme an einer Verbindung sich schuldig macht, die zur Begehung des im § 99 vorgesehenen Verbrechens sich gebildet hat, wird bestraft:

mit lebenslänglicher Zwangsarbeit.

Wer der Überredung zur Gründung einer Verbindung zur Begehung eines im § 99 oder § 100 vorgesehenen Verbrechens oder zur Teilnahme an einer solchen sich schuldig macht, wird, falls die Verbindung nicht zustande gekommen ist, bestraft:

in bezug auf eine Verbindung zur Begehung des im § 100 vorgesehenen Verbrechens — mit Verschickung zur Ansiedlung;

in bezug auf eine Verbindung zur Begehung des im § 99 vorgesehenen Verbrechens — mit Zwangsarbeit nicht über acht Jahren.

§ 103. Wer einer Beleidigung des Regierenden Kaisers, der Kaiserin oder des Thronfolgers, oder einer Bedrohung Ihrer Person, oder einer Beschimpfung Ihres Bildes sich schuldig macht, begangen unmittelbar, oder auch in Ihrer Abwesenheit, aber zum Zwecke der Erregung von Mißachtung Ihrer Person, oder wer zu demselben Zwecke Ihre Würde beleidigende Abhandlungen oder Abbildungen verbreitet oder öffentlich ausstellt, wird bestraft:

mit Zwangsarbeit nicht über acht Jahren.

Wurden die in Ihrer Abwesenheit begangenen Beleidigungen, Drohungen oder Beschimpfungen zwar vor Zeugen, oder öffentlich oder in verbreiteten oder öffentlich ausgestellten Erzeugnissen der Buchdruckerpresse, in Handschriften oder Abbildungen, aber nicht zum Zwecke der Erregung von Mißachtung der Person des Regierenden Kaisers, der Kaiserin oder des Thronfolgers begangen, so wird der Schuldige bestraft:

mit Festungshaft.

Wurden die in Ihrer Abwesenheit begangenen Beleidigungen, Drohungen oder Beschimpfungen aus Unvernunft, Unwissenheit oder im Zustande der Trunkenheit begangen, so wird der Schuldige bestraft:

mit Haft.

§ 104. Wer:

1) eine Abhandlung oder eine Abbildung, die eine Beleidigung oder Bedrohung der Person des Regierenden Kaisers, der Kaiserin oder des Thronfolgers enthält, zum Zwecke ihrer Verbreitung oder öffentlichen Ausstellung anfertigt;

2) die in Zif. 1 dieses Paragraphen bezeichneten Abhandlungen oder Abbildungen in Kenntnis ihres Inhalts zu dem in derselben Zif. 1 angegebenen Zwecke vervielfältigt, aufbewahrt oder aus dem Auslande einführt,

wird, wenn die Verbreitung oder die öffentliche Ausstellung dieser Abhandlungen oder Abbildungen nicht erfolgt ist, bestraft:

mit Festungshaft nicht über drei Jahren.

§ 105. Wer eines Unternehmens gegen das Leben eines Mitgliedes des Kaiserlichen Hauses sich schuldig macht, wird bestraft:

mit dem Tode.

Wer eine sonstige Gewalttätigkeit gegen die Person eines Mitgliedes des Kaiserlichen Hauses unternimmt, wird bestraft:

mit Zwangsarbeit oder mit Verschickung zur Ansiedlung.

Beging jedoch der Schuldige eine Gewalttätigkeit, die nach diesem Gesetzbuch mit zeitiger Zwangsarbeit zu bestrafen ist, so wird er bestraft:

mit lebenslänglicher Zwangsarbeit.

Wer der Vorbereitung zu einem Unternehmen gegen das Leben eines Mitgliedes des Kaiserlichen Hauses oder der Teilnahme an einer Verbindung, die zur Begehung eines derartigen Unternehmens sich gebildet hat, sich schuldig macht, wird bestraft:

mit Verschickung zur Ansiedlung.

§ 106. Wer gegen ein Mitglied des Kaiserlichen Hauses eine im § 103 vorgesehene strafbare Handlung begeht, wird bestraft:

in dem im § 103 Abs. 1 bezeichneten Falle — mit Verschickung zur Ansiedlung;

in dem im § 103 Abs. 2 bezeichneten Falle — mit Festungshaft nicht über drei Jahren;

in dem im § 103 Abs. 3 bezeichneten Falle — mit Haft nicht über drei Monaten.

§ 107. Wer das Andenken des entschlafenen Großvaters, Vaters oder Vorgängers des Regierenden Kaisers, welche selbst regiert haben, öffentlich oder in verbreiteten oder öffentlich ausgestellten Erzeugnissen der Buchdruckerpresse, in Handschriften oder in Abbildungen beleidigt, wird bestraft:

mit Festungshaft nicht über drei Jahren.

Wurde jedoch diese Beleidigung aus Unvernunft, Unwissenheit oder im Zustande der Trunkenheit begangen, so ist der Schuldige zu bestrafen:

mit Haft nicht über drei Monaten.

Viertes Kapitel.

Landesverrat.

§ 108. Ein russischer Untertan, welcher den Feind in dessen kriegerischen oder sonstigen gegen Rußland gerichteten feindlichen Unternehmungen begünstigt oder ihm Vorschub leistet, wird bestraft:

mit zeitiger Zwangsarbeit.

Ist:

1) aus dieser Begünstigung oder Vorschubleistung dem Feinde wesentliche Hilfe erwachsen;

2) in verräterischer Absicht ein Mord begangen worden,

so wird der Schuldige bestraft:

mit lebenslänglicher Zwangsarbeit.

Wer bei dieser Vorschubleistung oder Begünstigung:

1) eine Armee oder eine Flotte, eine Heerestruppe, eine Abteilung oder eine Mannschaft, einen befestigten Ort, einen Kriegshafen oder ein Kriegsschiff in feindliche Gewalt bringt, oder zu bringen versucht oder ihnen die Möglichkeit der Abwehr des Feindes nimmt;

2) eine Heerestruppe, eine Abteilung, oder eine Mannschaft oder deren Befehlshaber verleitet oder überredet, zum Feinde überzugehen;

3) der russischen Kriegsmacht gewalttätigen Widerstand leistet oder sie angreift;

4) den Befehlshaber einer Armee, eines Stabes, einer Heerestruppe, einer Abteilung oder einer Mannschaft, eines befestigten Ortes, eines Kriegshafens, eines Geschwaders oder eines Kriegsschiffs, oder eine Person, die notorisch mit Erfüllung wichtiger

Kriegsaufträge oder Pflichten befaßt ist, ermordet oder in feindliche Gewalt bringt;

5) Niederlagen von Angriffs- oder Verteidigungsmitteln oder von Armeeproviant zerstört, oder Land- oder Wasserwege, Telegraphen oder Telephone oder andere Kommunikationsmittel zwischen einzelnen Heeresteilen unbrauchbar macht;

6) der Spionage sich schuldig macht,

wird bestraft:

mit dem Tode.

Dieselben Strafen kommen nach denselben Grundsätzen gegen einen russischen Untertan zur Anwendung, der ein in diesem Paragraphen vorgesehenes Verbrechen gegen eine Rußland verbündete ausländische Kriegsmacht begeht.

§ 109. Ein russischer Untertan, welcher in einer notorisch feindlichen Kriegsmacht Dienste nimmt oder diese Dienste nicht aufgibt, wird bestraft:

mit lebenslänglicher Zwangsarbeit.

§ 110. Ein russischer Untertan, welcher:

1) eine auswärtige Regierung zu kriegerischen oder sonstigen feindlichen Handlungen gegen Rußland oder zur Auflösung oder Nichteingehung eines Waffenbündnisses mit Rußland veranlaßt;

2) vor der Kriegserklärung der auswärtigen Regierung Hilfeleistung in ihren gegen Rußland gerichteten kriegerischen Handlungen für sich oder andere verspricht, wird bestraft:

mit zeitiger Zwangsarbeit.

Konnte der Schuldige kraft seiner Dienststellung den Zustand der russischen Kriegsmacht kennen oder der auswärtigen Regierung im Falle eines Krieges mit Rußland wesentliche Hilfe leisten, so wird er bestraft:

mit lebenslänglicher Zwangsarbeit.

§ 111. Wer einen Plan, eine Zeichnung, ein Dokument, oder deren Kopien, oder Nachrichten, von denen er weiß, daß ihre Geheimhaltung dem auswärtigen Staate gegenüber im Interesse der äußeren Sicherheit Rußlands erforderlich ist, veröffentlicht oder der Regierung oder einem Agenten eines nicht im Kriege mit Rußland befindlichen auswärtigen Staates mitteilt, wird bestraft:

mit Zwangsarbeit nicht über acht Jahre.

Waren diese Pläne, Zeichnungen, Dokumente, deren Kopien oder die Nachrichten dem Schuldigen dienstlich anvertraut oder hat er sie in seiner dienstlichen Stellung erhalten oder kennen gelernt, oder ist ihm verboten worden, sie zu veröffentlichen oder mitzuteilen, so wird er bestraft:

mit zeitiger Zwangsarbeit.

§ 112. Wer ohne gehörige Erlaubnis einen Plan, eine Zeichnung oder eine Beschreibung eines russischen befestigten Ortes oder dessen bestimmte Rayon oder Esplanade, eines Kriegsschiffes oder anderer zur Landesverteidigung bestimmten Kriegsbauten anfertigt, wird bestraft:

mit Gefängnis.

Wurde diese strafbare Handlung zum Zwecke der Mitteilung des Plans, der Zeichnung oder Beschreibung an die Regierung oder einen Agenten eines nicht im Kriege mit Rußland befindlichen auswärtigen Staates begangen, so wird der Schuldige bestraft:

mit Korrektionshaus nicht über drei Jahre.

Dieselben Strafen nach denselben Grundsätzen kommen gegen denjenigen zur Anwendung, welcher:

1) eine Kopie des Planes, der Zeichnung, Beschreibung oder des Dokuments anfertigt, oder Nachrichten sammelt oder schriftlich niederlegt;

2) einen Plan, eine Zeichnung, Beschreibung, ein Dokument oder eine Kopie dieser erlangt,

wenn er diese Handlungen ohne gehörige Erlaubnis begangen und die Geheimhaltung des Planes, der Zeichnung, Beschreibung, des Dokumentes, deren Kopien oder der Nachricht gegenüber der auswärtigen Regierung im Interesse der äußeren Sicherheit Rußlands, wie er wußte, erforderlich war.

§ 113. Wer ohne gehörige Erlaubnis, unter Verheimlichung seines Namens, Standes, seiner Staatsangehörigkeit oder Nationalität, oder mittels anderer Kniffe, in einen russischen befestigten Ort, auf ein russisches Kriegsschiff oder in andere zur Landesverteidigung bestimmte Kriegsbauten sich einschleicht, wird bestraft:

mit Gefängnis.

§ 114. Wer in Erfüllung eines Vertrages oder eines Auftrages der Regierung über Anschaffung von Angriffs- oder Verteidigungsmitteln, oder wer als Leiter ihrer Anschaffung wissentlich unbrauchbare Mittel anschafft, wird bestraft, wenn diese Mittel zum Empfang gebracht wurden oder ihre Anschaffung beendet wurde:

mit Korrektionshaus.

Wenn die angeschafften Angriffs- oder Verteidigungsmittel mit Hilfe von Abmachungen mit dem Abnehmer oder mittels besonderer Vorkehrungen zur Verheimlichung ihrer Unbrauchbarkeit abgeliefert wurden, so wird der Schuldige bestraft:

mit zeitiger Zwangsarbeit.

Dieselben Strafen nach denselben Grundsätzen kommen gegen die Beamten zur Anwendung, welche die Anschaffung der bezeichneten Mittel zulassen oder in Kenntnis ihrer Unbrauchbarkeit abnehmen.

§ 115. Wer für sich oder seinen Geschäftsherrn bei Erfüllung eines Vertrages oder Auftrages der Regierung über Lieferung von Proviant für das aktive Heer und dessen Spitäler oder für die aktive Flotte und ihre Spitäler in Kriegszeiten wissentlich gesundheitsschädliche oder unbrauchbare Verpflegungsmittel abliefert, wird bestraft:

mit Korrektionshaus nicht unter drei Jahren.

Der Versuch ist strafbar.

Dieselbe Strafe trifft den Beamten, der die Ablieferung der bezeichneten Gegenstände zuläßt oder in Kenntnis ihrer Gesundheitsschädlichkeit oder Unbrauchbarkeit abnimmt.

§ 116. Ein Bevollmächtigter Rußlands, welcher auf den Abschluß eines für Rußland nachteiligen Vertrages mit einer auswärtigen Regierung wissentlich hinwirkt oder mit einer auswärtigen Regierung in für Rußland nachteilige diplomatische Verhandlungen wissentlich sich einläßt, wird bestraft:

mit zeitiger Zwangsarbeit.

Dieselbe Strafe trifft einen Untergebenen eines Bevollmächtigten, welcher diesem wissentlich falsche Nachrichten mitteilt oder sonst seine Dienstpflicht verletzt, um den Bevollmächtigten zur Hinwirkung auf den Abschluß eines für Rußland notorisch nachteiligen Vertrages mit einer auswärtigen Regierung oder zu Rußland notorisch nachteiligen diplomatischen Verhandlungen mit einer auswärtigen Regierung zu veranlassen, wenn diese Hinwirkung oder diese Verhandlungen erfolgt sind.

§ 117. Wer:

1) ein Dokument, welches notorisch zum Beweise von Rechten Rußlands gegenüber einem auswärtigen Staat dient, beschädigt, verheimlicht, sich aneignet oder fälscht;

2) zum Zwecke des Verrats eines Teiles Rußlands an einen auswärtigen Staat ein Grenzzeichen beschädigt oder verrückt oder sonst die Grenzlinie des Staates entstellt,

wird bestraft:

mit zeitiger Zwangsarbeit.

§ 118. Ein russischer Untertan, welcher der Teilnahme an einer Verbindung sich schuldig macht, die zur Begehung des in § 108 vorgesehenen Verrats sich gebildet hat, wird bestraft:

mit Verschickung zur Ansiedlung.

§ 119. Ein Kriegsgefangener, oder ein Ausländer, während seines Aufenthaltes in Rußland, die eine von den in den §§ 108 oder 118 vorgesehenen strafbaren Handlungen begehen, sind gemäß diesen Paragraphen wie russische Untertanen zu bestrafen, wenn sie nicht nach den Kriegsgesetzen zu bestrafen sind.

Eine Person, welche die russische Staatsangehörigkeit aufgegeben, eine ausländische aber noch nicht erworben, oder welche die Staatsangehörigkeit einer feindlichen Macht nach der Kriegserklärung oder unmittelbar vorher angesichts des bevorstehenden Abbruchs der friedlichen Beziehungen erworben hat, wird wegen der Begehung einer der in §§ 108 bis 110 vorgesehenen strafbaren Handlungen, gemäß diesen Paragraphen wie ein russischer Untertan bestraft.

Fünftes Kapitel.

Aufruhr. (Smuta).

§ 120. Wer eine öffentliche Zusammenrottung nicht verläßt, die von der Polizeimacht notorisch zum Auseinandergehen aufgefordert wurde, wird bestraft:

mit Haft nicht über drei Monaten.

Mußte zum Zerstreuen einer solchen Zusammenrottung wegen des hartnäckigen Ungehorsams ihrer Teilnehmer gegen die am Orte der Zusammenrottung befindliche Polizeimacht andere Polizeimacht zur Hilfe gerufen werden, so wird derjenige, welcher nach notorisch erneuerter Aufforderung zum Auseinandergehen die Zusammenrottung nicht verläßt, bestraft:

mit Haft.

Wurde zum Zerstreuen einer solchen Zusammenrottung bewaffnete Macht herbeigerufen, so wird derjenige, welcher nach der in Gegenwart der bewaffneten Macht ergangenen Aufforderung zum Auseinandergehen die Zusammenrottung nicht verläßt, bestraft:

mit Gefängnis.

Ein Teilnehmer einer solchen Zusammenrottung, der zum Ungehorsam gegen die ergangene Aufforderung zum Auseinandergehen anstiftete, wird bestraft:

in dem im Abs. 1 dieses Paragraphen bezeichneten Falle —
mit Haft;

in dem im Abs. 2 dieses Paragraphen bezeichneten Falle —
mit Gefängnis.

in dem im Abs. 3 dieses Paragraphen bezeichneten Falle —
mit Gefängnis nicht unter sechs Monaten.

§ 121. Wer an einer öffentlichen Zusammenrottung teilnimmt, die notorisch sich versammelte, um Mißachtung der Obersten Gewalt oder Mißbilligung der durch die Grundgesetze festgestellten Regierungsform oder Thronfolgeordnung auszudrücken, oder mit Rebellion oder Verrat oder mit einer Person, die eine rebellische oder verräterische Handlung begangen, oder mit einer die gewaltsame Zerstörung der im Staate bestehenden gesellschaftlichen Ordnung anstrebenden Lehre oder mit einem Anhänger solche Lehre ihre Sympathie kundzugeben, wird bestraft:

mit Festungshaft nicht über drei Jahren oder mit Gefängnis.

Wer eine solche Zusammenrottung veranstaltet oder zu ihrer Veranstaltung verleitet hat, ebenso ein Teilnehmer der Zusammenrottung, der diese angeführt hat, wird bestraft:

mit Festungshaft oder mit Gefängnis nicht unter sechs Monaten.

Wurde jedoch zum Zerstreuen einer solchen Zusammenrottung bewaffnete Macht herbeigerufen, so wird derjenige, welcher nach der in Gegenwart der bewaffneten Macht ergangenen Aufforderung zum Auseinandergehen, die Zusammenrottung nicht verläßt, bestraft:

mit Verschickung zur Ansiedlung oder mit Korrektionshaus.

§ 122. Wer an einer öffentlichen Zusammenrottung teilnimmt, die mit vereinten Kräften der Teilnehmer:

1) Gewalt gegen Personen verübt, oder fremdes Eigentum entwendet oder beschädigt hat, oder in fremde bewohnte Gebäude oder sonstige Räumlichkeiten eingedrungen ist oder diese Handlungen verursacht hat, alles dieses aus dem Nationalitäten-, Klassen- oder religiösem Haß, den wirtschaftlichen Verhältnissen oder die öffentliche Ruhe störenden Gerüchten entspringenden Motiven;

2) die in den §§ 142 oder 145 vorgesehenen Widerstand oder Nötigung begangen hat,

wird bestraft:

mit Korrektionshaus.

Wer eine solche Zusammenrottung veranstaltet oder zu ihrer Veranstaltung verleitet hat, ebenso ein Teilnehmer der Zusammenrottung, der diese bei der Begehung der in diesem Paragraphen vorgesehenen Handlungen anführte, oder zu deren Begehung oder Fortführung anstiftete, oder bei ihrer Begehung Waffen angewendet hat, wird bestraft:

mit Korrektionshaus nicht unter drei Jahren.

§ 123. Wer an einer Zusammenrottung teilnimmt, die mit vereinten Kräften der Teilnehmer:

1) der zum Zerstreuen der Zusammenrottung herbeigerufenen bewaffneten Macht gewaltsamen Widerstand geleistet oder eine Militärwache oder deren Posten gewalttätig überfallen hat;

2) eine Niederlage von Waffen oder Kriegsvorräten, eine Gewehr- oder Geschützfabrik, einen befestigten Ort, ein Kriegsschiff, eine Eisenbahn, eine dem öffentlichen oder Regierungsgebrauch dienenden Telegraphen- oder Telephonanlage, einen Münzhof, eine Reichsrentei, eine Reichs- oder mit Genehmigung der Regierung gegründete öffentliche oder Aktien-Kreditanstalt in ihre Gewalt gebracht, geplündert oder zerstört hat;

3) durch Gewalt gegen die Personen der Wache oder durch Beschädigung der Einsperrungsräumlichkeiten bewachte Gefangene befreit hat;

4) Explosions-Vorrichtungen oder Stoffe zur Verübung von Gewalttätigkeiten benutzt hat,

wird bestraft:

mit Zwangsarbeit nicht über acht Jahren.

Wer eine solche Zusammenrottung veranstaltet oder zu ihrer Veranstaltung verleitet hat, oder ein Teilnehmer der Zusammenrottung, der diese bei der Begehung der in diesem Paragraphen vorgesehenen Handlungen anführte, oder zu deren Begehung oder Fortführung anstiftete, oder bei ihrer Begehung Explosions-Vorrichtungen oder Stoffe oder Waffen angewendet hat, wird bestraft:

mit zeitiger Zwangsarbeit.

§ 124. Wer an einer notorisch ordnungsmäßig verbotenen Verbindung teilnimmt, wird bestraft:

mit Festungshaft nicht über einem Jahr oder mit Haft.

§ 125. Wer an einer Verbindung teilnimmt, die zum Ziel ihrer Tätigkeit gesetzt hat:

1) Aufreizung zum Ungehorsam oder zum Widerstand gegen das Gesetz, oder eine verbindliche Verordnung oder eine gesetzliche Verfügung der Obrigkeit;

2) Aufreizung zum Haß zwischen einzelnen Teilen oder Klassen der Bevölkerung, den Ständen oder zwischen den Arbeitgebern und Arbeitern;

3) Aufreizung von Arbeitern zur Veranstaltung oder Fortführung eines in § 367 vorgesehenen Streiks,

wird bestraft:

mit Korrektionshaus oder mit Festungshaft.

§ 126. Wer an einer Verbindung teilnimmt, die zum Ziel ihrer Tätigkeit den Sturz der im Staate bestehenden gesellschaftlichen Ordnung oder die Begehung von Verbrechen mittels Explosionsstoffen oder -Vorrichtungen gesetzt hat, wird bestraft:

mit Zwangsarbeit nicht über acht Jahren oder mit Verschickung zur Ansiedlung.

Verfügte diese Verbindung notorisch über Explosionsmittel oder über eine Waffenniederlage, so werden die Teilnehmer an dieser Verbindung bestraft:

mit zeitiger Zwangsarbeit.

§ 127. Wer eine Versammlung einer notorisch gesetzwidrigen in den §§ 124 bis 126 vorgesehenen Verbindung in ihm gehörenden oder von ihm verwalteten oder beaufsichtigten Räumlichkeiten oder Orten zuläßt, ist wie ein Teilnehmer der Verbindung zu bestrafen.

Einem Teilnehmer einer gesetzwidrigen, in den §§ 124 bis 126 vorgesehenen Verbindung, welcher diese Verbindung anzeigt, bevor ihr Bestehen entdeckt wurde, ist die Strafe nach den im § 53 festgesetzten Grundsätzen zu ermäßigen, oder er kann überhaupt von der Strafe befreit werden.

§ 128. Wer freche Mißachtung der Obersten Gewalt bezeigt oder die durch die Grundgesetze festgelegte Regierungsform oder Thronfolgeordnung durch öffentliches Vortragen oder Vorlesen von Reden oder Abhandlungen oder durch Verbreitung oder öffentliche Ausstellung von Abhandlungen oder Abbildungen schmäht, wird bestraft:

mit Verschickung zur Ansiedlung.

§ 129. Wer eine Rede oder Abhandlung öffentlich vorträgt oder vorliest oder eine Abhandlung oder Abbildung verbreitet oder öffentlich ausstellt, welche aufreizt:

1) zur Begehung einer hochverräterischen oder verräterischen Handlung;

2) zum Sturz der im Staate bestehenden gesellschaftlichen Ordnung;

3) zum Ungehorsam oder zum Widerstand gegen das Gesetz, oder eine verbindliche Verordnung oder eine gesetzliche Verfügung der Obrigkeit;

4) zur Begehung eines andern Verbrechens,

wird bestraft:

wegen der in den Ziff. 1 oder 2 dieses Paragraphen vorgesehenen Aufreizung —

mit Verschickung zur Ansiedlung;

wegen der in den Ziff. 3 oder 4 dieses Paragraphen vorgesehenen Aufreizung —

mit Korrektionshaus nicht über drei Jahren.

Wenn:

1) der Täter zur Begehung der Handlung auf eine für das Leben Vieler gefährliche Art aufreizte;

2) infolge der Aufreizung ein Verbrechen begangen wurde,

so ist der Täter, falls er nicht als Teilnehmer der begangenen strafbaren Handlung einer schwereren Strafe unterliegt, zu bestrafen:

wegen der in den Ziff. 1 oder 2 dieses Paragraphen vorgesehenen Aufreizung —

mit Zwangsarbeit nicht über acht Jahren;

wegen der in den Ziff. 3 oder 4 dieses Paragraphen vorgesehenen Aufreizung —

mit Korrektionshaus.

Der Versuch ist strafbar.

§ 130. Wer nichtöffentlich Lehren oder Ansichten verbreitet, welche aufreizen:

1) zur Begehung einer hochverräterischen oder verräterischen Handlung;

2) zum Sturz der im Staate bestehenden gesellschaftlichen Ordnung;

3) zum Ungehorsam oder zum Widerstand gegen das Gesetz, oder eine verbindliche Verordnung oder eine gesetzliche Verfügung der Obrigkeit;

4) zur Begehung eines andern Verbrechens,

wird, falls diese strafbaren Lehren oder Ansichten unter der Landbevölkerung, im Heer, unter Arbeitern oder überhaupt solchen Personen verbreitet worden sind, bei denen diese Lehren oder Ansichten nicht gehörigen Widerstand finden könnten und deren Aufreizung zugleich den staatlichen Frieden zu gefährden drohte, bestraft:

wegen der in den Ziff. 1 oder 2 dieses Paragraphen vorgesehenen Verbreitung von Lehren —

mit Verschickung zur Ansiedlung;

wegen der in Ziff. 3 oder 4 dieses Paragraphen vorgesehenen Verbreitung von Lehren —

mit Korrektionshaus nicht über drei Jahren.

Falls bei Verbreitung der in diesem Paragraphen bezeichneten Lehren und Ansichten:

1) der Täter zur Begehung der Handlung auf eine für das Leben Vieler gefährliche Art aufreizte;

2) infolge der Aufreizung ein Verbrechen begangen wurde,

so ist der Täter, falls er nicht als Teilnehmer der begangenen strafbaren Handlung einer schwereren Strafe unterliegt, zu bestrafen:

wegen der in den Ziff. 1 oder 2 des ersten Absatzes dieses Paragraphen vorgesehenen Verbreitung von Lehren —

mit Zwangsarbeit nicht über acht Jahren;

wegen der in den Ziff. 3 oder 4 des ersten Absatzes dieses Paragraphen vorgesehenen Verbreitung von Lehren —

mit Korrektionshaus.

Der Versuch ist strafbar.

§ 131. Wer nichtöffentlich unter dem Heer Lehren oder Ansichten verbreitet, welche Militärpersonen zur Verletzung der militärischen Dienstpflichten aufreizen, wird bestraft:

mit Verschickung zur Ansiedlung.

Falls bei Verbreitung solcher Lehren oder Ansichten:

1) der Täter zur Begehung der Handlung auf eine für das Leben Vieler gefährliche Art aufreizte;

2) infolge der Aufreizung ein Verbrechen begangen wurde,

so ist der Täter, falls er nicht als Teilnehmer der begangenen strafbaren Handlung einer schwereren Bestrafung unterliegt, zu bestrafen:

mit Zuchthaus nicht über acht Jahren.

§ 132. Wer:

1) eine der in den §§ 128 oder 129 bezeichneten Abhandlungen oder Abbildungen zum Zwecke ihrer Verbreitung oder öffentlichen Ausstellung verfaßt;

2) die in Zif. 1 dieses Paragraphen bezeichneten Abhandlungen oder Abbildungen in Kenntnis ihres Inhalts zu dem in derselben Zif. 1 angegebenen Zwecke vervielfältigt, aufbewahrt oder aus dem Auslande einführt,

wird, wenn die Verbreitung oder öffentliche Ausstellung dieser Abhandlungen oder Abbildungen nicht erfolgt ist, bestraft:

mit Festungshaft nicht über drei Jahren.

§ 133. Wer ein Verbrechen oder Vergehen in einer öffentlich vorgetragenen oder vorgelesenen Rede oder Abhandlung anpreist oder Abhandlungen oder Abbildungen, die notorisch eine derartige Anpreisung enthalten, öffentlich ausstellt oder verbreitet, wird bestraft:

mit Haft.

§ 134. Wer:

1) sich für ein wenn auch verstorbenes Mitglied des Russischen Kaiserhauses ausgibt;

2) sich für eine vom Regierenden Kaiser besonders bevollmächtigte oder beauftragte Person ausgibt;

3) wissentlich falsche Gerüchte verbreitet über die Abänderung der durch die Grundgesetze festgelegten Regierungsform oder Thron-

folgeordnung, oder über das Ableben des Regierenden Kaisers oder des Thronfolgers, oder über den Verzicht des Regierenden Kaisers auf den Thron oder des Thronfolgers auf das Thronfolgerecht,

wird bestraft:

mit Korrektionshaus.

Falls die in Abs. 1 dieses Paragraphen bezeichneten Handlungen im Volke oder unter dem Heer eine für die öffentliche Sicherheit gefährliche Erregung hervorgerufen haben, so wird der Schuldige bestraft:

mit Zwangsarbeit nicht über acht Jahren.

§ 135. Wer es im Inlande versucht, die Regierung eines Rußland befreundeten Staates gewaltsam zu stürzen oder die in ihm bestehende Regierungsform gewaltsam abzuändern, oder zu diesem Zweck vorbereitende Handlungen begeht oder an einer zu demselben Zweck gebildeten Verbindung teilnimmt, wird, sofern wegen der Strafbarkeit solcher Handlungen die Gegenseitigkeit vorhanden ist, bestraft:

mit Festungshaft.

§ 136. Wer ein öffentlich ausgestelltes Staatswappen oder ein anderes Hoheitszeichen eines Rußland befreundeten Staates vorsätzlich beschimpft, wird bestraft:

mit Haft.

Wurde diese Beschimpfung von einer Menge begangen, so wird der Schuldige bestraft:

mit Gefängnis.

§ 137. Wer die ordnungsmäßig verkündigten Vorschriften über Neutralität verletzt, wird bestraft:

mit Festungshaft.

Sechstes Kapitel.

Ungehorsam gegen die Obrigkeit.

§ 138. Wer einer verbindlichen Verordnung zuwiderhandelt, wird bestraft, falls für diese Zuwiderhandlung im Gesetz keine besondere Strafe bestimmt ist:

mit Geldstrafe nicht über hundert Rubel.

§ 139. Wer einer gesetzlichen Anordnung oder einer gesetzlichen an ihn ergangenen Aufforderung eines Beamten, oder des Bewegungsleiters eines Eisenbahnzuges, oder des Kapitäns eines Dampfers oder eines Seeschiffes oder überhaupt einer Person, von der Erfüllung der Dienstpflichten welcher die Sicherheit des Eisenbahnverkehrs, der Schiff- oder Seefahrt abhängt, zuwiderhandelt, wird bestraft, falls für diese Zuwiderhandlung im Gesetz keine besondere Strafe bestimmt ist:

mit Geldstrafe nicht über fünfzig Rubel.

Falls eine solche Zuwiderhandlung:

1) von mehreren Personen zusammen begangen wurde, die jedoch keine strafbare Zusammenrottung gebildet haben;

2) zur Zeit und am Orte eines großen Menschenandrangs begangen wurde und den regelrechten Menschenverkehr unterbrochen oder ihn nicht ungefährlich gestaltet hat;

3) ein Halten des Zuges, des Dampfers oder Seeschiffes verursacht oder deren Bewegung nicht ungefährlich gestaltet hat;

4) gegenüber einer Militärwache oder deren Posten begangen wurde;

5) von einem Angestellten eines auf der Fahrt außerhalb des Hafens befindlichen Dampfers oder Seeschiffes gegenüber dem Kapitän dieses Dampfers oder Seeschiffes begangen wurde,

so wird der Schuldige bestraft:

mit Haft nicht über einem Monat oder mit Geldstrafe nicht über hundert Rubel.

§ 140. Eine in einer ständischen oder öffentlichen Versammlung befindliche fremde Person, die einer an sie ergangenen gesetzlichen Aufforderung des Vorsitzenden dieser Versammlung zuwiderhandelt, wird bestraft:

mit Geldstrafe nicht über fünfzig Rubel.

Hat jedoch diese Zuwiderhandlung eine Unterbrechung der Sitzung zur Folge gehabt, so wird der Schuldige bestraft:

mit Geldstrafe nicht über hundert Rubel

§ 141. Ein Mitglied einer ständischen oder öffentlichen Versammlung, welches die Debatten weiterführt oder an der Beschlußfassung der Versammlung teilnimmt, nachdem der Vorsitzende die Versammlung für geschlossen erklärt hat, oder welches eine Sitzung der aufgelösten Versammlung eigenmächtig eröffnet, wird bestraft:

mit Geldstrafe nicht über hundert Rubel.

Überschritten die Debatten oder der gefaßte Beschluß die Grenzen der der bezeichneten Versammlung vom Gesetz eingeräumten Rechte, so wird der Schuldige, falls er nicht dem Inhalte der Debatten oder des gefaßten Beschlusses gemäß einer schwereren Bestrafung unterliegt, bestraft:

mit Geldstrafe nicht über dreihundert Rubel.

Überdies ist es dem Gericht anheimgestellt, dem Schuldigen, der die Debatten geleitet oder die Gewalt des Vorsitzenden der Versammlung sich eigenmächtig angemaßt hat, die Teilnahme an dieser Versammlung auf die Dauer von einer bis zu drei Wahlperioden zu untersagen.

§ 142. Wer einem Beamten oder einer diesem behilflichen Privatperson durch Gewalt gegen die Person oder strafbare Drohung Widerstand leistet, um die Bekanntmachung oder den Vollzug eines Gesetzes, einer verbindlichen Verordnung oder gesetzlichen Verfügung der Obrigkeit oder die Erfüllung einer gesetzlichen Diensthandlung zu verhindern, wird bestraft:

mit Gefängnis.

Falls solcher Widerstand von mehreren Personen geleistet wurde, die jedoch keine strafbare Zusammenrottung gebildet haben, so wird derjenige der Schuldigen, der bei diesem Widerstand Waffen gebraucht oder eine Körperverletzung verursacht hat, bestraft:

mit Korrektionshaus.

Denselben Strafen nach denselben Grundsätzen unterliegt derjenige, welcher sich des in diesem Paragraphen vorgesehenen Widerstandes schuldig macht gegenüber dem Bewegungsleiter eines Eisenbahnzuges oder dem Kapitän eines Dampfers oder Seeschiffes, oder überhaupt einer Person, von der Erfüllung der Dienstpflichten welcher die Sicherheit des Eisenbahnverkehrs, der Schiff- oder Seefahrt abhängt.

§ 143. Wer eine Amtsperson vorsätzlich am Eindringen in ein Gebäude, eine Räumlichkeit oder einen anderen Ort verhindert, zu denen diese Person nach dem Gesetz Zutritt hat, wird bestraft:

mit Haft nicht über drei Monaten oder mit Geldstrafe nicht über dreihundert Rubel.

Derselben Strafe unterliegt derjenige, welcher eine Person der Handelsinspektion zur Erfüllung der ihr durch die Bestimmungen über die staatliche Gewerbesteuer auferlegten Pflichten der Überwachung der richtigen Gewerbebesteuerung des Handels und anderer Gewerbe vorsätzlich nicht zuläßt.

§ 144. Wer ein Siegel oder ein anderes Zeichen, die auf Anordnung einer Amtsperson in den im Gesetz bezeichneten Fällen einer Räumlichkeit, einem Behälter oder einem Gegenstand zum Zweck ihrer Bewahrung angelegt worden sind, beschädigt oder den Zutritt zu solchen versiegelten Räumlichkeiten oder Behältern eröffnet, wird bestraft:

mit Gefängnis.

Der Versuch ist strafbar.

Die Beschädigung des Siegels oder eines anderen Zeichens, oder die Eröffnung des Zutritts zu den versiegelten Räumlichkeiten oder Behältern ist nicht als strafbar zu erachten, wenn diese Handlungen durch den Herrn der versiegelten Räumlichkeiten, Behälter oder Gegenstände begangen wurden, nachdem in gesetzlicher Ordnung eine zu vollziehende Verordnung oder Verfügung über die Ablösung des Siegels oder des Zeichens erfolgt ist oder nach der Befriedigung der Person, in deren Interesse die Versiegelung vorgenommen wurde.

§ 145. Wer durch Gewalt gegen die Person oder strafbare Drohung einen Beamten zur Nichterfüllung seiner Dienstpflicht oder zum Mißbrauch seiner Dienstvollmachten nötigt, wird bestraft:

mit Gefängnis.

Falls die Nötigung von mehreren Personen begangen wurde, die jedoch keine strafbare Zusammenrottung gebildet haben, so wird derjenige der Schuldigen, der bei diesem Widerstand Waffen gebraucht oder eine Körperverletzung verursacht hat, bestraft:

mit Korrektionshaus nicht über drei Jahren.

Der Versuch ist strafbar.

§ 146. Wer es versucht, durch Gewalt gegen die Person oder strafbare Drohung einen Beamten zu nötigen, ein Vergehen oder Verbrechen mittels Nichterfüllung seiner Pflicht oder durch Mißbrauch seiner Dienstvollmachten zu begehen, wird bestraft:

falls er zu einem Vergehen nötigte —

mit Korrektionshaus nicht über drei Jahren;

falls er zu einem Verbrechen nötigte —

mit Korrektionshaus nicht unter drei Jahren.

Falls das Vergehen oder Verbrechen oder deren strafbarer Versuch vom Genötigten begangen wurden und der Genötigte ihretwegen nicht als Teilnehmer der begangenen strafbaren Handlung einer schwereren Bestrafung unterliegt, so wird er bestraft:

wegen der Nötigung zu einem Vergehen —

mit Korrektionshaus;

wegen der Nötigung zu einem Verbrechen —

mit Zwangsarbeit nicht über acht Jahren.

§ 147. Wer einen Beamten ohne dessen Willen in bewußtlosen Zustand versetzt, um ihn der Möglichkeit der Erfüllung seiner Pflicht zu berauben, wird bestraft:

mit Gefängnis.

Der Versuch ist strafbar.

§ 148. Wer durch Gewalt gegen die Person oder strafbare Drohung den Bewegungsleiter eines Eisenbahnzuges, oder den Kapitän eines Dampfers oder Seeschiffes oder eine andere Person, von der Erfüllung der Dienstpflichten welcher die Sicherheit des Eisenbahnverkehrs, der Schiff- oder Seefahrt abhängt, zur Nichterfüllung ihrer Pflicht nötigt, oder diese Personen ohne ihren Willen in bewußtlosen Zustand versetzt, um sie der Möglichkeit der Erfüllung ihrer Pflicht zu berauben, wird bestraft:

mit Gefängnis.

Wurde hierdurch die Gefahr eines Eisenbahn-, Dampfer- oder Seeschiffsunglücks herbeigeführt, so wird der Schuldige bestraft:

mit Korrektionshaus.

Wurde jedoch hierdurch ein Eisenbahn-, Dampfer- oder Seeschiffsunglück herbeigeführt, so wird der Schuldige bestraft:

mit zeitiger Zwangsarbeit.

Wurde die Nötigung oder die Versetzung in bewußtlosen Zustand zum Zwecke der Herbeiführung eines Eisenbahn-, Dampfer- oder Seeschiffsunglücks begangen, so wird der Schuldige bestraft:

in dem im Abs. 1 dieses Paragraphen bezeichneten Falle —

mit Korrektionshaus;

in dem im Abs. 2 dieses Paragraphen bezeichneten Falle —

mit zeitiger Zwangsarbeit;

in dem im Abs. 3 dieses Paragraphen bezeichneten Falle —

mit lebenslänglicher Zwangsarbeit.

Der Versuch ist strafbar.

§ 149. Wer es versucht, einen Beamten durch Geschenke zu bewegen, ein Vergehen oder Verbrechen mittels Nichterfüllung seiner Pflicht oder durch Mißbrauch seiner Dienstvollmachten zu begehen, wird bestraft:

mit Gefängnis.

Falls das Vergehen oder Verbrechen oder deren strafbarer Versuch vom Bestochenen begangen wurden und der Bestechende ihretwegen nicht als Teilnehmer der begangenen strafbaren Handlung einer schwereren Bestrafung unterliegt, so wird er bestraft:

wegen Bestechung zur Begehung eines Vergehens —

mit Gefängnis nicht unter sechs Monaten;

wegen Bestechung zur Begehung eines Verbrechens —

mit Korrektionshaus.

§ 150. Wer es versucht, ein Mitglied einer ständischen oder öffentlichen Versammlung durch Geschenke oder strafbare Drohungen zu bewegen, die Stimme zu seinen oder eines anderen Gunsten oder zu Ungunsten eines anderen abzugeben, wird bestraft:

mit Haft nicht über drei Monaten oder mit Geldstrafe nicht über dreihundert Rubel.

Überdies ist es dem Gericht anheimgestellt, dem Schuldigen die Teilnahme an solcher Versammlung auf die Dauer von einer bis zu drei Wahlperioden zu untersagen.

§ 151. Wer sich Gewalt anmaßt:

1) durch eigenmächtige Annahme einer Beamtenwürde zum Zwecke der Begehung einer Handlung, die nur von einem Beamten vorgenommen werden durfte;

2) durch eigenmächtige Begehung einer Handlung, die nur von einem Beamten vorgenommen werden durfte,

wird bestraft:

mit Haft oder mit Geldstrafe nicht über fünfhundert Rubel.

Beging derjenige, der sich die Gewalt angemaßt hat, durch Mißbrauch der angemaßten Gewalt ein Verbrechen oder Vergehen, so wird er nach den Vorschriften über die Gesamtaburteilung bestraft.

Beging derjenige, der sich die Gewalt angemaßt hat, eine Handlung, welche einem Verbrechen oder Vergehen im staatlichen oder öffentlichen Dienste entspricht, so unterliegt er derselben Bestrafung, der ein Beamter wegen einer solchen Handlung unterläge.

§ 152. Wer eigenmächtig die durch das Gesetz den Regierungsrabbinern oder deren Gehilfen auferlegten Pflichten erfüllt, wird bestraft:

mit Gefängnis.

§ 153. Wer sich vor Gericht vorsätzlich für eine andere Person ausgibt, die zur Erfüllung der Geschworenenpflicht herangezogen wurde, wird bestraft:

mit Geldstrafe nicht über dreihundert Rubel.

Hat der Schuldige tatsächlich für einen anderen die Pflicht eines Geschworenen erfüllt, so wird er bestraft:

mit Haft.

Denselben Strafen nach denselben Grundsätzen unterliegt derjenige, welcher jemanden anstiftet zum Erscheinen an seiner oder eines anderen statt zur Erfüllung der Geschworenenpflicht, falls solches Erscheinen erfolgt ist.

§ 154. Wer durch Begehung einer offenbar unanständigen Handlung in einer Regierungs- oder öffentlichen Anstalt, während in dieser Dienst getan wurde, Mißachtung der Obrigkeit erzeigt, wird bestraft:

mit Haft.

Wurde die Mißachtung der Obrigkeit erzeigt durch Beleidigung der Regierungs- oder öffentlichen Anstalt in einem dieser Anstalt eingereichten Schreiben, oder in öffentlich vorgetragenen oder vorgelesenen Reden oder Abhandlungen, oder in verbreiteten oder öffentlich ausgestellten Erzeugnissen der Buchdruckerpresse, Handschriften oder Abbildungen, so wird der Schuldige bestraft:

mit Gefängnis.

Wurde die Mißachtung der Obrigkeit erzeigt durch Beleidigung der Regierungs- oder öffentlichen Anstalt oder eines ihrer Mitglieder, während in dieser Anstalt Dienst getan wurde, so wird der Schuldige bestraft:

mit Korrektionshaus nicht über drei Jahren.

Wurde die Mißachtung der Obrigkeit erzeigt durch Begehung von Gewalt gegen die Person eines Mitgliedes einer Regierungs- oder öffentlichen Anstalt, während in dieser Dienst getan wurde, so wird der Schuldige, falls er wegen der begangenen strafbaren Handlung nicht einer schwereren Bestrafung unterliegt, bestraft:

mit Korrektionshaus.

§ 155. Wer öffentlich auf Anordnung der zuständigen Obrigkeit ausgestellte Bekanntmachungen oder andere Regierungs- oder öffentliche Dokumente, Aufschriften, Wappen oder andere Zeichen der Gewalt, oder militärische Fahnen oder Standarten oder Kriegsmarineflaggen vorsätzlich abreißt, beschädigt oder verunstaltet, wird, falls er nicht wegen der begangenen Dokumentsbeschädigung einer schwereren Bestrafung unterliegt, bestraft:

mit Haft oder mit Geldstrafe nicht über fünfhundert Rubel.

Falls:

1) diese Übertretung zum Zwecke der Erzeigung von Mißachtung der Obrigkeit begangen wurde;

2) eine öffentliche Beschimpfung einer militärischen Fahne oder Standarte oder einer Kriegsmarineflagge begangen wurde,

so wird der Schuldige bestraft:

mit Gefängnis.

Wurden jedoch zum Zwecke der Erzeigung von Mißachtung der Obrigkeit öffentlich ausgestellte Manifest oder Allerhöchster Befehl abgerissen, beschädigt oder verunstaltet, so wird der Schuldige bestraft:

mit Korrektionshaus.

Siebentes Kapitel.

Widerstand gegen die Rechtspflege.

§ 156. Wer bei einer Behörde, von der die Eröffnung der Strafverfolgung abhängt, eine wissentlich falsche Anzeige über ein nicht stattgefundenes Verbrechen oder Vergehen macht, wird bestraft:

mit Haft.

§ 157. Wer bei einer Behörde, von der die Eröffnung der Straf- oder Disziplinarverfolgung abhängt, eine Anzeige macht, durch welche er eine bestimmte Person wider besseres Wissen der Begehung einer strafbaren Handlung oder einer Dienstübertretung unter Angabe der Anschuldigungsgründe beschuldigt, wird bestraft:

mit Gefängnis.

Wurde durch die wissentlich falsche Anschuldigung eines Verbrechens beschuldigt, so wird der Schuldige bestraft:

mit Korrektionshaus.

§ 158. Wer zum Nachteil der Rechtspflege bei einer Untersuchung oder vor Gericht als Zeuge, Sachverständiger oder Dolmetscher, oder im Ermittelungsverfahren durch Nachbarleute wissentlich falsch aussagt, wird bestraft:

mit Gefängnis.

Wurde die falsche Aussage erstattet:

1) infolge von Bestechung;

2) von einem unter Eid, oder unter den Eid ersetzenden Ermahnungen oder Gelübden befragten,

so wird der Schuldige bestraft:

mit Korrektionshaus.

Eine falsche Aussage, die zugunsten des Angeklagten von einer Person erstattet wurde, welche nach dem Gesetz die Zeugenaussage ablehnen durfte, ist nicht als strafbar zu erachten, falls der Zeuge über sein Recht von der die Aussage abnehmenden Behörde nicht belehrt worden ist.

§ 159. Wer:

1) schriftliche oder stoffliche Beweise nachmacht oder verfälscht, um gegen eine bestimmte Person den Verdacht der Begehung einer strafbaren Handlung oder einer Dienstübertretung zu lenken, falls diese falschen Beweise Gegenstand eines Ermittelungsverfahrens geworden sind oder den Grund zur Eröffnung einer Straf- oder Disziplinarverfolgung abgegeben haben;

2) dem Gericht oder der zur Führung des Ermittelungsverfahrens oder zur Eröffnung der Straf- oder Disziplinarverfolgung ermächtigten Behörde wissentlich falsche schriftliche oder stoffliche Beweise vorlegt, um gegen eine bestimmte Person den Verdacht der Begehung einer strafbaren Handlung oder einer Dienstübertretung zu lenken,

wird bestraft:

mit Korrektionshaus.

Wurden schriftliche oder stoffliche Beweise nachgemacht oder verfälscht in einer ein Verbrechen betreffenden Sache, oder in einer solchen Sache falsche Beweise vorgelegt, so wird der Schuldige bestraft:

mit Korrektionshaus nicht unter drei Jahren.

§ 160. Ein Kläger oder Beklagter, der in einer Zivilsache zum Nachteil der Rechtspflege unter Eid wissentlich falsch aussagt, wird bestraft:

mit Korrektionshaus.

§ 161. Wer:

1) bei der Untersuchung oder vor Gericht wissentlich falsch aussagt über einen Umstand, der als gesetzlicher Grund seiner Beseitigung oder Ablehnung als eines beeidigten oder unbeeidigten Zeugen, oder Sachverständigen oder Dolmetschers dient;

2) in einem Gesuch um die Erteilung der Erlaubnis in fremden Sachen vor Gericht aufzutreten, wissentlich falsch bezeugt, daß keinerlei gesetzliche Gründe ihm die Erlaubnis zu erteilen verhindern;

3) dem Gericht wissentlich falsche Angaben über seine Vermögenslage macht, um die Befreiung von den Gerichtsgebühren oder den Zivilprozeßsteuern oder die Zuerkennung des Armenrechts zu erwirken, oder das ihm zuerkannte Armenrecht benutzt, obwohl die Umstände, infolge deren er von der Zahlung der Gebühren oder Steuern befreit wurde, sich notorisch geändert haben,

wird bestraft:

mit Haft.

Derselben Strafe unterliegt derjenige, welcher ohne die festgesetzte Erlaubnis zum Auftreten in fremden Sachen zu besitzen, dem Gericht über die Häufigkeit seines Auftretens in fremden Sachen im Laufe des Jahres im Bezirke dieses Gerichts wissentlich falsche Angaben macht.

§ 162. Wer es ohne triftigen Grund unterläßt, der zuständigen Behörde oder der bedrohten Person ein ihm in glaubhafter Weise bekannt gewordenes geplantes oder unternommenes Verbrechen anzuzeigen, wird, falls zu dessen Verhütung oder Beseitigung noch Vorkehrungen getroffen werden könnten und dabei das geplante Verbrechen oder dessen Versuch wirklich begangen wurden, bestraft:

mit Gefängnis.

§ 163. Wer es ohne triftigen Grund unterläßt, der zuständigen Behörde ein ihm in glaubhafter Weise bekannt gewordenes geplantes oder unternommenes in den §§ 99 bis 102, 108 oder 118 vorgesehenes Verbrechen anzuzeigen, wird, falls das geplante Verbrechen wirklich begangen wurde, bestraft:

im Falle der Nichtanzeige eines im § 99 vorgesehenen Verbrechens —

mit zeitiger Zwangsarbeit;

im Falle der Nichtanzeige eines in den §§ 100 oder 108 vorgesehenen Verbrechens —

mit Zwangsarbeit nicht über acht Jahren;

im Falle der Nichtanzeige eines in den §§ 101 oder 102 vorgesehenen Verbrechens —

mit Verschickung zur Ansiedlung;

im Falle der Nichtanzeige eines im § 118 vorgesehenen Verbrechens —

mit Festungshaft.

§ 164. Wer es ohne triftigen Grund unterläßt, der zuständigen Behörde einen ihm in glaubhafter Weise bekannt gewordenen Teilnehmer eines in den §§ 99 bis 102, 108 oder 118 vorgesehenen Verbrechens anzuzeigen, wird bestraft:

im Falle der Nichtanzeige eines Teilnehmers eines im § 99 vorgesehenen Verbrechens —

mit Zwangsarbeit nicht über acht Jahren;

im Falle der Nichtanzeige eines Teilnehmers eines in den §§ 100 bis 102 oder 108 vorgesehenen Verbrechens —

mit Verschickung zur Ansiedlung;

im Falle der Nichtanzeige eines Teilnehmers eines im § 118 vorgesehenen Verbrechens —

mit Festungshaft.

§ 165. Wer einer von der zuständigen Behörde an ihn ergangenen gesetzlichen Aufforderung über Herausgabe in seiner Verfügung befindlicher stofflicher oder schriftlicher Beweise in einer Strafsache vorsätzlich zuwiderhandelt, wird bestraft:

mit Haft nicht über drei Monaten oder mit Geldstrafe nicht über dreihundert Rubel.

Wurden die Beweise vom Schuldigen notorisch in Sachen eines Verbrechens gefordert, so wird er bestraft:

mit Gefängnis.

§ 166. Wer:

1) stoffliche oder schriftliche Beweise, die von der zuständigen Behörde notorisch zur Einverleibung einer Straf- oder Zivilsache bewahrt oder einer solchen Sache bereits einverleibt wurden, beschädigt, verheimlicht oder wegnimmt;

2) stoffliche oder schriftliche der Strafsache noch nicht einverleibte Beweise eines Verbrechens oder Vergehens beschädigt, verheimlicht oder wegnimmt, um solche strafbare Handlung oder ihren Täter der Rechtspflege zu entziehen,

wird bestraft:

mit Gefängnis.

Falls die Beweise sich auf ein in den §§ 99 bis 102, 108 oder 118 vorgesehenes Verbrechen bezogen, so ist der Schuldige zu bestrafen:

falls die Beweise sich auf ein im § 99 vorgesehenes Verbrechen bezogen —

mit Zwangsarbeit nicht über acht Jahren;

falls die Beweise sich auf ein in den §§ 100—102 oder 108 vorgesehenes Verbrechen bezogen —

mit Verschickung zur Ansiedlung;

falls die Beweise sich auf ein im § 118 vorgesehenes Verbrechen bezogen —

mit Festungshaft.

§ 167. Wer eine notorisch zur Haft verurteilte oder unter Anklage einer Übertretung zur Untersuchung oder vor Gericht gezogene Person verheimlicht oder bei ihrer Verheimlichung mitwirkt, wird, falls die Hehlerei begangen wurde, um diese Person dem Gericht oder der Bestrafung zu entziehen, bestraft:

mit Geldstrafe nicht über hundert Rubel.

§ 168. Wer eine:

1) notorisch zur Gefängnis- oder einer schwereren Strafe verurteilte Person;

2) notorisch unter Anklage eines Verbrechens oder Vergehens zur Untersuchung oder vor Gericht gezogene oder unter Verdacht der Begehung eines Verbrechens oder Vergehens von den Behörden gesuchte Person;

3) Person, die notorisch ein Verbrechen begangen hat, aber von den Behörden noch nicht gesucht wird,

verheimlicht oder bei ihrer Verheimlichung mitwirkt, wird, falls die Hehlerei begangen wurde, um die verhehlte Person dem Gericht oder der Bestrafung zu entziehen, bestraft:

mit Gefängnis.

Falls:

1) eine notorisch zur Zwangsarbeit verurteilte Person verhehlt wurde;

2) die Hehlerei gewerbsmäßig betrieben wurde,

so wird der Schuldige bestraft:

mit Korrektionshaus.

Falls jedoch eine Person verhehlt wurde, die notorisch ein in den §§ 99 bis 102, 108 oder 118 vorgesehenes Verbrechen begangen hat, oder einer solchen Handlung angeklagt oder ihretwegen verurteilt war, so wird der Schuldige bestraft:

im Falle der Hehlerei einer Person, die ein im § 99 vorgesehenes Verbrechen begangen hat —

mit Zwangsarbeit nicht über acht Jahren;

im Falle der Hehlerei einer Person, die ein in den §§ 100 bis 102 oder 108 vorgesehenes Verbrechen begangen hat —

mit Verschickung zur Ansiedlung;

im Falle der Hehlerei einer Person, die ein im § 118 vorgesehenes Verbrechen begangen hat —

mit Festungshaft.

§ 169. Wer:

1) sich eines Verbrechens oder Vergehens schuldig bekennt, von denen er weiß, daß eine andere Person sie begangen hat;

2) sich während der Untersuchung oder vor Gericht wissentlich falsch für eine andere Person ausgibt, die eines Verbrechens oder Vergehens angeklagt wurde;

3) eine Freiheitsstrafe wissentlich für eine andere zu ihr verurteilte Person verbüßt,

wird bestraft:

mit Haft oder mit Geldstrafe nicht über fünfhundert Rubel.

§ 170. Wer eine in den §§ 162 bis 169 vorgesehene strafbare Handlung begeht, wird nicht bestraft:

1) falls die Anzeige Anklage eines Verbrechens oder Vergehens gegen des Nichtanzeigenden oder ein Mitglied seiner Familie wäre;

2) falls eine strafbare Handlung verhehlt wurde, an deren Begehung der Hehler selbst oder ein Mitglied seiner Familie teilgenommen haben;

3) falls ein Mitglied der Familie des Hehlers verhehlt wurde.

§ 171. Wer eine Leiche, die notorisch der gerichtlich-medizinischen Besichtigung unterliegt, vor dieser Besichtigung beerdigt oder ohne Beerdigung verheimlicht, wird, falls dies nicht um die Spuren eines Verbrechens oder Vergehens zu verwischen geschah, bestraft:

mit Haft nicht über drei Monaten oder mit Geldstrafe nicht über dreihundert Rubel.

§ 172. Wer zur Untersuchung oder vor Gericht als Zeuge, Ponjatoi*), Sachverständiger oder Dolmetscher erschienen ist und ohne triftigen Grund sich weigert, seine Pflicht zu erfüllen, wird bestraft:

mit Haft nicht über einem Monat oder mit Geldstrafe nicht über hundert Rubel.

§ 173. Wer eingesperrte oder bewachte Gefangene befreit oder Gefangenen zur Flucht verhilft, wird bestraft:

mit Gefängnis.

Falls die Befreiung durch Gewalt gegen die Personen der Wache oder durch Beschädigung der Einsperrungsräumlichkeiten verübt wurde, so wird der Schuldige bestraft:

mit Korrektionshaus nicht über drei Jahren.

Falls eine notorisch zur Zwangsarbeit verurteilte oder diese Strafe verbüßende Person befreit wurde, so wird der Schuldige bestraft:

in dem im Abs. 1 dieses Paragraphen bezeichneten Falle — mit Korrektionshaus nicht über drei Jahren;

in dem im Abs. 2 dieses Paragraphen bezeichneten Falle — mit Korrektionshaus.

Falls jedoch eine Person befreit wurde, die notorisch wegen eines in den §§ 99 bis 102, 106 oder 118 vorgesehenen Verbrechens zur Untersuchung gezogen oder verurteilt worden ist, so wird der Schuldige bestraft:

---

*) Ponjatoi -- etwa zugezogener Unparteiischer.

falls unter den im Abs. 1 dieses Paragraphen bezeichneten Umständen eine Person befreit wurde, die zur Untersuchung gezogen oder verurteilt worden ist:

wegen eines im § 99 vorgesehenen Verbrechens —
mit Zwangsarbeit nicht über acht Jahren;

wegen eines in den §§ 100 bis 102 oder 108 vorgesehenen Verbrechens —
mit Verschickung zur Ansiedlung,

und wegen eines im § 118 vorgesehenen Verbrechens —
mit Festungshaft;

falls unter den im Abs. 2 dieses Paragraphen bezeichneten Umständen eine Person befreit wurde, die zur Untersuchung gezogen oder verurteilt worden ist:

wegen eines im § 99 vorgesehenen Verbrechens —
mit zeitiger Zwangsarbeit;

wegen eines in den §§ 100 bis 102 oder 108 vorgesehenen Verbrechens —
mit Zwangsarbeit nicht über acht Jahren,

und wegen eines im § 118 vorgesehenen Verbrechens —
mit Korrrektionshaus.

Der Versuch ist strafbar.

§ 174. Ein bewachter oder eingesperrter Gefangener, der mittels Gewalt gegen die Personen der Wache oder mittels Beschädigung der Einsperrungsräumlichkeiten flüchtet, wird, falls die von ihm begangene Handlung keine schwerere strafbare Handlung bildet, bestraft:
mit Gefängnis.

Falls solche Flucht im Einverständnis mit anderen Gefangenen begangen wurde, so wird der Schuldige bestraft:
mit Korrektionshaus.

§ 175. Wer aus der Ansiedlung flüchtet, wird bestraft:
mit Korrektionshaus nicht über drei Jahren oder mit Verlängerung der im § 23 festgesetzten Frist zur Entlassung aus der Ansiedlung um ein bis zwei Jahre.

§ 176. Wer aus der Zwangsarbeit flüchtet, wird bestraft:
mit Verlängerung der Dauer der Zwangsarbeit um ein bis zwei Jahre.

Falls die Flucht aus der Zwangsarbeit unter den im § 174 Abs. 1 bezeichneten Umständen verübt wurde, so wird der Schuldige bestraft:
mit Verlängerung der Dauer der Zwangsarbeit um zwei bis vier Jahre.

Falls jedoch die Flucht aus der Zwangsarbeit unter den in § 174 Abs. 2 bezeichneten Umständen verübt wurde, so wird der Schuldige bestraft:
mit Verlängeruung der Dauer der Zwangsarbeit um vier bis acht Jahre.

§ 177. Wer:

1) den ihm durch eine gesetzliche Verfügung der Obrigkeit angewiesenen obligatorischen Wohnort eigenmächtig verläßt;

2) sich an einem Ort, in dem ihm der Aufenthalt durch eine gesetzliche Verfügung der Obrigkeit untersagt ist, eigenmächtig aufhält;

3) ein Recht ausübt, welches ihm durch ein rechtskräftiges Gerichtsurteil aberkannt wurde,

wird bestraft:

mit Haft.

Falls der Schuldige wegen einer in diesem Paragraphen vorgesehenen Handlung schon bestraft worden ist und seit der Verbüßung der Strafe nicht mehr als ein Jahr verflossen ist, so wird er bestraft:

mit Gefängnis.

Dieser letzteren Strafe unterliegt ein Ausländer, der nach seiner auf gesetzliche Verfügung der Obrigkeit hin erfolgte Ausweisung ins Ausland eigenmächtig nach Rußland zurückkehrt.

§ 178. Ein Schuldner, der einer Verfügung des Gerichts oder seiner dem Gericht, in den in der Zivilprozeßordnung vorgesehenen Fällen, gegebenen schriftlichen Versicherung zuwider aus seinem Wohn- oder zeitigen Aufenthaltsort abreist, wird bestraft:

mit Haft nicht über drei Monaten oder mit Geldstrafe nicht über dreihundert Rubel.

Achtes Kapitel.

Zuwiderhandlung gegen die Bestimmungen über die Wehrpflicht und die Landesabgaben.

§ 179. Wer verpflichtet ist, im Einberufungsbezirk zur Leistung der Wehrpflicht sich eintragen zu lassen und dieser Verpflichtung bis zum Ablauf des Jahres, in dem er das zwanzigste Lebensjahr vollendet hat, nicht nachkommt, wird bestraft:

mit Geldstrafe nicht über hundert Rubel.

§ 180. Wer infolge der Erreichung des militärpflichtigen Alters der Einberufung zur Leistung der Wehrpflicht unterliegt, jedoch durch eigene Schuld in die Wehrpflichtsliste nicht eingetragen ist und dies bis zum Tage der Losung seiner Altersgenossen der zuständigen Wehrpflichtsbehörde nicht gemeldet hat, wird, falls er als dienstuntauglich befreit wird, bestraft:

mit Haft.

§ 181. Ein Minderjähriger des Kasackenstandes, welcher verpflichtet ist, die Erreichung des militärpflichtigen Alters zur Einreihung in den dienenden Bestand des Kasackenheeres anzumelden und dieser Verpflichtung bis zum Ablauf des Jahres, in dem er das achtzehnte Lebensjahr vollendet hat, nicht nachkommt, wird bestraft:

mit Geldstrafe nicht über fünfundzwanzig Rubel.

§ 182. Wer der gezogenen Losnummer gemäß der Einreihung in das stehende Heer unterliegt und ohne triftigen Grund zur Zeit der Besichtigung oder Wiederbesichtigung der zur Leistung der Wehrpflicht Einberufenen nicht erscheint, wird, falls er als dienstuntauglich befreit wird, bestraft:

mit Haft nicht über einem Monat.

Derselben Bestrafung unterliegt derjenige, welcher in das stehende Heer nicht eingereiht wurde, aber zum Erscheinen zur Besichtigung verpflichtet ist und ohne triftigen Grund zur Zeit der Besichtigung nicht erscheint.

§ 183. Ein Offizier oder ein Beamter der Heeres- oder Flottenreserve, welcher:

1) die zur Berechnung der Reserve erforderlichen Angaben über sich nicht oder nicht rechtzeitig abliefert;

2) im Falle seiner zeitweiligen Abwesenheit aus dem ständigen Wohnort nicht die nötigen Maßregeln trifft, um am Orte seines zeitweiligen Aufenthalts die Anordnungen der Regierung über Einberufung zum Militärdienst rechtzeitig zu erhalten,

wird bestraft:

mit Geldstrafe nicht über hundert Rubel.

§ 184. Ein Gemeiner der Heeres- oder Flottenreserve, der es unterläßt, dem Militärchef, in dessen Berechnungsbereich er sich befindet, während der vorgeschriebenen Frist anzuzeigen, daß er ein Amt erhalten hat, welches von der Einberufung zum aktiven Dienst befreit, oder daß er ein solches Amt niedergelegt, wird bestraft:

mit Geldstrafe nicht über hundert Rubel.

§ 185. Ein Gemeiner der Heeres- oder Flottenreserve, der der zuständigen Behörde den Wechsel des ständigen Wohnortes, das zeitweilige Verlassen des Inlands oder die zeitweilige mehr als vierzehntägige Abwesenheit aus dem Kreise in einer Entfernung von mehr als fünfzig Werst von seinem ständigen Wohnort anzuzeigen unterläßt, wird bestraft:

mit Geldstrafe nicht über fünfzehn Rubel.

§ 186. Ein Gemeiner der Heeres- oder Flottenreserve, welcher zum Erscheinen zur Kontrollversammlung verpflichtet ist und ohne triftigen Grund zu dieser Versammlung an dem für sie festgesetzten Tage nicht erscheint, wird bestraft:

mit Haft nicht über sieben Tagen.

§ 187. Wer in das stehende Heer eingestellt ist oder nach der gezogenen Losnummer der Einreihung in dieses unterliegt und ohne triftigen Grund in der festgesetzten Frist nicht zum Dienst erscheint, wird, falls er wegen Untauglichkeit oder Erreichung des Alters von vierunddreißig Jahren nicht der Einstellung in den Militärdienst unterliegt, bestraft:

mit Gefängnis nicht über sechs Monaten.

Derselben Bestrafung unterliegt derjenige, welcher zum Landwehrdienst einberufen und zu erscheinen verpflichtet ist, falls er ohne triftigen Grund in der festgesetzten Frist nicht zum Dienst erscheint und dies erst nach Entlassung der Landwehr, zu der er einberufen worden ist, entdeckt wurde.

§ 188. Ein Militärpflichtiger des Heeres, der Flotte oder der Kasackenheere, oder ein Reservist des Heeres oder der Flotte oder ein Landwehrmann, welcher:

1) zur Umgehung der Wehrpflicht selbst oder mit Hilfe eines Anderen sich eine Körperverletzung beibringt, welche der Einstellung in den Militärdienst oder dessen Ableistung hinderlich ist;

2) zur Befreiung von der Wehrpflicht oder zur Verschaffung von gesetzlich nicht zustehenden Wehrpflichtsvorrechten oder zur Erhaltung eines Aufschubs der Wehrpflichterfüllung ohne gesetzlichen Anspruch auf diesen Aufschub einen Betrug begeht;

3) zur Umgehung der Wehrpflicht das Vaterland eigenmächtig verläßt oder in dieses nicht zurückkehrt,

wird bestraft:

mit Gefängnis nicht unter sechs Monaten.

Einem Militärpflichtigen des Heeres, der Flotte oder der Kasackenheere, der eine in Zif. 1 dieses Paragraphen vorgesehene strafbare Handlung begangen hat, oder demjenigen, der eine in den Ziff. 2 oder 3 dieses Paragraphen vorgesehene strafbare Handlung begangen hat und militärdiensttauglich ist und vor der Vollendung seines vierunddreißigsten Lebensjahres entdeckt wurde, wird die in diesem Paragraphen bestimmte Strafe nach seiner Einstellung in den Militärdienst durch Einzelhaft im Militärgefängnis auf die Dauer von drei bis zu vier Monaten ersetzt.

§ 189. Wer an einer im § 188 vorgesehenen strafbaren Handlung teilnimmt, wird bestraft:

mit Gefängnis.

Derselben Bestrafung unterliegt derjenige, welcher an einem von einer im aktiven Militärdienst stehenden Person zur Befreiung von dieser Dienstpflicht begangenen Betrug oder an der Beibringung, zur Umgehung des Militärdienstes, an eine im aktiven Militärdienst stehende Person durch sie selbst oder einen Anderen einer Körperverletzung, die der Vornahme der Dienstpflichten hinderlich ist, teilnimmt, ebenso derjenige, welcher einen Betrug begeht, um einen Militärpflichtigen von dieser Pflicht zu befreien, oder gesetzlich nicht zustehende Wehrpflichtsvorrechte zu verschaffen oder einen Aufschub der Wehrpflichterfüllung ohne gesetzlichen Anspruch auf diesen Aufschub zu gewähren.

§ 190. Wer einen Militärpflichtigen des Heeres, der Flotte oder der Kasackenheere, oder einen Reservisten des Heeres oder der Flotte oder einen Landwehrmann anstiftet, zum Dienst in der festgesetzten Frist nicht zu erscheinen, wird, falls ein derartiges Ausbleiben einer solchen Person erfolgt, welches nach den Militärstrafgesetzen wie Fahnenflucht zu bestrafen ist, bestraft:

mit Haft.

Wurde diese Anstiftung während eines Krieges begangen, so wird der Schuldige bestraft:

mit Gefängnis.

§ 191. Wer eine im aktiven Militärdienst stehende Person zur Fahnenflucht anstiftet oder ihr bei der Begehung einer solchen strafbaren Handlung behilflich ist, wird, falls diese wirklich begangen wurde, bestraft:

mit Gefängnis.

Wurde dies während eines Krieges begangen, so wird der Schuldige bestraft:

mit Korrektionshaus.

§ 192. Wer einen notorisch Fahnenflüchtigen dem Gericht verhehlt oder bei dieser Hehlerei mitwirkt, wird bestraft:

mit Gefängnis.

Wurde solche Hehlerei gewerbsmäßig betrieben, so wird der Schuldige bestraft:

mit Korrektionshaus.

§ 193. Wer bei Kompletierung des Armeebestandes oder während eines Krieges Pferde oder Fuhrwerke nebst Geschirr, die dem Heere zu liefern sind, ohne triftigen Grund nicht zur Sammelstelle schafft, wird bestraft:

mit Geldstrafe: für jedes nicht hergeschaffte Pferd — nicht über dem Betrag des doppelten für die beste Pferdegattung bestimmten Preises, und für jedes nicht hergeschaffte Fuhrwerk nebst Geschirr — nicht über dem Betrag des doppelten, für die wertvollste Gattung der Fuhrwerke mit Geschirr bestimmten Preises.

Wer den besonderen, für die Gouvernements des Königreichs Polen erlassenen Verordnungen über die Berechnung der Pferde und die Kompletierung des Heeres mit Pferden und über die Versorgung des Heeres mit Fuhrwerken und Geschirr bei der Kompletierung des Armeebestandes oder während eines Krieges zuwiderhandelt, unterliegt der Verantwortung auf Grund dieser besonderen Verordnungen.

§ 194. Wer zur Leistung der gesetzlich festgestellten Naturallandesabgaben verpflichtet ist und einer gesetzlichen Anordnung oder einer gesetzlichen an ihn ergangenen Aufforderung einer Amtsperson wegen Leistung dieser Abgaben zuwiderhandelt, wird, falls diese Zuwiderhandlung von mehreren Personen zusammen begangen wurde, die jedoch keine strafbare Zusammenrottung gebildet haben, bestraft:

mit Haft, und derjenige, der zu solcher Zuwiderhandlung anstiftet — mit Gefängnis.

Neuntes Kapitel.

Verletzung der zum Schutze der Volksgesundheit erlassenen Bestimmungen.

§ 195. Wer ohne das Recht der ärztlichen Praxis zu besitzen oder nach Aberkennung dieses Rechtes mittels giftiger oder starkwirkender Stoffe heilt, wird bestraft:

mit Haft nicht über drei Monaten oder mit Geldstrafe nicht über dreihundert Rubel.

Dieser Bestrafung unterliegt nicht derjenige, welcher unentgeltlich ärztliche Hilfe geleistet hat.

§ 196. Eine Hebamme, die es ohne triftigen Grund unterläßt, in den vom Gesetz vorgeschriebenen Fällen einen Arzt zur Kindbetterin zu rufen, wird bestraft:

mit Haft nicht über drei Monaten oder mit Geldstrafe nicht über dreihundert Rubel.

Hat eine Hebamme bei der Schwangeren eine Frühgeburt hervorgerufen, so wird sie bestraft:

mit Gefängnis nicht über sechs Monaten.

§ 197. Wer außerhalb von Apotheken, Fabriken oder Laboratorien oder besonderen Abteilungen chemischer Manufakturen, die zur Herstellung komplizierter pharmazeutischer Präparate eingerichtet sind, Heilmittel herstellt, feilhält oder verkauft, deren Herstellung durch das Gesetz oder eine verbindliche Verordnung nur in Apotheken oder den genannten Fabriken, Laboratorien oder Abteilungen chemischer Manufakturen erlaubt ist, wird bestraft:

mit Geldstrafe nicht über dreihundert Rubel.

Derselben Bestrafung unterliegt derjenige, welcher außerhalb von Apotheken Heilmittel herstellt, feilhält oder verkauft, deren Verabfolgung in Apotheken nur auf ärztliches Rezept hin erlaubt ist.

§ 198. Ein Heilstoff-Groß- oder Kleinhändler, welcher:

1) die durch das Gesetz oder eine verbindliche Verordnung festgesetzten Vorschriften über den Verkauf komplizierter pharmazeutischer Präparate nicht befolgt;

2) Heilstoffe zerschnitten, zerhackt, zu Pulver zerrieben oder gemischt herstellt, feilhält oder verkauft, mit Ausnahme derjenigen Heilstoffe, die aus den Fabriken, Laboratorien oder besonderen Abteilungen chemischer Manufakturen, die zur Herstellung komplizierter pharmazeutischer Präparate eingerichtet sind, in diesem Zustande bezogen werden oder die in diesem Zustande im Handel zirkulieren;

3) Heilmittel auf ärztliches Rezept hin herstellt oder bereitet, wird bestraft:

mit Geldstrafe nicht über fünfhundert Rubel.

Überdies ist dem Gericht anheimgestellt, dem schuldigen Heilstoffhändler den Handel mit diesen Stoffen auf die Dauer von einem bis zu fünf Jahren zu untersagen.

§ 199. Die Heilmittel, die unter Verletzung der in den §§ 197 bis 198 erwähnten Vorschriften hergestellt, aufbewahrt oder verkauft werden, werden eingezogen.

§ 200. Ein Verwalter einer Apotheke oder ein in einer Apotheke angestellter Pharmazeut oder Schüler, welcher:

1) ohne ärztliches Rezept aus der Apotheke Heilmittel verabfolgt, deren Verabfolgung nur auf ärztliches Rezept hin erlaubt ist;

2) aus der Apotheke Heilmittel verabfolgt, welche nicht dem Rezept entsprechend hergestellt sind;

3) aus der Apotheke Heilmittel verabfolgt, die aus Stoffen ungehöriger Qualität, oder in unreinen oder gesundheitsschädlichen Gefäßen oder mit ungehöriger Verpackung hergestellt sind;

4) vom Medizinalkonseil nicht genehmigte Geheimheilmittel zubereitet oder verabfolgt;

5) irrtümlich ein Heilmittel an Stelle eines anderen verabfolgt;

6) den durch das Gesetz oder eine verbindliche Verordnung festgesetzten Vorschriften über die Rechnung und Aufbewahrung der Rezepte oder über die Führung und Aufbewahrung der Rezeptbücher verletzt,

wird bestraft:

mit Geldstrafen: ein Verwalter einer Apotheke oder ein Pharmazeut — nicht über dreihundert Rubel, ein Schüler — nicht über hundert Rubel.

§ 201. Ein Verwalter einer Apotheke oder Fabrik, eines Laboratoriums oder einer besonderen Abteilung einer chemischen Manufaktur, die zur Herstellung komplizierter pharmazeutischer Präparate eingerichtet sind, ebenso ein in jenen angestellter Pharmazeut, Chemiker oder Schüler, welcher den Vorschriften über die Aufbewahrung, Verabfolgung oder den Gebrauch giftiger oder starkwirkender Stoffe oder den Vorschriften über die Herstellung oder Verabfolgung solcher Stoffe enthaltender Heilmittel zuwiderhandelt, wird bestraft:

mit Geldstrafe: ein Verwalter, Chemiker oder Pharmazeut — nicht über fünfhundert Rubel, ein Schüler — nicht über zweihundert Rubel.

§ 202. Wurde eine im § 200 oder 201 vorgesehene strafbare Handlung zum zweiten Male begangen oder konnte sie, zwar erstmalig begangen, nach den Umständen ihrer Begehung besonders schädliche Folgen haben, so wird der Schuldige bestraft:

mit Haft nicht über drei Monaten.

Überdies ist es dem Gericht anheimgestellt, dem Schuldigen das Recht der Ausübung der pharmazeutischen Praxis auf die Dauer von sechs Monaten bis zu zwei Jahren zu entziehen.

Verwaltete der Schuldige eine Apotheke, oder zur Herstellung komplizierter pharmazeutischer Präparate eingerichtete Fabrik, Laboratorium oder besondere Abteilung einer chemischen Manufaktur, so ist es dem Gericht anheimgestellt, ihm das Recht der Verwaltung dieser Anstalten, oder falls er selbst eine solche Anstalt hielt, das Recht, diese Anstalt zu halten, beides auf die Dauer von einem bis zu fünf Jahren, zu entziehen.

§ 203. Ein Verwalter einer Apotheke, oder einer Fabrik, eines Laboratoriums oder einer besonderen Abteilung einer chemischen Manufaktur, die zur Herstellung komplizierter pharmazeutisoher Apparate eingerichtet sind, der zur Ausübung der Pflichten eines Pharmazeuten, Chemikers oder Schülers eine Person zuläßt, die dazu nicht berechtigt ist, wird bestraft:

mit Geldstrafe nicht über dreihundert Rubel.

§ 204. Wer giftige oder starkwirkende Stoffe ohne gehörige Erlaubnis, oder zwar mit Erlaubnis, aber unter Verletzung der durch das Gesetz oder eine verbindliche Verordnung festgesetzten Vorschriften, feilhält oder verkauft, wird bestraft:

mit Haft nicht über drei Monate oder mit Geldstrafe nicht über dreihundert Rubel.

Überdies ist es dem Gericht anheimgestellt, dem Schuldigen das Recht des Verkaufs bezeichneter Stoffe auf die Dauer von einem bis zu fünf Jahren zu entziehen.

§ 205. Eine Person, welcher es der Art ihrer Tätigkeit zufolge erlaubt ist, giftige oder starkwirkende Stoffe bei sich zu haben oder im Betrieb zu gebrauchen, die die durch das Gesetz oder eine verbindliche Verordnung festgesetzten Vorschriften über Aufbewahrung oder Gebrauch dieser Stoffe nicht befolgt, wird bestraft:

mit Geldstrafe nicht über hundert Rubel.

Überdies ist es dem Gericht anheimgestellt, dem Schuldigen das Recht, die bezeichneten Stoffe bei sich zu haben oder im Betrieb zu gebrauchen, auf die Dauer von einem bis zu fünf Jahren zu entziehen.

§ 206. Wer durch das Gesetz oder eine verbindliche Verordnung verpflichtet ist, Fälle von ansteckenden Krankheiten bei Menschen rechtzeitig anzuzeigen und dieser Verpflichtung nicht nachkommt, wird bestraft:

mit Haft nicht über zwei Monaten oder mit Geldstrafe nicht über zweihundert Rubel.

§ 207. Wer den durch das Gesetz oder eine verbindliche Verordnung festgesetzten Bestimmungen über Maßnahmen zum Schutze der Volksgesundheit zuwiderhandelt, wird bestraft:

mit Haft nicht über drei Monaten oder mit Geldstrafe nicht über dreihundert Rubel.

Bezog sich die Zuwiderhandlung gegen die vorgeschriebenen Bestimmungen auf Maßnahmen zum Schutze der Volksgesundheit gegen ansteckende Krankheiten, so wird der Schuldige bestraft:

mit Haft oder mit Geldstrafe nicht über fünfhundert Rubel.

Wurde die Zuwiderhandlung gegen die vorgeschriebenen Bestimmungen in einer Gegend begangen, in welcher in gesetzlich festgestellter Ordnung das Inkrafttreten von Ausnahmebestimmungen bekanntgemacht wurde, die für den Fall oder zurzeit des Auftretens ansteckender, vom Gesetz den besonders gefährlichen zugerechneter Krankheiten erlassen worden sind, so wird der der Verletzung der bezeichneten Bestimmungen Schuldige, falls in diesen für ihre Nichtbefolgung keine andere Verantwortung festgesetzt ist, bestraft:

mit Korrektionshaus oder mit Gefängnis.

§ 208. Ein Frauenzimmer, die sich als Amme verdingt oder die Verpflichtung zur Pflege eines Kindes übernimmt und dem Mieter verheimlicht oder verschweigt, daß sie an einer ansteckenden, von ihr vor oder nach der Verdingung erlangten Krankheit leidet, wird bestraft:

mit Haft.

§ 209. Ein Handelsmann oder Gewerbetreibender, der bei der Herstellung zum Verkauf, oder bei der Feilhaltung oder beim Verkauf von Eßwaren oder von Getränken nicht gehörig reinlich und sauber verfährt, wird bestraft:

mit Geldstrafe nicht über fünfzig Rubel.

§ 210. Ein Handelsmann oder Gewerbetreibender, welcher:

1) durch das Gesetz oder eine verbindliche Verordnung festgesetzte Bestimmungen zur Verhütung der Fälschung von Eßwaren oder von Getränken verletzt;

2) bei der Herstellung, Feilhaltung oder beim Verkauf solcher Gegenstände, über deren Herstellung, Aufbewahrung oder Verkauf durch das Gesetz oder eine verbindliche Verordnung zum Schutze der Volksgesundheit besondere Bestimmungen festgesetzt sind, diese verletzt,

wird bestraft:

mit Haft nicht über einem Monat oder mit Geldstrafe nicht über hundert Rubel.

§ 211. Ein Handelsmann oder Gewerbetreibender, welcher:

1) gesundheitsschädliche oder verdorbene Eßwaren oder Getränke;

2) aus gesundheitsschädlichem Material angefertigtes Geschirr;

3) im Handelsverkehr verbotene Gebrauchs- oder Hausbedarfsgegenstände (mit giftigen Farben gefärbte Stoffe, Tapeten, Papier, Pappe, Lichte, Spielwaren u. dgl.);

4) vom Medizinalkonseil für schädlich befundene: zur Färbung oder Verfärbung von Gebrauchsgegenständen, Eßwaren oder Getränken dienende Farben oder Essenzen, ebenso zur Zusetzung zu Eßwaren oder Getränken oder zu deren Nachmachung dienende Stoffe oder Materialien,

herstellt, feilhält oder verkauft,

wird bestraft:

mit Haft oder mit Geldstrafe nicht über fünfhundert Rubel.

§ 212. Ein Handelsmann oder Gewerbetreibender, welcher gebackenes Brot mit Zusetzung nahrungsuntauglicher Stoffe herstellt, feilhält oder verkauft, wird bestraft:

mit Haft nicht über drei Monaten oder mit Geldstrafe nicht über dreihundert Rubel.

War dieser Zusatz notorisch gesundheitsschädlich, so wird der Schuldige bestraft:

mit Gefängnis.

§ 213. Ein Handelsmann oder Gewerbetreibender, welcher die durch das Gesetz oder eine verbindliche Verordnung festgesetzten Bestimmungen zur Verhütung des Verderbens von Korn oder Mehl mittels Zusetzung nahrungsuntauglicher Stoffe verletzt, wird bestraft:

mit Haft nicht über drei Monaten oder mit Geldstrafe nicht über dreihundert Rubel.

Waren die vorgeschriebenen Bestimmungen von einem Großhändler verletzt, so wird er bestraft:

mit Haft.

Waren die vorgeschriebenen Bestimmungen verletzt in Zeiten eines Volksbrotmangels oder war der Zusatz notorisch gesundheitsschädlich, so wird der Schuldige bestraft:

mit Gefängnis nicht unter drei Monaten.

§ 214. Wer die durch das Gesetz oder eine verbindliche Verordnung festgesetzten Bestimmungen über die Erzeugung, Aufbewahrung oder Verkauf von Margarine, künstlicher Butter oder anderer Fette verletzt, wird bestraft;

mit Geldstrafe nicht über hundert Rubel.

Stellte es sich jedoch dabei heraus, daß Margarine, künstliche Butter oder andere Fette mit Kuhbutter vermischt waren zum Zwecke des Handels mit solchen Mischungen oder daß diese Mischungen in Kuhbutter-Erzeugungs- oder -Verkaufsstellen aufbewahrt waren, so wird der Schuldige bestraft:

mit Haft nicht über einem Monat oder mit Geldstrafe nicht über hundert Rubel.

§ 215. Wer die durch das Gesetz oder eine verbindliche Verordnung festgesetzten Bestimmungen über die Erzeugung, Einführung aus dem Auslande, Aufbewahrung oder Überführung künstlicher Süßstoffe verletzt, wird bestraft:

mit Geldstrafe nicht über hundert Rubel.

Sind die durch das Gesetz oder eine verbindliche Verordnung festgesetzten Bestimmungen über den Verkauf künstlicher Süßstoffe verletzt worden, so wird der Schuldige bestraft:

mit Haft nicht über einem Monat oder mit Geldstrafe nicht über hundert Rubel.

Hat jedoch der Schuldige Eßwaren oder Getränke mit Beimischung künstlicher Süßstoffe zubereitet, feilgehalten oder verkauft, so wird er bestraft:

mit Haft nicht über drei Monaten oder mit Geldstrafe nicht über dreihundert Rubel.

Die Stoffe, Waren und Getränke werden eingezogen.

§ 216. Wer in den Tee zubereitenden Gewerbeanstalten oder in den Räumlichkeiten zum Aufschütten von Tee dem russischen Tee andere Stoffe unerlaubterweise beimischt oder in diesen Anstalten oder Räumlichkeiten verfälschten Tee oder Stoffe, die zur Verfälschung von Tee dienen können, aufbewahrt, wird bestraft:

mit Haft nicht über einem Monat oder mit Geldstrafe nicht über hundert Rubel.

Die bezeichneten Produkte werden eingezogen.

§ 217. Wer verfälschten Tee oder Produkte, die dem Tee äußerlich ähnlich sind oder ihn ersetzen, in Verpackungen feilhält, die für echten Tee benutzt werden oder dessen Etikette tragen, wird bestraft:

mit Haft nicht über drei Monaten oder mit Geldstrafe nicht über dreihundert Rubel.

Die bezeichneten Produkte werden eingezogen.

§ 218. Wird ein Handelsmann oder Gewerbetreibender wegen einer in den §§ 209 bis 217 vorgesehenen strafbaren Handlung verurteilt, so ist es dem Gericht anheimgestellt, das Urteil zu veröffentlichen, ebenso dem Schuldigen das Recht Handel entsprechender Art zu betreiben, auf die Dauer von einem bis zu fünf Jahren zu entziehen.

§ 219. Ein Handelsmann, welcher Bier durch Wasser oder durch Zusetzung gesundheitsunschädlicher Stoffe verdünnt oder Biere verschiedener Brauereien vermischt, wird bestraft:

mit Geldstrafe nicht über fünfzig Rubel.

§ 220. Wer zum Trinken oder Tränken dienendes Wasser durch Hineinwerfen, Abladen, Ausgießen, Ablassen oder Einweichen in ihm verschiedener Stoffe, die es zum Trinken oder Tränken untauglich machen, verdirbt, wird bestraft:

mit Haft nicht über einem Monat oder mit Geldstrafe nicht über hundert Rubel

Wurde das Wasser infolge dieses Verderbens der menschlichen Gesundheit schädlich, so wird der Schuldige bestraft:

mit Haft oder mit Geldstrafe nicht über fünfhundert Rubel.

§ 221. Wer:

1) einen Toten außerhalb des Kirchhofs ohne die gehörige Erlaubnis begräbt;

2) die durch das Gesetz oder eine verbindliche Verordnung festgesetzten Bestimmungen über die Beerdigung, Wiederausgrabung, Einführung aus dem Auslande oder Überführung von Leichen nicht befolgt;

3) einen Leichnam ohne Beerdigung verheimlicht;

4) die durch das Gesetz oder eine verbindliche Verordnung festgesetzten Bestimmungen über die Einrichtung oder den Schutz bestehender oder über den Schutz geschlossener Kirchhöfe nicht befolgt,

wird bestraft:

mit Haft nicht über einem Monat oder mit Geldstrafe nicht über hundert Rubel.

Zehntes Kapitel.

Verletzung der zum Schutze der öffentlichen und persönlichen Sicherheit erlassenen Bestimmungen.

§ 222. Wer Explosionsstoffe oder -Vorrichtungen unter Umständen herstellt, anschafft, aufbewahrt oder abgibt, welche dartun, daß diese Stoffe oder Vorrichtungen notorisch zur Begehung eines Verbrechens bestimmt sind, wird bestraft:

mit Korrektionshaus.

§ 223. Wer:

1) ohne die durch das Gesetz oder eine verbindliche Verordnung vorgeschriebene Erlaubnis Schieß- oder Explosionsstoffe, Schieß- oder Explosionsvorrichtungen oder deren Teile herstellt;

2) wer ohne die gehörige Erlaubnis eine Manufaktur oder eine andere Anstalt zur Herstellung von Schieß- oder Explosionsstoffen, Schieß- oder Explosionsvorrichtungen oder deren Teilen einrichtet;

3) Waffen herstellt, deren Fabrikation durch Privatpersonen verboten ist oder eine Manufaktur oder sonstige Anstalt zur Fabrikation solcher Waffen einrichtet,

wird bestraft:

mit Gefängnis nicht unter sechs Monaten.

Die hergestellten Stoffe, Vorrichtungen, Waffen und deren Teile, ebenso die in der Manufaktur oder sonstigen Anstalt vorgefundenen Materialien und Produktionswerkzeuge werden eingezogen.

§ 224. Wer:

1) in einer mit gehöriger Erlaubnis eingerichteten Manufaktur oder sonstigen Anstalt zur Herstellung von Schieß- oder Explosionsstoffen oder Schieß- oder Explosionsvorrichtungen oder deren Teilen vor der Vornahme der vorgeschriebenen Besichtigung der Manufaktur oder Anstalt Arbeiten ausführt;

2) die durch das Gesetz oder eine verbindliche Verordnung festgesetzteu Bestimmungen über die Einrichtung der in Zif. 1 dieses Paragraphen aufgezählten Anstalten oder die Bestimmungen über die Ordnung der Ausführung der Arbeit in ihnen nicht befolgt,

wird bestraft:

mit Haft oder mit Geldstrafe nicht über fünfhundert Rubel.

Drohte infolge der vom Schuldigen zugelassenen Nichtbefolgung der festgesetzten Bestimmungen Explosionsgefahr, so wird er bestraft:

mit Gefängnis nicht über sechs Monaten.

In diesem letzteren Falle ist es dem Gericht anheimgestellt, dem Schuldigen das Recht eine solche Anstalt zu halten auf die Dauer von einem bis zu fünf Jahren zu entziehen.

§ 225. Wer:

1) Schießstoffe, außer Pulver, oder Explosionsstoffe oder -Vorrichtungen ohne die gehörige Erlaubnis, oder zwar mit Erlaubnis zu

deren Anschaffung, aber außerhalb der für diese Stoffe oder Vorrichtungen eingerichteten Niederlage, oder zwar in der Niederlage, aber in größerer Menge, als erlaubt, aufbewahrt;

2) eine Niederlage von Pulver oder anderen Schieß- oder Explosionsstoffen ohne die gehörige Erlaubnis einrichtet;

3) für eine wenn auch erlaubte Niederlage Explosionsstoffe oder -Vorrichtungen ohne die besondere Erlaubnis zu deren Anschaffung anschafft;

4) einer Person, die keine Erlaubnis zur Anschaffung von Explosionsstoffen oder -Vorrichtungen hat, diese verkauft oder sonst abgibt;

5) Handel mit Pulver oder anderen Schieß- oder Explosionsstoffen oder -Vorrichtungen ohne gehörige Erlaubnis betreibt,

wird bestraft:

mit Gefängnis.

Wurden diese strafbaren Handlungen von einem Handelsmann begangen, so ist es überdies dem Gericht anheimgestellt ihm das Recht des Handels mit Schieß- oder Explosionsstoffen oder das Recht eine Niederlage dieser zu haben auf die Dauer von einem bis zu fünf Jahren oder für immer zu entziehen.

Das rechtswidrig aufbewahrte oder angeschaffte Pulver oder die sonstigen Schieß- oder Explosionsstoffe oder -Vorrichtungen werden eingezogen.

Derselben Bestrafung nach denselben Grundsätzen unterliegt der Inhaber einer Niederlage von Explosionsstoffen oder -Vorrichtungen, falls in der Niederlage ein Fehlen dieser Gegenstände gegenüber ihrem in das Schnurbuch eingetragenen Bestand entdeckt wird.

§ 226. Wer Pulver außerhalb einer Niederlage in einer Menge von mehr als dreizig Pfund oder zwar in einer Niederlage, aber in größerer Menge als erlaubt aufbewahrt, wird bestraft:

mit Gefängnis nicht über sechs Monaten.

Das rechtswidrig aufbewahrte Pulver wird eingezogen.

§ 227. Wer:

1) die durch das Gesetz oder eine verbindliche Verordnung festgesetzten Bestimmungen über die Errichtung oder Instandhaltung der Niederlagen von Explosionsstoffen für die Bedürfnisse der Berghütten- oder Salzindustrie, oder über Aufbewahrung innerhalb oder außerhalb einer Niederlage, Überführung, Verabfolgung, Verkauf, Anschaffung, Verbrauch oder Gebrauch von Explosionsstoffen oder -Vorrichtungen nicht befolgt;

2) Pulver oder sonstige Schieß- oder Explosionsstoffe in einer mit gehöriger Erlaubnis eingerichteten Niederlage vor deren Besichtigung aufbewahrt,

wird bestraft:

mit Haft oder mit Geldstrafe nicht über fünfhundert Rubel.

Drohte infolge der vom Schuldigen zugelassenen Nichtbefolgung der festgesetzten Bestimmungen Explosionsgefahr, so wird er bestraft:

mit Gefängnis nicht über sechs Monaten.

Der in Abs. 1 dieses Paragraphen bestimmten Bestrafung unterliegt derjenige, welcher derart unvorsichtig, wenn auch ohne Verletzung der festgesetzten Bestimmungen, mit Pulver oder sonstigen Schieß- oder Explosionsstoffen oder -Vorrichtungen umgeht, daß Explosionsgefahr drohte.

Wurden die in Abs. 2 dieses Paragraphen vorgesehenen strafbaren Handlungen von einem Inhaber einer Niederlage von Explosionsstoffen oder -Vorrichtungen zum zweiten Male begangen, so ist es dem Gericht anheimgestellt, dem Schuldigen das Recht, Niederlagen von Stoffen oder Vorrichtungen bezeichneter Art zu halten, auf die Dauer von einem bis zu fünf Jahren zu entziehen.

§ 228. Wer die durch das Gesetz oder eine verbindliche Verordnung festgesetzten Bestimmungen über den Gebrauch von Acetylen oder über Aufbewahrung und Verkauf von Calciumkarbid nicht befolgt, wird bestraft:

mit Haft nicht über drei Monaten oder mit Geldstrafe nicht über dreihundert Rubel.

Wurde diese Übertretung zum zweiten Male begangen, so ist es überdies dem Gericht anheimgestellt, dem Schuldigen das Recht, eine Calciumcarbid-Niederlage zu halten oder Handel mit Calciumcarbid zu betreiben, auf die Dauer von einem bis zu fünf Jahren oder für immer zu entziehen.

§ 229. Wer die durch das Gesetz oder eine verbindliche Verordnung festgesetzten Bestimmungen über die Benutzung von Dampfkesseln nicht befolgt, wird bestraft:

mit Haft nicht über drei Monaten oder mit Geldstrafe nicht über dreihundert Rubel.

§ 230. Wer:

1) verbotene Waffen aufbewahrt oder bei sich trägt;

2) Waffen aufbewahrt oder bei sich trägt an Orten, an denen das Gesetz oder eine verbindliche Verordnung sie aufzubewahren oder zu tragen verbietet;

3) aus Feuer- oder sonstigen gefährlichen Waffen an Orten schießt, an denen das Gesetz oder eine verbindliche Verordnung derartiges Schießen verbieten;

4) bei dem Umgang mit geladenen Feuer- oder sonstigen gefährlichen Waffen, bei dem Ausstellen, Aushängen, Werfen, Aufstapeln oder Überführen fester Gegenstände, bei dem Ausgießen von Flüssigkeiten, bei dem Menschentransport auf dem Wasser, bei dem Halten eines notorisch gefährlichen Haustieres nicht mit gehöriger Vorsicht verfährt;

5) an Bau- oder anderen Arbeiten, an Gruben, Brunnen oder überhaupt an Stellen, an denen zur persönlichen Sicherheit das Anbringen von Warnungszeichen oder Schutzvorrichtungen notwendig ist, derartige Zeichen oder Vorrichtungen nicht anbringt,

wird bestraft:

mit Haft nicht über zwei Wochen oder mit Geldstrafe nicht über fünfzig Rubel.

§ 231. Wer:

1) in Städten oder Dörfern unvorsichtig oder übermäßig schnell fährt;

2) einem notorisch Unfähigen oder Betrunkenen das Lenken eines Pferdes überträgt,

wird bestraft:

mit Haft nicht über zwei Wochen oder mit Geldstrafe nicht über fünfzig Rubel.

§ 232. Wer bei dem Halten wilder Tiere nicht mit gehöriger Vorsicht verfährt, wird bestraft:

mit Haft nicht über drei Monaten oder mit Geldstrafe nicht über dreihundert Rubel.

§ 233. Wer vorsätzlich Hunde oder andere Tiere auf Menschen hetzt, wird bestraft:

mit Haft.

§ 234. Ein Verkäufer in einer Anstalt, in welcher geistige Getränke ausgeschenkt werden, der keine Maßnahmen trifft zum Schutz eines in seiner Anstalt befindlichen oder sie verlassenden Betrunkenen, welcher ohne augenscheinliche Gefahr nicht sich selbst überlassen werden kann, wird bestraft:

mit Haft nicht über zwei Wochen oder mit Geldstrafe nicht über fünfzig Rubel.

§ 235. Wer die durch das Gesetz oder eine verbindliche Verordnung festgesetzten Bestimmungen über Aufbewahrung oder Verkauf von Beleuchtungsmineralölen nicht befolgt, wird bestraft:

mit Haft nicht über drei Monaten oder mit Geldstrafe nicht über dreihundert Rubel.

§ 236. Wer die durch das Gesetz oder eine verbindliche Verordnung festgesetzten Bestimmungen über:

1) Vorsichtsmaßregeln zum Schutze gegen Feuer innerhalb von Bauwerken, auf Schiffen, Flößen oder in anderen Räumlichkeiten, oder bei dem Umgang mit Feuer oder leicht entzündbaren Stoffen außerhalb von Gebäuden;

2) Mitwirkung bei Feuerlöscharbeiten;

3) Herstellung, Aufbewahrung, Überführung, Ausladung oder Verkauf leicht entzündbarer Öle, außer der Mineralöle,

nicht befolgt, wird bestraft:

mit Haft nicht über zwei Wochen oder mit Geldstrafe nicht über fünfzig Rubel.

§ 237. Wer die Bestimmungen über Vorsichtsmaßregeln zum Schutz gegen Feuer in Niederlagen oder Ausladungsstellen leichtentzündbarer Stoffe, oder auf Schiffen oder in Waggons, die mit diesen Stoffen beladen sind, oder an Orten, an denen sich solche Schiffe oder Waggons befinden, nicht befolgt, wird bestraft:

mit Haft nicht über einem Monat oder mit Geldstrafe nicht über hundert Rubel.

§ 238. Wer:

1) Tabak raucht an Orten, wo dies durch das Gesetz oder eine verbindliche Verordnung verboten ist;

2) entgegen einer angebrachten Warnung über Tabakrauchverbot Tabak raucht, obwohl dies mit Feuer- oder Explosionsgefahr droht,

wird bestraft:

mit Geldstrafe nicht über zehn Rubel.

Drohte das Tabakrauchen an Orten, an welchen es durch das Gesetz oder eine verbindliche Verordnung verboten ist, mit Feuer- oder Explosionsgefahr, so wird der Schuldige bestraft:

mit Geldstrafe nicht über fünfzig Rubel.

§ 239. Wer durch das Gesetz oder eine verbindliche Verordnung verpflichtet ist, der Polizei einen stattgefundenen Brand anzuzeigen und dieser Verpflichtung nicht rechtzeitig nachkommt, wird bestraft:

mit Geldstrafe nicht über zehn Rubel.

Elftes Kapitel.

Verletzung der zum Schutze des Volkswohlstandes erlassenen Bestimmungen.

§ 240. Teilnehmer an der Ansammlung in öffentlichen Magazins aufbewahrter Kornvorräte, welche diese Vorräte eigenmächtig entnehmen, werden bestraft:

mit Haft nicht über einem Monat oder mit Geldstrafe nicht über hundert Rubel.

Sind die Verpflegungsbedürfnisse der örtlichen Bevölkerung infolge der Größe des infolge dieser eigenmächtigen Entnahme der Kornvorräte entstandenen Schadens unbefriedigt geblieben, so werden die Schuldigen bestraft:

mit Haft.

§ 241. Wer die durch das Gesetz oder eine verbindliche Verordnung festgesetzten Bestimmungen über die Sicherstellung der Unterstützung der Landleute mit Verpflegung oder zur Besäung der Felder nicht befolgt, wird bestraft:

mit Haft nicht über einem Monat oder mit Geldstrafe nicht über hundert Rubel.

§ 242. Ein Handelsmann oder Gewerbetreibender, der die Preise der Verpflegungsmittel oder sonstiger notwendiger Bedarfsgegenstände nach Übereinkunft mit anderen, die mit diesen Gegenständen handeln, oder mit anderen Gewerbetreibenden übermäßig erhöht, wird bestraft:

mit Gefängnis.

Machte sich der Schuldige dabei die durch den Mangel an diesen Gegenständen entstandene äußerste Not der örtlichen Bevölkerung zu Nutzen, so wird er bestraft:

mit Gefängnis nicht unter drei Monaten.

Der in Abs. 1 dieses Paragraphen bestimmten Bestrafung unterliegt ein Handelsmann oder Gewerbetreibender, der die Preise der Verpflegungsmittel oder sonstiger notwendiger Bedarfsgegenstände unter Zunutzemachung der durch den Mangel an diesen Gegenständen entstandenen äußersten Not der örtlichen Bevölkerung übermäßig erhöht.

§ 243. Wer der durch das Gesetz oder eine verbindliche Verordnung festgesetzten Verpflichtung das Auftreten ansteckender oder epidemischer Krankheiten bei Haustieren oder das Erscheinen für landwirtschaftliche Pflanzen oder Obst- oder Baumanpflanzungen schädlicher Insekten oder Tiere rechtzeitig anzuzeigen nicht nachkommt, wird bestraft:

mit Haft nicht über einem Monat oder mit Geldstrafe nicht über hundert Rubel.

§ 244. Wer der durch das Gesetz oder eine verbindliche Verordnung festgesetzten Verpflichtung, das Auftreten ansteckender Krankheiten bei landwirtschaftlichen Pflanzen oder Obst- oder Baumanpflanzungen rechtzeitig anzuzeigen nicht nachkommt, wird bestraft:

mit Geldstrafe nicht über hundert Rubel.

§ 245. Wer die durch das Gesetz oder eine verbindliche Verordnung festgesetzten Bestimmungen über Vorsichtsmaßregeln:

1) gegen Ansteckung von Haustieren, landwirtschaftlichen Pflanzen oder Obst- oder Baumanpflanzungen;

2) gegen Verbreitung für landwirtschaftliche Pflanzen oder Obst- oder Baumanpflanzungen schädlicher Insekten oder Tiere,

nicht befolgt, wird bestraft:

mit Haft nicht über zwei Monaten oder mit Geldstrafe nicht über zweihundert Rubel.

§ 246. Wer in verbotener Zeit, an verbotenen Orten, auf verbotene Art oder ohne die vorgeschriebenen Bestimmungen zu beobachten Fisch- oder sonstigen Fang treibt, wird bestraft:

mit Geldstrafe nicht über fünfundzwanzig Rubel.

Betreibt der Schuldige verbotenen Fang gewerbsmäßig oder fischt er mittels vergifteter oder explodierender Stoffe, so wird er bestraft:

mit Haft nicht über einem Monat oder mit Geldstrafe nicht über hundert Rubel.

Die verbotenen Fanggeräte werden eingezogen.

§ 247. Wer:

1) ohne den festgesetzten Jagdschein;

2) mit einem fremden Jagdschein;

3) nicht die Wildart, welche zu jagen zu jener Zeit erlaubt ist;

4) auf verbotene Art,

jagt, wird bestraft:

mit Geldstrafe: in dem in Zif. 1 dieses Paragraphen bezeichneten Falle — nicht über hundert Rubel.

Die verbotenen Jagdgeräte werden eingezogen.

§ 248. Wer entgegen einem bestehenden Verbot Vogelnester zerstört oder aus ihnen Eier oder Junge ausnimmt, wird bestraft:

mit Geldstrafe nicht über fünfundzwanzig Rubel.

§ 249. Wer bei der Jagdausübung die Vorzeigung des Jagdscheines trotz Aufforderung einer die Innehaltung der Jagdvorschriften überwachenden Person verweigert, wird bestraft:

mit Geldstrafe nicht über fünfundzwanzig Rubel.

§ 250. Wer auf der Jagd einen Auerochsen oder ein Weibchen oder Kalb eines Elentieres, eines Hirschen oder einer Gemse erlegt, wird bestraft:

mit Geldstrafe: für jeden erlegten Auerochsen — mit fünfhundert Rubel; für jedes erlegte Elentier- oder Hirschweibchen — mit fünfzig Rubel; für jedes Gemsweibchen und für jedes Elentier-, Hirsch- oder Gemskalb — mit fünfundzwanzig Rubel.

§ 251. Wer in der Schonzeit erlegtes Wild herumträgt, herumführt, verkauft oder kauft, um zu verkaufen, wird bestraft:

mit Geldstrafe: für jedes bei ihm gefundene Elentier, jeden Hirsch, jeden Berg- oder Steppen-Gemsbock oder -Ziege — mit fünfundzwanzig Rubel; für jedes andere bei ihm gefundene Stück Wild — mit einem Rubel.

§ 252. Die in den §§ 247 bis 251 bestimmten Geldstrafen, ebenso der Erlös vom Verkauf der eingezogenen Jagdgeräte und des eingezogenen Wildes werden den Spezialfonds des Ministeriums des Innern zur Verstärkung der Überwachung der Innehaltung der Jagdvorschriften überwiesen.

§ 253. Wer die für einige Gegenden erlassenen besonderen Gesetze über:

1) die Jagd, die Fischerei, die Austern-, Seehund-, Tier- oder sonstige Jagd, den Fang von Walrossen, Seehunden oder überhaupt von Tieren dieser Art;

2) öffentliches Heumachen,

nicht befolgt, unterliegt der Bestrafung auf Grund dieser besonderen Gesetze.

§ 254. Wer die gesetzlich verbotene Robbenseejagd ausübt oder die Robbenlandjagd eigenmächtig ausübt, wird bestraft:

mit Gefängnis.

Die Fanggeräte, die Beute, die Jagdschiffe mit deren Zubehör, Inventar und Ladung werden eingezogen.

§ 255. Der Besitzer eines Waldes oder eine Person, welcher er das Recht, über den Wald zu verfügen, einräumt, die stehenden Wald fällen oder Stämme oder Wurzeln ausroden, in Fällen, in denen solches Fällen oder Ausroden durch das Gesetz oder eine verbindliche Verordnung verboten ist, oder die beim Fällen stehenden Waldes oder beim Ausroden von Stämmen und Wurzeln die festgesetzten Bestimmungen verletzen, werden bestraft:

> mit Geldstrafe in der Höhe des Wertes des gefällten oder ausgerodeten Waldes; der Wert wird bestimmt auf Grund der örtlichen Waldtaxe des Ackerbau- und Reichsdomänenministeriums für Wald der niedrigsten Kategorie im Kreise, und in der Donheeresprovinz — auf Grund der Heerestaxe für Wald der niedrigsten Kategorie im Bezirk.

Überdies wird der gefällte Wald oder die ausgerodeten Stämme oder Wurzeln eingezogen oder deren Wert beigetrieben.

§ 256. Der Besitzer eines Waldes, oder eine Person, welcher er das Recht über den Wald zu verfügen eingeräumt hat, die eine Waldfläche lichten oder in Grundstücke anderer Nutzart verwandeln in Fällen, in denen eine derartige Lichtung der Waldfläche oder ihre Verwandlung in Grundstücke anderer Nutzart durch das Gesetz oder eine verbindliche Verordnung verboten sind, werden bestraft:

> mit Geldstrafe nicht über fünf Rubel für jede hundert Quadratklafter der gelichteten oder in Grundstücke anderer Nutzart verwandelten Waldfläche.

Eine gelichtete oder in Grundstücke anderer Nutzart verwandelte Waldfläche von weniger als hundert Quadratklafter wird für volle hundert Quadratklafter gerechnet.

Die in diesem Paragraphen vorgesehene Übertretung wird unabhängig von der im § 255 für das Fällen des Waldes an sich bestimmten Strafe gestraft.

§ 257. Der Besitzer eines Waldes oder eine Person, welcher er das Recht über den Wald zu verfügen eingeräumt hat, die:

1) im Walde Vieh weiden lassen, Waldstreu sammeln oder andere Nebennutzungen betreiben, in Fällen, in denen solches Viehweiden, das Streusammeln oder die Nebennutzungen des Waldes durch das Gesetz oder eine verbindliche Verordnung verboten sind;

2) die befristete landwirtschaftliche Benutzung des Waldbodens über die für derartige Beutzung durch das Gesetz oder eine verbindliche Verordnung bestimmte Frist eigenmächtig ausdehnen,

werden bestraft:

> wegen der in Zif. 1 dieses Paragraphen vorgesehenen Handlungen — mit Geldstrafe nicht über zehn Rubel;
> wegen der in Zif. 2 dieses Paragraphen vorgesehenen Handlung — mit Geldstrafe nicht über einem Rubel für jede hundert Quadratklafter der über die Frist hinaus benutzten Waldfläche.

Eine über die Frist hinaus benutzte Waldfläche von weniger als hundert Quadratklafter wird für volle hundert Quadratklafter gerechnet.

§ 258. Der in den §§ 255 bis 257 bestimmten Bestrafung nach den in diesen Paragraphen bezeichneten Grundsätzen unterliegt derjenige, welcher ohne Zustimmung des Besitzers des Waldes oder der Person, welcher jener das Recht über den Wald zu verfügen eingeräumt hat, aber in Kenntnis des Verbotes, Wald zu fällen, oder Stämme oder Wurzeln auszuroden, oder die Waldfläche zu lichten, oder sie in Grundstücke anderer Nutzart umzuwandeln oder den Wald zu benutzen, die in diesen Paragraphen vorgesehene Übertretung begeht.

Der gefällte Wald, ebenso die ausgerodeten Stämme oder Wurzeln werden nicht eingezogen, aber ihr Wert wird von dem Schuldigen beigetrieben.

Die Bestrafung tritt ein, unabhängig von der Bestrafung wegen des eigenmächtigen Waldfällens.

§ 259. Wer in den Stanizawäldern*) der Donschen und Astrachanschen Kasackenheere wissentlich entgegen dem bestätigten Plan der Waldwirtschaft Wald fällt, wird bestraft:

mit Geldstrafe nicht über fünfzig Rubel.

Derselben Bestrafung unterliegt ein Baschkir, welcher in dem seiner Dorfgemeinde gehörigen, unter Staatsaufsicht befindlichen Walde außerhalb der dieser Gemeinde zur Nutzung angewiesenen Holzschläge Wald fällt.

§ 260. Die in den §§ 255 bis 258 bestimmten Geldstrafen, ebenso der Erlös vom Verkauf der eingezogenen Waldmaterialien fließen den Spezialfonds des Forstamtes zu. In der Donheeresprovinz und im Astrachanschen Kosackenheer werden die bezeichneten Strafen und Gelder, ebenso die im § 259 Abs. 1 bestimmten Geldstrafen dem Heereskapital überwiesen.

Die im § 259 Abs. 2 bestimmten Geldstrafen werden den Spezialfonds des Ackerbau- und Reichsdomänenministeriums überwiesen zur Bildung eines Kapitals für die Bedürfnisse der Forstwirtschaft in den unter Staatsaufsicht befindlichen Wäldern der Baschkiren.

§ 261. Wer eigenmächtig und in Widerspruch mit den Vorschriften über die Errichtung von Gräben und anderen Wasserleitungsbauten auf fremden Grundstücken zu Ent- und Bewässerungs- und Irrigationszwecken diese Bauten, ebenso den für sie bestimmten Boden oder das in ihnen befindliche Wasser benutzt, wird, dort, wo diese Vorschriften Geltung haben, bestraft:

mit Geldstrafe nicht über fünfzig Rubel.

Verletzte der Schuldige die Vorschriften über die Benutzung des Wassers eines Wasserbehälters, inbezug auf welchen das Gesetz über die Benutzung von Irrigationswasser in Transkaukasien Geltung hat, so wird er bestraft:

mit Haft nicht über einem Monat oder mit Geldstrafe nicht über hundert Rubel.

---

*) Staniza = Kasackendorf.

Derselben Bestrafung unterliegt in Transkaukasien derjenige, welcher:

1) einen solchen Wasserbehälter verschmutzt, oder Vieh in ihn Zutritt gewährt oder durch ihn treibt oder ihn durchfährt an Stellen, die zu diesem Zweck nicht bestimmt sind;

2) den Verpflichtungen bezüglich der Unterhaltung eines derartigen Wasserbehälters oder Irrigationsbaues nicht nachkommt;

3) durch die Vorschriften über den Schutz der genannten Wasserbehälter verbotene Aussaaten oder Anpflanzungen vornimmt.

Zwölftes Kapitel.

Verletzung der zum Schutze der öffentlichen Ruhe erlassenen Bestimmungen.

§ 262. Wer an öffentlichen Orten oder in öffentlichen Versammlungen oder, wenn auch außerhalb dieser Orte, aber unter Störung der öffentlichen Ruhe oder Ordnung, lärmt, schreit oder sonstigen Unfug verübt, wird bestraft:

mit Haft nicht über zwei Wochen oder mit Geldstrafe nicht über fünfzig Rubel.

Wurden unter den bezeichneten Umständen eine Rauferei, ein Faustkampf oder sonstige Exzesse verübt, so wird der Schuldige bestraft:

mit Haft nicht über einem Monat oder mit Geldstrafe nicht über hundert Rubel.

Hat jedoch solcher Unfug oder Exzeß die Sitzung einer öffentlichen Versammlung oder eine öffentliche Vorlesung oder Vorstellung unterbrochen oder die Ordnung während einer Fest- oder Beerdigungsprozession, Gesamtvolksvergnügung, Theater- oder ähnlichen Vorstellung gestört, oder hat am Unfug oder Exzeß ein Haufen sich beteiligt, der auf Aufforderung der Polizeigewalt sich nicht zerstreut hat, so wird der Schuldige bestraft:

mit Haft nicht über drei Monaten oder mit Geldstrafe nicht über dreihundert Rubel.

Hatte der von einem Haufen begangene Exzeß eine schwere oder sehr schwere Körperverletzung oder den Tod eines Menschen zur Folge, so werden diejenigen Exzedenten, welche nicht wegen der Herbeiführung der bezeichneten Verletzungen oder des Todes einer strengeren Bestrafung unterliegen, bestraft:

ein Teilnehmer des Haufens, der ihn anführte oder zur Verübung oder Fortsetzung des Exzesses anstiftete oder beim Exzeß Waffen angewendet hat — mit Gefängnis; die übrigen Teilnehmer des Haufens — mit Gefängnis nicht über drei Monaten.

§ 263. Wer:

1) über eine Regierungsmaßnahme, eine öffentliche Not oder ein anderes Ereignis wissentlich falsche Gerüchte verbreitet, welche geeignet sind, öffentliche Beunruhigung zu erregen;

2) eine öffentliche Beunruhigung durch Sturmläuten oder auf andere Weise ohne jeden Grund dazu erregt,

wird bestraft:

mit Haft nicht über drei Monaten oder mit Geldstrafe nicht über dreihundert Rubel.

Hatte derartiges Verbreiten falscher Gerüchte oder Erregen öffentlicher Beunruhigung eine Volksbewegung, Widerstand gegen die Gewalt oder Störung der Ordnung in Heeresabteilungen zur Folge, so wird der Schuldige bestraft:

mit Gefängnis.

§ 264. Wer auf der Börse oder unter Personen, die sich mit Börsenoperationen beschäftigen, falsche Gerüchte verbreitet, die notorisch den Abschluß von Börsengeschäften beeinflussen können, wird bestraft:

mit Haft oder mit Geldstrafe nicht über fünfhundert Rubel.

Wurden solche falschen Gerüchte in der Absicht verbreitet, den Abschluß von Börsengeschäften zu beeinflussen, so wird der Schuldige bestraft:

mit Gefängnis und überdies mit Geldbuße nicht über tausend Rubel.

§ 265. Wer:

1) russische Untertanen zu unerlaubter Übersiedelung im Inlande oder ins Ausland verleitet;

2) wissentlich falsche Gerüchte über die Vorteile der Übersiedelung in irgend eine Gegend des In- oder Auslandes unter der Bevölkerung verbreitet, um sie zum Verlassen ihres ständigen Wohnortes zu veranlassen,

wird bestraft:

mit Gefängnis.

Hatte solche Verleitung oder Verbreitung falscher Gerüchte den Ruin der Wirtschaft einer oder mehrerer ausgewanderten Familien zur Folge, so wird der Schuldige bestraft:

mit Korrektionshaus nicht über drei Jahren.

Wer jedoch Militärpersonen zur Übersiedelung ins Ausland verleitet, wird bestraft:

mit Korrektionshaus.

§ 266. Wer Kraft des Gesetzes oder auf Grund einer verbindlichen Verordnung verpflichtet ist, bei der Polizei die das Haus verlassenden oder in das Haus zum Wohnen ankommenden Personen anzumelden, wird, falls er dieser Verpflichtung nicht nachkommt, bestraft:

mit Geldstrafe nicht über fünfzig Kopeken für jeden versäumten Tag, im Gesamtbetrage jedoch nicht über fünfzehn Rubel.

Wird jedoch diese Übertretung von dem Verwalter eines Gasthauses oder einer sonstigen ähnlichen Anstalt für Angereiste begangen, so wird der Schuldige bestraft:

mit Geldstrafe: in den Residenzstädten — nicht über fünf Rubel für jeden versäumten Tag, im Gesamtbetrage jedoch nicht über hundert und fünfzig Rubel; in anderen Gegenden — nicht über einem Rubel für jeden versäumten Tag, im Gesamtbetrage jedoch nicht über dreißig Rubel.

Dem Verwalter eines Gasthauses oder einer sonstigen ähnlichen Anstalt für Angereiste, welcher im Laufe eines Jahres mehr als acht Mal in bezeichneter Weise bestraft wird, kann das Recht der Verwaltung solcher Anstalten für immer entzogen werden.

§ 267, Wer möblierte Zimmer ohne die gehörige Erlaubnis, wo diese erforderlich ist, eröffnet ebenso der Halter solcher Zimmer, der die festgesetzten Schilder oder Tafeln nicht anbringt, wird bestraft:

mit Geldstrafe nicht über fünfzig Rubel.

§ 268. Wer dem Wirt oder dem Hausverwalter den Wechsel seines Wohnortes nicht oder falsch anmeldet in Gegenden, wo solche Anmeldung durch das Gesetz oder eine verbindliche Verordnung vorgeschrieben ist, wird bestraft:

mit Geldstrafe nicht über zehn Rubel.

In den Städten Riga und Wilna fließen die in diesem Paragraphen und im § 266 bestimmten Geldstrafen den städtischen Einnahmen zu zur Deckung der Unkosten bei der Einrichtung von Adreßtischen in den genannten Städten.

§ 269. Wer ohne den festgesetzten oder mit einem nicht mehr gültigen Schein in Fällen, in denen dem Gesetze gemäß ein Schein erforderlich ist, sich aufhält oder entfernt, wird bestraft:

mit Geldstrafe nicht über fünfzig Kopeken für jeden Tag, im Gesamtbetrage jedoch nicht über fünfzehn Rubel.

Derselben Bestrafung unterliegt derjenige, welcher eine Person, die gesetzlich verpflichtet ist, einen Aufenthaltsschein zu haben, jedoch keinen hat oder mit einem nicht mehr gültigen Schein sich aufhält, bei sich in Arbeit oder in Diensten hält.

§ 270. Wer sich ohne den vorgeschriebenen Schein ins Ausland begibt, wird unabhängig von der Eintreibung der Scheingebühren bestraft:

mit Geldstrafe nicht über fünfundzwanzig Rubel.

§ 271. Wer bei dem Erhalten eines Aufenthaltscheins bei der diesen Schein ausstellenden Behörde wissentlich falsch angibt, daß er keinen Aufenthaltsschein hat, wird bestraft:

mit Haft nicht über drei Monaten.

§ 272. Wer:

1) der zuständigen Gewalt seinen Vor-, Vater- oder Familiennamen verheimlicht;

2) ihm nicht gehörende Beruf, Stand, Charge, Wappen oder Titel sich eigenmächtig anmaßt;

3) notorisch ihm nicht gehörende Orden oder Ehrenzeichen öffentlich trägt,

wird bestraft:

mit Geldstrafe nicht über dreihundert Rubel.

Derselben Bestrafung unterliegt ein Jude, welcher seinen in das Geburtsregister eingetragenen Vor- oder Familiennamen eigenmächtig ändert.

§ 273. Wer der zuständigen Gewalt einen wissentlich falschen oder dem Vorzeiger ungehörig ausgestellten Aufenthaltsschein zur falschen Feststellung der Persönlichkeit vorzeigt, wird bestraft:

mit Haft oder mit Geldstrafe nicht über fünfhundert Rubel.

Derselben Bestrafung unterliegt derjenige, welcher einer anderen Person seinen oder einen fremden Aufenthaltsschein zur falschen Feststellung der Persönlichkeit vor der zuständigen Gewalt übergibt, falls die Vorzeigung des Aufenthaltsscheines erfolgt ist.

§ 274. Wer ohne den festgesetzten Aufenthaltsschein sich aufhält, ohne dabei einen bestimmten Wohnort, ein Handwerk, ein Gewerbe, bestimmte Beschäftigung oder Existenzmittel zu besitzen, wird wegen dieses Müßigganges bestraft:

mit Gefängnis.

Hatte der Schuldige dabei falsche Schlüssel, Dietriche, zum Einbrechen geeignete Instrumente oder Waffen mit sich oder wurde er zur Nachtzeit ohne Wissen des Wirtes oder dessen Stellvertreters in bewohnten Gebäuden oder sonstigen bewohnten Räumlichkeiten oder in einem umzäunten Hof eines bewohnten Gebäudes oder im Gebiet eines bewohnten Gehöfts vorgefunden, so wird er bestraft:

mit Korrektionshaus.

§ 275. Ein Müssiggänger der die Feststellung seiner Persönlichkeit verweigert oder über diese falsche Angaben macht, wird wegen dieser Landstreicherei bestraft:

mit Korrektionshaus nicht unter drei Jahren.

Falls seine Persönlichkeit auch nach Verbüßung dieser Strafe unbekannt blieb, so wird er verschickt zur Ansiedlung auf der Insel Sachalin.

§ 276. Wer:

1) aus Gewohnheit zur Müßigkeit;

2) mittels betrügerischer Handlungen oder wissentlich falscher Versicherungen über einen Unglücksfall oder eine Krankheit;

3) grob oder frech

um Almosen bittet, wird wegen dieses Bettelns bestraft:

mit Gefängnis nicht über drei Monaten.

Hatte der des Bettelns Schuldige falsche Schlüssel, Dietriche, zum Einbrechen geeignete Instrumente oder Waffen bei sich, so wird er bestraft:

mit Gefängnis.

§ 277. Wer ohne die gehörige Erlaubnis mit einem Buch oder einem Heiligenbild für eine Kirche, ein Kloster oder eine sonstige fromme Stiftung sammeln geht, wird bestraft:

mit Haft nicht über zwei Wochen oder mit Geldstrafe nicht über fünfzig Rubel.

Ist der Zweck der Sammlung erdichtet, so wird der Schuldige bestraft:

mit Gefängnis nicht über sechs Monaten.

Die vom Schuldigen angesammelten Spenden werden eingezogen und der Kirche, dem Kloster oder der Stiftung, für welche gesammelt wurde oder, falls der Zweck der Sammlung erdichtet war, den örtlichen frommen Stiftungen überwiesen.

§ 278. Wer ohne die gehörige Erlaubnis in ihm gehörenden Gebäuden oder in Räumlichkeiten, die er einnimmt, einen öffentlichen jüdischen Gottesdienst zuläßt, für dessen Abhaltung außerhalb der festgesetzten Stellen das Gesetz eine derartige Erlaubnis verlangt, wird bestraft:

mit Geldstrafe nicht über dreihundert Rubel.

§ 279. Wer an einer Bande sich beteiligt, die sich gebildet hat:

1) um die in den §§ 427 und 428 genannten Münzen, Noten oder Papiere oder andere Urkunden nachzumachen, zu verfälschen oder nachgemacht oder verfälscht abzusetzen;

2) zur Begehung der in §§ 64 bezeichneten Beschädigungen fremden Vermögens;

3) um zu stehlen, zu rauben, zu erpressen oder zu betrügen;

4) um notorisch mittels strafbarer Handlungen erlangtes fremdes Vermögen zu erwerben, in Verwahrung zu nehmen, zu verheimlichen, zu verpfänden oder abzusetzen;

5) zur Unterbringung von Konterbande

wird, falls er nicht wegen einer von der Bande begangenen strafbaren Handlung einer schwereren Bestrafung unterliegt, bestraft:

mit Korrektionshaus.

Derselben Bestrafung unterliegt derjenige, welcher wissentlich den Teilnehmer einer solchen Bande beherbergt oder Mittel zur Begehung strafbarer Handlungen verschafft.

Dreizehntes Kapitel.

Verletzung der zum Schutz der öffentlichen Sittlichkeit erlassenen Bestimmungen.

§ 280. Wer durch schamlose Worte oder Taten öffentlich den Anstand verletzt, wird bestraft:

mit Haft nicht über einem Monat oder mit Geldstrafe nicht über hundert Rubel.

Bestand die schamlose Tat in einer wollüstigen oder sonstigen unsittlichen auf andere verführerisch wirkenden Handlung, so wird der Schuldige, falls er nicht wegen Unzucht einer schwereren Bestrafung unterliegt, bestraft:

mit Gefängnis nicht über sechs Monaten.

§ 281. Wer wissentlich schamlose Abhandlungen oder Abbildungen feilhält, verkauft, öffentlich ausstellt oder sonst verbreitet, wird bestraft:

mit Haft nicht über drei Monaten oder mit Geldstrafe nicht über dreihundert Rubel.

War der Schuldige Handelsmann oder Redakteur einer Zeitschrift, so ist es dem Gericht überdies anheimgestellt, ihm das Recht zu handeln oder zu redigieren auf die Dauer von einem bis zu fünf Jahren zu entziehen.

§ 282. Wer einen seiner Aufsicht oder Pflege anvertrauten Geisteskranken grausam behandelt, wird, falls seine Handlung keine sehr schwere oder schwere Körperverletzung bildet, bestraft:

mit Gefängnis.

Derselben Bestrafung unterliegt ein Meister, der einen bei ihm in Lehre befindlichen Lehrling oder Gesellen grausam behandelt.

§ 283. Wer eine Person unter siebzehn Jahren aufnimmt, um sie zum Betteln oder zu sonstigen unsittlichen Beschäftigungen zu bekehren, wird bestraft:

mit Gefängnis.

§ 284. Wer in einem die Sicherheit, Ruhe oder Ordnung bedrohenden Zustande offenbarer Trunkenheit an einem öffentlichen Orte erscheint, wird bestraft:

mit Haft nicht über drei Tagen oder mit Geldstrafe nicht über zehn Rubel.

Im Falle der Wiederholung einer solchen Übertretung wird der Schuldige bestraft:

mit Haft nicht über zwei Wochen oder mit Geldstrafe nicht über fünfzig Rubel.

§ 285. Wer an einer Zusammenrottung zum öffentlichen Trinken geistiger Getränke auf der Straße, auf Plätzen, in Höfen oder unter Toren teilnimmt, wird bestraft:

mit Haft nicht über drei Tagen oder mit Geldstrafe nicht über zehn Rubel.

Im Falle der Wiederholung einer solchen Übertretung wird der Schuldige bestraft:

mit Haft nicht über zwei Wochen oder mit Geldstrafe nicht über fünfzig Rubel.

§ 286. Wer innerhalb der Grenze städtischer Ansiedlungen geistige Getränke öffentlich trinkt, wo solches Trinken durch eine verbindliche Verordnung verboten ist, wird bestraft:

mit Haft nicht über drei Tagen oder mit Geldstrafe nicht über zehn Rubel.

§ 287. Wer Haustiere unnütz quält, wird bestraft:
mit Haft nicht über sieben Tagen oder mit Geldstrafe nicht über fünfundzwanzig Rubel.

§ 288. Wer Gesamtvolksvergnügungen ohne die durch das Gesetz oder eine verbindliche Verordnung festgesetzte Erlaubnis oder zur unerlaubten Zeit eröffnet, wird bestraft:
mit Geldstrafe nicht über hundert Rubel.

§ 289. Wer durch das Gesetz oder eine verbindliche Verordnung verbotene Karten- oder Würfel- oder ähnliche Spiele veranstaltet oder seine Räumlichkeiten für solche Spiele hergibt, wird bestraft:
mit Haft oder mit Geldstrafe nicht über fünfhundert Rubel.

Hat der Schuldige ein Spielhaus für verbotene Spiele eröffnet, so wird er bestraft:
mit Gefängnis und überdies mit Geldbuße nicht über dreitausend Rubel.

Vierzehntes Kapitel.

Verletzung der Bestimmungen über die Beaufsichtigung der Erziehung der Jugend.

§ 290. Wer:

1) eine Lehranstalt ohne die gehörige Erlaubnis eröffnet;

2) die Pflichten eines Lehrers oder Erziehers in einer Lehranstalt oder in einem Privathause übernimmt, falls die Ausübung dieser Pflichten ihm durch eine Verfügung der zuständigen Gewalt verboten ist und er nicht auf Grund des § 177 der Verantwortung unterliegt,

wird bestraft:
mit Geldstrafe nicht über hundert Rubel.

Diese Geldstrafen werden den Spezialfonds des Ministeriums der Volksaufklärung überwiesen, und zwar dem Kapital zur Versorgung von Personen, die das Recht des Unterrichts der Jugend in Privathäusern erlangt haben.

§ 291. Wer die durch das Gesetz oder eine verbindliche Verordnung festgesetzten Bestimmungen über den Unterricht der jüdischen Jugend oder über die Beaufsichtigung dieses Unterrichts nicht befolgt, wird bestraft:
mit Geldstrafe nicht über hundert Rubel.

Begeht ein Melamed*) oder ein sonstiger Lehrer der jüdischen privaten oder öffentlichen Schulen eine solche Übertretung wiederholt, so wird er bestraft:
mit Haft.

---

*) Melamed = jüdischer Lehrer.

Fünfzehntes Kapitel.

Verletzung der Bestimmungen über die Beaufsichtigung des Druckes.

§ 292. Wer eine Druckereianstalt, wenn auch nur mit einer einzigen Presse, ohne die durch das Gesetz festgesetzte Erlaubnis einrichtet oder hält, wird bestraft:

mit Haft nicht über drei Monaten oder mit Geldstrafe nicht über dreihundert Rubel.

Wurde eine solche Druckereianstalt unter Vorkehrungen zu ihrer Verheimlichung vor der festgesetzten Aufsichtsbehörde eingerichtet oder gehalten, so wird derjenige, welcher eine solche Anstalt einrichtet oder hält, bestraft:

mit Gefängnis.

Der in Abs. 1 dieses Paragraphen bestimmten Bestrafung unterliegt derjenige, welcher für den eigenen Bedarf eine Druckerpresse ohne die durch das Gesetz festgesetzte Erlaubnis gebraucht.

§ 293. Der Verwalter einer Druckereianstalt, welcher:

1) eine Änderung der Zahl oder der Größe der Pressen oder Schnelldruckmaschinen nicht in der durch das Gesetz oder eine verbindliche Verordnung festgesetzten Ordnung anmeldet;

2) die durch das Gesetz oder eine verbindliche Verordnung festgesetzten Bestimmungen über die Führung der Schnurbücher zur Eintragung der zum Druck bestimmten Arbeiten nicht befolgt;

3) den Druck einer Zeitschrift vor der Empfangnahme der Bescheinigung über ihre Gestattung oder der Quittung über die Hinterlegung der Verlegerkaution beginnt;

4) aus der Druckereianstalt Zeit- oder sonstige Schriften ohne die Beobachtung der durch das Gesetz hierfür festgesetzten Bestimmungen dem Verkehr übergibt,

wird bestraft:

mit Geldstrafe nicht über dreihundert Rubel.

§ 294. Wer aus einer Druckereianstalt Schriften dem Verkehr übergibt:

1) mit wissentlich falscher Angabe ihrer Gestattung durch die Zensur;

2) mit wissentlich falscher Bezeichnung der Anstalt, in welcher sie gedruckt sind;

3) mit wissentlich falscher Angabe des Namens des Verlegers oder des verantwortlichen Redakteurs, falls eine Zeitschrift ohne die gehörige Erlaubnis herausgegeben wurde,

wird bestraft:

mit Gefängnis.

§ 295. Der Hersteller oder Verkäufer von Druckereibedarfsgegenständen, welcher:

1) die durch das Gesetz oder eine verbindliche Verordnung festgesetzten Bestimmungen über die Führung der Schnurbücher zur Eintragung der verkauften Druckereibedarfsgegenstände nicht befolgt;

2) eine Druckerpresse oder Druckerschrift einer Person verkauft, die dem Gesetze gemäß kein Recht zu deren Anschaffung besitzt,

wird bestraft:

mit Geldstrafe nicht über hundert Rubel.

§ 296. Wer ohne die durch das Gesetz oder eine verbindliche Verordnung festgesetzte Erlaubnis eine Buchhandlung oder eine Lesebibliothek eröffnet oder mit Druckereierzeugnissen Handel betreibt, wird bestraft:

mit Geldstrafe nicht über hundert Rubel.

§ 297. Wer ohne die durch das Gesetz oder eine verbindliche Verordnung festgesetzte Erlaubnis mit Druckereierzeugnissen Straßen- oder Hausierhandel betreibt, wird bestraft:

mit Geldstrafe nicht über fünfundzwanzig Rubel.

§ 298. Ein Druckereierzeugnishändler oder Lesebibliothekinhaber, welcher:

1) eine Schrift, die in das Verzeichnis der verbotenen eingetragen ist oder deren Verbot in der festgesetzten Ordnung bekanntgemacht wurde;

2) eine Schrift, die notorisch der vorhergehenden Durchsicht durch die Zensur unterliegt, jedoch keine Zensurerlaubnis hat,

feilhält, verkauft oder sonst verbreitet, wird bestraft:

mit Geldstrafe nicht über dreihundert Rubel.

§ 299. Wer:

1) ohne die durch das Gesetz festgesetzte Erlaubnis ein Druckereierzeugnis abdruckt, zu dessen Druck notorisch die vorhergehende Erlaubnis der Zensur oder einer anderen Behörde erforderlich ist;

2) nach der Erteilung der Erlaubnis zur Herausgabe eines Druckereierzeugnisses durch die Zensur, bei dessen Druck den allgemeinen Zensurbestimmungen widersprechende Zusätze oder Änderungen zuläßt oder in einer Schrift Zeichnungen anbringt, die notorisch der Zensurdurchsicht nicht unterzogen waren;

3) eine notorisch durch Gerichtsurteil verbotene oder in das Verzeichnis verbotener Bücher eingetragene Abhandlung abdruckt,

wird bestraft:

mit Haft nicht über drei Monaten oder mit Geldstrafe nicht über dreihundert Rubel.

§ 300. Wer eine notorisch von der Zensur angehaltene Schrift dem Verkehr übergibt, wird bestraft:

mit Gefängnis nicht über sechs Monaten.

Derselben Bestrafung unterliegen Druckereianstaltsinhaber, Geschäftsführer, Setzer oder überhaupt in solchen Anstalten angestellte Personen, welche von der Zensur angehaltene Schriften verheimlichen.

§ 301. Wer zum Verkehr nicht zugelassene sektiererische Meßbücher herstellt, feilhält oder verkauft, wird bestraft:

mit Geldstrafe nicht über dreihundert Rubel.

Die gefundenen Bücher werden eingezogen und der örtlichen Eparchialobrigkeit zur Verfügung gestellt.

§ 302. Wer ein literarisches Erzeugnis oder ein Musikwerk mit begleitendem Text, deren Aufführung notorisch verboten ist oder die notorisch der Durchsicht der zuständigen Zensur nicht unterzogen waren, öffentlich aufführt oder auf der Bühne darstellt, wird bestraft:

mit Haft oder mit Geldstrafe nicht über fünfhundert Rubel.

Derselben Bestrafung unterliegt derjenige, welcher ein literarisches Erzeugnis oder ein Musikwerk mit begleitendem Text ohne Einhaltung der vom Zensor vorgeschriebenen Änderungen oder Streichungen öffentlich aufführt oder auf der Bühne darstellt.

§ 303. Der Verleger einer Zeitschrift, welcher:

1) die Zeitschrift dem Verkehr übergibt vor der Erhaltung der durch das Gesetz festgesetzten Erlaubnis;

2) den Übergang der Zeitschrift an eine andere Person nicht in der durch das Gesetz festgesetzten Ordnung anmeldet;

3) nicht die bestimmte Exemplarenzahl einer ohne vorhergehende Zensur erscheinenden Schrift in der durch das Gesetz festgesetzten Frist abliefert;

4) in der Zeitschrift einen Aufsatz abdruckt, der über die Grenzen des bestätigten Programms der Schrift hinausgeht,

wird bestraft:

mit Geldstrafe nicht über hundert Rubel.

§ 304. Der Verleger einer einstweilig suspendierten Zeitschrift, der dem Verbot der Herausgabe dieser Schrift oder der Ausgabe an ihrer Stelle einer anderen Schrift im Namen derselben Redaktion an seine Abonnenten zuwiderhandelt, wird bestraft:

mit Geldstrafe nicht über fünfhundert Rubel.

§ 305. Wer:

1) vor der Gerichtssitzung oder vor der Einstellung des Verfahrens in der Presse Umstände veröffentlicht, die im Ermittelungsverfahren oder bei der Voruntersuchung sich herausgestellt haben;

2) die durch das Gesetz festgesetzten Bestimmungen über den Abdruck von Gerichtsurteilen und von Berichten über Gerichtssachen nicht einhält;

3) Nachrichten, die dem Gesetze gemäß nur mit besonderer Erlaubnis dazu veröffentlicht werden durften oder wissentlich entgegen einem Veröffentlichungsverbot in der Presse veröffentlicht,

wird bestraft:

mit Haft oder mit Geldstrafe nicht über fünfhundert Rubel.

§ 306. Der Herausgeber einer Zeitschrift, welcher:

1) ein Gerichtsurteil oder einen Gerichtsbeschluß, eine Regierungsverwarnung oder eine Regierungswiderlegung oder eine Berichtigung des in dieser Schrift abgedruckten;

2) eine von einer Privatperson mitgeteilte Widerlegung oder Berichtigung des in der Zeitschrift abgedruckten, falls die Aufnahme einer solchen Berichtigung dem Gesetze gemäß verbindlich ist,

in einer täglichen Schrift — drei Tage nach der Erhaltung, in einer in längeren Fristen erscheinenden — in der nächsten, nach Ablauf dreier Tage nach der Erhaltung zu erscheinenden Nummer nicht aufnimmt

wird bestraft:

mit Geldstrafe: bei täglichen Schriften — nicht über fünfundzwanzig Rubel, bei in längeren Fristen erscheinenden — nicht über hundert Rubel für jede von dem Tage, an welchem die Frist der verbindlichen Aufnahme verstrichen ist, bis zum Tage des Abdrucks in der Schrift des Urteils, des Beschlusses, der Verwarnung, der Widerlegung oder Berichtigung erschienene Nummer.

Wird das Urteil, der Beschluß, die Verwarnung, die Widerlegung oder Berichtigung im Laufe dreier Monate nicht zum Abdruck gebracht, so wird, außer der Beitreibung der Geldstrafe, die Zeitschrift eingestellt.

§ 307. Verfasser, Verleger, Druckereianstaltsverwalter oder Buchhändler, oder verantwortliche Redakteure einer Zeitschrift, welche aus Unvorsichtigkeit das Inverkehrtreten eines Druckereierzeugnisses zulassen, dessen Inhalt die Merkmale einer strafbaren Handlung enthält, werden, falls sie nicht auf Grund der Bestimmungen über die Teilnahme an strafbaren Handlungen der Verantwortung unterliegen, bestraft:

mit Geldstrafe nicht über fünfhundert Rubel.

In diesem Falle werden angeklagt: bei Zeitschriften — die verantwortlichen Redakteure, bei anderen Schriften — die Verfasser, Verleger, Druckereianstaltsverwalter oder Buchhändler, und zwar in folgender Gradation:

1) der Verfasser — falls er nicht nachweist, daß die Abhandlung ohne sein Wissen veröffentlicht wurde;

2) der Verleger — falls der Verfasser oder dessen Aufenthaltsort unbekannt sind, oder falls er sich im Auslande befindet;

3) der Druckereianstaltsbesitzer — falls der Verfasser und der Verleger oder deren Aufenthaltsort unbekannt sind, oder falls sie sich im Auslande befinden;

4) der Buchhändler — falls auf der Schrift die Anstalt nicht angegeben ist, in welcher sie hergestellt wurde.

§ 308. Der Redakteur einer ohne vorhergehende Zensur erscheinenden Zeitschrift, welcher der Aufforderung des Ministers des Innern, den Stand, den Vor- und Familiennamen des Autors eines in dieser Schrift abgedruckten Aufsatzes mitzuteilen nicht Folge leistet, wird bestraft:

mit Geldstrafe nicht über hundert Rubel.

§ 309. In Sachen über Herstellung oder Übergabe dem Verkehr von Druckereierzeugnissen strafbaren Inhalts, hat das Gericht, unabhängig von der Anwendung des § 36, das Recht:

1) die Suspendierung von Zeitschriften oder deren endgültige Einstellung;

2) die Einrückung des Gerichtsurteils in die nächste Nummer der Schrift

zu verfügen.

Sechzehntes Kapitel.

Verletzung der Bestimmungen über die Gewerbe- und Handelsaufsicht.

§ 310. Wer eine Manufaktur, eine Fabrik, eine Apotheke oder eine sonstige Gewerbe- oder Handelsanstalt ohne die gehörige Erlaubnis einrichtet oder einzurichten beginnt, wird bestraft:

mit Geldstrafe nicht über hundert Rubel.

Wurden jedoch eine Manufaktur, eine Fabrik, eine Apotheke eingerichtet oder mit ihrer Einrichtung begonnen, zwar mit Erlaubnis der zuständigen Gewalt, aber:

1) von einer Person, die kein Recht hat, Anstalten dieser Art zu halten;

2) an einem Orte, an welchem die Einrichtung bezeichneter Anstalten durch das Gesetz oder eine verbindliche Verordnung verboten ist,

so wird der Schuldige bestraft:

mit Haft oder mit Geldstrafe nicht über fünfhundert Rubel.

§ 311. Der Herr oder der Verwalter einer Manufaktur, einer Fabrik, einer Handwerks- oder einer Handelsanstalt, welcher es unterläßt, in einer solchen Anstalt vom Gesetz oder einer verbindlichen Verordnung vorgeschriebene Einrichtungen zur Verhütung der Ansteckung der Luft, des Wassers oder des Bodens anzubringen, wird bestraft:

mit Haft nicht über drei Monaten oder mit Geldstrafe nicht über dreihundert Rubel.

§ 312. Wer ein Schlachthaus ohne die durch das Gesetz oder eine verbindliche Verordnung festgesetzten Bestimmungen zu beobachten einrichtet oder es in unsauberem Zustande hält, wird bestraft:

mit Geldstrafe nicht über hundert Rubel.

§ 313. Wer in Gegenden, in denen Schlachthäuser eingerichtet sind, die Bestimmung Vieh ausschließlich in diesen zu schlachten verletzt, wird bestraft:

mit Haft nicht über sieben Tagen oder mit Geldstrafe nicht über fünfundzwanzig Rubel.

§ 314. Ein Verkäufer, welcher einem Verbot zuwider in den im Gesetz bezeichneten Gegenden in einem Stückgeschäft geistiger Getränke andere außer der gesetzlich zulässigen Eßwaren hält, wird bestraft:

mit Geldstrafe nicht über fünfzig Rubel.

§ 315. Wer:

1) ein Privatgeschäft geistiger Getränke oder ein Geschäft des Wirtshausgewerbes zu der für diese Geschäfte unerlaubten Zeit offen hält;

2) in diesen Geschäften unerlaubte Vergnügungen, Spiele oder Exzesse zuläßt;

3) die durch das Gesetz oder eine verbindliche Verordnung festgesetzten Bestimmungen über den Einlaß der Gemeinen des Heeres und die Überlassung geistiger Getränke an sie nicht befolgt:

4) in einem Privatgeschäft geistiger Getränke oder in einem Geschäft des Wirtshausgewerbes mit Verkauf geistiger Getränke eine Person als Bedienung hält, welche das durch das Gesetz oder eine verbindliche Verordnung festgesetzte Alter nicht erreicht, oder einen Minderjährigen, welcher das vierzehnte Lebensjahr nicht vollendet hat, oder eine offenbar betrunkene Person zum Trinken geistiger Getränke in diesen Geschäften zuläßt;

5) die durch das Gesetz oder eine verbindliche Verordnung festgesetzten Bestimmungen über das Halten von Privatgeschäften geistiger Getränke und über den Handelsbetrieb in ihnen nicht befolgt;

6) seine Wohnung oder andere Räumlichkeiten zum Trinken anderweitig gekaufter geistiger Getränke gewerbsmäßig überläßt;

7) in Geschäften des Wirtshausgewerbes teuerer als bekanntgegeben Lebensmittel oder Getränke verkauft oder Gemächer vermietet,

wird bestraft:

mit Geldstrafe nicht über hundert Rubel.

§ 316. Wer:

1) an Orten, an denen der Handel mit geistigen Getränken verboten ist;

2) nicht im Besitz des Rechtes mit geistigen Getränken überhaupt oder in der gegebenen Gegend zu handeln;

3) in einer Anstalt, zu deren Eröffnung keine gehörige Erlaubnis erhalten wurde oder deren innere Einrichtung nicht den Anforderungen des Gesetzes entspricht,

mit geistigen Getränken Handel betreibt, wird bestraft:

mit Geldstrafe nicht über dreihundert Rubel.

Überdies wird dem Schuldigen die Erlaubnis des Verkaufs geistiger Getränke entzogen.

§ 317. Wer ein Privatgeschäft geistiger Getränke hält oder in diesem Geschäft handelt und:

1) gegen Verpfändung von Sachen, auf Rechnung der zukünftigen Ernte oder überhaupt auf Borg geistige Getränke verkauft;

2) Geistige Getränke gegen Getreide oder sonstige ländliche Erzeugnisse eintauscht;

3) Verpflichtungen oder geleistete Arbeit anstatt Geld mit geistigen Getränken bezahlt,

wird bestraft:

mit Haft nicht über drei Monaten oder mit Geldstrafe nicht über dreihundert Rubel.

Überdies wird dem Schuldigen das Recht des Verkaufs geistiger Getränke entzogen.

Die für die erhaltenen Getränke angenommenen Verpflichtungen werden für ungültig befunden, die zum Pfand oder zum Tausch genommenen Sachen werden dem Schuldigen abgenommen und den Eigentümern oder ihren nicht ausgesonderten Familienmitgliedern zurückgegeben.

Die Bestimmungen des Abs. 1 Zif. 1 und des Abs. 3 dieses Paragraphen beziehen sich nicht auf Schuldverpflichtungen aus dem Verkauf geistiger Getränke aus Fabriken und Engrosniederlagen.

§ 318. Wer:

1) eine Handels- oder Gewerbegesellschaft oder -Genossenschaft;

2) eine private oder öffentliche Kreditanstalt, ein Bankiergeschäft oder eine Wechselstube;

3) ein Kommissionär- oder Erkundigungsbureau für Privatangelegenheiten;

4) eine Leihkasse

ohne die festgesetzten Bestimmungen zu beobachten oder ohne die gehörige Erlaubnis eröffnet, wird bestraft:

mit Haft oder mit Geldstrafe nicht über fünfhundertRubel.

Derselben Bestrafung unterliegt derjenige, welcher im Namen einer gehörig erlaubten Gesellschaft oder Genossenschaft Geschäfte schließt, deren Abschluß der Gesellschaft oder Genossenschaft nicht erlaubt ist, oder welcher erlaubte Geschäfte nicht der erhaltenen Erlaubnis gemäß schließt.

§ 319. Ein Inhaber oder Angestellter einer Leihkasse, welcher die durch das Gesetz oder eine verbindliche Verordnung festgesetzten Bestimmungen über das Halten von Leihkassen nicht befolgt, wird bestraft:

mit Geldstrafe nicht über dreihundert Rubel.

Überdies ist es dem Gericht anheimgestellt, dem Schuldigen das Recht des Haltens einer Leihkasse auf die Dauer von einem bis zu fünf Jahren, und im Falle der Wiederholung dieser Übertretung — für immer zu entziehen.

§ 320. Wer:

1) mittels von Regierungs- oder Privatzinspapieren abgetrennter Kupons, deren Bezahlungstermin noch nicht eingetreten ist, unerlaubterweise Zahlungen leistet;

2) unerlaubterweise Geschäfte abschließt, die Kupons, deren Zinslauf noch nicht begonnen hat, zum Gegenstande haben;

3) Kupons verpfändeter oder zur Aufbewahrung abgegebener Zinspapiere, deren Zinslauf noch nicht begonnen hat, in Fällen herausgibt, in welchen ihre Herausgabe durch das Gesetz verboten ist,

wird bestraft:

mit Geldstrafe nicht über dreihundert Rubel.

§ 321. Ein Inhaber, Verwalter oder Angestellter eines Bankiergeschäftes oder einer Wechselstube, welcher:

1) Regierungs- oder Privatzinspapiere mit fehlenden Koupons, deren Zinslauf noch nicht begonnen hat, unerlaubterweise kauft oder verkauft;

2) auf in Zif. 1 dieses Paragraphen bezeichnete Papiere unerlaubterweise Darlehen gewährt oder eine durch solche Papiere sichergestellte laufende Rechnung eröffnet;

3) irgend ein Geschäft schließt, welches in Zif. 1 dieses Paragraphen bezeichnete Papiere zum Gegenstand hat,

wird bestraft:

mit Geldstrafe nicht über dreihundert Rubel.

§ 322. Ein Inhaber, Verwalter oder im Dienste eines Bankiergeschäfts oder einer Wechselstube stehender, welcher durch das Gesetz oder eine verbindliche Verordnung verbotene Geschäfte schließt, wird bestraft:

mit Geldstrafe nicht über zweihundert Rubel.

Im Falle der Wiederholung einer solchen Übertretung wird der Schuldige bestraft:

mit Gefängnis nicht über sechs Monaten und überdies mit Geldbuße nicht über dreitausend Rubel.

Überdies ist es dem Gericht anheimgestellt, dem Schuldigen das Recht des Haltens oder der Verwaltung eines Bankiergeschäfts oder einer Wechselstube auf die Dauer von einem bis zu fünf Jahren, und im Falle der Wiederholung dieser Übertretung — für immer zu entziehen.

§ 323. Ein Inhaber, Verwalter oder im Dienste eines Bankiergeschäfts oder einer Wechselstube stehender, welcher Geschäfte schließt, über welche er dem Gouverneur keine Meldung erstattet hat, wird bestraft:

mit Geldstrafe nicht über zweihundert Rubel.

§ 324. Wer:

1) die Zeichnung von jeder Art Wertpapieren im Namen einer Handels- oder Gewerbegesellschaft oder -Genossenschaft eröffnet, deren Eröffnung nicht erlaubt wurde;

2) jeder Art Wertpapiere im Namen einer öffentlichen Anstalt oder einer Handels- oder Gewerbegesellschaft oder -Genossenschaft ausgibt: ohne die gehörige Erlaubnis zur Ausgabe solcher Papiere, oder von anderem als in der Erlaubnis festgesetztem Wert, oder in

größerer als der erlaubten Zahl, jedoch ohne Überschreitung der Gesamtsumme der zur Ausgabe erlaubten Papiere,

wird bestraft:

mit Gefängnis nicht über sechs Monaten.

§ 325. Wer im Namen einer Versicherungsgesellschaft, die keine gehörige Erlaubnis besitzt, oder zwar im Namen einer gehörig erlaubten Gesellschaft, aber nicht in Übereinstimmung mit der erhaltenen Erlaubnis Versicherungsgeschäfte schließt, wird bestraft:

mit Gefängnis nicht über sechs Monaten.

§ 326. Der Gründer einer Handels- oder Gewerbegesellschaft oder -Genossenschaft, welcher:

1) die durch das Gesetz festgesetzten Schnurbücher zur Eintragung der Aktien oder der Anteilscheine und der gemäß diesen eingehenden Summen zu führen unterläßt;

2) solche Bücher der zuständigen Behörde, die sie ausgegeben hat, auf ihre Aufforderung nicht zur Revision vorlegt,

wird bestraft:

mit Geldstrafe nicht über fünfhundert Rubel.

§ 327. Wer in Erklärungen an Gewerbesteuer-Repartitionsämter wissentlich falsche Angaben über den Umsatz und Gewinn von Handels- oder Gewerbeunternehmungen macht, die auf Verringerung dieser Steuer oder auf Befreiung von ihr abzielen, wird bestraft:

mit Haft nicht über drei Monaten oder mit Geldstrafe nicht über dreihundert Rubel.

§ 328. Wer in Berichten und Bilanzen zu öffentlicher Rechnungsablegung verpflichteter oder solchen gleichgestellter Unternehmungen oder in diese Berichte ergänzenden Mitteilungen oder Erläuterungen wissentlich falsche Angaben macht, die auf Verringerung der Gewerbesteuer oder auf Befreiung von ihr abzielen, ebenso Verwaltungsmitglieder, verantwortliche Agenten ausländischer Gesellschaften, Buchhalter und überhaupt Personen, die die falschen Berichte, Bilanzen oder die ergänzenden Mitteilungen oder Erläuterungen unterschreiben oder gegenzeichnen, werden bestraft:

mit Gefängnis nicht über sechs Monaten und überdies mit Geldbuße nicht über eintausend Rubel.

§ 329. Wer Inhabergeldzeichen in irgendeiner Form in Verkehr bringt, wird bestraft:

mit Gefängnis.

§ 330. Der Verwalter oder Geschäftsführer mit Erlaubnis der Regierung gegründeter Kreditanstalten, Versicherungsgesellschaften auf Gegenseitigkeit, Anteilgenossenschaften oder Aktiengesellschaften, welcher den bezeichneten Anstalten, Gesellschaften oder Genossenschaften untersagte Geschäfte abschließt, wird bestraft:

mit Geldstrafe nicht über zweitausend Rubel.

Im Falle der Wiederholung einer solchen Übertretung wird der Schuldige bestraft:

mit Gefängnis nicht über sechs Monaten und überdies mit Geldbuße nicht über dreitausend Rubel.

§ 331. Wer:

1) die durch das Gesetz oder eine verbindliche Verordnung festgesetzten Bestimmungen über Emission von Wertpapieren jeder Art verletzt;

2) Formulare für Wertpapiere jeder Art nicht in vorgeschriebener Ordnung herstellt,

wird bestraft:

mit Geldstrafe nicht über fünfhundert Rubel.

§ 332. Wer eine öffentliche Lotterie ohne gehörige Erlaubnis oder unter Verletzung der hierfür festgesetzten Bestimmungen veranstaltet, wird bestraft:

mit Geldstrafe nicht über dreihundert Rubel.

§ 333. Wer:

1) zum Verkehr nichtzugelassene Billets ausländischer Lotterien verkauft oder sonst verbreitet;

2) Promessen auf Lotterien oder auf Billets von Anleihen mit Gewinnen einem gesetzlichen Verbot zuwider verkauft,

wird bestraft:

mit Haft oder mit Geldstrafe nicht über fünfhundert Rubel.

§ 334. Wer in den Gegenden mit Zunftordnung seines Handwerks der ihm nicht zustehenden Würde eines Zunftmeisters sich bedient oder in den Gegenden mit vereinfachter Handwerkerordnung die ihm nicht zustehenden Rechte eines Handwerkers ausübt, wird bestraft:

mit Geldstrafe nicht über fünfzig Rubel.

§ 335. Wer nach dem Gesetze nicht berechtigt ist, Handel oder Gewerbe überhaupt oder Handel oder Gewerbe bestimmter Art überall oder in der gegebenen Gegend zu betreiben, und solche Handel oder Gewerbe betreibt, wird bestraft:

mit Geldstrafe nicht über fünfhundert Rubel.

Stellt jedoch der Schuldige, um eine Erlaubnis zum Handels- oder Gewerbebetrieb zu erhalten, einen Revers unwahren Inhalts über seine Nichtzugehörigkeit zur Zahl der Personen, denen nach dem Gesetz der Handels- oder Gewerbebetrieb untersagt ist, aus, oder verheimlicht er die Gründe, die nach dem Gesetz der Erteilung der bezeichneten Erlaubnis im Wege stehen, so wird er bestraft:

mit Haft.

Ein Jude, der die in diesem Paragraphen vorgesehenen Übertretungen begeht, unterliegt überdies der Ausweisung in das Gebiet des jüdischen Ansiedlungsrayons auf die Dauer von einem bis zu fünf Jahren, und im Falle der Wiederholung der bezeichneten Übertretungen — für immer.

§ 336. Wer Heiligenbilder oder überhaupt geheiligte Bilder in verführerischer Weise herstellt, verkauft oder überhaupt verbreitet, wird, falls er nicht wegen der in den §§ 73 oder 74 vorgesehenen strafbaren Handlungen der Bestrafung unterliegt, bestraft:

mit Haft oder mit Geldstrafe nicht über fünfhundert Rubel.

§ 337. Wer unberechtigter Weise Kleinhandel mit Kirchenlichten betreibt, wird bestraft:

mit Geldstrafe, zu gunsten des geistlichen Ressorts, nicht über hundert Rubel.

Die beim Schuldigen gefundenen Lichte werden eingezogen und der Eparchialobrigkeit zur Verfügung gestellt.

§ 338. Wer Lichte nicht aus reinem Bienenwachs, mehr als acht Stück aus einem Pfund, nach dem äußeren Aussehen oder der Farbe des Dochtes Kirchenlichten ähnlich, herstellt, feilhält oder verkauft, wird bestraft:

mit Geldstrafe, zu Gunsten des geistlichen Ressorts, nicht über dreihundert Rubel.

Die bestimmungswidrig verfertigten Lichte werden eingezogen und der Eparchialobrigkeit zur Verfügung gestellt.

§ 339. Wer die Bestimmungen über die Ausgabe von Kirchenlichten aus den Fabriken und über ihren Engrosverkauf verletzt, wird bestraft:

mit Geldstrafe, zu gunsten des geistlichen Ressorts, nicht über hundert Rubel.

§ 340. Wer die durch das Gesetz oder eine verbindliche Verordnung festgesetzten Bestimmungen über den Verkauf künstlichen Brennöles verletzt, wird bestraft:

mit Geldstrafe nicht über fünfzig Rubel.

§ 341. Ein Handelsmann, welcher Korn, Mehl, Graupen, Malz, gestoßenes Mehl, Kleie oder überhaupt gemahlenes oder gestoßenes Korn oder Öl-, Saat- oder andere Samen, die er kauft, nicht dem Gewicht nach, sondern auf andere Weise in Empfang nimmt, wird, in Gegenden, in welchen ihr Empfang dem Gesetz oder einer verbindlichen Verordnung gemäß dem Gewicht nach zu geschehen hat, bestraft:

mit Geldstrafe nicht über hundert Rubel.

§ 342. Ein Handelsmann, welcher die durch das Gesetz oder eine verbindliche Verordnung festgesetzten Bestimmungen über den Verkauf von Flachs oder Hanf verletzt, wird bestraft:

mit Geldstrafe nicht über hundert Rubel.

Hat jedoch ein Handelsmann Flachs oder Hanf mit Beimischung von Schund oder sonstigen fremden Stoffen oder zur künstlichen Vergrößerung des Gewichts der Fasern angefeuchtet bereitet, feilgehalten oer verkauft, so wird er bestraft:

mit Haft nicht über einem Monat oder mit Geldstrafe nicht über hundert Rubel.

§ 343. Wer die Bestimmungen über den Handel mit Spielkarten verletzt, wird bestraft:

mit Geldstrafe nicht über dreihundert Rubel.

§ 344. Wer Spielkarten herstellt, um sie abzusetzen oder zu demselben Zweck gebrauchte Karten umändert, auswäscht oder reinigt, oder ungesetzlich hergestellte, umgeänderte, ausgewaschene oder gereinigte Karten feilhält oder absetzt, wird bestraft:

mit Gefängnis nicht über sechs Monaten.

Überdies werden vom Schuldigen fünfzehn Rubel für jedes Dutzend solcher Spiele beigetrieben.

Derselben Bestrafung unterliegt Derjenige, welcher die keine Wertzeichen bildenden Kreuzbänder herstellt, die Spielkarten angelegt werden, oder solche Kreuzbänder benutzt, oder Karten echte schon gebrauchte Kreuzbänder anlegt.

Hat der Schuldige Karten oder Kreuzbänder gewerbsmäßig hergestellt oder abgesetzt, so wird er bestraft:

mit Gefängnis.

Die Produktionsinstrumente, ebenso die ungesetzlich hergestellten Karten oder Kreuzbänder werden eingezogen.

§ 345. Wer Billets zu Schauspielen, Konzerten oder sonstigen Vergnügungen wissentlich ohne die Entrichtung für sie der festgesetzten Gebühr zu gunsten des Ressorts der Anstalten der Kaiserin Marie verkauft, wird bestraft:

mit Geldstrafe nicht über fünfzig Rubel.

§ 346. Wer Medaillen, Jetons, Einladungskarten, Affichen, Visitenkarten, Preisverzeichnisse oder sonstige Gegenstände, auf welchen die Abbildung von Geldzeichen oder von Zeichen, die das Eingehen von Akzise-, Stempel- oder Postgebühren bezeugen und für solche Zeichen abgesetzt werden können, wiedergegeben ist, aus dem Auslande einführt, um sie dem Verkehr zu übergeben, oder zu demselben Zwecke herstellt oder dem Verkehr übergibt, wird bestraft:

mit Haft nicht über drei Monaten oder mit Geldstrafe nicht über dreihundert Rubel.

Diese Gegenstände werden eingezogen.

§ 347. Ein Graveur, welcher Siegel oder andere Werkzeuge, die zur Aufdrückung eines Beglaubigungszeichens im Namen einer Regierungs- oder öffentlichen Anstalt oder eines Beamten dienen, im Auftrage einer dazu nicht ermächtigten Person herstellt, wird bestraft:

mit Haft.

§ 348. Ein Gewerbetreibender oder ein Handelsmann, welcher:

1) obligatorischer Aichung unterliegende Gold- oder Silberfabrikate ohne die festgesetzten Stempel, mit Ausnahme der zur Ausbesserung angenommenen Sachen;

2) Blattgold, Blattsilber oder Doppelfäden in Büchern, auf denen die Zahl und das Gewicht der Blätter gar nicht oder falsch angegeben ist, oder Bücher dieses Metalls, die keine Zeichen einer Probieranstalt oder keine Plomben tragen;

3) Fabrikate der Kantillenproduktion, darunter auch Flittergold, ohne Aufdrückung des Namensstempels auf den Plomben, Kreuzbändern oder Etiketten oder ohne Angabe der Qualität jener Waren auf ihnen oder mit solcher falschen Angabe

feilhält oder verkauft, wird bestraft:

mit Geldstrafe nicht über den fünffachen Wert des Metalles in den Fabrikaten, die keine Stempel, Zeichen, Plomben, Namensstempel und Angaben oder falsche Angaben tragen.

§ 349. Ein Gewerbetreibender oder ein Handelsmann, welcher ein obligatorischer Aichung unterliegendes oder von solcher Aichung befreites Gold- oder Silberfabrikat feilhält oder verkauft, das in seiner Gesamtmasse oder in den Bestand- oder Ergänzungsteilen die gesetzliche Probe nicht erreicht, mit Ausnahme der von obligatorischer Probe befreiten Fabrikate und zur Ausbesserung angenommener Sachen, wird bestraft:

mit Haft nicht über drei Monaten oder mit Geldstrafe nicht über dreihundert Rubel.

Im Falle der Wiederholung einer solchen Übertretung wird der Schuldige bestraft:

mit Gefängnis nicht über sechs Monaten und überdies mit Geldbuße nicht über dreihundert Rubel.

§ 350. Ein Gewerbetreibender, welcher Gold- oder Silberbarren, ohne ihnen seinen Namensstempel aufzudrücken, in Verkehr bringt, wird bestraft:

mit Geldstrafe nicht über den dreifachen Wert des ungeaichten Metalls.

§ 351. Wer:

1) falsche Probierstempel herstellt oder feilhält;

2) Gold- oder Silberfabrikaten oder -Barren falsche Probierstempel aufdrückt;

3) den von einer Probieranstalt aufgedrückten Stempel in einen höheren umändert;

4) ohne Wissen einer Probieranstalt einen Probierstempel aufdrückt;

5) von einer Probieranstalt Fabrikaten oder Barren aufgedrückte Stempel in andere Fabrikate oder Barren einlötet,

wird bestraft:

mit Gefängnis.

§ 352. Ein Gewerbetreibender oder ein Handelsmann, welcher Gold- oder Silberfabrikate oder -Barren, von denen er weiß, daß ihnen ein falscher Stempel aufgedrückt, oder daß der ihnen von einer Probieranstalt aufgedrückte Stempel in einen höheren umgeändert oder daß in sie ein von einer Probieranstalt einem anderen Fabrikate oder Barren aufgedrückter Stempel eingelötet ist, feilhält oder verkauft, wird bestraft:

mit Gefängnis nicht über sechs Monaten.

§ 353. In den in den §§ 348 bis 352 bezeichneten Fällen werden das Gold und das Silber in Fabrikaten und Barren, auf welchen die festgesetzten Stempel, Zeichen, Plomben, Namensstempel oder Angaben fehlen, oder welche die gesetzliche Probe nicht erreichen, eingezogen und von den Probieranstalten nach dem S. Petersburger Münzhof zur Umarbeitung in Münzen geschickt.

§ 354. Wer innerhalb von Niederlassungen Forschungsarbeiten vornimmt, um Gold zu suchen, wird bestraft:

mit Haft nicht über drei Monaten.

§ 355. Wer notorisch von der Bezahlung der Bergsteuer nicht befreites Schlich- oder gediegenes Gold:

1) ohne die Beobachtung der festgesetzten Bestimmungen kauft oder verkauft;

2) ohne die Erlaubnis des Ackerbau- und Staatsdomänenministers nach dem Auslande ausführt,

wird bestraft:

mit Gefängnis nicht über sechs Monaten.

Überdies wird das ungesetzlich gekaufte oder ausgeführte Gold, je nach der Zugehörigkeit, zu gunsten der Krone oder des Kabinetts Seiner Majestät eingezogen.

Derselben Bestrafung unterliegt derjenige, welcher in den Bezirken des Kabinetts Seiner Majestät Altaï und Njertschinsk und in den Kronländereien der Kreise Bargusin, Wjerchnjeudinsk, Sjeljenginsk und Troitzkossavsk der Transbaikalprovinz, ohne die Beobachtung der für diese Gegenden besonders festgesetzten Bestimmungen Goldfabrikate herstellt, ebenso wer in diesen Gegenden mit Goldbarren, die keinen Münzhofstempel tragen, Handel treibt oder solche Barren zu Hause aufbewahrt.

§ 356. Ein Gewerbetreibender oder ein Handelsmann, welcher:

1) auf von ihm hergestellten Waren, oder auf der Verpackung, oder auf Gefäßen, in welchen die Waren aufbewahrt werden, oder auf Handelsanzeigen, Preisverzeichnissen oder Formularen Warenzeichen, die eine genaue Wiedergabe gleicher Warenzeichen bilden, welche sich notorisch in ausschließlicher Benutzung anderer Gewerbetreibenden oder Handelsleute befinden oder mit diesen Zeichen offenbar übereinstimmen, eigenmächtig anbringt;

2) Waren, auf denen die in Ziff. 1 dieses Paragraphen bezeichneten Zeichen notorisch eigenmächtig angebracht sind, feilhält oder verkauft, oder solche Waren zu Handelszwecken dem Verkehr übergibt,

wird bestraft:

mit Gefängnis nicht über sechs Monaten.

Die ungesetzlich angebrachten Zeichen unterliegen der Entfernung und Vernichtung.

§ 357. Ein Gewerbetreibender oder ein Handelsmann, welcher auf Waren, auf der Verpackung, oder auf Gefäßen, in welchen die Waren aufbewahrt werden, oder auf Handelsanzeigen, Preisverzeichnissen oder Formularen Warenzeichen mit verbotenen Aufschriften oder Abbildungen anbringt, oder Waren mit solchen Zeichen feilhält oder verkauft, wird bestraft:

mit Geldstrafe nicht über zweihundert Rubel.

Die ungesetzlich angebrachten Zeichen unterliegen der Entfernung und Vernichtung.

§ 358. Wer auf Fabrikaten zum Schutze des Zeichnungs- und Musterbenutzungsrechts festgesetzte Zeichen benutzt, ohne vorher die Zeichnung oder das Muster in vorgeschriebener Ordnung anzumelden, wird bestraft:

mit Geldstrafe nicht über fünfzig Rubel.

§ 359. Wer im Handel, bei der Durchfuhr von Gegenständen, bei der Erhebung von Gebühren jeder Art, auf Schildern oder Anzeigen von Handels- oder Gewerbeanstalten, ohne die gehörige Erlaubnis Zeichen benutzt, welche in festgesetzter Ordnung gegründeten Gesellschaften zustehen, wird bestraft:

mit Haft nicht über drei Monaten oder mit Geldstrafe nicht über dreihundert Rubel.

§ 360. Wer Abbildungen des Staatswappens oder Abbildungen, die mit diesem Wappen offenbar übereinstimmen, ohne die gehörige Erlaubnis benutzt, wird bestraft:

mit Haft oder mit Geldstrafe nicht über fünfhundert Rubel.

§ 361. Wer die zuständige Obrigkeit über den Übergang eines ihm gehörenden russischen mit einem Patent zur Führung der russischen Handelsflagge versehenen Schiffes in den Besitz einer Person, welche nach dem Gesetze diese Flagge zu benutzen nicht berechtigt ist, zu benachrichtigen unterläßt, wird bestraft:

mit Haft oder mit Geldstrafe nicht über fünfhundert Rubel.

§ 362. Wer einer Person, welche die russische Handelsflagge zu führen nicht berechtigt ist, die Möglichkeit gewährt, seinen Namen zur Erhaltung eines Patentes auf die Fahrt eines Schiffes unter russischer Handelsflagge oder zur Benutzung eines solchen erteilten Patentes zu benutzen, wird bestraft:

mit Gefängnis.

Derselben Bestrafung unterliegt ein Ausländer, welcher mit einem russischen Untertan ein gesetzwidriges Geschäft abschließt, um sich ein Patent auf die Fahrt eines Schiffes unter russischer Handelsflagge anzueignen, ohne dazu berechtigt zu sein, ebenso der Kapitän eines ausländischen Schiffes, welcher gesetzwidrig unter russischer Handelsflagge fährt.

§ 363. Ein Gewerbetreibender oder ein Handelsmann, welcher Wagen oder Maße feilhält, oder im Handel und Gewerbe benutzt, welche:

1) falsch;

2) zur Benutzung im Handel überhaupt oder in der betriebenen Handelsart im besonderen untersagt;

3) ohne den festgesetzten Stempel

sind, wird bestraft:

mit Haft nicht über drei Monaten oder mit Geldstrafe nicht über dreihundert Rubel.

Derselben Bestrafung unterliegen Inhaber von Manufakturen, Fabriken oder Handwerksanstalten, die für akzisepflichtige Getränke bestimmtes Glasmaßgeschirr zu Verkaufszwecken bereiten, oder die mit solchem Geschirr Handeltreibenden, welche bezeichnetes Geschirr in unvorschriftsmäßigem Maß herstellen, feilhalten oder verkaufen.

Siebzehntes Kapitel.

Verletzung der Bestimmungen über Personalmiete.

§ 364. Der Verwalter einer Manufaktur, einer Fabrik, eines Werkes oder einer Handwerksanstalt, oder sein Stellvertreter, welcher:

1) gesetzlich festgesetzten Vorschriften zuwider den Arbeitslohn eigenmächtig reduziert;

2) Arbeiter zwingt, den Lohn statt in barem Gelde in Waren oder anderen Gegenständen anzunehmen;

3) Arbeiter mit Koupons, wenn auch nach Eintritt des Bezahlungstermins dieser, oder mit Zeichen von bedingtem Wert bezahlt,

wird bestraft:

mit Haft nicht über drei Monaten oder mit Geldstrafe nicht über dreihundert Rubel.

Wurde diese Übertretung zum dritten Male begangen, oder hat sie, wenn auch erstmalig begangen, unter den Arbeitern Unruhen hervorgerufen, welche die Ankunft der Obrigkeit zur Wiederherstellung der Ordnung veranlaßt haben, so wird der Schuldige bestraft:

mit Haft.

Überdies ist es dem Gericht anheimgestellt, dem Schuldigen, falls er eine Manufaktur, eine Fabrik, ein Werk oder eine Handwerksanstalt verwaltete, das Recht, solche Manufakturen, Fabriken, Werke oder Anstalten zu verwalten, auf die Dauer von einem bis zu fünf Jahren zu entziehen.

§ 365. Der Verwalter einer Manufaktur, einer Fabrik, eines Werkes oder einer Handwerksanstalt, oder sein Stellvertreter, welcher minderjährigen Arbeitern nicht die Möglichkeit gewährt, in den gesetzlich festgesetzten Fällen und während der gesetzlich festgesetzten Zeit die Schule zu besuchen, wird bestraft:

mit Geldstrafe nicht über hundert Rubel.

§ 366. Der Verwalter einer Manufaktur, einer Fabrik, eines Werkes oder einer Handwerksanstalt, oder dessen Stellvertreter, welcher die durch das Gesetz oder eine verbindliche Verordnung zum Schutze der Gesundheit oder der Sicherheit der Minderjährigen,

Halberwachsenen und Frauen über die Arbeit dieser festgesetzten Bestimmungen nicht befolgt, wird bestraft:

mit Haft nicht über einem Monat oder mit Geldstrafe nicht über hundert Rubel.

Die Geldstrafen für die Begehung der in diesem und in den §§ 364 und 365 vorgesehenen strafbaren Handlungen werden dem Kapital zur Gewährung von Unterstützungen an Kranke und verkrüppelte Arbeiter überwiesen.

§ 367. Manufaktur-, Fabrik-, Bergwerks-, Eisenbahn-, Hafen- und ähnliche Werkstättenarbeiter oder überhaupt Arbeiter von Unternehmungen, deren Tätigkeitseinstellung die Interessen der örtlichen Bevölkerung ungünstig beeinflussen kann, die nach gegenseitiger Verabredung die Arbeit einstellen, um den Unternehmer zu einer Lohnerhöhung oder zur Abänderung anderer Bedingungen des Dienstvertrages vor dessen Ablauf zu zwingen, werden wegen diesen Streiks bestraft:

mit Gefängnis nicht über sechs Monaten.

Beschädigt ein Streikteilnehmer während des Streiks vorsätzlich das Vermögen des Unternehmers oder seines Angestellten, so wird er, falls er wegen dieser Beschädigung nicht einer schwereren Bestrafung unterliegt, bestraft:

mit Gefängnis.

Tritt ein Streikteilnehmer auf Aufforderung der zuständigen Obrigkeit oder des Verwalters einer in Abs. 1 dieses Paragraphen bezeichneten Unternehmung die Arbeit an, so wird er befreit von der Strafe wegen der Streikbeteiligung.

§ 368. Wer, auch ohne selbst Arbeiter zu sein, Arbeiter zu dem im § 367 vorgesehenen Streik anstiftet, wird, falls der Streik erfolgt, bestraft:

mit Korrektionshaus.

Stiftet ein Nichtarbeiter zu solchem Streik an und erfolgt kein Streik, so wird er bestraft:

mit Gefängnis.

§ 369. Ein Manufaktur-, Fabrik- oder Bergwerksarbeiter, welcher vor Ablauf des Dienstvertrags oder, bei einem Dienstvertrag von unbestimmter Dauer — ohne dem Herrn zwei Wochen vorher zu kündigen, die Arbeit eigenmächtig verweigert, wird bestraft:

mit Haft nicht über einem Monat.

Derselben Bestrafung unterliegt ein Arbeiter, welcher sich in ein Gold- oder Platinwerk verdingt und dorthin überhaupt nicht, oder nur nach Ablauf zweier Wochen nach dem im Dienstvertrage verabredeten Termin erscheint.

§ 370. Der Kapitän eines Dampfers oder eines Seeschiffes, welcher die durch das Gesetz festgesetzten Bestimmungen über Anstellung des Dienstpersonals auf Dampfern oder Seeschiffen, über die Abrechnung mit diesem oder über dessen Entfernung von Dampfern und Seeschiffen im Auslande nicht befolgt, wird bestraft:

mit Geldstrafe nicht über dreihundert Rubel.

Derselben Bestrafung unterliegt der Herr eines Dampfers oder eines Seeschiffes, welcher die durch das Gesetz festgesetzten Bestimmungen über den Abschluß eines schriftlichen Vertrages mit dem Kapitän des Dampfers oder Seeschiffes nicht befolgt.

§ 371. Der Kapitän eines Dampfers oder Seeschiffes, welcher:

1) diese mit unzureichender oder nahrungsuntauglicher Verpflegung versieht;

2) ohne äußerste Notwendigkeit die dem Dienstpersonal des Dampfers oder Seeschiffes zukommenden Portionen verringert;

3) Provision in nahrungsuntauglichem Zustande verabfolgt,

wird bestraft:

mit Haft oder mit Geldstrafe nicht über fünfhundert Rubel.

Wurden in diesen Fällen die auf dem Dampfer oder Seeschiff befindlichen Leute während der Fahrt wegen des Mangels oder der Untauglichkeit der Vorräte einer lebensgefährlichen Krankheit oder der Gefahr des Hungertodes ausgesetzt, so wird der schuldige Kapitän des Dampfers oder Seeschiffes bestraft:

mit Gefängnis.

§ 372. Auf Dampfern oder Seeschiffen Angestellte, welche:

1) den ihnen von die Reise antretenden oder auf der Reise befindlichen Dampfern oder Seeschiffen aus gegebenen Urlaub überschreiten, falls diese Überschreitung mehr als dreimal vierundzwanzig Stunden beträgt;

2) die Reise antretende oder auf der Reise befindliche Dampfer oder Seeschiffe ohne triftigen Grund für länger als dreimal vierundzwanzig Stunden eigenmächtig verlassen;

3) auf den Dampfern oder Seeschiffen zu der für die Abreise der Dampfer oder Seeschiffe bestimmten Zeit sich ohne triftigen Grund nicht einfinden,

werden bestraft:

mit Haft:

Wird eine solche strafbare Handlung auf gegenseitige Verabredung mehrerer Personen begangen, so werden die Schuldigen bestraft:

mit Gefängnis.

§ 373. Wer für landwirtschaftliche Arbeiten Arbeiter dingt, von denen er weiß, daß sie laut Vertragsbogen einem anderen Dienstherrn kraft eines Termindienstvertrages verpflichtet sind, wird bestraft:

mit Haft nicht über drei Monaten oder mit Geldstrafe nicht über dreihundert Rubel.

§ 374. Ein Dienstherr, welcher landwirtschaftliche Arbeiter zwingt, den Lohn statt in barem Gelde in Waren oder anderen Gegenständen anzunehmen, wird bestraft:

mit Geldstrafe nicht über hundert Rubel.

Geschieht die Bezahlung mit Koupons, wenn auch nach Eintritt des Bezahlungstermines dieser, oder mit Zeichen von bedingtem Wert, so wird der Schuldige bestraft:

mit Geldstrafe nicht über dreihundert Rubel.

§ 375. Ein landwirtschaftlicher Arbeiter, welcher bei der Verdingung für landwirtschaftliche Arbeiten einen fremden Vertragsbogen für den eigenen ausgibt oder den eigenen Vertragsbogen zu demselben Zweck einem anderen übergibt, wird bestraft:

mit Haft.

§ 376. Ein landwirtschaftlicher Arbeiter, welcher:

1) der zuständigen Behörde den Verlust oder den Ausstellungsort des zur Verdingung für landwirtschaftliche Arbeiten ausgegebenen Vertragsbogens wissentlich falsch meldet;

2) zu landwirtschaftlicher Tagearbeit, die zu einem bestimmten Termin zu verrichten er kraft eines Termindienstvertrags laut Vertragsbogen sich verpflichtet hat, sich eigenmächtig nicht einfindet oder solche Arbeit eigenmächtig verläßt, falls er der Aufforderung der zuständigen Obrigkeit, beim Dienstherrn sich einzufinden oder die Arbeit wieder aufzunehmen, nicht nachkommt,

wird bestraft:

mit Haft nicht über einem Monat oder mit Geldstrafe nicht über hundert Rubel.

Ein landwirtschaftlicher Arbeiter, welcher Aufgeld von mehreren Dienstherren bei der Verdingung laut Vertragsbogen für landwirtschaftliche Tagearbeit erhalten hat, von der er wußte, daß er sie in der vereinbarten Zeit nicht verrichten kann, wird, falls er diese Arbeit nicht rechtzeitig verrichtet, bestraft:

mit Haft nicht über einem Monat.

§ 377. Diener, Handwerkslehrlinge oder landwirtschaftliche Arbeiter, welche mit dem Dienstherrn oder mit Mitgliedern seiner Familie vorsätzlich grob umgehen oder dem Dienstherrn oder Personen, denen die Aufsicht über die Arbeit oder die Arbeiter anvertraut ist, offen und grob den Gehorsam verweigern, werden bestraft:

mit Haft nicht über einem Monat oder mit Geldstrafe nicht über hundert Rubel.

Achtzehntes Kapitel.

Verletzung der Bestimmungen über Ausführung von Bauarbeiten und über Benutzung der Kommunikationswege und Verkehrsmittel.

§ 378. Wer ein Gebäude oder einen Bau ohne gehörige Erlaubnis, wo solche gesetzlich erforderlich ist, baut oder umbaut, wird bestraft:

mit Geldstrafe nicht über fünfzig Rubel.

§ 379. Wer:

1) eine Kirche oder ein christliches Bethaus ohne gehörige Erlaubnis errichtet oder in ihm gehörenden Gebäuden oder in Räumlichkeiten, die er einnimmt, ohne Erlaubnis einrichtet;

2) ein Bethaus eines nichtchristlichen Glaubensbekenntnisses errichtet oder überhaupt Räumlichkeiten zur Abhaltung öffentlichen Religionsdienstes eines solchen Glaubensbekenntnisses einrichtet, wird, falls solches ohne gehörige Erlaubnis, oder in kleinerer als der festgesetzten oder erlaubten Entfernung von christlichen Kirchen oder sonstigen Baulichkeiten geschah,

bestraft:

mit Geldstrafe nicht über dreihundert Rubel.

§ 380. Wer:

1) ein neues sektiererisches*) Bethaus baut oder eine bereits vorhandene Baulichkeit in ein solches Bethaus verwandelt;

2) ein sektiererisches Bethaus unter Veränderung seiner äußeren Gesamtansicht umbaut;

3) ein baufällig werdendes sektiererisches Bethaus ausbessert oder wiederherstellt,

wird, falls diese Handlungen ohne gehörige Erlaubnis vorgenommen werden, bestraft:

mit Haft oder mit Geldstrafe nicht über fünfhundert Rubel.

Richtet der Schuldige ein sektiererisches Kloster oder eine sonstige Behausung dieser Art ein, so wird er bestraft:

mit Gefängnis.

§ 381. Die ohne gehörige Erlaubnis errichteten Kirchen oder Bethäuser können in den im § 379 oder 380 Abs. 1 vorgesehenen Fällen nach erfolgter gehöriger Erlaubnis dazu erhalten bleiben.

§ 382. Wer bei der Ausführung von Bauarbeiten oder bei der Herstellung von Kommunikationswegen oder Verkehrsmitteln die durch das Gesetz oder eine verbindliche Verordnung festgesetzten technischen oder sonstigen Bestimmungen über Bauarbeiten oder über Herstellung von Kommunikationswegen oder Verkehrsmitteln nicht befolgt, wird bestraft:

mit Haft nicht über zwei Wochen oder mit Geldstrafe nicht über fünfzig Rubel.

Werden zum Schutze der persönlichen Sicherheit festgesetzte Bestimmungen nicht befolgt, so wird der Schuldige bestraft:

mit Haft nicht über einem Monat oder mit Geldstrafe nicht über hundert Rubel.

Ist der Schuldige ein Techniker oder ein Unternehmer, welcher die Bauarbeiten im ganzen übernommen hat, so wird er bestraft:

in dem im Abs. 1 dieses Paragraphen bezeichneten Falle —

mit Geldstrafe nicht über hundert Rubel.

in dem im Abs. 2 dieses Paragraphen bezeichneten Falle —

mit Haft.

Überdies ist es dem Gericht anheimgestellt, dem schuldigen Techniker oder Großunternehmer das Recht der Ausführung besagter

---

*) Rasskolnitscheski.

Arbeiten für die Dauer von einem bis zu fünf Jahren, und im Falle der Wiederholung einer solchen Übertretung — für immer zu entziehen.

§ 383. Wer der durch das Gesetz oder eine verbindliche Verordnung festgesetzten Verpflichtung zur Instandhaltung von Brunnen nicht nachkommt, wird bestraft:

mit Geldstrafe nicht über zehn Rubel.

§ 384. Wer im Gebiete des Schutzbezirks der Mineral- und Heilschlammquellen ohne gehörige Erlaubnis oder ohne vorherige Anmeldung in festgesetzter Frist bei der örtlichen Bergobrigkeit solche Arbeiten vornimmt, zu deren Ausführung die bezeichnete Erlaubnis oder Anmeldung notwendig ist, oder wer besagte Arbeiten nach ihrer Einstellung durch die genannte Obrigkeit wieder aufnimmt oder nach ihrem Verbot durch diese Obrigkeit vornimmt, wird bestraft:

mit Haft nicht über drei Monaten oder mit Geldstrafe nicht über dreihundert Rubel.

§ 385. Wer Röhren zur Ableitung des Schmutzes mit Flüssen oder Kanälen an Orten, wo dieses durch das Gesetz oder eine verbindliche Verordnung verboten ist, oder mit dafür nicht bestimmten städtischen Röhren verbindet, wird bestraft:

mit Geldstrafe nicht über zweihundert Rubel.

§ 386. Wer die durch das Gesetz oder eine verbindliche Verordnung festgesetzten Bestimmungen:

1) über Brenn- und Bauholzflößerei;

2) über die Instandhaltung des Leinpfades und seine Benutzung;

3) über das Auseinandernehmen von Brücken beim Passieren der Schiffe und über das Ablassen des Wassers

nicht befolgt, wird bestraft:

mit Geldstrafe nicht über fünfzig Rubel.

Derselben Bestrafung unterliegt derjenige, welcher eine Stockung der Schiffahrt verursacht oder sonst die Bewegung der Schiffe hindert.

§ 387. Wer die durch das Gesetz oder eine verbindliche Verordnung festgesetzten Bestimmungen: über den Bau, die Ausrüstung und Instandhaltung der Schiffe; über die Bewegung der Schiffe auf den Wasserwegen; über die Beladung und Ausladung der Schiffe; über die Instandhaltung der Landungsplätze und ihre Benutzung; über die Benutzung der in den Häfen befindlichen Krähne, Warenspeicher und sonstigen Bauten und Vorrichtungen oder der angewiesenen Teile des Hafengebiets — nicht befolgt, wird bestraft:

mit Geldstrafe nicht über hundert Rubel.

Bedrohte die Verletzung der besagten Bestimmungen die persönliche Sicherheit, so wird der Schuldige bestraft:

mit Haft:

§ 388. Wer eigenmächtig die Richtung eines schiffbaren Flusses abändert oder seinen Lauf durch einen Damm hemmt oder seine

Strömung durch Herstellung eines Kanals oder auf andere Weise abschwächt, wird bestraft:

mit Geldstrafe nicht über dreihundert Rubel,

§ 389. Der Kapitän eines Dampfers oder eines Seeschiffes, welcher sich vom Dampfer oder vom Seeschiff entfernt, ohne dem nach ihm Rangältesten das Schiffskommando zu übergeben, wird bestraft:

mit Haft nicht über einem Monat oder mit Geldstrafe nicht über hundert Rubel.

§ 390. Der Kapitän eines Dampfers oder eines Seeschiffes, welcher einen Passagier oder einen auf dem Dampfer oder dem Seeschiffe Angestellten eigenmächtig in einem anderen als dem vereinbarten Orte verläßt, wird bestraft:

mit Haft.

§ 391. Ein Lotse oder ein sonstiger Hafen- oder Strandführer, welcher seinen Verpflichtungen zur Leitung der Schiffe nicht nachkommt, ebenso eine Person, welche, ohne dem Lotsenstande anzugehören, solche Verpflichtungen ohne gehörige Erlaubnis oder ohne offenbare Notwendigkeit dazu übernimmt, wird bestraft:

mit Haft nicht über zwei Wochen oder mit Geldstrafe nicht über fünfzig Rubel.

Gerät das geleitete Schiff durch Schuld des Lotsen oder desjenigen, der die Lotsenverpflichtungen übernimmt, auf eine Sandbank oder einen Stein, oder tritt durch seine Schuld in der Schiffsbewegung eine Stockung ein, so wird der Schuldige bestraft:

mit Haft nicht über drei Monaten oder mit Geldstrafe nicht über dreihundert Rubel.

§ 392. Wer einem gesetzlichen Verbot zuwider auf dem Strande in der Umgebung eines Leuchtturmes Feuer anzündet, wird bestraft:

mit Haft nicht über drei Monaten oder mit Geldstrafe nicht über dreihundert Rubel.

Hatte dieses einen Schiffbruch zur Folge, so wird der Schuldige bestraft:

mit Gefängnis.

§ 393. Der Kapitän eines mit der Anlegung und Ausbesserung eines Seetelegraphenkabels beschäftigten Dampfers oder Seeschiffes, welcher die zur Verhütung des Zusammenstoßes der Schiffe festgesetzten Signalbestimmungen nicht befolgt, wird bestraft:

mit Haft nicht über einem Monat oder mit Geldstrafe nicht über hundert Rubel.

§ 394. Wer Schiffe oder Fischernetze oder -Geräte überhaupt nicht oder nicht rechtzeitig auf den Abstand nicht weniger als einer Seemeile von einem mit Anlegung oder Ausbesserung eines Seekabels beschäftigten Schiffe, ungeachtet der von diesem angebrachten Signale, oder auf den Abstand nicht weniger als einem Viertel Seemeile von der die Befindungsstelle des Kabels während der Anlegungs- oder Ausbesserungsarbeiten bezeichnenden Bake entfernt, wird bestraft:

mit Geldstrafe nicht über fünfzig Rubel.

Entfernt der Schuldige sein Schiff oder seine Fischereivorrichtungen auf die festgesetzten Abstände auch nach einer diesbezüglichen Aufforderung des Leiters der Anlegung oder der Ausbesserung des Kabels nicht, so wird er bestraft:

mit Haft nicht über einem Monat.

§ 395. Wer Ballast an hierfür bestimmten Stellen, aber unter Verletzung der durch das Gesetz oder eine verbindliche Verordnung festgesetzten Bestimmungen hinauswirft, wird bestraft:

mit Geldstrafe nicht über hundert Rubel.

Wird der Ballast an unerlaubten Stellen, als da sind: Rheden, Fahrwasser, Häfen, Flüsse oder Kanäle, hinausgeworfen, so wird der Schuldige bestraft:

mit Haft nicht über drei Monaten oder mit Geldstrafe nicht über dreihundert Rubel.

Konnte das Hinauswerfen des Ballastes an unerlaubten Stellen eine Stockung in der Bewegung der Schiffe hervorrufen, so wird der Schuldige bestraft:

mit Haft.

§ 396. Angestellte der Eisenbahn oder eines Post- oder Wasserkommunikationsweges, ebenso Führer, Kontrolleure oder Kondukteure öffentlicher Equipagen, welche mit Reisenden grob umgehen, werden bestraft:

mit Haft nicht über sieben Tagen oder mit Geldstrafe nicht über fünfundzwanzig Rubel.

§ 397. Wer die durch das Gesetz oder eine verbindliche Verordnung festgesetzten Bestimmungen über das Verhalten des Publikums auf den Eisenbahnen nicht befolgt, wird bestraft:

mit Geldstrafe nicht über fünfzig Rubel.

§ 398. Wer:

1) zur unerlaubten Zeit über die Eisenbahn fährt, geht oder etwas hinüberschleppt;

2) das auf dem Bahnkörper geschaffene Hindernis, oder überhaupt das unter Verletzung der gesetzlich festgesetzten Bestimmungen über Bauten und Arbeiten in der Nähe der Eisenbahnstrecke hergestellte, trotz ergangener Mahnung seitens der Polizei oder der Eisenbahnverwaltung nicht vernichtet oder nicht hinwegträgt,

wird bestraft:

mit Geldstrafe nicht über hundert Rubel.

§ 399. Ein Eisenbahnangestellter, welcher die durch das Gesetz oder eine verbindliche Verordnung festgesetzten Bestimmungen über den Personen- oder Warentransport und über die Eisenbahnpolizeiaufsicht nicht befolgt, wird bestraft:

mit Haft nicht über einem Monat oder mit Geldstrafe nicht über hundert Rubel.

§ 400. Wer im Eisenbahnexploitierungs- oder im Dampfer- oder Schiffsverkehrsdienst eine Person anstellt, von der er weiß, daß sie dazu nicht berechtigt ist, oder in solchem Betrieb die Erfüllung von Verpflichtungen an Personen überträgt, von denen er weiß, daß sie dazu unfähig sind, wird bestraft:

mit Haft nicht über drei Monaten oder mit Geldstrafe nicht über dreihundert Rubel.

§ 401. Wer:

1) die durch das Gesetz oder eine verbindliche Verordnung festgesetzten Bestimmungen über die Einrichtung von Straßen, Plätzen, Pflaster, Bürgersteigen, Gräben oder Brücken an Quergräben in Städten nicht befolgt;

2) die Bürgersteige, die Brückchen oder das Pflaster nicht instandhält,

wird bestraft:

mit Geldstrafe nicht über fünfundzwanzig Rubel.

§ 402. Wer die durch das Gesetz oder eine verbindliche Verordnung festgesetzten Bestimmungen über die Instandhaltung oder die Beleuchtung der Straßen nicht befolgt, wird bestraft:

mit Geldstrafe nicht über fünfundzwanzig Rubel.

§ 403. Wer die durch das Gesetz oder eine verbindliche Verordnung festgesetzten Bestimmungen über das Befahren von Chausseen oder anderen Wegen mit Wagenzügen oder über das Treiben von Vieh auf ihnen nicht befolgt, wird bestraft:

mit Geldstrafe nicht über zehn Rubel.

§ 404. Wer an Chausseesperren vorüberfährt oder auf sonstige Art der Zahlung der Wegesteuer ausweicht, wird, unabhängig von der Entrichtung der festgesetzten Zahlung, bestraft:

mit Geldstrafe nicht über den dreifachen Betrag der Steuer, die er überhaupt nicht oder nicht ganz bezahlt hat.

§ 405. Ein Privatfuhrmann, welcher Reisende oder öffentliche Equipagen auf den Wegen der freien Posten unerlaubterweise mit Hilfe von Ablösungspferden befördert, wird bestraft:

mit Geldstrafe in der Höhe vom einfachen bis zum dreifachen Betrag der Fahrgelder für jedes Pferd für die ganze Entfernung, die der Schuldige anf der Strecke der freien Posten zurücklegte.

Die vom Schuldigen beigetriebenen Gelder werden dem geschädigten Posthalter überwiesen.

§ 406. Wer mit Umgehung des Postressorts eine Post zur unerlaubten Übersendung von Briefen, Geld oder Sachen einrichtet, wird bestraft:

mit Geldstrafe nicht über fünfhundert Rubel.

§ 407. Wer die Durchfahrt oder den Durchgang auf allgemeiner Benutzung überlassenen Kommunikationswegen durch ihre Versperrung hindert, wird bestraft:

mit Geldstrafe nicht über fünfzig Rubel.

Neunzehntes Kapitel.

Strafbare Handlungen gegen Familienrechte.

§ 408. Wer eine Ehe mit einer Person eingeht, von der er weiß, daß sie dazu genötigt wurde durch Gewalt gegen die Person oder durch Androhung des Todes, einer schweren oder einer sehr schweren Körperverletzung dem Bedrohten oder einem Mitglied seiner Familie, falls solche Drohung beim Bedrohten die Befürchtung der Möglichkeit ihrer Verwirklichung hervorrufen konnte, wird bestraft:

mit Zwangsarbeit nicht über acht Jahren oder mit Korrektionshaus.

Derselben Bestrafung unterliegt derjenige, welcher beide oder einen Eheschließenden zur Eingehung der Ehe auf die in diesem Paragraphen bezeichnete Art nötigte.

§ 409. Wer eine Ehe mit einer Person eingeht, von der er weiß, daß sie infolge krankhafter Störung der Seelentätigkeit, oder infolge von Bewußtlosigkeit, oder der von einem körperlichen Gebrechen oder einer Krankheit herrührenden mangelhaften geistigen Entwickelung die Natur und die Bedeutung ihres Tuns nicht verstehen oder ihrer Handlungen nicht Herr sein konnte, wird bestraft:

mit Korrektionshaus.

§ 410. Wer bei der Eingehung der Ehe den Bräutigam oder die Braut dadurch betrügt, daß er sich fälschlich für die von ihnen zur Ehe erwählte Person ausgibt oder einen die Ehe ungültig machenden Umstand verheimlicht, wird bestraft:

mit Korrektionshaus.

§ 411. Wer wissentlich eine Ehe mit in solchem Grade Verwandten oder Verschwägerten eingeht, mit welchen der Beischlaf von diesem Gesetzbuch als blutschänderisch erklärt wird, wird wie ein Blutschänder bestraft.

§ 412. Wer wissentlich eine Ehe beim Bestehen einer früheren eingeht, wird, falls dafür keine besondere Erlaubniß durch gesetzlich anerkannte Vorschriften seines Glaubensbekenntnisses festgesetzt ist, bestraft:

wenn er verehelicht war —

mit Korrektionshaus;

wenn er unverehelicht war —

mit Gefängnis.

§ 413. Ein Geistlicher christlichen Glaubensbekenntnisses, welcher wissentlich an der Schließung einer in den §§ 408 bis 412 vorgesehenen Ehe teilnimmt, wird bestraft:

mit Korrektionshaus nicht über drei Jahren oder mit Gefängnis.

Derselben Bestrafung unterliegt: 1) ein Geistlicher nichtchristlichen Glaubensbekenntnisses, welcher wissentlich an der Schließung einer in den §§ 408 bis 412 vorgesehenen Ehe teilnimmt; 2) ein Beamter, welcher zur Beurkundung einer wissentlich gesetzwidrigen Ehe (§§ 408 bis 412) eine Eintragung in das Register vornimmt; 3) ein Zeuge, welcher wissentlich bei einer solchen Ehe (§§ 408 bis 412) ein Bürgschaftszeugnis abgibt.

§ 414. Wer nach Erreichung der Ehevolljährigkeit eine Ehe mit einer Person eingeht, die diese Volljährigkeit notorisch nicht erreicht, wird bestraft:

mit Haft.

§ 415. Eine Person christlichen Glaubensbekenntnisses, welche dem Gesetz zuwider eine Ehe mit einem notorischen Nichtchristen eingeht, wird bestraft:

mit Haft.

Der Schuldige wird von der Strafe befreit, falls der Nichtchrist, der die Ehe mit ihm eingeht, während des Bestehens der Ehe zum Christentum übertritt.

§ 416. Wer wissentlich eine Ehe mit einem in solchem Grade Verwandten oder Verschwägerten eingeht, in welchem die Ehe vom Gesetz als ungültig erklärt wird, wird, falls er nicht nach § 411 der Verantwortung unterliegt, bestraft:

mit Haft.

§ 417. Wer eine unverehelichte Frauensperson unter einundzwanzig Jahren, die die Ehevolljährigkeit erreicht hat, entführt, um sie mit ihrem Willen, jedoch ohne Einwilligung ihrer Eltern zur Ehe zu bringen, wird bestraft:

mit Haft.

§ 418. Ein Ehegatte, welcher Ehebruch begeht, ebenso wer wissentlich mit einem Ehegatten ein ehebrecherisches Verhältnis anknüpft, wird bestraft:

mit Haft.

§ 419. Wer:

1) im Besitz der dazu genügenden Mittel sich weigert, Ernährung und Unterhalt seiner Mutter oder seinem legitimen Vater, die dessen notorisch bedürftig sind, zu gewähren;

2) der elterlichen Gewalt gegenüber hartnäckig den Gehorsam verweigert, oder mit der Mutter oder dem legitimen Vater grob umgeht;

3) vor der Erreichung des Alters von einundzwanzig Jahren einem entschiedenen Verbot der Mutter oder des legitimen Vaters zuwider eine Ehe eingeht,

wird bestraft:

mit Haft.

§ 420. Eltern, Vormünder, Pfleger oder Beaufsichtiger eines Minderjährigen, welche:

1) einen Minderjährigen unter siebzehn Jahren grausam behandeln, falls ihre Handlung keine schwere oder sehr schwere Körperverletzung bildet;

2) einen Minderjährigen unter siebzehn Jahren zum Bettel oder zu einer sonstigen unsittlichen Beschäftigung bekehrten oder ihn zu diesem Zweck einem anderen übergeben;

3) einen Minderjährigen unter einundzwanzig Jahren durch Mißbrauch der elterlichen oder vormundschaftlichen Gewalt zur Eingehung einer Ehe zwingen, falls die Ehe erfolgt,

werden bestraft:

mit Gefängnis.

Überdies ist es dem Gericht anheimgestellt, dem Schuldigen die Gewalt über die Minderjährigen zu entziehen.

§ 421. Eltern, Vormünder, Pfleger oder Beaufsichtiger eines Minderjährigen, welche diesen vor der Erreichung des hierfür festgesetzten Alters in eine Manufaktur, eine Fabrik, ein Bergwerk oder eine Handwerksanstalt abgeben, werden bestraft:

mit Haft nicht über einem Monat oder mit Geldstrafe nicht über hundert Rubel.

§ 422. Ein Vormund oder ein Pfleger, welcher durch Mißbrauch seiner Gewalt eine Person unter einundzwanzig Jahren zur Eingehung der Ehe mit ihm nötigt, wird, falls die Ehe erfolgt, bestraft:

mit Korrektionshaus nicht über drei Jahren.

§ 423. Der zur verantwortlichen Beaufsichtigung einer minderjährigen oder sonstigen ihm in der festgesetzten Ordnung anvertrauten Person verpflichtete, welcher diese Person ohne gehörige Beaufsichtigung läßt, wird, falls der unter Aufsicht stehende infolgedessen ein Verbrechen oder Vergehen begeht, bestraft:

mit Haft nicht über einem Monat oder mit Geldstrafe nicht über hundert Rubel.

§ 424. Der zur Anmeldung von Geburten oder Todesfällen bei dem zur Führung der Geburtsregister oder der Geburts- oder Todesurkunden bevollmächtigten verpflichtete, welcher dieser Verpflichtung nicht nachkommt, wird bestraft:

mit Geldstrafe nicht über fünfzig Rubel.

§ 425. Zur Führung der Geburtsbücher oder der Geburts-, Todes- oder Eheschließungsregister verpflichtete Geistliche andersgläubiger christlicher oder nichtchristlicher Glaubenskenntnisse oder Beamte, welche in jene Bücher oder Register Angaben, durch welche die bürgerlichen Folgen dieser Ereignisse bedingt werden, einzutragen unterlassen, werden bestraft:

mit Gefängnis.

Überdies ist es dem Gericht anheimgestellt, den schuldigen Geistlichen für die Dauer von sechs Monaten bis zu drei Jahren des kirchlichen Amtes zu entheben.

§ 426. Zur Führung der Geburtsbücher oder der Geburts-, Todes- oder Eheschließungsregister verpflichtete Geistliche andersgläubiger christlichen oder nichtchristlicher Glaubensbekenntnisse oder Beamte, welche:

1) aus Nachlässigkeit die gehörigen Angaben in solche Bücher oder Register einzutragen unterlassen;

2) aus Nachlässigkeit falsche Angaben in solche Bücher oder Register eintragen;

3) die durch das Gesetz oder eine verbindliche Verordnung festgesetzten Bestimmungen über die Ordnung der Führung und Aufbewahrung solcher Bücher oder Register oder über ihre rechtzeitige Ablieferung an die zuständigen Stellen nicht befolgen,

werden bestraft:

mit Geldstrafe nicht über dreihundert Rubel.

Zwanzigstes Kapitel.

Fälschung von Münzen, Wertpapieren und Zeichen.

§ 427. Wer:

1) inländische Münzen, wenn auch aus einem Metall der für sie festgesetzten Probe, oder staatliche Kreditnoten;

2) inländische staatliche Zinspapiere, deren Kupons oder Talons, oder Noten staatlicher Kreditanstalten oder sonstige staatliche Wertpapiere

nachmacht, wird bestraft:

mit Zwangsarbeit nicht über zwölf Jahren.

Wird die Nachmachung der inländischen Münzen, Noten, Papiere, Kupons oder Talons auf eine Art begangen, die keine Gefahr einer beträchtlichen Vermehrung des Nachgemachten bietet, so wird der Schuldige bestraft:

mit Zwangsarbeit nicht über acht Jahren oder mit Korrektionshaus.

Werden ausländische Münzen oder staatliche Kreditnoten oder Zinspapiere, deren Kupons oder Talons, oder Noten staatlicher Kreditanstalten oder sonstige staatliche Wertpapiere nachgemacht, so wird der Schuldige bestraft:

mit Zwangsarbeit nicht über zehn Jahren.

Falls jedoch:

1) die Nachmachung der ausländischen Münzen, Noten, Papiere, Kupons oder Talons auf eine Art begangen wird, die keine Gefahr einer beträchtlichen Vermehrung des Nachgemachten bietet;

2) ausländische unvollwertige Münzen (Billons) nachgemacht werden,

so wird der Schuldige bestraft:

mit Korrektionshaus.

Der Versuch ist strafbar.

§ 428. Wer inländische oder ausländische Noten öffentlicher oder privater Kreditanstalten, oder Aktien oder Schuldverschreibungen von Gesellschaften oder Genossenschaften, die in festgesetzter Ordnung zur Ausgabe von Noten, Aktien oder Schuldverschreibungen ermächtigt sind, oder sonstige zum Verkehr zugelassene Zins- oder Wertpapiere, oder deren Kupons oder Talons nachmacht, wird bestraft:

mit Zwangsarbeit nicht über acht Jahren.

Wird die Nachmachung auf eine Art begangen, die keine Gefahr einer beträchtlichen Vermehrung des Nachgemachten bietet, so wird der Schuldige bestraft:

mit Korrektionshaus.

Der Versuch ist strafbar.

§ 429. Wer den in den §§ 427 oder 428 genannten Münzen, Noten, Papieren, Kupons oder Talons durch Veränderung an denselben den Schein eines höheren Wertes gibt, oder von solchen Noten, Papieren, Kupons oder Talons die Zeichen ihrer Bezahlung oder sonstigen Löschung entfernt, wird wie wegen deren Nachmachung bestraft.

§ 430. Wer die in den §§ 427 oder 428 genannten, notorisch nachgemachten oder verfälschten Münzen, Noten, Papiere, Kupons oder Talons in Verkehr bringt, oder zur Bezahlung präsentiert, oder übergibt, annimmt, aufbewahrt, aus dem Auslande einführt oder einläßt, um sie in Verkehr zu bringen oder zur Bezahlung zu präsentieren, wird wie wegen deren Nachmachung bestraft.

Empfängt derjenige, welcher notorisch nachgemachte Münzen, Noten, Papiere, Kupons oder Talons anbringt, diese als echt, oder von einer Person, die sie als echt empfangen hat, so wird er bestraft:

mit Gefängnis nicht über sechs Monaten.

§ 431. Wer:

1) Vorbereitungen zur Nachmachung der in den §§ 427 oder 428 genannten Münzen, Noten, Papiere, Kupons oder Talons macht;

2) an einer Verbindung teilnimmt, die sich gebildet hat, um die in den §§ 427 oder 428 genannten Münzen, Noten, Papiere, Kupons oder Talons nachzumachen oder zu verfälschen, oder nachgemachte oder verfälschte anzubringen,

wird bestraft:

mit Gefängnis nicht unter sechs Monaten.

§ 432. Wer die Probe oder das Gewicht russischer oder ausländischer Münzen durch Abnehmen ihrer Teile verändert, um mittels Anbringens solcher Münzen als vollgültiger die abgeteilten Metallteile sich anzueignen, wird, falls dieses Anbringen erfolgt oder falls er diese Handlungen gewerbsmäßig betreibt, bestraft:

mit Korrektionshaus.

Derselben Bestrafung unterliegt derjenige, welcher notorisch auf die in diesem Paragraphen bezeichnete Weise gewonnenes Metall aufkauft.

§ 433. Wer:

1) von in Aktenstücken von Regierungsanstalten oder Amtspersonen befindlichen Papieren, Akten oder Dokumenten Stempelmarken, mit welchen die bezeichneten Papiere bezahlt wurden, ablöst;

2) die Löschungszeichen auf solchen Stempelmarken ausbeizt oder vernichtet;

3) den auf Aktenstücken von Regierungsanstalten oder Amtspersonen entnommenem Stempelpapier geschriebenen Text ausbeizt oder vernichtet,

wird, falls diese Handlungen begangen werden, um solche Stempelmarken oder Stempelpapier als echte anzubringen oder in Verkehr zu bringen, bestraft:

mit Haft nicht über drei Monaten oder mit Geldstrafe nicht über dreihundert Rubel.

Werden die in Abs. 1 dieses Paragraphen vorgesehenen strafbaren Handlungen gewerbsmäßig begangen, so wird der Schuldige bestraft:

mit Gefängnis.

§ 434. Wer inländische oder ausländische Stempelpapiere, Marken, Kreuzbänder oder sonstige Wertzeichen, die als Bestätigung der Bezahlung von Regierungs- oder öffentlichen Steuern oder Gebühren zu dienen bestimmt sind, nachmacht oder dermaßen verfälscht, daß sie den Schein eines höheren Wertes erhalten, wird bestraft:

mit Korrektionshaus.

Der Versuch ist strafbar.

Derselben Bestrafung unterliegt derjenige, welcher notorisch nachgemachte oder verfälschte Wertzeichen als echte gebraucht oder sie anbringt.

Betreibt jedoch der Schuldige die Nachmachung, Verfälschung oder das Anbringen nachgemachter oder verfälschter Wertzeichen gewerbsmäßig, so wird er bestraft:

mit Korrektionshaus nicht unter drei Jahren.

§ 435. Wer Stempelpapiere, Marken, Kreuzbänder oder sonstige Wertzeichen, die als Bestätigung der Bezahlung von Regierungs- oder öffentlichen Steuern oder Gebühren zu dienen bestimmt sind, auf denen notorisch die Zeichen ihrer Löschung vernichtet sind, als echte gebraucht oder als ungebrauchte anbringt, wird bestraft:

mit Gefängnis.

Derselben Bestrafung unterliegt derjenige, welcher auf gebrauchten Stempelpapieren, Marken, Kreuzbändern oder sonstigen solchen Wertzeichen die Zeichen ihrer Löschung vernichtet, um sie als echte anzubringen oder sie in Verkehr zu bringen, falls er dies Anbringen oder Inverkehrbringen gewerbsmäßig betreibt.

§ 436. Die Werkzeuge und Materialien, welche zur Nachmachung oder Verfälschung der Münzen, Noten, Papiere, Kupons, Talons oder Wertzeichen gedient haben, ebenso die nachgemachten oder verfälschten Münzen, Noten, Papiere, Kupons, Talons oder Wertzeichen werden eingezogen.

Demjenigen, welcher die im § 427 Abs. 1 u. 2 genannten Münzen, Noten, Papiere, Kupons oder Talons nachmacht, verfälscht oder anbringt, wird, außer der Strafe, eine Geldbuße in der Höhe des Nominalwertes der in Verkehr gebrachten Münzen, Noten, Papiere, Kupons oder Talons auferlegt.

Einundzwanzigstes Kapitel.

Urkundenfälschung.

§ 437. Wer einen Allerhöchsten Befehl nachmacht oder verfälscht, um ihn als einen echten zu gebrauchen, oder in Kenntnis seiner Vorausbestimmung zu diesem Zwecke, wird bestraft:

mit zeitiger Zwangsarbeit.

Wird ein Allerhöchster Befehl mit Eigenhändiger Bestätigung Seiner Majestät oder mit Allerhöchster Unterschrift nachgemacht oder verfälscht, so wird der Schuldige bestraft:

mit lebenslänglicher Zwangsarbeit.

§ 438. Wer Beweise des bürgerlichen Standes einer anderen Person beschädigt, verheimlicht, sich aneignet, nachmacht oder verfälscht, um deren Stand zu verheimlichen oder zu verändern, oder in Kenntnis ihrer Vorausbestimmung zu diesem Zwecke, wird bestraft:

mit Korrektionshaus nicht unter drei Jahren.

Der Versuch ist strafbar.

§ 439. Wer eine notorisch ihm nicht gehörende Standesakte zur Aneignung eines fremden bürgerlichen Standes benutzt, wird bestraft:

mit Korrektionshaus.

§ 440. Wer Dokumente, die als Beglaubigungen der Entstehung, Veränderung oder Erlöschung von Rechten oder Verpflichtungen dienen können, nachmacht oder verfälscht, um sie als echte zu benutzen, oder in Kenntnis ihrer Vorausbestimmung zu diesem Zwecke, wird bestraft:

mit Korrektionshaus.

§ 441. Wer von Regierungs- oder öffentlichen Anstalten oder von Beamten ausgehende Handlungen, Verordnungen oder Verfügungen dieser beglaubigende Dokumente nachmacht oder verfälscht, um sie als echte zu benutzen, oder in Kenntnis ihrer Vorausbestimmung zu diesem Zwecke, wird bestraft:

mit Korrektionshaus oder mit Gefängnis.

§ 442. Wer einen Aufenthaltsschein oder eine Reise- oder Urlaubsbewilligung nachmacht oder verfälscht, um sie als echte zu gebrauchen, oder in Kenntnis ihrer Vorausbestimmung zu diesem Zwecke, wird, falls das Dokument als ein echtes benutzt wird oder angebracht wird, bestraft:

mit Gefängnis.

Falls:

1) die Verfälschung sich nur auf die in diesen Dokumenten bezeichneten Ort oder Dauer des Aufenthalts bezieht;

2) ein solches Dokument als ein echtes nicht benutzt wird und nicht angebracht wird,

so wird der Schuldige bestraft:

mit Gefängnis nicht über sechs Monaten.

Betreibt jedoch der Schuldige die Nachmachung oder Verfälschung der in diesem Paragraphen vorgesehenen Dokumente gewerbsmäßig, so wird er bestraft:

mit Korrektionshaus.

§ 443. Wer:

1) Zeugnisse über den Gesundheitszustand, Führungs- oder Armutszeugnisse;

2) Zeugnisse zur Erhaltung von Vergünstigungen bei der Bezahlung von Steuern, Zöllen oder sonstigen Gebühren, oder zur Befreiung von dieser Bezahlung, oder zur Erhaltung einer Regierungs- oder öffentlichen Unterstützung;

3) Gegenstände, die als Beglaubigungen der Entstehung, Veränderung oder Erlöschung von Rechten oder Verpflichtungen dienen können;

4) durch das Gesetz oder eine verbindliche Verordnung festgesetzte Blechschilder, Jetons oder sonstige Beglaubigungszeichen, welche die Entrichtung von Zöllen oder Gebühren, die Verrichtung der zur Erhaltung der Erlaubnis der zuständigen Obrigkeit obligatorischen Handlungen oder die Erhaltung solcher Erlaubnis bezeugen;

5) Vertragsbogen oder Personalmietbücher;

6) zur Auskunft oder zur Beglaubigung des Eingehens oder der Bewegung von Papieren oder der Beobachtung der Formen und der Zeremonien der Geschäftsführung dienende Dokumente;

7) Zeugnisse, Scheine oder Zeichen des Jagdrechts, des Rechts des Fisch- oder sonstigen ähnlichen Fanges, des Rechts Pilze zu sammeln oder sonstiger Vermögensbenutzungsrechte;

8) Zeugnisse, Scheine oder Zeichen des Rechts der Fahrt auf Eisenbahnen oder sonstigen Kommunikationswegen oder des Rechts des Zutritts zu Schauspielen oder in Räumlichkeiten, zu denen der Zutritt gegen besondere Beglaubigungszeugnisse, -Scheine oder -Zeichen gestattet wird;

9) Scheine einer von der Regierung gestatteten Lotterie,

nachmacht oder verfälscht, um sie als echte zu benutzen, oder in Kenntnis ihrer Vorausbestimmung zu diesem Zwecke, wird, falls ein solches Dokument als ein echtes benutzt wird oder angebracht wird, bestraft:

mit Gefängnis nicht über sechs Monaten.

Falls:

1) der durch ein solches Dokument beglaubigte Umstand wahr ist;

2) ein solches Dokument als ein echtes nicht benutzt wird und nicht angebracht wird,

so wird der Schuldige bestraft:

mit Haft.

Betreibt jedoch der Schuldige die Nachmachung oder Verfälschung der in diesem Paragraphen vorgesehenen Dokumente gewerbsmäßig, so wird er bestraft:

mit Korrektionshaus.

§ 444. Im staatlichen oder öffentlichen Dienst nicht angestellte Ärzte, welche wissentlich ein falsches Zeugnis über den Gesundheitszustand ausstellen, werden bestraft:

mit Gefängnis nicht über sechs Monaten.

§ 445. Wer:

1) vor der zuständigen Obrigkeit einen Umstand wissentlich falsch beglaubigt, welcher in Standesakten, oder in Grundvermögens- oder in notarieller Ordnung aufgenommene oder beglaubigte Akten, oder in Hypotheken- oder Grundvermögensbücher eingetragen werden soll, falls auf Grund dieser Beglaubigung eine solche Akte aufgenommen oder bezeugt wird, oder die Eintragung in das Buch stattfindet;

2) als Zeuge ein dem Gesetze gemäß solcher Beglaubigung bedürftiges Dokument beglaubigt, falls dieses Dokument oder diese Beglaubigung eine notorisch falsche Angabe des durch die Beglaubigung zu bezeugenden Umstandes enthalten;

3) in gesetzlich festgesetzten Handelsbüchern oder aus ihnen abgeschriebenen Handelsrechnungen einen durch diese Bücher zu beglaubigenden Umstand wissentlich falsch angibt, falls diese Bücher oder Rechnungen der zuständigen Institution zur Bezeugung dieses Umstandes vorgelegt werden,

wird bestraft:

mit Korrektionshaus.

§ 446. Wer in den von der Regierung ausgegebenen Bergwerks- oder sonstigen Manufakturbüchern die Aufzeichnungen der bergsteuerpflichtigen Mineralien wissentlich falsch wiedergibt, wird bestraft:

mit Korrektionshaus.

Überdies wird dem Besitzer der Manufaktur, des Werkes, oder der goldgewinnenden Fabrik, welchem das Buch ausgegeben wurde, eine Geldbuße auferlegt in der Höhe des doppelten Betrages der Bergsteuern für die Jahre, auf die sich die falsche Aufzeichnung bezieht, zu Gunsten der Krone oder des Kabinetts Seiner Majestät, je nach der Zugehörigkeit.

§ 447. Wer ein Gold- oder Platinwerk, von welchem er weiß, daß eine andere Person es angemeldet, oder wenn auch nicht angemeldet, so doch früher entdeckt hat, anmeldet, um eine Parzelle zum Abbau in den Ländereien der Krone oder des Kabinetts Seiner Majestät zu erhalten, wird bestraft:

mit Gefängnis.

Überdies wird dem Schuldigen das Recht weiterer Suchungen entzogen.

§ 448. Wer ein notorisch nachgemachtes, verfälschtes oder eine falsche Beglaubigung enthaltendes Dokument als ein echtes benutzt oder ein solches Dokument anbringt, wird, falls für diese Handlung keine besondere Verantwortung festgesetzt ist, wie wegen Nachmachung, Verfälschung oder Abfassung eines solchen Dokumentes bestraft.

§ 449. Wer das große Staatssiegel oder ein sonstiges Siegel des Regierenden Kaisers nachmacht, um es als ein echtes zu benutzen, oder in Kenntnis seiner Vorausbestimmung zu diesem Zwecke, wird bestraft:

mit Zwangsarbeit nicht über acht Jahren.

Derselben Bestrafung unterliegt derjenige, welcher das notorisch nachgemachte grosse Staatssiegel oder ein sonstiges notorisch nachgemachtes Siegel des Regierenden Kaisers, zu welchem Zweck es auch sei, benutzt.

§ 450. Wer Siegel oder sonstige zum Aufdrücken von Stempeln oder sonstigen Beglaubigungszeichen im Namen von Regierungs- oder öffentlichen Anstalten oder im Namen von Beamten dienenden Werkzeuge nachmacht, um sie als echte zu benutzen oder in Kenntnis ihrer Vorausbestimmung zu diesem Zwecke, wird bestraft:

mit Gefängnis.

§ 451. Wer fremde Stempel oder Namenssiegel oder sonstige zum Aufdrücken das Siegel ersetzender Zeichen dienenden Werkzeuge nachmacht, wird, falls diese Nachmachung begangen wird, um die Siegel oder Werkzeuge als echte zu benutzen, oder in Kenntnis der Vorausbestimmung zu diesem Zweck, und um die Vermögensinteressen von Privatpersonen oder -Anstalten zu schädigen, bestraft:

mit Gefängnis nicht über drei Monaten.

§ 452. Wer:

1) notorisch nachgemachte Siegel oder sonstige zum Aufdrücken von Stempeln oder sonstigen Beglaubigungszeichen im Namen von Regierungs- oder öffentlichen Anstalten oder im Namen von Beamten bestimmten Werkzeuge;

2) notorisch nachgemachte fremde Stempel- oder Namenssiegel oder sonstige zum Aufdrücken das Siegel ersetzender Zeichen dienenden Werkzeuge;

3) echte in den Ziff. 1 u. 2 dieses Paragraphen genannte Siegel oder sonstige Werkzeuge wissentlich ohne dazu berechtigt sein oder entgegen dem Willen der Person, in deren Namen die Beglaubigungszeichen aufgedrückt werden,

zum Aufdrücken von Beglaubigungszeichen benutzt, wird bestraft:

mit Gefängnis.

Werden solche Siegel oder Werkzeuge zur Beglaubigung von Dokumenten benutzt, so wird der Schuldige wie wegen Nachmachung der Dokumente bestraft.

Zweiundzwanzigstes Kapitel.

Verbrechen und Vergehen wider das Leben.

§ 453. Wer einen Menschen tötet, wird bestraft:

mit Zwangsarbeit nicht unter acht Jahren.

§ 454. Wer seine Mutter oder seinen legitimen Vater tötet, wird bestraft:

mit lebenslänglicher Zwangsarbeit.

§ 455. Wer:

1) einen Verwandten auf- oder absteigender Linie, seinen Gatten oder seine Gattin, seinen Bruder oder seine Schwester;

2) einen Priester bei der Vornahme durch ihn eines Gottesdienstes oder einer geistlichen Handlung;

3) eine Amtsperson bei der Verrichtung ihrer Dienstpflichten oder aus Anlaß solcher Verrichtung;

4) eine Person der die Heilige Person des Regierenden Kaisers oder ein Mitglied des Kaiserlichen Hauses beschützenden Wache oder den Posten einer Militärwache;

5) seinen Vorgesetzten oder Herrn, oder ein mit dem Herrn beisammen wohnendes Mitglied seiner Familie, oder den Prinzipal, in dessen Diensten er steht, oder den Meister, bei dem er in Arbeit oder Lehre sich befindet, oder eine Person, welcher er seine Erziehung oder Erhaltung zu verdanken hat;

6) bandenmäßig;

7) im Laufe von fünf Jahren nach Verbüßung der Strafe wegen einer in den §§ 453 bis 456 vorgesehenen Tötung;

8) auf eine für das Leben Vieler gefährliche Art;

9) auf eine für den Getöteten besonders qualvolle Art;

10) durch Vergiftung;

11) aus einem Hinterhalt;

12) in gewinnsüchtiger Absicht;

13) um die Begehung eines anderen Verbrechens zu erleichtern,

tötet, wird bestraft:

mit lebenslänglicher Zwangsarbeit oder mit Zwangsarbeit nicht unter zehn Jahren.

§ 456. Wer das Oberhaupt eines auswärtigen Staates tötet, wird bestraft:

mit lebenslänglicher Zwangsarbeit.

§ 457. Wer Vorbereitungen zu einer in den §§ 453 bis 456 vorgesehenen Tötung macht, oder wer an einer Verbindung teilnimmt, die sich zur Begehung einer Tötung gebildet hat, wird bestraft:

mit Gefängnis.

Werden zur Begehung einer Tötung explodierende Stoffe oder Vorrichtungen angeschafft, so wird der Schuldige bestraft:

mit Korrektionshaus nicht unter drei Jahren.

§ 458. Wer eine unter dem Einfluß einer starken seelischen Erregung beschlossene und ausgeführte Tötung begeht, wird bestraft:

mit Zwangsarbeit nicht über acht Jahren.

War dieser seelische Zustand des Schuldigen durch ihm von dem Getöteten zugefügte gesetzwidrige Gewalt gegen die Person oder schwere Beleidigung hervorgerufen, so wird er bestraft:

mit Korrektionshaus oder mit Festungshaft.

Der Versuch ist strafbar.

§ 459. Wer in Überschreitung der Grenzen der Notwehr tötet, wird, falls diese Tötung nicht zur Abwehr eines Angriffs auf das Leben oder der Notzucht erfolgte, bestraft:

mit Festungshaft nicht über einem Jahr oder mit Gefängnis.

§ 460. Ist jemand durch das Drängen des Getöteten und durch Mitleid mit ihm zur Tötung bestimmt worden, so wird er bestraft:

mit Festungshaft nicht über drei Jahren.

Der Versuch ist strafbar

§ 461. Eine Mutter, welche ihr außer der Ehe erzeugtes Kind bei seiner Geburt tötet, wird bestraft:

mit Korrektionshaus.

Der Versuch ist strafbar.

§ 462. Wer Mittel zu einem Selbstmord verschafft, wird, falls infolgedessen der Selbstmord erfolgt, bestraft:

mit Korrektionshaus nicht über drei Jahren oder mit Festungshaft nicht über drei Jahren.

§ 463. Wer eine Person unter einundzwanzig Jahren oder eine Person, die notorisch unfähig ist, die Natur und die Bedeutung ihres Tuns zn verstehen oder ihrer Handlungen Herr zu sein, zum Selbstmord verleitet, oder den Selbstmord solcher Personen durch Rat oder Wink, durch Verschaffen von Mitteln oder durch Beseitigung von Hindernissen fördert, wird, falls infolgedessen der Selbstmord oder dessen Versuch erfolgte, bestraft:

mit Zwangsarbeit nicht über acht Jahren.

§ 464. Wer durch Fahrlässigkeit den Tod verursacht, wird bestraft:

mit Gefängnis.

Ist die Verursachung des Todes eine Folge davon, daß der Schuldige die durch das Gesetz oder eine verbindliche Verordnung für seine Tätigkeitsart zum Schutze der persönlichen Sicherheit festgesetzten Bestimmungen nicht einhält, so wird er bestraft:

mit Korrektionshaus nicht über drei Jahren oder mit Festungshaft nicht über drei Jahren.

Überdies ist es dem Gericht anheimgestellt, dem Schuldigen diejenige Tätigkeitsart, bei deren Ausübung er den Tod verursacht hat, für die Dauer von sechs Monaten bis zu drei Jahren zu untersagen und das Urteil zu veröffentlichen.

§ 465. Eine Mutter, welche ihre Frucht tötet, wird bestraft:

mit Korrektionshaus nicht über drei Jahren.

§ 466. Wer die Frucht einer Schwangeren tötet, wird bestraft:

mit Korrektionshaus.

Ist die Tötung der Frucht durch einen Arzt oder eine Hebamme begangen, so ist es dem Gericht anheimgestellt, dem Schuldigen die Ausübung der Praxis für die Dauer von einem bis zu fünf Jahren zu untersagen und das Urteil zu veröffentlichen.

Ist die Tötung der Frucht ohne die Zustimmung der Schwangeren selbst begangen, so wird der Schuldige bestraft:

mit Zwangsarbeit nicht über acht Jahren.

Dreiundzwanzigstes Kapitel.

Körperverletzung und Gewalt gegen die Person:

§ 467. Wer: eine lebensgefährliche Gesundheitszerrüttung; eine Geisteskrankheit; den Verlust des Sehvermögens, des Gehörs, der Sprache, einer Hand, eines Fußes oder der Zeugungsfähigkeit; eine unvertilgbare Entstellung des Gesichts verursacht, wird wegen dieser sehr schweren Körperverletzung bestraft:

mit Zwangsarbeit nicht über acht Jahren.

Hatte eine solche Körperverletzung den Tod zur Folge, so wird der Schuldige bestraft:

mit Zwangsarbeit nicht über zehn Jahren.

§ 468. Wer eine Gesundheitszerrüttung verursacht, die zwar keine lebensgefährliche, aber eine dauerhafte ist, oder, wenn sie auch nur eine vorübergehende ist, jedoch die Verrichtungen eines Körperorgans gestört hat, wird wegen dieser schweren Körperverletzung bestraft:

mit Korrektionshaus.

Hatte diese Handlung eine sehr schwere Körperverletzung oder den Tod zur Folge, so wird der Schuldige bestraft:

mit Korrektionshaus nicht unter drei Jahren.

Der Versuch ist strafbar.

§ 469. Wer eine sonstige, außer der in den §§ 467 und 468 bezeichneten, Gesundheitszerrüttung verursacht, wird wegen dieser leichten Körperverletzung bestraft:

mit Gefängnis.

Hatte diese Handlung eine sehr schwere Körperverletzung oder den Tod zur Folge, oder wurde sie an einer notorisch Schwangeren verübt und bei dieser eine vorzeitige Geburt und den Tod der Frucht verursacht, so wird der Schuldige bestraft:

mit Korrektionshaus nicht über drei Jahren.

Der Versuch ist strafbar.

§ 470. Wer eine unter dem Einfluß einer starken seelischen Erregung beschlossene und ausgeführte Körperverletzung verursacht, wird bestraft:

mit Korrektionshaus, falls die Verletzung eine sehr schwere ist;

mit Korrektionshaus nicht über drei Jahren, falls die Verletzung eine schwere ist;

mit Gefängnis nicht über sechs Monaten, falls die Verletzung eine leichte ist.

War dieser seelische Zustand des Schuldigen durch ihm von dem Verletzten zugefügte gesetzwidrige Gewalt gegen die Person oder schwere Beleidigung hervorgerufen, so wird er bestraft:

mit Korrektionshaus nicht über drei Jahren oder mit Festungshaft nicht über drei Jahren, falls die Verletzung eine sehr schwere ist;

mit Festungshaft nicht über einem Jahr oder mit Gefängnis, falls die Verletzung eine schwere ist;
mit Haft, falls die Verletzung eine leichte ist;

Der Versuch ist strafbar.

§ 471. Wer eine Körperverletzung:

1) der Mutter, des legitimen Vaters oder eines sonstigen Verwandten aufsteigender Linie;

2) eines Priesters, bei der Vornahme durch ihn eines Gottesdienstes oder einer geistlichen Handlung;

3) einer Amtsperson bei der Verrichtung ihrer Dienstpflichten oder aus Anlaß solcher Verrichtung;

4) einer Person der die Heilige Person des Regierenden Kaisers oder ein Mitglied des Kaiserlichen Hauses beschützenden Wache, oder des Postens einer Militärwache;

5) auf eine für den Verletzten besonders qualvolle Art,

verursacht, wird bestraft:

mit Zwangsarbeit nicht über zehn Jahren, falls die Verletzung eine sehr schwere ist;
mit Korrektionshaus nicht unter drei Jahren, falls die Verletzung eine schwere ist;
mit Korrektionshaus, falls die Verletzung eine leichte ist.

Ist eine solche Körperverletzung unter dem Einfluß einer starken seelischen Erregung beschlossen und ausgeführt, so wird der Schuldige bestraft:

mit Zwangsarbeit nicht über acht Jahren oder mit Korrektionshaus, falls die Verletzung eine sehr schwere ist;
mit Korrektionshaus, falls die Verletzung eine schwere ist;
mit Korrektionshaus nicht über drei Jahren, falls die Verletzung eine leichte ist.

Der Versuch ist strafbar.

§ 472. Wer eine Körperverletzung des Oberhauptes eines auswärtigen Staates verursacht, wird nach den im § 471 dargelegten Grundsätzen bestraft.

§ 473. Wer in Überschreitung der Grenzen der Notwehr vorsätzlich eine sehr schwere oder eine schwere Körperverletzung verursacht, wird, falls diese Verletzung nicht zur Abwehr eines Angriffs auf das Leben oder der Notzucht erfolgte, bestraft:

mit Haft.

§ 474. Wer durch Fahrlässigkeit eine Körperverletzung verursacht, wird bestraft:

mit Haft, falls die Verletzung eine sehr schwere oder eine schwere ist;
mit Haft nicht über einer Woche oder mit Geldstrafe nicht über fünfundzwanzig Rubel, falls die Verletzung eine leichte ist.

Ist diese Körperverletzung eine Folge davon, daß der Schuldige die durch das Gesetz oder eine verbindliche Verordnung für seine Tätigkeitsart zum Schutze der persönlichen Sicherheit festgesetzten Bestimmungen nicht einhält, so wird er bestraft:

mit Gefängnis nicht über sechs Monaten, falls die Verletzung eine sehr schwere oder eine schwere ist;

mit Haft, falls die Verletzung eine leichte ist.

Überdies ist es dem Gericht anheimgestellt, dem Schuldigen diejenige Tätigkeitsart, bei deren Ausübung er die Körperverletzung verursacht hat, für die Dauer von sechs Monaten bis zu zwei Jahren zu untersagen und das Urteil zu veröffentlichen.

§ 475. Wer vorsätzlich einen Hieb versetzt oder eine sonstige die körperliche Unantastbarkeit verletzende Gewalttätigkeit verübt, wird wegen dieser Gewalt gegen die Person bestraft:

mit Haft.

§ 476. Wer die im § 475 vorgesehene Gewalt gegen die Person einer in den §§ 471 oder 472 genannten Person gegenüber verübt, wird bestraft:

mit Korrektionshaus nicht über drei Jahren.

Ist solche Gewalt gegen die Person unter dem Einfluß einer starken seelischen Erregung beschlossen und ausgeführt, so wird der Schuldige bestraft:

mit Gefängnis nicht unter sechs Monaten.

Der Versuch ist strafbar.

§ 477. Wer die im § 475 vorgesehene Gewalt gegen die Person verübt, kann von der Strafe befreit werden:

1) falls die Gewalt gegen die Person durch gleiche oder schwerere Gewalt gegen die Person oder gleiche oder schwerere Beleidigung seitens des Verletzten hervorgerufen wurde;

2) falls der Verletzte sich an ihm durch gleiche oder schwerere Gewalt gegen die Person oder gleiche oder schwerere Beleidigung gerächt hat.

Diese Bestimmungen finden keine Anwendung, falls die Gewalt gegen die Person einem Polizei- oder sonstigen Wachmann oder Diener gegenüber bei der Verrichtung seiner Dienstpflichten oder aus Anlaß solcher Verrichtung, oder falls sie einem Priester gegenüber verübt wird.

§ 478. Wer die im § 475 vorgesehene Gewalt gegen die Person einem auswärtigen Botschafter, Gesandten oder Geschäftsträger gegenüber verübt, wird bestraft:

mit Festungshaft nicht über drei Monaten oder mit Gefängnis.

Derselben Bestrafung unterliegt derjenige, welcher die in Abs. 1 dieses Paragraphen bezeichnete Gewalt gegen die Person einem sonstigen diplomatischen Agenten gegenüber, in der Absicht, seiner Regierung Mißachtung zu erzeigen, verübt.

§ 479. Ein auf einem Dampfer oder Seeschiff Angestellter, oder ein Passagier jener, welcher eine leichte Körperverletzung des Kapitäns des Dampfers oder Seeschiffes verursacht, wird bestraft:

mit Gefängnis nicht unter sechs Monaten.

Verübt solch ein Angestellter oder Passagier die im § 475 vorgesehene Gewalt gegen die Person, so wird er bestraft:

mit Gefängnis nicht unter drei Monaten.

Ist die in Abs. 1 oder 2 dieses Paragraphen bezeichnete strafbare Handlung unter dem Einfluß einer starken seelischen Erregung beschlossen und ausgeführt, so wird der Schuldige bestraft:

mit Gefängnis.

Derselben Bestrafung nach denselben Grundsätzen unterliegt ein Gefangener, welcher die erwähnten strafbaren Handlungen einer Person der Gefängniswache gegenüber bei der Verrichtung ihrer Dienstpflichten oder aus Anlaß solcher Verrichtung verübt.

§ 480. Wer eine leichte Körperverletzung eines Gemeindevorstehers (woloßtnoi sstarschina) oder einer ein entsprechendes Amt bekleidenden Person bei der Verrichtung ihrer Dienstpflichten oder aus Anlaß solcher Verrichtung verursacht, wird bestraft:

mit Korrektionshaus nicht über drei Jahren.

Ist eine solche Körperverletzung unter dem Einfluß einer starken seelischen Erregung beschlossen und ausgeführt, so wird der Schuldige bestraft:

mit Gefängnis nicht unter sechs Monaten.

Ist dem Gemeindevorsteher oder der ein entsprechendes Amt bekleidenden Person gegenüber bei der Verrichtung ihrer Dienstpflichten oder aus Anlaß solcher Verrichtung die im § 475 vorgesehene Gewalt gegen die Person verübt, so wird der Schuldige bestraft:

mit Gefängnis nicht unter sechs Monaten.

Ist jedoch solche Gewalt unter den in Abs. 2 dieses Paragraphen bezeichneten Umständen verübt, so wird der Schuldige bestraft:

mit Gefängnis nicht unter drei Monaten.

Der Versuch ist strafbar.

Vierundzwanzigstes Kapitel.

Zweikampf.

§ 481. Wer einen Zweikampf begeht, wird bestraft:

mit Festungshaft nicht über einem Jahr.

Sind beide Gegner zur vereinbarten Stelle eingetroffen oder sogar die Waffen gezogen oder sie kampfbereit gemacht haben, jedoch dank einem von ihrem Willen unabhängigen Umstand kein Zweikampf erfolgte, so wird der Schuldige bestraft:

mit Festungshaft nicht über einem Monat.

§ 482. Wer im Zweikampf eine sehr schwere Körperverletzung seines Gegners verursacht oder diesen tötet, wird bestraft:

mit Festungshaft nicht über vier Jahren.

Wurde dabei vereinbart, bis auf den Tod zu kämpfen, so wird der Schuldige bestraft:

mit Festungshaft.

§ 483. Ein Sekundant, welcher einen Zweikampf mit der notorischen Vereinbarung, bis auf den Tod zu kämpfen, zuläßt, ebenso eine Person, welche wissentlich zum Abschluß einer solchen Bedingung beiträgt, werden, falls in einem solchen Zweikampf eine sehr schwere Körperverletzung oder der Tod verursacht wird, bestraft:

mit Festungshaft nicht über einem Jahr.

§ 484. Wer einen Zweikampf ohne Sekundanten begeht, wird bestraft:

mit Festungshaft nicht über drei Jahren.

Wird in einem solchen Zweikampf eine sehr schwere Körperverletzung oder der Tod verursacht, so wird derjenige, welcher sie verursacht, bestraft:

mit Verschickung zur Ansiedlung.

§ 485. Wer eine Amtsperson aus Anlaß der Verrichtung ihrer Dienstpflichten zum Zweikampf herausfordert, wird bestraft:

mit Haft nicht über drei Monaten.

Wird auf diese Weise ein im staatlichen oder öffentlichen Dienst Vorgesetzter herausgefordert, so wird der Schuldige bestraft:

mit Festungshaft nicht über einem Jahr.

§ 486. Wer beim Zweikampf zum Nachteil des Gegners die Bedingungen des Zweikampfes wissentlich übertritt, wird bestraft:

mit Korrektionshaus.

Verursacht dabei der Schuldige eine sehr schwere Körperverletzung des Gegners oder tötet er diesen, so wird er entweder wegen einer sehr schweren Körperverletzung oder wegen einer Tötung bestraft.

Denselben Bestrafungen nach denselben Grundsätzen unterliegen: Anstifter zur Übertretung der Bedingungen des Zweikampfes zum Nachteil des Gegners; Sekundanten, welche eine solche Übertretung wissentlich zulassen, und Personen, welche zu dieser Übertretung wissentlich beitragen.

§ 487. Wer zur Herausforderung zum Zweikampf, oder zur Annahme einer solchen Herausforderung, oder zur Wiederaufnahme des Zweikampfes anstiftet, wird, falls der Zweikampf erfolgt, bestraft:

mit Festungshaft nicht über einem Jahr.

Straflos sind:

1) Kartellträger;

2) Sekundanten, ebenso Personen, die zum Zweikampf beitragen, mit Ausnahme der in den §§ 483 und 486 vorgesehenen Fälle;

3) Ärzte, die beim Zweikampf ärztliche Hilfe leisten.

§ 488. Wer mit seinem Gegner verabredet, den Selbstmord eines von ihnen beiden vom Los oder von einem sonstigen vereinbarten Zufall abhängig zu machen, wird, falls infolge solcher Verabredung der Selbstmord erfolgt, bestraft:

mit Zwangsarbeit nicht über acht Jahren.

Erfolgt infolge solcher Verabredung nur der Versuch des Selbstmords, welcher dank einem vom Willen derjenigen, die sich verabredet haben, unabhängigen Umstand unvollendet blieb, so wird derjenige, welcher sich verabredet, bestraft:

mit Korrektionshaus.

Denselben Bestrafungen nach denselben Grundsätzen unterliegt sowohl derjenige, welcher zu einer solchen Verabredung anstiftet, als auch derjenige, welcher zu ihr beiträgt.

Fünfundzwanzigstes Kapitel.

Verlassung in Gefahr.

§ 489. Wer eine wegen jugendlichen Alters, Gebrechlichkeit, eines körperlichen Fehlers, Krankheit, bewußtlosen oder sonstigen hilflosen Zustandes der Möglichkeit der Selbstbeschützung beraubte Person ohne Beistand unter Umständen verläßt, unter denen ihr Leben notorisch gefährdet war, wird, falls er kraft Gesetzes oder übernommener Verpflichtung oder kraft der Familienverhältnisse für diese Person zu sorgen verpflichtet ist, bestraft:

mit Korrektionshaus nicht über drei Jahren.

Wer eine der Möglichkeit der Selbstbeschützung beraubte Person, wenn sie sich auch nicht in seiner Fürsorge befand, aber von ihm in Umstände versetzt wurde, unter denen das Leben der hülflosen Person notorisch gefährdet war, ohne Beistand verläßt, wird bestraft:

mit Korrektionshaus.

§ 490. Wer eine wegen jugendlichen Alters, Gebrechlichkeit, eines körperlichen Fehlers, Krankheit, bewußtlosen oder sonstigen hilflosen Zustandes der Möglichkeit der Selbstbeschützung beraubte Person ohne Beistand unter Umständen vorsätzlich verläßt, unter denen ihr Auffinden durch andere als wahrscheinlich erschien, und ihr Leben nicht gefährdet war, wird, falls er kraft Gesetzes oder übernommener Verpflichtung oder kraft der Familienverhältnisse für diese Person zu sorgen verpflichtet ist, bestraft:

mit Haft oder mit Geldstrafe nicht über fünfhundert Rubel.

§ 491. Wer Zeuge der Lebensgefahr eines Anderen ist und darüber der zuständigen Obrigkeit keine Anzeige erstattet, oder keine Hilfe leistet oder herbeischafft, obwohl er sie ohne vernünftige Besorgnis für sich oder andere leisten oder herbeischaffen konnte, wird, falls infolgedessen der Tod oder eine sehr schwere Körperverletzung des Hilfsbedürftigen eintritt, bestraft:

mit Haft nicht über einem Monat oder mit Geldstrafe nicht über hundert Rubel.

§ 492. Der Kapitän eines Dampfers oder eines Seeschiffes, welcher einen auf dem Dampfer oder Seeschiff Angestellten, oder einen Passagier jener, eigenmächtig oder durch Betrug, unter solchen

Umständen verläßt, unter denen das Leben des Verlassenen notorisch gefährdet war, wird bestraft:

mit Korrektionshaus.

Derselben Bestrafung unterliegt der Leiter eines sonstigen, außer des oben bezeichneten Schiffes, ebenso ein Fuhrmann oder ein Begleiter, welcher einen auf dem Schiffe Angestellten, einen Passagier oder einen Begleiteten eigenmächtig oder durch Betrug unter solchen Umständen verläßt, unter denen das Leben des Verlassenen notorisch gefährdet war.

§ 493. Ein Lotse, oder ein sonstiger Hafen- oder Strandführer, der einem Notsignale gebenden oder sonst notorisch in Gefahr befindlichen Schiffe keine Hilfe leistet, wird, falls er solche Hilfe zu leisten die Möglichkeit hatte, bestraft:

mit Gefängnis nicht über sechs Monaten.

Wird solche Verweigerung der Hilfe von dem Kapitän eines Dampfers oder eines Seeschiffes, oder von dem Leiter eines sonstigen Schiffes begangen, so wird der Schuldige bestraft:

mit Gefängnis.

Überdies ist es dem Gericht anheimgestellt, dem Schuldigen das Recht, Kapitän, Schiffsleiter, Lotse oder Führer zu sein, für die Dauer von einem bis zu fünf Jahren zu entziehen.

§ 494. Wer die durch das Gesetz oder eine verbindliche Verordnung festgesetzten Bestimmungen über Hilfeleistung an schiffbrüchige Schiffe nicht befolgt, wird bestraft:

mit Geldstrafe nicht über hundert Rubel.

Bedrohte die Verletzung dieser Bestimmungen die persönliche Sicherheit, so wird der Schuldige bestraft:

mit Haft.

§ 495. Der Kapitän eines Dampfers oder eines Seeschiffes, oder der Leiter eines Schiffes sonstiger Art, eines Eisenbahnzuges oder einer Lokomotive, welcher in Gefahr zur Rettung des Dampfers, Schiffes, Zuges oder der Lokomotive, oder eines Passagiers, oder eines auf dem Dampfer, Schiffe, Zuge oder der Lokomotive Angestellten, die gehörigen Maßregeln zu treffen unterläßt, oder den Dampfer, das Schiff, den Zug oder die Lokomotive vor den anderen dort befindlichen Personen verläßt, wird bestraft:

mit Korrektionshaus nicht über drei Jahren.

Überdies ist es dem Gericht anheimgestellt, dem Schuldigen das Recht, Kapitän eines Dampfers oder eines Seeschiffes, Leiter eines Schiffes sonstiger Art, eines Eisenbahnzuges oder einer Lokomotive zu sein, für die Dauer von einem bis zu fünf Jahren zu entziehen.

§ 496. Der auf einem Schiffe Angestellte, welcher während einer dem Schiffe drohenden Gefahr die Dienstpflicht verletzt, wird bestraft:

mit Gefängnis.

§ 497. Wer die durch das Gesetz oder eine verbindliche Verordnung festgesetzten Bestimmungen über Hilfeleistung an Kranke oder im bewußtlosen Zustande befindliche nicht befolgt, wird bestraft:

mit Haft nicht über einem Monat oder mit Geldstrafe nicht über hundert Rubel.

Wird diese Übertretung ohne triftigen Grund von einem praktizierenden Arzt, einem Feldscherer, einer Hebamme oder der Krankenhausbedienung, welchen die gefährliche Lage des Kranken oder der Kindbetterin bekannt war, begangen, so wird der Schuldige bestraft:

mit Haft nicht über drei Monaten.

Sechsundzwanzigstes Kapitel.

Strafbare Handlungen wider die persönliche Freiheit.

§ 498. Wer einen Menschen der persönlichen Freiheit durch Festnahme oder Einsperrung beraubt, wird bestraft:

mit Gefängnis.

Wenn solche Beraubung der persönlichen Freiheit über eine Woche dauert, so wird der Schuldige bestraft:

mit Korrektionshaus.

Der Versuch ist strafbar.

§ 499. Wer:

1) die Mutter, den legitimen Vater oder einen sonstigen Verwandten aufsteigender Linie;

2) eine Amtsperson bei der Verrichtung ihrer Dienstpflichten oder aus Anlaß solcher Verrichtung;

3) eine Person der die Heilige Person des Regierenden Kaisers oder ein Mitglied des Kaiserlichen Hauses beschützenden Wache, oder den Posten einer Militärwache;

4) auf eine für das Leben des der Freiheit beraubten gefährliche Art oder unter Herbeiführung von Qualen für ihn,

der persönlichen Freiheit durch Festnahme oder Einsperrung beraubt, wird bestraft:

mit Korrektionshaus nicht über drei Jahren.

Wenn solche Beraubung der persönlichen Freiheit über eine Woche dauert, so wird der Schuldige bestraft:

mit Korrektionshaus nicht unter drei Jahren.

Der Versuch ist strafbar.

§ 500. Wer durch Festnahme oder Einsperrung:

1) in einem Irrenhaus — eine notorisch nicht geisteskranke Person;

2) in einem Bordell — eine in die Liste der öffentlichen Dirnen nicht eingetragene Person weiblichen Geschlechts,

der persönlichen Freiheit beraubt, wird bestraft:

mit Korrektionshaus nicht über drei Jahren.

Wenn solche Beraubung der persönlichen Freiheit über eine Woche dauert, so wird der Schuldige bestraft:

mit Korrektionshaus nicht unter drei Jahren.

Der Versuch ist strafbar.

§ 501. Wer:

1) einen Menschen in Sklaverei oder Gefangenschaft verkauft oder übergibt;

2) Negerhandel treibt;

3) an diesem Handel unmittelbaren oder sonstigen Anteil nimmt oder ein Schiff für diesen Handel einrichtet oder bewaffnet,

wird bestraft:

in den in Abs. 1 oder 2 dieses Paragraphen bezeichneten Fällen —

mit Zwangsarbeit nicht über acht Jahren;

in den im Abs. 3 dieses Paragraphen bezeichneten Fällen —

mit Korrektionshans.

Das Schiff, welches zu solchem gesetzwidrigen Handel gedient hat, ebenso das Schiff, welches zu diesem Zweck eingerichtet oder bewaffnet ist, wird eingezogen.

§ 502. Wer:

1) ein fremdes Kind unter vierzehn Jahren raubt oder verheimlicht;

2) ein Kind unter vierzehn Jahren vertauscht,

wird bestraft:

mit Korrektionshaus.

Wird ein Kind geraubt, verheimlicht oder vertauscht, um Bettel oder eine sonstige unsittliche Beschäftigung zu betreiben, oder in gewinnsüchtiger Absicht, oder um das Kind seiner Standesrechte zu berauben, so wird der Schuldige bestraft:

mit Korrektionshaus nicht unter drei Jahren.

Der Versuch ist strafbar.

§ 503. Wer ein eigenmächtig von ihm weggenommenes oder behaltenes Kind unter vierzehn Jahren, ungeachtet der gesetzlichen Aufforderung der Eltern des Kindes, oder der die Stelle der Eltern vertretenden Person, vorsätzlich nicht zurückgibt, wird, falls solches nicht aus Mitleid mit dem Kinde geschieht, bestraft:

mit Haft.

§ 504. Wer im Laufe von zwei Wochen der Ortspolizei, den Eltern oder der ihre Stelle vertretenden Person Meldung über die Zurückbehaltung eines unterschobenen oder verirrten Kindes unter vierzehn Jahren zu machen unterläßt, wird bestraft:

mit Geldstrafe nicht über hundert Rubel.

§ 505. Wer:

1) eine Minderjährige von vierzehn bis zu sechzehn Jahren ohne ihren Willen, oder mit ihrem Willen, aber unter Mißbrauch ihrer Unschuld, entführt;

2) eine Sechzehnjährige ohne ihren Willen entführt,

wird, falls solche Entführung begangen wurde, um die Entführte zur Unzucht zu bringen, bestraft:

in dem in Abs. 1 dieses Paragraphen bezeichneten Falle —
mit Korrektionshaus;

in dem in Abs. 2 dieses Paragraphen bezeichneten Falle —
mit Korrektionshaus nicht über drei Jahren.

Dieser letzteren Bestrafung unterliegt auch derjenige, welcher eine Person weiblichen Geschlechts von vierzehn bis zu einundzwanzig Jahren ohne ihren Willen entführt, um durch die Öffentlichkeit dieses Vorfalls sie an der Ehre zu schädigen.

Der Versuch ist strafbar.

§ 506. Wer eine Unverehelichte entführt, um mit ihr eine Ehe einzugehen, ohne daß sie darein willigt, wird bestraft:
mit Gefängnis nicht unter sechs Monaten.

Der Versuch ist strafbar.

§ 507. Wer durch Gewalt gegen die Person, oder strafbare Drohung, oder Mißbrauch der elterlichen, vormundschaftlichen oder einer sonstigen Gewalt etwas auszuführen oder zu gestatten, was ein Recht oder eine Pflicht des Genötigten verletzt, oder auf die Verwirklichung eines Rechts oder die Erfüllung einer Pflicht zu verzichten nötigt, wird bestraft:
mit Gefängnis.

Der Versuch ist strafbar.

Hatte der Nötigende triftigen Grund anzunehmen, daß er durch die Nötigung sein Recht verwirklicht, so wird er bestraft:
mit Haft nicht über drei Monaten oder mit Geldstrafe nicht über dreihundert Rubel.

§ 508. Wer es versucht, durch Gewalt gegen die Person, oder strafbare Drohung, oder Mißbrauch der elterlichen, vormundschaftlichen oder einer sonstigen Gewalt, zur Begehung eines Verbrechens oder Vergehens zu nötigen, wird bestraft:

falls er zur Begehung eines Verbrechens nötigte —
mit Korrektionshaus;

falls er zur Begehung eines Vergehens nötigte —
mit Gefängnis.

Hatte solche Nötigung die Begehung eines Verbrechens oder Vergehens oder deren strafbaren Versuch zur Folge, so wird der Nötigende, falls er nicht als Teilnehmer der begangenen Handlung wegen dieser einer schwereren Verantwortung unterliegt, bestraft:

falls er zur Begehung eines Verbrechens nötigte —
mit Korrektionshaus nicht unter drei Jahren;

falls er zur Begehung eines Vergehens nötigte —
mit Gefängnis nicht unter sechs Monaten.

§ 509. Wer durch Gewalt gegen die Person oder strafbare Drohung Arbeiter zu einem in § 367 vorgesehenen Streik, zum Anschluß an einen solchen Streik oder zu seiner Fortführung nötigt, wird bestraft:

mit Korrektionshaus.

Wer zu solcher Nötigung anstiftet, wird bestraft:

mit Korrektionshaus nicht unter drei Jahren.

Der Versuch ist strafbar.

§ 510. Wer einem anderen vorsätzlich droht, ihn oder ein Mitglied seiner Familie zu töten oder der Freiheit zu berauben, oder einen Anschlag gegen ihre Person gewalttätig zu verüben, oder ihr Vermögen anzuzünden, zu sprengen oder unter Wasser zu setzen, wird, falls solche Drohung beim Bedrohten die Befürchtung der Möglichkeit ihrer Verwirklichung hervorrufen konnte, bestraft:

mit Haft nicht über drei Monaten oder mit Geldstrafe nicht über dreihundert Rubel.

Wird die bezeichnete Drohung schriftlich ausgedrückt, oder gegen:

1) die Mutter, den legitimen Vater oder einen sonstigen Verwandten aufsteigender Linie;

2) einen Priester während der Vornahme durch ihn eines Gottesdienstes oder einer geistlichen Handlung;

3) eine Amtsperson bei der Verrichtung ihrer Dienstpflichten oder aus Anlaß solcher Verrichtung

gerichtet, so wird der Schuldige bestraft:

mit Haft.

§ 511. Wer:

1) aus fremden bewohnten Gebäuden oder sonstigen Räumlichkeiten, ungeachtet der Aufforderung des Wirtes oder dessen Stellvertreters, vorsätzlich sich nicht entfernt;

2) in fremden bewohnten Gebäuden oder sonstigen Räumlichkeiten ohne Wissen des Wirtes oder dessen Stellvertreters zur Nachtzeit vorsätzlich verweilt,

wird, falls er solche Gebäude oder Räumlichkeiten heimlich oder eigenmächtigt betreten hat, bestraft:

mit Haft nicht über drei Monaten oder mit Geldstrafe nicht über dreihundert Rubel.

§ 512. Wer in fremde Gebäude oder sonstige Räumlichkeiten oder umzäunte Plätze mittels Gewalt gegen die Person oder strafbarer Drohung oder mittels Beschädigung oder Beseitigung der den Zutritt in sie verwehrenden Hindernisse vorsätzlich eindringt, wird bestraft:

mit Haft oder mit Geldstrafe nicht über fünfhundert Rubel.

Wird solches Eindringen zur Nachtzeit begangen, so wird der Schuldige bestraft:

mit Gefängnis nicht über sechs Monaten.

Wird aber solches Eindringen von zwei oder mehreren Personen, die jedoch keine strafbare Zusammenrottung bildeten, oder von einer bewaffneten Person begangen, so wird der Schuldige bestraft:

mit Gefängnis.

Der Versuch ist strafbar.

Siebenundzwanzigstes Kapitel.

Unzucht.

§ 513. Wer:

1) mit Kindern unter vierzehn Jahren;

2) mit Minderjährigen von vierzehn bis zu sechzehn Jahren ohne ihren Willen oder mit ihrem Willen, aber unter Mißbrauch ihrer Unschuld,

wollüstige Handlungen vornimmt, wird bestraft:

mit Korrektionshaus nicht über drei Jahren oder mit Gefängnis.

§ 514. Wer mit einer Person weiblichen Geschlechts über sechzehn Jahren ohne ihren Willen wollüstige Handlungen vornimmt, wird bestraft:

mit Gefängnis.

§ 515. Wer:

1) mit einer in seiner Gewalt oder Pflege befindlichen Person;

2) mit einer Person, die dazu genötigt wurde durch Gewalt gegen die Person oder durch Androhung des Todes, einer sehr schweren oder einer schweren Körperverletzung dem Bedrohten oder einem Mitglied seiner Familie, falls solche Drohung beim Bedrohten die Befürchtung der Möglichkeit ihrer Verwirklichung hervorrufen konnte;

3) mit einer Person weiblichen Geschlechts, falls die wollüstigen Handlungen unter Beraubung der Unschuld, jedoch ohne fleischliche Verbindung geschahen,

die in den §§ 513 und 514 vorgesehenen strafbaren Handlungen vornimmt, wird bestraft:

in den im § 513 bezeichneten Fällen —

mit Korrektionshaus nicht unter drei Jahren;

in den im § 514 bezeichneten Falle —

mit Korrektionshaus.

§ 516. Wer Päderastie verübt, wird bestraft:

mit Gefängnis nicht unter drei Monaten.

Wird Päderastie verübt:

1) mit einem Minderjährigen von vierzehn bis sechzehn Jahren ohne seinen Willen, oder mit seinem Willen, aber unter Mißbrauch seiner Unschuld;

2) mit einem infolge krankhafter Störung der Seelentätigkeit, oder infolge von Bewußtlosigkeit, oder der von einem körperlichen Gebrechen oder einer Krankheit herrührenden mangelhaften geistigen Entwickelung, notorisch der Möglichkeit die Natur und die Bedeutung des mit ihm vorgenommenen zu verstehen oder seiner Handlungen Herr zu sein beraubten;

3) mit einem der Widerstandsmöglichkeit beraubten ohne dessen Willen zur Päderastie,

so wird der Schuldige bestraft:

mit Korrektionshaus nicht unter drei Jahren.

Wer jedoch Päderastie verübt:

1) mit einem Kind unter vierzehn Jahren;

2) mit einer in seiner Gewalt oder Pflege befindlichen Person;

3) mit einer Person, die dazu genötigt wurde, durch Gewalt gegen die Person oder durch Androhung des Todes, einer sehr schweren oder einer schweren Körperverletzung dem Bedrohten oder einem Mitglied seiner Familie, falls solche Drohung beim Bedrohten die Befürchtung der Möglichkeit ihrer Verwirklichung hervorrufen konnte;

4) mit einem, den der Gewalttäter selbst zu diesem Zweck in bewußtlosen Zustand versetzt oder zu versetzen beiträgt,

wird bestraft:

mit Zwangsarbeit nicht über acht Jahren.

Der Versuch ist strafbar.

§ 517. Wer ein in seiner Gewalt oder Pflege befindliches Mädchen im Alter von vierzehn bis zu einundzwanzig Jahren zum Beischlaf verführt, wird bestraft:

mit Gefängnis.

§ 518. Die Blutschande mit Verwandten ab- oder aufsteigender Linie wird bestraft:

an den letzteren —

mit Verschickung zur Ansiedlung;

an den ersteren —

mit Korrektionshaus.

Der Versuch ist strafbar.

Verwandte absteigender Linie bleiben straflos, wenn sie das vierzehnte Lebensjahr nicht vollendet haben.

§ 519. Die Blutschande:

1) mit Seitenverwandten zweiten Grades;

2) mit Verschwägerten ab- oder aufsteigender Linie,

wird bestraft:

mit Korrektionshaus nicht über drei Jahren.

Der Versuch ist strafbar.

Verschwägerte absteigender Linie bleiben straflos, wenn sie das vierzehnte Lebensjahr nicht vollendet haben.

§ 520. Der Beischlaf:

1) mit Minderjährigen von vierzehn bis zu sechzehn Jahren ohne ihren Willen, oder mit ihrem Willen, aber unter Mißbrauch ihrer Unschuld;

2) mit einer infolge krankhafter Störung der Seelentätigkeit, oder infolge von Bewußtlosigkeit, oder der von einem körperlichen Gebrechen oder einer Krankheit herrührenden mangelhaften geistigen Entwickelung, notorisch der Möglichkeit die Natur und die Bedeutung des mit ihr vorgenommenen zu verstehen oder ihrer Handlungen Herr zu sein, beraubten;

3) mit einer der Widerstandsmöglichkeit beraubten ohne ihren Willen zum Beischlaf,

wird bestraft:

mit Korrektionshaus nicht unter drei Jahren.

Der Versuch ist strafbar.

§ 521. Der Beischlaf mit einer Minderjährigen von vierzehn bis zu sechzehn Jahren ohne Mißbrauch ihrer Unschuld, aber unter Benutzung ihrer hülflosen Lage, wird bestraft:

mit Gefängnis.

§ 522. Der Beischlaf:

1) mit Kindern unter vierzehn Jahren;

2) mit einer, die dazu genötigt wurde durch Gewalt gegen die Person oder durch Androhung des Todes, einer sehr schweren oder einer schweren Körperverletzung der Bedrohten oder einem Mitglied ihrer Familie, falls solche Drohung bei der Bedrohten die Befürchtung der Möglichkeit ihrer Verwirklichung hervorrufen konnte;

3) mit einer, die der Gewalttäter selbst zu diesem Zweck in bewußtlosen Zustand versetzt oder zu versetzen beiträgt,

wird bestraft:

mit Zwangsarbeit nicht über zehn Jahren.

§ 523. Wer den in den §§ 520 bis 522 vorgesehenen Beischlaf:

1) mit Verwandten ab- oder aufsteigender Linie;

2) mit in seiner Gewalt oder Pflege befindlichen Personen,

verübt, wird bestraft:

in den in den §§ 520 oder 521 bezeichneten Fällen —

mit Zwangsarbeit nicht über acht Jahren;

in den im § 522 bezeichneten Fällen —

mit Zwangsarbeit nicht über zwölf Jahren.

§ 524. Wer:

1) ein Mädchen von vierzehn bis zu sechzehn Jahren ohne Mißbrauch ihrer Unschuld;

2) ein notorisch jungfräuliches Mädchen von sechzehn bis zu einundzwanzig Jahren

zur Unzucht verkuppelt, wird bestraft:

mit Gefängnis.

Verkuppelt jedoch der Schuldige seine Frau, seine Tochter, oder eine in seiner Gewalt oder Pflege Befindliche, oder Personen, mit denen der Beischlaf gemäß den §§ 518 und 519 bestraft wird, so wird er bestraft:

mit Korrektionshaus.

Derselben Bestrafung unterliegt derjenige, welcher die in Abs. 1 dieses Paragraphen vorgesehene Kuppelei gewerbsmäßig betreibt.

§ 525. Eltern, Vormünder oder Pfleger eines Minderjährigen unter siebzehn Jahren, oder Personen, die ihn zu beaufsichtigen oder zu bedienen haben, welche mit der Unzucht eines solchen Minderjährigen Nachsicht üben, werden bestraft:

mit Gefängnis.

§ 526. Wer eine Person weiblichen Geschlechts durch Gewalt gegen die Person, oder durch Androhung des Todes, einer sehr schweren oder einer schweren Körperverletzung der Bedrohten oder einem Mitglied ihrer Familie, oder durch Betrug, oder durch Mißbrauch seiner Gewalt über diese Person, oder durch Ausnutzung ihrer hülflosen Lage oder ihrer Abhängigkeit von ihm, zur gewerbsmäßigen Unzucht verleitet, wird bestraft:

mit Gefängnis nicht unter drei Monaten.

Wer eine Person weiblichen Geschlechts auf die in Abs. 1 dieses Paragraphen bezeichnete Art zum Verlassen des Inlands verleitet, um sie im Auslande der gewerbsmäßigen Unzucht zuzuführen, wird bestraft:

mit Korrektionshaus nicht über drei Jahren.

Wird jedoch befunden, daß der Schuldige die in diesem Paragraphen bezeichneten strafbaren Handlungen gewerbsmäßig betreibt, so wird er bestraft:

mit Korrektionshaus.

Der Versuch ist strafbar.

§ 527. Eine Person männlichen Geschlechts, welche:

1) gewerbsmäßig sich Vermögensvorteile durch Empfangen dieser von einer gewerbsmäßige Unzucht treibenden Frauensperson verschafft, die sich unter ihrem Einfluß oder in Abhängigkeit von ihr befindet, oder durch Ausnutzung der hülflosen Lage dieser Frauensperson;

2) gewerbsmäßig, um Vermögensvorteile zu erlangen, Personen weiblichen Geschlechts wirbt, um sie in Bordells zur gewerbsmäßigen Unzucht zu bringen,

wird bestraft:

mit Gefängnis.

§ 528. Wer die zur Verhütung der Unzucht und zur Vermeidung ihrer schädlichen Folgen festgesetzten Bestimmungen nicht befolgt, wird bestraft:

mit Haft oder mit Geldstrafe nicht über fünfhundert Rubel.

§ 529. Wer eine Person weiblichen Geschlechts, die notorisch das einundzwanzigste Lebensjahr nicht vollendet hat, in ein Bordell aufnimmt, wird bestraft:

mit Gefängnis.

Derselben Bestrafung unterliegt derjenige, welcher eine gewerbsmäßige Unzucht treibende Person, die den Wunsch ihr Gewerbe aufzugeben äußert, in einem Bordell festhält.

Achtundzwanzigstes Kapitel.

Beleidigung.

§ 530. Wer einen Anderen durch für diesen oder ein, wenn auch verstorbenes, Mitglied seiner Familie entehrende Benehmen oder Äußerung vorsätzlich persönlich kränkt, wird wegen dieser Beleidigung bestraft:

mit Haft oder mit Geldstrafe nicht über fünfhundert Rubel.

§ 531. Wer einen Anderen, wenn auch in seiner Abwesenheit, durch Verbreitung für diesen ehrenrühriger Umstände entehrt, wird wegen dieser Beleidigung bestraft:

mit Gefängnis nicht über sechs Monaten.

§ 532. Wer:

1) die Mutter, den legitimen Vater oder einen sonstigen Verwandten aufsteigender Linie;

2) einen Priester bei der Vornahme durch diesen eines Gottesdienstes oder einer geistlichen Handlung;

3) eine Amtsperson, oder einen Gemeindevorsteher oder eine ein entsprechendes Amt bekleidende Person bei der Verrichtung ihrer Dienstpflichten oder aus Anlaß solcher Verrichtung;

4) eine Militärwache oder deren Posten, eine Heeresabteilung oder Mannschaft

beleidigt, wird bestraft:

mit Gefängnis.

Derselben Bestrafung unterliegt ein auf einem Dampfer oder Seeschiffe Angestellter oder ein Passagier jener, welcher den Kapitän des Dampfers oder Seeschiffes beleidigt, ebenso ein Gefangener, welcher eine Person der Gefängniswache bei der Verrichtung ihrer Dienstpflichten oder aus Anlaß solcher Verrichtung beleidigt.

§ 533. Wer einen Anderen in verbreiteten oder öffentlich ausgestellten Erzeugnissen der Buchdruckerpresse, in Handschriften oder Abbildungen beleidigt, wird bestraft:

mit Gefängnis.

Überdies wird dem Redakteur oder Verleger einer Zeitschrift, welcher in diese die beleidigenden Erzeugnisse, Schriften oder Abbildungen aufnimmt, eine Geldbuße, nicht über einem Rubel für jedes dem Verkauf übergebene Exemplar der Erzeugnisse, Schriften oder Abbildungen, auferlegt.

§ 534. Wer das Oberhaupt eines ausländischen Staates beleidigt, wird bestraft:

mit Gefängnis.

§ 535. Wer einen auswärtigen Botschafter, Gesandten oder Geschäftsträger beleidigt, wird bestraft:

mit Gefängnis nicht über sechs Monaten.

Derselben Bestrafung unterliegt derjenige, welcher einen sonstigen diplomatischen Agenten, in der Absicht seiner Regierung Mißachtung zu erzeugen, beleidigt.

§ 536. Wer eine in den §§ 530 und 531 vorgesehene Beleidigung begeht, kann von der Strafe befreit werden:

1) falls die Beleidigung durch gleiche oder schwerere Gewalt gegen die Person oder durch gleiche oder schwerere Beleidigung seitens des Verletzten hervorgerufen wurde;

2) falls der Verletzte sich an ihm durch gleiche oder schwerere Gewalt gegen die Person oder durch gleiche oder schwerere Beleidigung gerächt hat.

Diese Bestimmungen finden keine Anwendung, falls ein Polizei- oder sonstiger Wachmann oder Diener bei der Verrichtung seiner Dienstpflichten oder aus Anlaß solcher Verrichtung oder falls ein Priester beleidigt ist.

§ 537. Die Verbreitung ehrverletzender Umstände wird nicht als strafbare Beleidigung betrachtet, falls der Angeklagte beweist:

1) daß die verbreiteten Umstände wahr sind;

2) daß er genügenden Grund hatte, die verbreiteten Umstände für wahr zu halten und solche Verbreitung staatlichen oder öffentlichen Vorteils wegen, oder im Interesse der ihm obliegenden Pflichten, oder zum Schutze der persönlichen Ehre oder der Ehre seiner Familie begangen hat.

§ 538. Die Erbringung des Beweises der Wahrheit der verbreiteten Umstände durch den der Entehrung Angeklagten, und dessen Befreiung von der Verantwortung auf Grund des § 537 sind ausgeschlossen, falls die bezeichneten Umstände:

1) sich auf das Oberhaupt eines auswärtigen Staates, auf einen auswärtigen Botschafter, Gesandten, Geschäftsträger oder sonstigen diplomatischen Agent eines solchen Staates beziehen;

2) in das Privat- oder Familienleben des Entehrten gehörten, und die Verbreitung dabei in verbreiteten oder öffentlich ausgestellten Erzeugnissen der Buchdruckerpresse, Handschriften oder Abbildungen oder in einer öffentlichen Rede begangen wurde.

§ 539. Wird wegen einer Beleidigung auf Strafe erkannt, so ist es dem Gericht anheimgestellt, auf Ersuchen des Beleidigten das Urteil zu veröffentlichen.

§ 540. Wer wissentlich falsche Umstände verbreitet, die das Vertrauen zu der Gewerbe- oder Handelstätigkeit einer Person, einer Gesellschaft oder Anstalt oder zu der Fähigkeit einer Person die Pflichten ihres Standes oder Berufes zu erfüllen, erschüttern, wird bestraft:

mit Haft oder mit Geldstrafe nicht über fünfhundert Rubel.

Wird die Verbreitung begangen in verbreiteten oder öffentlich angestellten Erzeugnissen der Buchdruckerpresse, Handschriften oder Abbildungen, oder in einer öffentlichen Rede oder in der Absicht Vermögensnachteile zuzufügen oder Vermögensvorteile zu erlangen, so wird der Schuldige bestraft:

mit Gefängnis nicht über sechs Monaten.

Neunundzwanzigstes Kapitel.

Offenbarung von Geheimnissen.

§ 541. Wer kraft seines Standes zur Geheimhaltung der ihm anvertrauten Mitteilungen verpflichtet ist, wird, wenn er sie ohne beachtenswerte Gründe offenbart, falls dabei die offenbarten Mitteilungen der Person auf die sie sich beziehen Vermögensnachteile zufügen oder sie entehren konnten und er wegen dieser Offenbarung nicht wie wegen einer Beleidigung der Bestrafung unterliegt, bestraft:

mit Haft oder mit Geldstrafe nicht über fünfhundert Rubel.

Wird solche Offenbarung begangen in der Absicht Vermögensnachteil zuzufügen, oder Vermögensvorteil zu erlangen oder die Person, auf welche die offenbarte Mitteilung sich bezieht, zu entehren, so wird der Schuldige bestraft:

mit Gefängnis nicht über sechs Monaten.

§ 542. Wer notorisch fremde Briefe, Depeschen oder sonstige Papiere eigenmächtig eröffnet, wird bestraft:

mit Haft nicht über einem Monat oder mit Geldstrafe nicht über hundert Rubel.

Offenbart der Schuldige in den von ihm eröffneten Papieren enthaltene Mitteilungen, welche die Person, auf die sie sich beziehen, entehren können, und unterliegt er nicht der Bestrafung wie wegen Beleidigung, so wird er bestraft:

mit Haft oder mit Geldstrafe nicht über fünfhundert Rubel.

§ 543. Wer als Angestellter oder Arbeiter einer Manufaktur, einer Fabrik oder einer sonstigen gewerblichen Anstalt, die ihm als geheimzuhaltende anvertrauten besonderen in der Manufaktur, Fabrik oder Anstalt angewendeten oder zur Anwendung bestimmten Betriebsverfahrensarten offenbart, wird bestraft:

mit Haft oder mit Geldstrafe nicht über fünfhundert Rubel.

Wer diese Übertretung begeht, um dem Unternehmen Vermögensnachteile zuzufügen, oder sich Vermögensvorteile zu verschaffen, wird bestraft:

mit Gefängnis nicht über sechs Monaten.

§ 544. Wer im Dienst einer Kreditanstalt, einer Aktiengesellschaft oder eines Bankiergeschäfts steht und ein Geheimnis dieser Anstalten, Gesellschaften oder Geschäfte notorisch bildende und nicht zu offenbarende Mitteilungen vorsätzlich offenbart, wird bestraft:

mit Haft oder mit Geldstrafe nicht über fünfhundert Rubel.

Wer solche Offenbarung begeht, um den Kredit der bezeichneten Anstalten, Gesellschaften oder Geschäfte oder den Kredit von Privatpersonen, die jenen ihr Vermögen oder Vermögensinteresse anvertrauten, zu schädigen oder um sich Vermögensvorteile zu verschaffen, wird bestraft:

mit Gefängnis nicht über sechs Monaten.

§ 545. Wer im Dienste eines Handelsunternehmens steht und dessen Handelsgeheimnis offenbart, um den Kredit des Prinzipals des Unternehmens zu schädigen oder sich Vermögensvorteile zu verschaffen, wird bestraft:

mit Gefängnis nicht über sechs Monaten.

§ 546. Die nicht im staatlichen oder öffentlichen Dienst stehenden Mitglieder der Staatsgewerbesteuerämter, ebenso die in diese Ämter geladenen Sachverständigen, welche geheimzuhaltende, die Vermögenslage, die Schuldverpflichtungen, den Umsatz und den Gewinn der Staatsgewerbesteuerzahler betreffende Mitteilungen offenbaren, werden bestraft:

Mit Geldstrafe nicht über dreihundert Rubel.

Wird diese Übertretung begangen, um die Ehre oder den Kredit der Person, auf welche die offenbarte Mitteilung sich bezieht, zu schädigen, so wird der Schuldige bestraft:

mit Gefängnis nicht über sechs Monaten.

Überdies wird dem Schuldigen das Recht, Mitglied der oben genannten Ämter zu bleiben, oder zu einem solchen gewählt zu werden, oder in diese Ämter als Sachverständiger geladen zu werden, für die Dauer von drei Jahren entzogen.

Dreißigstes Kapitel.

Beschädigung von Vermögen, Kommunikationswegen, Warnungs-, Grenz- und ähnlichen Zeichen oder sonstigen Gegenständen.

§ 547. Wer fremdes Vermögen vorsätzlich beschädigt, wird bestraft:

mit Haft nicht über einem Monat oder mit Geldstrafe nicht über hundert Rubel.

Übersteigt der verursachte Schaden fünfhundert Rubel, so wird der Schuldige bestraft:

mit Haft nicht über drei Monaten oder mit Geldstrafe nicht über dreihundert Rubel.

Ist jedoch die Beschädigung geringfügig, so wird der Schuldige bestraft:

mit Geldstrafe nicht über fünfundzwanzig Rubel.

§ 548. Wer durch Hineinwerfen von Stoffen, die das Wasser nicht verderben können, Flüsse, Kanäle, Quellen oder Brunnen verschüttet, wird bestraft:

mit Geldstrafe nicht über fünfundzwanzig Rubel.

§ 549. Wer:

1) zur allgemeinen Benutzung dienende Land- oder Wasserkommunikationswege oder Bauwerke, oder Gegenstände, die zur allgemeinen Benutzung dienen und staatliches oder öffentliches Gut bilden, vorsätzlich beschädigt;

2) Grenz-, Mark-, Anmeldungs- oder Aufsuchungszeichen, oder bei der Vornahme von Regierungs- oder von der Regierung erlaubten Untersuchungen über Herstellung von Kommunikationswegen angebrachte, oder zur staatlichen Aufmessung einer Gegend aufgestellte Zeichen vorsätzlich beschädigt oder verrückt;

3) fremde Obstgärten, Weinberge oder Saaten vorsätzlich beschädigt,

wird bestraft:

mit Haft oder mit Geldstrafe nicht über fünfhundert Rubel.

Ist diese Beschädigung geringfügig, so wird der Schuldige bestraft:

mit Geldstrafe nicht über fünfzig Rubel.

§ 550. Wer:

1) mit Erlaubnis der Regierung errichtete Denkmäler;

2) kaiserlichen Schlössern oder öffentlichen Bibliotheken, Museen oder sonstigen staatlichen oder öffentlichen Bewahrungsstätten gehörende Gegenstände der Wissenschaften oder Künste;

3) zur Landesverteidigung dienende oder eingerichtete Bauten;

4) staatliche oder öffentliche Niederlagen von Verpflegungsgegenständen oder Niederlagen militärischer Vorräte, Vorrichtungen oder sonstiger Militärsachen;

5) als Mittel der Kommunikation, der Bewässerung oder der Vorbeugung von Überschwemmungen dienende hydrotechnische Bauwerke von bedeutendem Wert;

6) notorisch zum Schutze der persönlichen Freiheit aufgestellte Warnungszeichen;

7) fremde unbewohnte Gebäude oder Schiffe;

8) fremdes Vieh durch Vergiftung von Tränken oder Futtervorräten oder durch Mitteilung von Seuchen;

9) Fische in fremden Gewässern durch Vergiftung des Wassers;

10) Weinreben in fremden Weinbergen durch deren Ansteckung mit Reblauskrankheit

beschädigt, wird bestraft:

mit Gefängnis.

Der Versuch ist strafbar.

Derselben Bestrafung unterliegt derjenige, welcher notorisch zum Schutze der persönlichen Sicherheit aufgestellte Warnungszeichen verrückt.

§ 551. Wer zur allgemeinen Benutzung dienende Wasser-, Gas-, Naphta- oder Elektrizitätsleitungsvorrichtungen oder fremde Manufakturen oder Fabriken in Tätigkeit setzende Vorrichtungen beschädigt, wird, falls diese Beschädigung die Einstellung der Tätigkeit der Vorrichtungen verursacht oder die persönliche Sicherheit oder die Vermögensintegrität bedroht, bestraft:

mit Gefängnis.

§ 552. Wer:

1) fremde Dokumente, die als Beglaubigungen der Entstehung, Veränderung oder Erlöschung von Rechten oder Verpflichtungen dienen können;

2) fremde, in der Verwaltung einer Post- und Telegraphenanstalt befindliche postalische oder telegraphische Korrespondenz;

3) zu den Aktenstücken von Regierungs- oder öffentlichen Anstalten gehörende Dokumente

beschädigt, wird bestraft:

mit Korrektionshaus oder mit Gefängnis.

Derselben Bestrafung unterliegt derjenige, welcher solche Dokumente oder Korrespondenz verheimlicht oder sich aneignet.

Der Versuch ist strafbar.

Ist der verursachte Schaden geringfügig oder hat der Schuldige die verheimlichten oder angeeigneten Dokumente oder Korrespondenz vor der Verkündung eines Urteils, einer Resolution oder eines Schuldigkeitsspruches freiwillig zurückgegeben, ohne daß deren Verheimlichung oder Aneignung schädliche Folgen verursacht, so wird der Schuldige bestraft:

mit Haft.

§ 553. Wer:

1) eine Kirche oder ein christliches Bethaus;

2) einer Kirche gehörende Heilige Kreuze, Heilige Reliquien, Heilige Bilder oder andere von der orthodoxen oder einer anderen christlichen Kirche als heilig verehrte Gegenstände, falls diese Gegenstände in einer Kirche, Kapelle oder in einem christlichen Bethaus sich befinden;

3) in öffentlichen Orten aufgestellte Heilige Kreuze oder Heilige Bilder

ohne Absicht der Beleidigung des Heiligtums beschädigt, wird bestraft:

mit Korrektionshaus oder mit Gefängnis.

Der Versuch ist strafbar.

§ 554. Wer Gräber oder Grabmäler ohne Absicht der Beschimpfung der Verstorbenen beschädigt, wird bestraft:

mit Gefängnis.

Der Versuch ist strafbar.

§ 555. Wer:

1) fremde bewohnte Gebäude oder Schiffe oder solche unbewohnten Gebäude, Schiffe oder sonstige Räumlichkeiten, in welchen zu jener Zeit notorisch ein Mensch sich befand, dessen Leben durch die Beschädigung gefährdet wurde;

2) fremde Gruben, Bergwerke oder Naphtaquellen;

3) um dem Löschen eines Brandes oder der Rettung der Umkommenden entgegenzuwirken, fremde Lösch- oder Rettungsgerätschaften;

4) zum Schutze der persönlichen Sicherheit der in Manufakturen, Fabriken, Bergwerken oder an Bau- oder Erdarbeiten arbeitenden notorisch dienende fremde Vorrichtungen oder Bauwerke

beschädigt, wird bestraft:

mit Korrektionshaus nicht über drei Jahren.

Der Versuch ist strafbar.

§ 556. Wer zur Benutzung der Allgemeinheit oder der Regierung dienende Telegraphen- oder Fernsprechanlagen oder zur Privatbenutzung dienende Telegraphen- oder Fernsprechanlagen von bedeutendem Wert beschädigt, wird, falls diese Beschädigung eine Unterbrechung der Tätigkeit jener Anlagen verursacht, bestraft:

mit Gefängnis.

Wird diese Beschädigung von Telegraphen- oder Fernsprechanlagen begangen, um die Übergabe von Regierungsmitteilungen aufzuhalten, so wird der Schuldige bestraft:

mit Korrektionshaus.

Der Versuch ist strafbar.

§ 557. Wer zur allgemeinen Benutzung dienende Wasserwege, Schleusen, Wasserabschläge, Dämme, Brücken oder sonstige zum Übersetzen, zur Schiffahrt oder zur Vorbeugung von Überschwemmungen dienende Bauwerke beschädigt, wird, falls diese Beschädigung eine Überschwemmung oder eine Unterbrechung der Kommunikation verursacht, bestraft:

mit Gefängnis.

Wird durch solche Beschädigung ein Menschenleben gefährdet, so wird der Schuldige bestraft:

mit Korrektionshaus.

§ 558. Wer durch Beschädigung:

1) der Eisenbahnlinie oder des Betriebsmaterials einer Eisenbahn;

2) eines Dampfers oder Seeschiffes;

3) eines zur Sicherheit des Eisenbahnverkehrs oder der Schiffahrt festgesetzten Warnungszeichens,

die Sicherheit des Verkehrs auf den Eisenbahnen oder auf dem Wasser stört, wird bestraft:

mit Korrektionshaus oder mit Gefängnis.

Überdies ist es dem Gericht anheimgestellt, dem Schuldigen das Recht bei der Eisenbahn, an einem Wasserwege, auf einem Dampfer oder Seeschiff angestellt zu sein, ebenso Erbauer oder Übernehmer bei der Ausführung von Eisenbahn-, Dampfer- oder Seeschiffsbauarbeiten zu sein, für die Dauer von einem bis zu fünf Jahren zu entziehen.

Verunglückte infolge dieser Beschädigung ein Eisenbahnzug, ein Dampfer oder ein Seeschiff, so wird der Schuldige bestraft:

mit Zwangsarbeit nicht über acht Jahren.

Wird jedoch diese Beschädigung begangen, um die Verunglückung eines Eisenbahnzuges, eines Dampfers oder eines Seeschiffes zu verursachen, so wird der Schuldige bestraft:

in den in Abs. 1 dieses Paragraphen bezeichneten Fällen —

mit Zwangsarbeit nicht über zehn Jahren;

in dem in Abs. 3 dieses Paragraphen bezeichneten Falle —

mit lebenslänglicher Zwangsarbeit oder mit Zwangsarbeit nicht unter zehn Jahren.

§ 559. Den im § 558 bestimmten Bestrafungen nach den in ihm bezeichneten Grundsätzen unterliegt derjenige, welcher:

1) durch falsche Abgabe der zur Sicherheit des Eisenbahnverkehrs oder der Schiffahrt dienender Zeichen die Sicherheit des Verkehrs auf den Eisenbahnen oder auf dem Wasser stört;

2) im Dienste der Eisenbahn, an Wasserwegen, auf Dampfern oder Seeschiffen stehend, durch Nichtbefolgung der durch das Gesetz oder eine verbindliche Verordnung zur Sicherheit des Eisenbahnverkehrs oder der Schiffahrt festgesetzten Bestimmungen die Sicherheit des Verkehrs auf den Eisenbahnen oder auf dem Wasser stört.

§ 560. Erbauer von Eisenbahnen, Dampfern oder Seeschiffen, Eisenbahn-Direktions- oder Verwaltungsmitglieder oder sonstige, die Erbauung, Ausbesserung oder Exploitierung der Eisenbahnen oder deren Betriebsmaterials, der Dampfer oder der Seeschiffe verwaltenden, leitenden oder überwachenden Personen, welche notorisch untaugliche Materialien oder Materialien in ungenügender Quantität verwenden, oder solche Verwendung zulassen, oder wissentlich die technischen Bestimmungen nicht befolgen, oder deren Nichtbefolgung zulassen, oder die zur Erhaltung der Eisenbahnen oder deren Betriebsmaterials, der Dampfer oder der Seeschiffe in verkehrssicherem Zustande notwendigen Maßregeln zu treffen unterlassen, werden, wenn diese Handlungen die Sicherheit des Eisenbahnverkehrs oder der Schiffahrt stören, bestraft:

mit Korrektionshaus oder mit Gefängnis.

Verunglückt infolge dieses Vergehens ein Eisenbahnzug, ein Dampfer oder ein Seeschiff, so wird der Schuldige bestraft:

mit Zwangsarbeit nicht über acht Jahren oder mit Korrektionshaus.

Derselben Bestrafung nach denselben Grundsätzen unterliegen Abnehmer von Eisenbahnbauten oder von Eisenbahnbetriebsmaterial, von Dampfern oder Seeschiffen, welche sie in notorisch unbefriedigendem, für Eisenbahnverkehr oder Schiffahrt gefährlichem Zustande als taugliche abnehmen.

§ 561. Techniker oder Großübernehmer, welche bei der Ausführung eines Gebäudes oder eines Bauwerkes untaugliche Materialien oder Materialien in ungenügender Quantität verwenden oder die technischen Bestimmungen nicht befolgen, werden, falls diese Handlung die Zerstörung des Gebäudes, des Bauwerkes oder der Teile derselben zur Folge hat, bestraft:

mit Gefängnis.

Überdies ist es dem Gericht anheimgestellt, dem Schuldigen das Recht, Bauarbeiten auszuführen oder im Großen zu übernehmen, für die Dauer von einem bis zu fünf Jahren zu entziehen und das Urteil zu veröffentlichen.

§ 562. Wer fremdes Vermögen durch Inbrandsetzen, Sprengen oder Unterwassersetzen beschädigt, wird bestraft:

mit Gefängnis.

Werden auf diese Weise fremde Waldungen, Gärten, landwirtschaftliche Saaten auf dem Halm, Torfmoore, Naphtaquellen, Niederlagen von Bau- und Brennholz, Waren, landwirtschaftlichen Erzeugnissen, Verpflegungsmitteln, explodierenden oder leicht entzündbaren Stoffen oder Explosionsvorrichtungen, unbewohnte Gebäude oder Schiffe beschädigt, so wird der Schuldige bestraft:

mit Zwangsarbeit nicht über acht Jahren.

Droht jedoch notorisch diese Beschädigung, nach der Beschaffenheit und der Lage der Gegenstände oder nach den Umständen der Begehung der Handlung, mit der Gefahr der Ausdehnung des Brandes, der Sprengung oder der Unterwassersetzung auf die im § 563 genannten Gebäude, Schiffe, Räumlichkeiten oder Orte, so wird der Schuldige bestraft:

mit Zwangsarbeit nicht über acht Jahren.

In dem im Abs. 3 dieses Paragraphen bezeichneten Falle unterliegt der Schuldige der in jenem Absatz bestimmten Bestrafung auch wenn die beschädigten Gegenstände sein Eigentum bilden.

Der Versuch ist strafbar.

§ 563. Wer:

1) Kirchen oder christliche Bethäuser;

2) Räumlichkeiten einer Regierungs- oder öffentlichen Anstalt, öffentlicher Bibliotheken oder Museen oder sonstiger staatlichen oder öffentlichen Bewahrungsstätten für Gegenstände der Wissenschaften oder Künste;

3) bewohnte Gebäude oder Schiffe, Bergwerke oder Gruben oder solche unbewohnten Gebäude, Schiffe, Räumlichkeiten oder sonstige Orte, in welchen zu jener Zeit notorisch ein Mensch sich befand, dessen Leben gefährdet wurde,

durch Inbrandsetzen, Sprengen oder Unterwassersetzen beschädigt, wird bestraft:

mit zeitiger Zwangsarbeit.

Wird diese Beschädigung auf Verabredung mehrerer Personen und dabei gleichzeitig an verschiedenen Stellen einer Stadt oder Ansiedelung begangen, so wird der Schuldige bestraft:

mit lebenslänglicher Zwangsarbeit.

§ 564. Wer:

1) um die Verunglückung eines Eisenbahnzuges zu verursachen, eine Beschädigung der Eisenbahn, ihres Betriebsmaterials oder eines zur Sicherheit des Eisenbahnverkehrs festgesetzten Zeichens;

2) um die Verunglückung eines Dampfers oder eines Seeschiffes zu verursachen, eine Beschädigung des Dampfers, oder des Seeschiffes oder eines zur Sicherheit der Schiffahrt festgesetzten Zeichens;

3) eine im § 563 vorgesehene Beschädigung

vorbereitet, oder an einer Verbindung, die sich zu deren Begehung gebildet hat, teilnimmt, wird bestraft:

mit Gefängnis.

§ 565. Wer:

1) zur Benutzung der Allgemeinheit oder der Regierung dienende Telegraphen- oder Fernsprechanlagen fahrlässig beschädigt, wird, falls diese Beschädigung eine Unterbrechung der Tätigkeit dieser Anlagen verursacht;

2) einen der im § 557 genannten Gegenstände fahrlässig beschädigt, wird, falls diese Beschädigung eine Überschwemmung oder eine Kommunikationsunterbrechung verursacht,

bestraft:

mit Haft nicht über drei Monaten oder mit Geldstrafe nicht über dreihundert Rubel.

§ 566. Wer eine die Sicherheit des Verkehrs auf den Eisenbahnen oder auf dem Wasser störende Beschädigung:

1) einer Eisenbahnlinie oder des Betriebsmaterials einer Eisenbahn;

2) eines Dampfers oder eines Seeschiffes;

3) eines zur Sicherheit des Eisenbahnverkehrs oder der Schiffahrt festgesetzten Zeichens

fahrlässig verursacht, wird bestraft:

mit Haft oder mit Geldstrafe nicht über fünfhundert Rubel.

Hat dieses die Verunglückung eines Eisenbahnzuges, eines Dampfers oder eines Seeschiffes zur Folge, so wird der Schuldige bestraft:

mit Gefängnis.

Überdies ist es dem Gericht anheimgestellt, dem Schuldigen das Recht bei der Eisenbahn, an einem Wasserwege, auf einem Dampfer oder Seeschiff angestellt zu sein, ebenso Erbauer oder Übernehmer bei der Ausführung von Eisenbahn-, Dampfer- oder Seeschiffsbauarbeiten zu sein, für die Dauer von einem bis zu fünf Jahren zu entziehen.

§ 567. Den im § 566 bestimmten Bestrafungen nach den in ihm bezeichneten Grundsätzen unterliegen:

1) diejenigen, welche durch fahrlässige falsche Abgabe der zur Sicherheit des Eisenbahnverkehrs und der Schiffahrt dienender Zeichen die Sicherheit des Verkehrs auf den Eisenbahnen oder der Schiffahrt stören;

2) diejenigen, welche im Dienste der Eisenbahn, an Wasserwegen, auf Dampfern oder Seeschiffen stehend, durch fahrlässige Nichtbefolgung der durch das Gesetz oder eine verbindliche Verordnung zur Sicherheit des Eisenbahnverkehrs oder der Schiffahrt festgesetzten Bestimmungen, die Sicherheit des Verkehrs auf den Eisenbahnen oder auf dem Wasser stören;

3) die im § 560 bezeichneten Personen, welche bei der Erbauung, Ausbesserung oder Exploitierung der Eisenbahnen oder deren Betriebsmaterials, der Dampfer oder der Seeschiffe, oder bei der Überwachung solcher Erbauung, Ausbesserung oder Exploitierung, aus Fahrlässigkeit: untaugliche Materialien oder Materialien in ungenügender Quantität verwenden, oder solche Verwendung zulassen, oder die

technischen Bestimmungen nicht befolgen oder deren Nichtbefolgung zulassen, oder die zur Erhaltung der Eisenbahnen oder deren Betriebsmaterials, der Dampfer oder der Seeschiffe in verkehrssicherem Zustande notwendigen Maßregeln zu treffen unterlassen, oder welche Eisenbahnbauten oder Eisenbahnbetriebsmaterial, Dampfer oder Seeschiffe aus Fahrlässigkeit in unbefriedigendem Zustande abnehmen, wenn dieses die Sicherheit des Eisenbahnverkehrs oder der Schiffahrt stört.

§ 568. Wer die im § 562 Abs. 2 und im § 563 genannten Gegenstände durch Inbrandsetzen, Sprengen oder Unterwassersetzen fahrlässig beschädigt, wird, falls wegen der Nichtbefolgung der Bestimmungen über den Umgang mit Feuer oder explodierenden Stoffen keine schwerere Bestrafung festgesetzt ist, bestraft:

mit Haft oder mit Geldstrafe nicht über fünfhundert Rubel.

§ 569. Die in den §§ 565 bis 568 vorgesehenen fahrlässigen Handlungen werden nicht als strafbar erachtet, falls vom Schuldigen selbst oder auf seine Weisung die durch seine Handlung verursachte, in jenen Paragraphen bezeichnete Gefahr beseitigt, oder die Wirksamkeit des Feuers, der Explosion oder der Unterwassersetzung gleich am Anfang gehemmt wird.

§ 570. Wer eine von ihm zufällig angerichtete Beschädigung eines Weges, die den Verkehr auf diesem Wege gefährdet, oder eines Warnungszeichens dem Eisenbahnwächter oder einer sonstigen die Sicherheit der Land- oder Wasserkommunikationswege überwachenden Person zu melden unterläßt oder nicht rechtzeitig meldet, wird bestraft:

mit Haft nicht über drei Monaten oder mit Geldstrafe nicht über dreihundert Rubel.

Einunddreißigstes Kapitel.

Nichtanzeige eines Fundes, Aneignung fremden Vermögens und Vertrauensmißbrauch.

§ 571. Wer:

1) von ihm gefundenes unbekannt wem gehörendes Vermögen im Werte von mehr als drei Rubel;

2) zugelaufenes unbekannt wem gehörendes Vieh, welches sich seiner Herde anschließt oder auf seinem Grunde vorgefunden wird,

in festgesetzter Ordnung anzuzeigen unterläßt, wird bestraft:

mit Geldstrafe nicht über zehn Rubel.

§ 572. Wer:

1) von ihm gefundenes oder bei ihm vergessenes unbekannt wem gehörendes Vermögen im Werte von mehr als drei Rubel;

2) unbekannt wem gehörendes zugelaufenes Vieh

vorsätzlich zurückhält, um es zu seinem Eigentum zu machen oder es vorsätzlich veruntreut, wird bestraft:

mit Geldstrafe im Werte des Angeeigneten, jedoch nicht über hundert Rubel.

§ 573. Wer:

1) einen in fremdem Grunde von ihm gefundenen Schatz;

2) von ihm gefundenes oder bei ihm vergessenes fremdes Vermögen oder zugelaufenes Vieh, deren Herr ihm zur Zeit der Begehung der Aneignung bekannt ist,

sich aneignet, wird bestraft:

mit Geldstrafe nicht über dem dreifachen Wert des Vermögens, jedoch nicht über dreihundert Rubel, oder mit Haft nicht über drei Monaten.

War jedoch dem Schuldigen bekannt, daß der Herr nach diesem Vermögen sucht oder verlangte er dessen Rückgabe vom Schuldigen, so wird der Schuldige bestraft:

mit Gefängnis nicht über sechs Monaten.

§ 574. Wer ihm anvertrautes fremdes bewegliches Vermögen sich aneignet, wird bestraft:

mit Gefängnis nicht unter drei Monaten.

Übersteigt der Wert des Angeeigneten fünfhundert Rubel, so wird der Schuldige bestraft:

mit Korrektionshaus.

Übersteigt der Wert des Angeeigneten keine fünfzig Kopeken oder hat der Schuldige das Angeeignete vor der Verkündung eines Urteils, einer Resolution oder eines Schuldigkeitsspruches freiwillig zurückgegeben oder auf sonstige Weise den Verletzten befriedigt, so wird der Schuldige bestraft:

mit Gefängnis nicht über sechs Monaten.

Wird jedoch die im Abs. 3 dieses Paragraphen vorgesehene Aneignung aus Leichtsinn begangen, so wird der Schuldige bestraft:

mit Haft.

§ 575. Der Inhaber, Verwalter oder Angestellte eines Bankiergeschäftes oder einer Wechselstube, ebenso jeder, der überhaupt mit Annahme fremden beweglichen Vermögens zur Aufbewahrung, zum Pfand oder zur Vornahme irgend welcher sonstigen Operationen sich beschäftigt, welcher solches ihm anvertrautes Vermögen sich aneignet, wird bestraft:

mit Korrektionshaus.

§ 576. Der von einer Regierungs- oder öffentlichen Obrigkeit zur Hülfeleistung an infolge eines Brandes, eines Mangels an Volksverpflegung oder einer sonstigen öffentlichen Not notleidende Bevollmächtigte, welcher:

1) an die Notleidenden zu verteilendes Vermögen sich aneignet;

2) aus dem an die Notleidenden zu verteilenden Vermögen in gewinnsüchtiger Absicht Personen Unterstützung gewährt, die kein Recht zur Erhaltung dieser haben,

wird bestraft:

mit Korrektionshaus.

§ 577. Der durch eine schriftliche oder sonstige gesetzliche Vollmacht für fremdes Vermögen oder Vermögensinteresse zu sorgen verpflichtete, welcher seine Vollmacht wissentlich zum Schaden des ihm anvertrauten Vermögens oder Vermögensinteresses gebraucht, wird, falls durch diesen Mißbrauch Schaden verursacht wird, bestraft:

mit Gefängnis nicht unter drei Monaten.

Übersteigt der verursachte Schaden fünfhundert Rubel oder wird dieser Mißbrauch von einem Vormund zum Schaden des Mündels begangen, so wird der Schuldige bestraft:

mit Korrektionshaus.

Dieser letzteren Bestrafung unterliegt auch ein Vormund, welcher in seiner vormundschaftlichen Verwaltung befindliches fremdes bewegliches Vermögen sich aneignet.

§ 578. Der in mit Erlaubnis der Regierung gegründeten Wohltätigkeits- oder Kreditanstalten, Versicherungsgesellschaften auf Gegenseitigkeit, Anteilgenossenschaften oder Aktiengesellschaften angestellte oder in deren Dienst stehende, welcher seine Dienststellung wissentlich zum Schaden des ihm dienstlich zur Fürsorge anvertrauten Vermögens oder Vermögensinteresses gebraucht, wird, falls durch diesen Mißbrauch Schaden verursacht wird, bestraft:

mit Korrektionshaus.

Ist jedoch der Schaden so beträchtlich, daß der Krone bedeutender Nachteil erwächst, oder daß die Geschäfte einer Kreditanstalt in Zerrüttung oder Verfall geraten oder daß viele Personen ruiniert werden, so wird der Schuldige bestraft:

mit Zwangsarbeit nicht über acht Jahren.

Denselben Bestrafungen nach denselben Grundsätzen unterliegen die in diesem Paragraphen bezeichneten Personen, welche bei ihnen dienstlich sich befindendes Vermögen sich aneignen oder unter ihrer Dienstaufsicht sich befindendes Vermögen stehlen.

In diesem letzteren Falle ist auch der versuchte Diebstahl strafbar.

§ 579. Verwalter oder Geschäftsführer mit Erlaubnis der Regierung gegründeter Kreditanstalten, Versicherungsgesellschaften auf Gegenseitigkeit, Anteilgenossenschaften oder Aktiengesellschaften, welche:

1) das Vermögen solcher Anstalten, Genossenschaften oder Gesellschaften für Operationen verwenden, die durch die Statuten jener nicht erlaubt sind;

2) von der Regierung für die Bedürfnisse der Unternehmungen erhaltene Kapitalien nicht ihrer Bestimmung gemäß verwenden,

werden, wenn auch diese Handlungen in Erfüllung von Beschlüssen solcher Anstalten, Genossenschaften oder Gesellschaften begangen wurden, bestraft:

mit Gefängnis.

Haben solche Handlungen die Zahlungseinstellung oder Bankrotterklärung der erwähnten Anstalten, Genossenschaften oder Gesellschaften zur Folge, so wird der Schuldige bestraft:

mit Korrektionshaus.

Derselben Bestrafung nach denselben Grundsätzen unterliegen die in diesem Paragraphen genannten Personen, welche die von der Regierung für die Bedürfnisse der Unternehmungen erhaltenen Kapitalien nicht nur nicht ihrer Bestimmung gemäß, sondern auch überhaupt nicht für Bedürfnisse der Unternehmungen verwenden.

§ 580. Gründer von Aktiengesellschaften oder Verwalter oder Geschäftsführer mit Erlaubnis der Regierung gegründeter Kreditanstalten, Versicherungsgesellschaften auf Gegenseitigkeit, Anteilgenossenschaften oder Aktiengesellschaften, welche:

1) bei der Nachsuchung der Erlaubnis zur Eröffnung der Aktiengesellschaften der Regierung über die gegründete Unternehmung wissentlich falsche Mitteilungen machen, falls solche Mitteilungen den Aktionären Schaden zufügen können;

2) über den Stand der Geschäfte oder der Rechnungen der Anstalten, Genossenschaften oder Gesellschaften in Publikationen, Berichten, Bilanzen oder Handelsbüchern wissentlich falsche Angaben machen;

3) wissentlich falsche Rechnungen über die Berechnung und Verteilung der Dividende vorlegen;

4) nicht den Statuten oder den hierfür festgesetzten Bestimmungen gemäß sichergestellte Schuldverschreibungen oder Pfandbriefe, oder ohne den Empfang entsprechender Einlagen Einlagescheine ausgeben;

5) Schuldverschreibungen oder sonstige Wertpapiere in einem die gegebene Erlaubnis übersteigenden Betrag ausgeben,

werden, wenn auch diese Handlungen in Erfüllung von Beschlüssen solcher Anstalten, Genossenschaften oder Gesellschaften begangen wurden, bestraft:

mit Korrrektionshaus.

Derselben Bestrafung unterliegen die die Ausgabe von Schuldverschreibungen oder sonstigen Wertpapieren leitenden Angestellten landschaftlicher, städtischer oder sonstiger Anstalten, welche die in den Ziff. 4 oder 5 dieses Paragraphen vorgesehenen strafbaren Handlungen begehen.

Zweiunddreißigstes Kapitel.

Diebstahl, Raub und Erpressung.

§ 581. Wer fremdes bewegliches Vermögen heimlich oder offen entwendet, in der Absicht, es sich anzueignen, wird wegen dieses Diebstahls bestraft:

mit Gefängnis nicht unter drei Monaten.

Wird der Diebstahl mit besonderer Frechheit; unter Vertrauensbruch; mittels Beseitigung von Hindernissen oder Verschlüssen, die den Eintritt in Höfe, Gebäude oder sonstige Räumlichkeiten oder Behältnisse verwehren; während der Bewegung eines Eisenbahnzuges oder während seines Anhaltens; zur Nachtzeit, falls das Entwendete notorisch ein zur Ernährung des Verletzten notwendiges Mittel bildete,

begangen, so ist es dem Gerichte anheimgestellt, die Dauer der Gefängnisstrafe bis auf zwei Jahre zu erhöhen.

Übersteigt der Wert des Entwendeten fünfhundert Rubel, so wird der Schuldige bestraft:

mit Korrektionshaus.

Übersteigt jedoch der Wert des Entwendeten keine fünfzig Kopeken oder hat der Schuldige vor Verkündung eines Urteils, einer Resolution oder eines Schuldigkeitsspruches das Entwendete freiwillig zurückgegeben oder auf sonstige Weise den Verletzten befriedigt oder wird der Diebstahl infolge äußerster Umstände begangen, so wird der Schuldige bestraft:

mit Gefängnis nicht über sechs Monaten.

Denselben Bestrafungen nach denselben Grundsätzen unterliegt derjenige, wecher die im § 552 bezeichneten Dokumente oder Korrespondenzen heimlich oder offen entwendet, in der Absicht, sie sich anzueignen.

Der Versuch ist strafbar.

§ 582. Wer:

1) Vermögen aus aufgegrabenen oder überhaupt zu dessen Entwendung beschädigten Gräbern;

2) durch einen Brand, eine Überschwemmung, einen Schiffbruch oder eine sonstige öffentliche Not gefährdetes Vermögen mittels Entwendung während solcher Not;

3) der Krone gehörende Militärwaffen, Patronen, Pulver oder andere zu den Angriffs- oder Verteidigungsmitteln gehörenden Gegenstände gewerbsmäßig, oder wenn auch nicht gewerbsmäßig, so doch aus Niederlagen oder militärischen Bewahrungsstätten oder Räumlichkeiten

stiehlt, wird bestraft:

mit Korrektionshaus.

Der Versuch ist strafbar.

§ 583. Wer aus bewohnten Gebäuden, Schiffen oder sonstigen Räumlichkeiten, oder aus unbewohnten Räumlichkeiten, während in ihnen notorisch Menschen sich befinden, oder aus umzäunten Höfen bewohnter Gebäude stiehlt, wird:

1) falls er sich mit Waffen oder mit Angriffs- oder Verteidigungswerkzeugen versieht;

2) falls der Diebstahl zur Nachtzeit geschieht und er dabei in diese Räumlichkeiten oder Höfe mittels Beschädigung der den Eintritt in dieselben verwehrenden Hindernisse oder Verschlüsse eindringt,

bestraft:

mit Korrektionshaus.

Der Versuch ist strafbar.

§ 584. Wird ein Diebstahl:

1) zur Nachtzeit von mehreren mit Waffen oder Angriffs- oder Verteidigungswerkzeugen versehenen Personen aus bewohnten Gebäuden, Schiffen oder sonstigen Räumlichkeiten oder aus unbewohnten Räumlichkeiten, während in ihnen notorisch Menschen sich befinden, oder aus umzäunten Höfen bewohnter Gebäude, falls der Schuldige in diese Räumlichkeiten oder Höfe mittels Beschädigung der den Eintritt in dieselben verwehrenden Hindernisse oder Verschlüsse eindringt;

2) bandenmäßig

begangen, so wird der Schuldige bestraft:

mit Korrektionshaus nicht unter drei Jahren.

Der Versuch ist strafbar.

§ 585. Wer Pferde stiehlt, wird, falls er gewerbsmäßig Pferdediebstahl betreibt, bestraft:

mit Korrektionshaus nicht unter drei Jahren.

Wird jedoch dieser Diebstahl vom Schuldigen, nach Verbüßung der Strafe für einen gleichen Pferdediebstahl, dabei vor dem Ablauf von fünf Jahren seit dem Tage der Verbüßung der Strafe wegen desselben, begangen, so wird der Schuldige bestraft:

mit Zwangsarbeit nicht über acht Jahren.

Der Versuch ist strafbar.

§ 586. Wer nach zweimaliger Verbüßung von Strafen wegen Diebstahls, Raubes, Erpressung oder Betruges, und dabei vor dem Ablauf von fünf Jahren seit dem Tage der Verbüßung der Strafe wegen einer dieser strafbaren Handlungen, einen im § 581 Abs. 1 oder 2 vorgesehenen Diebstahl begeht, wird bestraft:

mit Korrektionshaus nicht über drei Jahren.

Der Versuch ist strafbar.

§ 587. Wer nach mindestens dreimaliger Verbüßung von Strafen wegen Diebstahls, Raubes, Erpressung oder Betruges, und dabei vor dem Ablauf von fünf Jahren seit dem Tage der Verbüßung der Strafe wegen einer dieser strafbaren Handlungen, einen Diebstahl begeht, wird bestraft:

mit Korrektionshaus nicht unter drei Jahren.

Hat jedoch der Schuldige wegen irgend einer der angegebenen strafbaren Handlungen keine geringere Strafe als Korrektionshaus verbüßt und erkennt das Gericht, daß er wegen des vor Ablauf derselben Frist von neuem begangenen Diebstahls ebenfalls keiner geringeren Strafe als Korrektionshaus unterliegt, so wird er bestraft:

mit Zwangsarbeit nicht über acht Jahren.

Der Versuch ist strafbar.

§ 588. Wer einer Kirche gehörende:

1) Heilige Kreuze, Heilige Reliquien, Heilige Bilder oder andere von der orthodoxen oder einer anderen christlichen Kirche als heilig verehrte Gegenstände;

2) durch Gebrauch bei dem Gottesdienst geheiligte Gegenstände stiehlt, wird, falls er keiner schwereren Bestrafung wegen Beleidigung des Heiligtums unterliegt und dieser Diebstahl aus einer Kirche, Sakristei oder einem christlichen Bethaus begangen wird, bestraft:

in dem in Ziff. 1 dieses Paragraphen bezeichneten Falle —
mit Zwangsarbeit nicht über acht Jahren;

in dem in Ziff. 2 dieses Paragraphen bezeichneten Falle —
mit Korrektionshaus nicht unter drei Jahren;

Wird jedoch dieser Diebstahl aus einer kirchlichen Aufbewahrungsstätte oder aus einem sonstigen Ort begangen, wobei aber dem Schuldigen bekannt war, daß das Entwendete einer Kirche gehört, so wird er bestraft:

in dem in Zif. 1 dieses Paragraphen bezeichneten Falle —
mit Korrektionshaus;

in dem in Zif. 2 dieses Paragraphen bezeichneten Falle —
mit Korrektionshaus nicht über drei Jahren.

Denselben Bestrafungen unterliegt derjenige, welcher das ihm zum Gebrauch beim Gottesdienst anvertraute im Abs. 1 dieses Paragraphen bezeichnete Vermögen sich aneignet.

Der Versuch ist strafbar.

§ 589. Wer fremdes bewegliches Vermögen mittels Versetzung in bewußtlosen Zustand, Körperverletzung, Gewalt gegen die Person oder strafbarer Drohung entwendet, in der Absicht, es sich anzueignen, wird wegen dieses Raubes bestraft:

mit Korrektionshaus nicht unter drei Jahren.

Wird der Raub:

1) mittels einer sehr schweren oder einer schweren Körperverletzung;

2) in einer Kirche;

3) auf offener See;

4) von mehreren Personen, die in bewohnte Gebäude oder sonstige Räumlichkeiten zu diesem Zwecke eindringen;

5) von einer mit Waffen oder Angriffs- oder Verteidigungswerkzeugen versehenen Person;

6) bandenmäßig;

7) von einer Person, welche mindestens dreimal Strafen wegen Diebstahls, Raubes, Erpressung oder Betruges verbüßt hat, und dabei vor dem Ablauf von fünf Jahren seit dem Tage der Verbüßung der Strafe wegen einer dieser strafbaren Handlungen

begangen, so wird der Schuldige bestraft:

mit zeitiger Zwangsarbeit.

Denselben Bestrafungen nach denselben Grundsätzen unterliegt derjenige, welcher unter den in diesem Paragraphen vorgesehenen Umständen die im § 552 bezeichneten Dokumente oder Korrespondenzen entwendet.

Der Versuch ist strafbar.

§ 590. Wer, um sich oder einem Anderen einen Vermögensvorteil zu verschaffen durch Körperverletzung, Gewalt gegen die Person oder strafbare Drohung zur Abtretung eines Vermögensrechtes oder zur Eingehung eines sonstigen unvorteilhaften Vermögensgeschäfts nötigt, wird wegen dieser Erpressung bestraft:

mit Korrektionshaus.

Wird die Erpressung:

1) mittels einer sehr schweren oder schweren Körperverletzung;

2) von mehreren Personen, die in bewohnte Gebäude oder sonstige Räumlichkeiten zu diesem Zweck eindringen;

3) von einer mit Waffen oder Angriffs- oder Verteidigungswerkzeugen versehenen Person;

4) bandenmäßig;

5) von einer Person, welche mindestens dreimal Strafen wegen Diebstahls, Raubes, Erpressung oder Betruges verbüßt hat, und dabei vor dem Ablauf von fünf Jahren seit dem Tage der Verbüßung der Strafe wegen einer dieser strafbaren Handlungen

begangen, so wird der Schuldige bestraft:

mit Zwangsarbeit nicht über acht Jahren.

Der Versuch ist strafbar.

Dreiunddreißigstes Kapitel.

Betrug.

§ 591. Wer:

1) fremdes bewegliches Vermögen durch Täuschung entwendet, in der Absicht, es sich anzueignen;

2) fremdes bewegliches Vermögen durch Übervorteilung beim Messen oder Wägen oder durch sonstige Täuschung über die Qualität oder die Quantität der Gegenstände beim Kauf und Verkauf oder einem sonstigen entgeltlichen Geschäft entwendet, in der Absicht, es sich anzueignen;

3) um sich oder einem Anderen einen Vermögensvorteil zu verschaffen durch Täuschung zur Abtretung eines Vermögensrechtes oder zur Eingehung eines sonstigen unvorteilhaften Vermögensgeschäfts bewegt,

wird wegen dieses Betruges bestraft:

mit Gefängnis.

Übersteigt der Schaden fünfhundert Rubel, so wird der Schuldige bestraft:

mit Korrektionshaus.

Übersteigt jedoch der Schaden keine fünfzig Kopeken, oder hat der Schuldige vor der Verkündung eines Urteils, einer Resolution oder eines Schuldigkeitsspruches das Vermögen freiwillig zurückgegeben oder auf sonstige Weise den Verletzten befriedigt, so wird der Schuldige bestraft:

mit Gefängnis nicht über sechs Monaten.

Denselben Bestrafungen nach denselben Grundsätzen unterliegt derjenige, welcher die im § 552 bezeichneten Dokumente oder Korrespondenzen durch Täuschung entwendet, in der Absicht, dieselben sich anzueignen.

Der Versuch ist strafbar.

§ 592. Wer Gegenstände als durch ein Strafgesetzverbot dem Verkehr entzogene oder als durch strafbare Handlungen erworbene anbringt, wird, falls der laut dem Geschäft vereinbarte Preis vollständig oder teilweise empfangen ist, wegen dieses Betrugs bestraft:

mit Gefängnis nicht über sechs Monaten.

Das laut dem strafbaren Geschäft vom Schuldigen empfangene Geld oder sonstige Vermögen wird eingezogen, oder ein entsprechender Betrag vom Schuldigen beigetrieben.

§ 593. Wer:

1) notorisch fremdes unbewegliches Vermögen, ohne dazu berechtigt zu sein, oder erdichtetes Vermögen verkauft oder verpfändet;

2) unbewegliches Vermögen verkauft oder verpfändet und dabei zum Nachteil des Käufers oder des Pfandnehmers auf diesem Vermögen ruhende Verbote oder Verpflichtungen verheimlicht,

wird wegen dieses Betrugs bestraft:

mit Korrektionshaus.

Der Versuch ist strafbar.

§ 594. Wer auf sein Verlangen hin die Versicherungssumme für das gegen Beschädigung versicherte Vermögen erhält, wird, falls notorisch keine Beschädigung stattfand, oder falls er verheimlichte, daß die Ursache der Beschädigung des Vermögens ihm das Recht, die Versicherungssumme zu erhalten, nimmt, wegen dieses Betrugs bestraft:

mit Korrektionshaus.

Der Versuch ist strafbar.

§ 595. Wird der Betrug:

1) durch den Schuldigen, der sich zu diesem Zweck fälschlich für einen Beamten oder für den Beauftragten eines Beamten ausgibt;

2) bandenmäßig

begangen, so wird der Schuldige bestraft:

mit Korrektionshaus.

Der Versuch ist strafbar.

§ 596. Wer nach zweimaliger Verbüßung von Strafen wegen Diebstahls, Raubes, Erpressung oder Betruges, und dabei vor dem Ablauf von fünf Jahren seit dem Tage der Verbüßung der Strafe wegen einer dieser strafbaren Handlungen, einen im § 591 vorgesehenen Betrug begeht, wird bestraft:

mit Korrektionshaus nicht über drei Jahren.

Der Versuch ist strafbar.

§ 597. Wer nach mindestens dreimaliger Verbüßung von Strafen wegen Diebstahls, Raubes, Erpressung oder Betruges, und dabei vor dem Ablauf von fünf Jahren seit dem Tage der Verbüßung der Strafe wegen einer dieser strafbarer Handlungen, einen Betrug begeht, wird bestraft:

mit Korrektionshaus nicht unter drei Jahren.

§ 598. Hat der Schuldige wegen irgend einer der angegebenen strafbaren Handlungen keine geringere Strafe als Korrektionshaus verbüßt, und erkennt das Gericht, daß er wegen des vor Ablauf derselben Frist von neuem begangenen Betruges ebenfalls keiner geringeren Strafe als Korrektionshaus unterliegt, so wird er bestraft:

mit Zwangsarbeit nicht über acht Jahren.

Der Versuch ist strafbar.

Vierunddreißigstes Kapitel.

Bankrott, Wucher und sonstige Fälle strafbarer Unredlichkeit in Vermögensangelegenheiten.

§ 599. Vom Gericht für zahlungsunfähig erklärte Schuldner, welche:

1) bei der Zahlungsunfähigkeitserklärung ihr Vermögen durch Verschweigen oder falsche Angaben über dasselbe verheimlichen, in der Absicht, die Bezahlung der Schuldner zu vermeiden;

2) nach der Zahlungsunfähigkeitserklärung, in der Absicht, die Bezahlung der Schulden zu vermeiden, die Konkursmasse verringernde Verpflichtungen über ganz oder teilweise erdichtete Schulden ausstellen, oder ihr Vermögen unentgeltlich übergeben, gerichtlich umschreiben lassen oder auf sonstige Weise verheimlichen;

3) in der Absicht, die Bezahlung der Schulden zu vermeiden, zwar vor der Zahlungsunfähigkeitserklärung, aber in der Voraussicht der Unvermeidlichkeit solcher Erklärung in naher Zukunft, Verpflichtungen über ganz oder teilweise erdichtete Schulden ausstellen oder ihr Vermögen unentgeltlich übergeben, gerichtlich umschreiben lassen oder auf sonstige Weise verheimlichen,

werden bestraft:

mit Korrektionshaus nicht über drei Jahren.

§ 600. Begeht ein gerichtlich im Wege des Handelsverfahrens für zahlungsunfähig erklärter Schuldner die im § 599 vorgesehenen strafbaren Handlungen, so wird er bestraft:

mit Korrektionshaus nicht unter drei Jahren.

Ist der Schaden so beträchtlich, daß der Krone bedeutender Nachteil erwächst, oder daß die Geschäfte einer Kreditanstalt in Zerrüttung oder Verfall geraten, oder daß viele Personen ruiniert werden, so wird der Schuldige bestraft:

mit Zwangsarbeit nicht über acht Jahren.

§ 601. Verwalter oder Geschäftsleiter öffentlicher oder privater Kreditanstalten, von Anteilgenossenschaften oder Aktiengesellschaften, welche:

1) bei der gerichtlichen Erklärung der Zahlungsunfähigkeit solcher Anstalten, Genossenschaften oder Gesellschaften, in der Absicht, diesen

zur Vermeidung der Bezahlung ihrer Schulden zu verhelfen, sich weigern, das Vermögen dieser Anstalten, Genossenschaften oder Gesellschaften dem Gericht oder der zuständigen Obrigkeit in den gesetzlich bestimmten Fällen und der gesetzlich bestimmten Ordnung anzuzeigen, oder bei dieser Anzeige über das Vermögen der Anstalten, Genossenschaften oder Gesellschaften falsche Angaben machen;

2) in der Absicht, den Anstalten, Genossenschaften oder Gesellschaften zur Vermeidung der Bezahlung ihrer Schulden zu verhelfen, nach deren Zahlungseinstellung oder Zahlungsunfähigkeitserklärung, oder zwar vor dieser Einstellung oder Erklärung, aber in der Voraussicht der Unvermeidlichkeit derselben in naher Zukunft, das Vermögen solcher Anstalten, Genossenschaften oder Gesellschaften verringernde Verpflichtungen über ganz oder teilweise erdichtete Schulden ausstellen, oder solches Vermögen unentgeltlich übergeben, gerichtlich umschreiben lassen oder auf sonstige Weise verheimlichen,

werden, falls dabei die Zahlungsunfähigkeitserklärung der Anstalten, Genossenschaften oder Gesellschaften oder Zahlungseinstellung erfolgt, bestraft:

mit Korrektionshaus nicht unter drei Jahren.

Ist der Schaden so beträchtlich, daß der Krone bedeutender Nachteil erwächst, oder daß die Geschäfte einer Kreditanstalt in Zerrüttung oder Verfall geraten, oder daß viele Personen ruiniert werden, so wird der Schuldige bestraft:

mit Zwangsarbeit nicht über acht Jahren.

§ 602. Als Teilnehmer der in den §§ 599 bis 601 vorgesehenen strafbaren Handlungen, falls diese erfolgen, werden diejenigen erachtet und bestraft, welche:

1) zu diesen Handlungen anstiften;

2) die Bezahlung notorisch unter den in den genannten Paragraphen bezeichneten Umständen ausgestellter Verpflichtungen fordern oder erhalten;

3) notorisch unter den in den genannten Paragraphen bezeichneten Umständen übergebenes Vermögen unentgeltlich, unter dem Anscheine der Entgeltlichkeit, erwerben;

4) unter den in den genannten Paragraphen bezeichneten Umständen Vermögen verheimlichen oder an solcher Verheimlichung teilnehmen.

§ 603. Im Wege des Handelsverfahrens für fahrlässig zahlungsunfähig (einfach bankrott) erklärte, welche ihre Zahlungsunfähigkeit durch leichtsinnige Führung der Handelsgeschäfte oder durch Verschwendung verursacht haben, werden bestraft:

mit Gefängnis.

Überdies ist es dem Gericht anheimgestellt, den Schuldigen das Recht, Handel zu betreiben, für die Dauer von einem bis zu fünf Jahren oder für immer zu entziehen.

§ 604. Verwalter oder Geschäftsleiter öffentlicher oder privater Kreditanstalten, von Anteilgenossenschaften oder Aktiengesellschaften, welche die Zahlungseinstellung oder die Zahlungsunfähigkeitserklärung derselben durch leichtsinnige Führung der Geschäfte solcher Anstalten, Genossenschaften oder Gesellschaften oder durch Verschwendung in diesen Geschäften verursachen, werden bestraft:

mit Gefängnis.

Überdies ist es dem Gericht anheimgestellt, den Schuldigen das Recht die in diesem Paragraphen genannten Anstalten, Genossenschaften oder Gesellschaften zu verwalten oder zu leiten, für die Dauer von einem bis zu fünf Jahren oder für immer zu entziehen.

§ 605. Verwalter oder Geschäftsleiter öffentlicher oder privater Anstalten für kurzfristigen Kredit, von Anteilgenossenschaften oder Aktiengesellschaften, welche beim Vorhandensein der Umstände, unter denen das Gesetz oder die Statuten die Liquidierung der Geschäfte der Unternehmung vorschreiben, die dem Gesetz oder den Statuten gemäß erforderlichen Maßnahmen zu dieser Liquidierung zu ergreifen unterlassen, werden bestraft:

mit Haft.

Ist die Geschäftslage der Anstalten, Genossenschaften oder Gesellschaften notorisch eine solche, bei welcher das Gesetz oder die Statuten die Anmeldung der Zahlungsunfähigkeit der Anstalten, Genossenschaften oder Gesellschaften vorschreiben, so wird derjenige, welcher diese Verpflichtung nicht erfüllt, bestraft:

mit Gefängnis.

§ 606. Wer im Besitz irgend welcher Mittel seinen Gläubiger zu befriedigen:

1) dem Gericht oder der zuständigen Obrigkeit in den gesetzlich bestimmten Fällen und der gesetzlich bestimmten Ordnung diese Mittel anzuzeigen unterläßt;

2) bei der Anzeige dieser Mittel an das Gericht oder die zuständige Obrigkeit zum Schaden des Gläubigers falsche Angaben macht,

wird bestraft:

mit Gefängnis nicht über sechs Monaten.

Derselben Bestrafung unterliegt: 1) wer dem Gericht falsche Angaben über von ihm erlittenen Verlust eines unbezahlten Wechsels macht und 2) in den Baltischen Gouvernements: wer bei der Ausstellung des Revers, in den gesetzlich bestimmten Fällen, anläßlich der Versiegelung und Inventarisierung eines Erbschaftsvermögens, oder der Eröffnung eines Aufgebotsverfahrens, falsche Angaben macht oder falsche Beglaubigungen vornimmt.

§ 607. Wer:

1) eigenes unbewegliches Vermögen, wenn es verpfändet ist, oder wenn auf demselben ein Verbot ruht, oder wenn auf demselben zwar noch kein Verbot ruht, aber die Verhängung des Verbots über dasselbe bereits von der zuständigen Obrigkeit notorisch verfügt wurde, entwertet, entgeltlich oder unentgeltlich veräußert oder verpfändet, wird, falls diese Handlungen zum Schaden eines Gläubigers oder einer

sonstigen Person, deren Rechte durch dieses Vermögen sichergestellt sind, begangen werden;

2) eigenes bewegliches Vermögen, wenn es verpfändet ist, oder wenn auf demselben ein Arrest oder ein Sequester ruht, oder wenn auf demselben zwar noch kein Arrest oder Sequester ruht, aber die Verhängung des Arrests oder des Sequesters über dasselbe bereits von der zuständigen Obrigkeit notorisch verfügt wurde, entwendet, verheimlicht, beschädigt, entgeltlich oder unentgeltlich veräußert oder verpfändet, wird, falls diese Handlungen zum Schaden eines Gläubigers oder einer sonstigen Person, deren Rechte durch dieses Vermögen sichergestellt sind, begangen werden,

bestraft:

mit Gefängnis.

§ 608. Wer Kapitalien auf übermäßige Zinsen verleiht, wird:

1) falls der Kreditnehmer durch die bedrängten Verhältnisse, in den er sich, wie dem Verleiher bekannt, befindet, die Bedingungen des Darlehns anzunehmen oder fortbestehen zu lassen genötigt ist, die äußerst drückend oder durch ihre Folgen lästig sind;

2) falls die Gewährung von Darlehen seine Beschäftigung bildet, und er die Übermäßigkeit der Zinsen durch ihre Einbeziehung in die Kapitalsumme unter dem Scheine von Konventionalstrafen, oder Aufbewahrungsgebühren oder auf sonstige Weise verschleiert,

wegen solchen Wuchers bestraft:

mit Gefängnis.

Überdies ist es dem Gericht anheimgestellt, dem Schuldigen eine Geldbuße nicht über fünfhundert Rubel aufzuerlegen.

Betreibt der Schuldige diesen Wucher gewerbsmäßig, so wird er bestraft:

mit Korrektionshaus.

Denselben Bestrafungen nach denselben Grundsätzen unterliegt derjenige, welcher notorisch wucherisehe Verpflichtungen erwirbt und geltend macht oder ihre notorisch wucherische Bezahlung erhält.

Begeht der Inhaber einer Leihkasse oder dessen Kommis Wucher, so ist es dem Gericht anheimgestellt, dem Schuldigen das Recht, Inhaber oder Kommis einer Leihkasse zu sein, für immer zu entziehen.

Die wucherische Verpflichtung wird für kraftlos erklärt, der Kreditgeber verliert jedoch nicht das Recht, das von ihm wirklich gegebene Kapital, nach Abzug der von ihm erhaltenen Zahlungen, zurückzuerhalten.

Kapitaldarlehen auf Zinsen, die keine zwölf jährlichen Prozente übersteigen, sind nicht strafbar.

§ 609. Wer Landleuten Getreide, oder sonstige Vorräte, oder Geld als Darlehen gewerbsmäßig gewährt unter der Bedingung der Bezahlung der Schuld, ganz oder teilweise, mit Getreide, Landvorräten oder Arbeit, wird, falls er ein solches Darlehen, unter Benutzung der äußerst schwierigen Lage des Kreditnehmers, zu übermäßig drückenden

den Ortsgewohnheiten nicht entsprechenden Bedingungen gewährt, bestraft:

mit Gefängnis nicht über sechs Monaten.

Solches Geschäft wird, als wucherisch, für ungiltig erklärt, der Kreditgeber verliert jedoch nicht das Recht, die von ihm wirklich gegebenen Getreide, Vorräte oder Geld, nach Abzug des ihm zurückerstatteten Quantums, zurückzuerhalten.

§ 610. Wer Getreideaufkauf bei Landleuten betreibt, wird, falls er bei diesen Getreide auf dem Halm, in Garben oder in Körnern unter Benutzung der notorisch äußerst schwierigen Lage der Verkäufer zu unverhältnismäßig niedrigem Preise erwirbt, bestraft:

mit Haft.

Dem Käufer wird die Verpflichtung auferlegt, dem Verkäufer die Differenz zwischen dem ihm bezahlten Betrage und dem wirklichen Preise des verkauften Getreides nachzuzahlen.

Der Getreideaufkauf unter den in diesem Paragraphen bezeichneten Umständen unterliegt keiner Bestrafung, wenn bei Landleuten auf Märkten, Jahrmärkten oder an sonstigen zum Handel bestimmten Orten auf der Stelle vorhandenes Getreide, unter der Bedingung der sofortigen Übergabe an den Käufer des von ihm erworbenenen Getreides, gekauft wird.

§ 611. Wer:

1) eine die Natur und die Bedeutung der vollzogenen Geschäfte oder Verfügungen zu erkennen oder ihrer Handlungen Herr zu sein unfähige oder eine bürgerlich minderjährige Persen, unter Benutzung ihrer Unwissenheit und Unerfahrenheit, zur Eingehung eines für sie unvorteilhaften Vermögensgeschäftes oder zu einer sonstigen für sie unvorteilhaften Vermögensverfügung verleitet;

2) mittels lügenhafter Versprechungen oder sonstiger Kniffe, unter Benutzung des Mangels an klarer Erkenntnis der Natur uud der Bedeutung solcher Geschäfte oder Verfügungen beim Verletzten, zur Eingehung unvorteilhafter Geschäfte oder zu sonstigen unvorteilhaften Vermögensverfügungen verleitet;

3) Dokumente in ihrem ganzen Betrag oder zu einem Teile dieses Betrags geltend macht, wenn die geforderte Schuld notorisch getilgt ist,

wird, falls diese Handlungen begangen werden, um sich oder einem Anderen Vermögensvorteile zu verschaffen, bestraft:

mit Gefängnis.

Übertrifft der verursachte Schaden fünfhundert Rubel, so wird der Schuldige bestraft:

mit Korrektionshaus.

Der Versuch der in den Ziff. 1 und 2 dieses Paragraphen vorgesehenen Vergehen ist strafbar.

§ 612. Wer einen Blinden ein dessen Willen notorisch nicht entsprechendes Dokument als ein diesem Willen entsprechendes, zum Nachteil des Vermögens oder der Vermögensinteressen des Unterschreibenden oder einer anderen Person, zu unterschreiben verleitet, wird bestraft:

mit Korrektionshaus.

Derselben Bestrafung nach demselben Grundsatze unterliegt derjenige, welcher ein notorisch derartiges Dokument benutzt.

§ 613. Wer ein mit fremder Unterschrift versehenes Formular zum Nachteil des Vermögens oder der Vermögensinteressen des Unterschreibenden, und dabei wissentlich nicht dessen wirklichem Willen entsprechend durch Hineinschreiben des Textes eines Dokumenten ausfüllt, wird bestraft:

mit Korrektionshaus.

Derselben Bestrafung nach demselben Grundsatze unterliegt derjenige, welcher ein notorisch derartiges Dokument benutzt.

§ 614. Wer ein mit fremder Unterschrift versehenes Formular zum Nachteil des Vermögens oder der Vermögensinteressen des Unterschreibenden und dabei wissentlich nicht dessen wirklichem Willen entsprechend durch Hinheinschreiben des Textes eines Dokumenten, dessen Nachmachung im § 443 vorgesehen ist, ausfüllt, wird bestraft:

falls ein solches Dokument als ein echtes benutzt wird oder angebracht wird —

mit Gefängnis nicht über sechs Monaten;

falls der durch dies Dokument beglaubigte Umstand wahr ist, oder falls das Dokument nicht als ein echtes benutzt wird und nicht angebracht wird —

mit Haft;

falls er solches Hineinschreiben von Texten in Dokumente gewerbsmäßig betreibt —

mit Korrektionshaus.

Denselben Bestrafungen nach denselben Grundsätzen unterliegt derjenige, welcher ein notorisch derartiges Dokument benutzt.

§ 615. Wer, um sich oder einem Anderen Vermögensvorteil zu verschaffen, durch Drohung der Offenbarung erdichteter oder wahrer Mitteilungen:

1) über einen den Verletzten oder ein wenn auch verstorbenes Mitglied seiner Familie entehrenden Umstand;

2) über die Begehung einer als Verbrechen oder Vergehen strafbaren Handlung durch den Verletzten oder ein wenn auch verstorbenes Mitglied seiner Familie;

3) über einen den Handelskredit des Verletzten erschütternden Umstand,

zur Übergabe von Vermögen oder zur Abtretung von Vermögensrechten oder zur Eingehung eines sonstigen unvorteilhaften Vermögensgeschäfts verleitet, wird bestraft:

mit Gefängnis nicht unter drei Monaten.

Wird eine solche strafbare Handlung:

1) von einer Bande, die sich zu diesem Zwecke gebildet hat;

2) von einer Person, die mindestens zweimal Strafen wegen gleicher Handlungen oder wegen Diebstahls, Raubes, Erpressung oder Betruges verbüßt hat, und dabei vor dem Ablauf von fünf Jahren seit dem Tage der Verbüßung der Strafe wegen einer dieser strafbaren Handlungen;

3) von dem Redakteur, Verleger oder Mitarbeiter einer Zeitschrift, der solche Mitteilungen in der Presse zu offenbaren drohte,

begangen, so wird der Schuldige bestraft:

mit Korrektionshaus.

Der Versuch ist strafbar.

§ 616. Wer fremdes notorisch durch ein Verbrechen oder Vergehen erlangtes Vermögen erwirbt, zur Aufbewahrung, zur Verheimlichung, zum Pfand oder zum Absatz annimmt, oder absetzt, wird bestraft:

falls das Vermögen durch ein Verbrechen erlangt ist —

mit Korrektionshaus nicht über drei Jahren;

falls das Vermögen durch ein Vergehen erlangt ist —

mit Gefängnis.

Bildet das in Abs. 1 dieses Paragraphen vorgesehene Vergehen das Gewerbe des Schuldigen, so wird er bestraft:

mit Korrektionshaus.

§ 617. Ein Handelsmann, welcher fremdes durch ein Verbrechen oder Vergehen erlangtes Vermögen iu Unkenntnis dieses Umstandes, aber ohne die gehörige Umsicht erwirbt, zur Aufbewahrung, zum Pfande oder zum Absatze annimmt oder absetzt, wird bestraft:

mit Haft oder mit Geldstrafe nicht über fünfhundert Rubel.

War der Schuldige ein Inhaber eines Privatgeschäfts zum Verkauf geistiger Getränke, so wird, außer der Strafe, ihm die Erlaubnis zum Verkauf dieser Getränke entzogen.

§ 618. Wer ein notorisch durch ein Verbrechen oder Vergehen erlangtes Pferd erwirbt, zur Aufbewahrung, zur Verheimlichung, zum Pfande oder zum Absatze annimmt oder absetzt, wird, falls diese Handlung gewerbsmäßig betrieben wird, bestraft:

mit Korrektionshaus nicht unter drei Jahren.

§ 619. Wer von einem gemeinen Soldaten notorisch der Krone gehörende Waffen, Kleider oder Munitionsgegenstände erwirbt oder zum Pfande nimmt, wird bestraft:

mit Gefängnis nicht über sechs Monaten.

Bildet dieses Vergehen das Gewerbe des Schuldigen, so wird er bestraft:

mit Gefängnis nicht unter sechs Monaten.

War der Schuldige ein Inhaber eines Privatgeschäfts zum Verkauf geistiger Getränke, so wird, außer der Strafe, ihm die Erlaubnis zum Verkauf dieser Getränke entzogen.

Fünfunddreißigstes Kapitel.

Strafbare Handlungen wider Autorrechte und Erfindungsprivilegien.

§ 620. Wer ein fremdes literarisches, musikalisches oder künstlerisches Eigentumsrecht eigenmächtig ausübt, wird bestraft:

mit Haft oder mit Geldstrafe nicht über fünfhundert Rubel.

Wird solche Ausübung dieses Rechtes durch eigenmächtige Ausgabe oder Vervielfältigung eines literatischen, musikalischen oder künstlerischen Erzeugnisses zum Zwecke des Absatzes begangen, so wird der Schuldige bestraft:

mit Gefängnis nicht unter drei Monaten.

§ 621. Wer ein fremdes in der festgesetzten Ordnung erteiltes Erfindungsprivilegium oder ein fremdes Reproduktionsrecht in festgesetzter Ordnung angemeldeter Manufaktur-, Fabrik- oder Handwerksmodelle oder -Zeichnungen eigenmächtig ausübt, wird bestraft:

mit Haft oder mit Geldstrafe nicht über fünfhundert Rubel.

§ 622. Ein Handelsmann, welcher notorisch unter Verletzung eines literarischen, musikalischen oder künstlerischen Eigentumsrechtes oder eines Erfindungsprivilegiums hergestellte Gegenstände feilhält, aus dem Auslande zum Verkauf einführt oder verkauft, wird bestraft:

mit Haft oder mit Geldstrafe nicht über fünfhundert Rubel.

Sechsunddreißigstes Kapitel.

Eigenmächtige Benutzung fremden Vermögens.

§ 623. Wer auf fremdem Grunde, in fremdem Walde oder in fremden Gewässern eigenmächtig jagt, Fisch- oder sonstigen Fang treibt, wird bestraft:

mit Geldstrafe nicht über fünfundzwanzig Rubel.

Derselben Bestrafung unterliegt derjenige, welcher:

1) Tiere oder Vögel auf irgend eine Weise aus fremdem Grunde heraustreibt;

2) im Innern fremden Grund- oder Waldbesitzes außerhalb eines Weges mit einer Flinte oder irgend welchen Wildfanggerätschaften sich aufhält.

Wird in einem umzäunten Park oder in einem Tiergarten, die keine freie Kommunikation mit den benachbarten Besitzungen haben, oder auf Wiesen oder Feldern, bevor die Saaten oder das Gras von denselben eingebracht sind, eigenmächtig gejagt, so wird der Schuldige bestraft:

mit Geldstrafe nicht über hundert Rubel.

§ 624. Wer:

1) in fremdem Walde eigenmächtig haut, wenn auch das Gehauene weder hinausgefahren, noch hinweggetragen wurde;

2) aus fremdem Walde, jedoch nicht aus den Anfertigungsstellen oder den Aufbewahrungsniederlagen, einen Lagerbaum, einen vom Winde gebrochenen oder von einem Anderen gefällten Baum oder den Teil eines solchen Baumes in Aneignungsabsicht entwendet:

wird bestraft:

falls er die Handlung zum ersten Male begeht —

mit Geldstrafe nicht über hundert Rubel;

falls er diese zum zweiten Male, und dabei vor dem Ablauf von zwei Jahren seit dem Tage der Verbüßung der Strafe wegen einer früheren ebensolchen Handlung begeht —

mit Haft nicht über drei Monaten;

falls er sie zum dritten oder öfteren Male, und dabei vor dem Ablauf von zwei Jahren seit dem Tage der Verbüßung der Strafe wegen einer früheren ebensolchen Handlung, begeht —

mit Gefängnis nicht über sechs Monaten.

Wird das eigenmächtige Hauen oder Entwenden zur Nachtzeit, oder in verbotenem, geschütztem, künstlich angepflanztem, umfriedetem oder von Gräben umgebenem Walde, Haine oder Distrikte verübt, oder wird ein Saatbaum gefällt, so kann gegen denjenigen, welcher diese Handlung zum ersten Male begeht, auf die wegen deren abermaligen Begehung bestimmte Strafe erkannt werden.

Den Bestrafungen wegen der in diesem Paragraphen vorgesehenen Handlungen nach den in ihm bezeichneten Grundsätzen unterliegen nicht nur diejenigen, welche unmittelbar diese Handlungen begehen, sondern auch die Anstifter und Helfershelfer.

§ 625. Den im § 624 bestimmten Bestrafungen nach den in ihm bezeichneten Grundsätzen unterliegt derjenige, welcher:

1) in fremdem Walde eigenmächtig Waldfabrikate anfertigt;

2) fremde Waldungen, zum Waldwuchs bestimmte Lichtungen oder mit Wald bepflanzte oder besäte Stellen eigenmächtig ausrodet;

3) einen Mehraushieb oder eine Mehranfertigung von Waldfabrikaten vornimmt; bei erlaubter Waldfällung oder bei Anfertigung von Fabrikaten in Kronswäldern jedoch nur in dem Falle, wenn dieser Mehraushieb oder diese Mehranfertigung den zehnten Teil des erlaubten Quantums übersteigen;

4) eigenmächtig Wald anderer als der erlaubten Art oder Qualität fällt;

5) Wald fällt oder Waldfabrikate anfertigt wissentlich nicht in dem hierfür bestimmten Distrikt;

6) auf fremdem Grunde wachsende Bäume durch Einkerben, Entfernen der Rinde oder auf sonstige Weise eigenmächtig beschädigt.

§ 626. Wer wissentlich durch die in den §§ 624 oder 625 vorgesehenen strafbaren Handlungen erlangte Holz- oder Walderzeugnisse erwirbt, zur Aufbewahrung, zur Verheimlichung, zum Pfande oder Absatze annimmt oder absetzt, wird bestraft:

mit Geldstrafe nicht über hundert Rubel.

Bildet diese strafbare Handlung das Gewerbe des Schuldigen, so wird er bestraft:

mit Gefängnis.

Ist der Schuldige ein Waldgewerbetreibender, so ist es überdies dem Gericht anheimgestellt, ihm das Recht, Waldgewerbe zu treiben, für die Dauer von einem bis zu fünf Jahren zu entziehen.

§ 627. Außer der in den §§ 624 bis 626 bestimmten Strafen wird gegen den Schuldigen, und falls mehrere Personen an der strafbaren Handlung teilnehmen — gegen alle Schuldigen in ihrer Gesamtheit, auf eine Geldbuße im Betrage des doppelten Wertes des eigenmächtig gefällten, beschädigten oder entwendeten Waldes, oder der Walderzeugnisse, oder der gesetzwidrig angefertigten Waldfabrikate zu Gunsten des Waldbesitzers erkannt; sind jedoch die Schuldigen unentdeckt geblieben, oder sind sie nicht imstande, die genannte Buße zu bezahlen, so wird von den Hehlern der doppelte Wert des von ihnen verhehlten Waldes oder der Walderzeugnisse beigetrieben.

Im Falle der Nichtbezahlung der genannten Buße wird diese durch Haft ersetzt, gemäß den im § 59 dargelegten Bestimmungen.

Unabhängig davon wird der eigenmächtig gefällte oder entwendete Wald eingezogen und dem Waldbesitzer auf Kosten des Schuldigen zurückgegeben, oder es wird der Wert solchen Waldes zu gunsten des Waldbesitzers eingetrieben.

Der Wert des Waldes und der Waldfabrikate wird nach der festgesetzten Taxe berechnet.

§ 628. Wer:

1) Kronswald zwar erlaubter Weise, aber vor dem Empfang des festgesetzten Scheines zu hauen beginnt, oder solches Hauen nach dem Ablauf der im Scheine genannten Frist fortsetzt;

2) erlaubter Weise gehauenen Kronswald vor dem Ablauf der zur Besichtigung des Waldes bestimmten Frist eigenmächtig hinausfährt oder hinwegträgt,

wird bestraft:

mit Geldstrafe nicht über fünfzig Rubel.

§ 629. Wer in fremdem Forstrevier eine Ziegelbrennerei oder eine feuertätige Manufaktur eigenmächtig einrichtet, oder in solchem Revier eigenmächtig Pech oder Theer schwelt, oder Pottasche siedet, oder Kohlen oder Kalk brennt, wird bestraft:

mit Geldstrafe nicht über fünfzig Rubel.

Überdies wird gegen den Schuldigen auf eine Geldbuße nicht über fünfzig Rubel zugunsten des Waldbesitzers erkannt und alles von ihm eigenmächtig erbaute und hergestellte, ebenso wie die Gerätschaften und Materialien, wird zugunsten des Waldbesitzers eingezogen.

Wird diese Übertretung in einem Kronsrevier zwar mit gehöriger Erlaubnis, aber wissentlich nicht an der dafür bestimmten Stelle begangen, so wird der Schuldige bestraft:

mit Geldstrafe nicht über fünfundzwanzig Rubel.

Überdies wird gegen den Schuldigen auf eine Geldbuße nicht über fünfundzwanzig Rubel erkannt, und er wird verpflichtet, die unrichtig aufgeführten Bauten abzutragen.

§ 630. Wer im Innern eines fremden Waldes ohne triftigen Grund außerhalb des zur Durchfahrt dienenden Weges mit Gerätschaften zum Hauen des Waldes oder mit einer Fuhre zu dessen Transport sich aufhält, wird bestraft:

mit Geldstrafe nicht über zehn Rubel.

§ 631. Geringfügige Fälle der im § 624 vorgesehenen eigenmächtigen Benutzung fremden Waldes werden nicht als strafbar erachtet, falls solche Benutzung nur zur Befriedigung eines unterwegs aufgetretenen Bedürfnisses an Walderzeugnissen dient.

§ 632. Wer:

1) Edelmetalle, Edelerz oder Edelsteine;

2) Naphta, Steinkohle, Erz oder farbige Steine aus fremdem Grunde eigenmächtig gewinnt,

wird bestraft:

in dem in Zif. 1 dieses Paragraphen bezeichneten Falle —

mit Gefängnis nicht unter drei Monaten;

in dem in Zif. 2 dieses Paragraphen bezeichneten Falle —

mit Haft.

Wendet der Schuldige zur Begehung der in diesem Paragraphen vorgesehenen strafbaren Handlungen besondere Vorrichtungen oder Bauwerke an, so wird er bestraft:

in dem in Zif. 1 dieses Paragraphen bezeichneten Falle —

mit Korrektionshaus nicht über drei Jahren;

in dem in Zif. 2 dieses Paragraphen bezeichneten Falle —

mit Gefängnis.

Überdies wird in den Fällen, in welchen das eigenmächtig gewonnene Gold oder Platin der Bezahlung der Bergsteuer unterliegt, gegen denjenigen, der diese Metalle eigenmächtig gewinnt, auf eine Geldbuße im Betrage des doppelten fiskalischen oder von der Regierung festgesetzten Wertes der eigenmächtig gewonnenen Metalle erkannt.

§ 633. Wer:

1) wildwachsende Beeren, Früchte, Pilze oder sonstige Gegenstände, welche dem Grundbesitzer Vorteil bringen können, auf fremdem Grnnde wissentlich einem Verbot des Herrn zuwider einsammelt:

2) auf fremdem Grunde Rasen eigenmächtig anschneidet, Steine, Sand, Lehm oder sonstige mineralische Gegenstände eigenmächtig gewinnt;

3) Steine, Schutt, krepierte Tiere oder Schmutz auf fremden Grund eigenmächtig hinausfährt;

4) Vieh oder Federvieh auf fremdem Grunde eigenmächtig weiden läßt;

5) durch fremde Wiesen oder Felder, bevor die Saaten oder das Gras von denselben eingebracht sind, eigenmächtig geht oder fährt;

6) Vieh oder Federvieh durch fremde Wiesen oder Felder eigenmächtigt treibt;

7) wildwachsendes Gras auf fremden Wiesen oder in fremden Waldungen eigenmächtig abmäht:

8) beim Abweiden festgenommenes Vieh oder Federvieh eigenmächtig fortführt oder forttreibt;

9) Gartenblumen, Früchte, Gemüse oder sonstige Saaten oder Pflanzungen in fremden Gärten, Gemüsegärten, Feldern oder besäten Wiesen eigenmächtig in unbedeutender Menge abpflückt oder einsammelt, um sie sofort, wenn auch nicht an der Stelle der Begehung dieser Übertretung, zu verbrauchen,

wird bestraft:

mit Geldstrafe nicht über fünfundzwanzig Rubel.

§ 634. Wer durch fremde Gärten oder Gemüsegärten, oder durch fremde Wiesen, Felder, Haine oder Weideplätze, welche umfriedet oder von Gräben umgeben sind, oder durch welche die Durchfahrt notorisch durch dazu aufgestellte Warnungszeichen verboten ist, eigenmächtig fährt oder Vieh treibt, wird bestraft

mit Geldstrafe nicht über fünfzig Rubel.

§ 635. Wer fremdes bewegliches Vermögen znm Pfand oder zur Aufbewahrung geschäftsmäßig nimmt, oder dessen Kommis, wird, wenn er solches Vermögen zum Nachteil des Herrn des Vermögens eigenmächtig gebraucht oder dasselbe zum Gebrauch überläßt, bestraft:

mit Haft.

Siebenunddreißigstes Kapitel.

Strafbare Handlungen im staatlichen und öffentlichen Dienst.

§ 636. Ein Beamter, welcher eine Diensthandlung:

1) die ihm durch das Gesetz oder den ihm erteilten Auftrag nicht eingeräumt ist, oder zwar eingeräumt ist, aber zu welcher keine gesetzlichen Gründe veranlaßten;

2) ohne die Erlaubnis der zuständigen Obrigkeit, falls solche Erlaubnis vom Gesetz erfordert wird,

vornimmt, wird wegen dieser Gewaltüberschreitung, falls sie vorsätzlich begangen wird, oder falls sie aus Nachlässigkeit begangen wird und erheblicher Nachteil für die Verwaltungsordnung oder für fiskalische, öffentliche oder private Interessen durch sie eintritt, bestraft:

mit Haft.

Wird eine Gewaltüberschreitung vorsätzlich begangen und tritt durch sie erheblicher Nachteil für die Verwaltungsordnung, oder für fiskalische, öffentliche oder private Interessen oder Gefahr solchen

Nachteils ein, oder wendet der Schuldige bei einer Gewaltüberschreitung Gewalt gegen die Person oder strafbare Drohung an, oder wird eine Gewaltüberschreitung in gewinnsüchtiger Absicht begangen, so wird der Schuldige bestraft:

mit Korrektionshaus oder mit Gefängnis.

Tritt jedoch durch eine in gewinnsüchtiger Absicht begangene Gewaltüberschreitung erheblicher Nachteil für die Verwaltungsordnung, oder für fiskalische, öffentliche oder private Interessen oder Gefahr solchen Nachteiles ein, so wird der Schuldige bestraft:

mit Korrektionshaus nicht unter drei Jahren.

Beamte sind alle Personen, welche im staatlichen oder öffentlichen Dienst ständige Pflichten oder provisorische Aufträge als Amtspersonen, Polizei- oder sonstige Wachmänner oder Diener, oder als Dorf- oder Kleinbürgerverwaltungspersonen zu erfüllen haben.

§ 637. Nimmt ein Beamter unter irgendwelchen außerordentlichen Umständen eine Diensthandlung vor, die ihm durch das Gesetz oder den ihm erteilten Auftrag nicht eingeräumt ist, aber in Erwägung des staatlichen Besten oder wegen der Dringlichkeit der Sache ohne offenbare Cefahr oder ohne Nachteil für den Dienst nicht bis zum Erhalten der Erlaubnis dafür aufgeschoben werden konnte, so wird dies nicht als Gewaltüberschreitung erachtet.

§ 638. Ein Beamter, welcher andere Beamte an der Erfüllung der Pflichten vorsätzlich hindert, wird bestraft:

mit Haft.

§ 639. Ein durch das Gesetz, oder durch den ihm erteilten Auftrag oder durch die Natur des Dienstes zur Vorbeugung oder Abstellung der Verwaltungsordnung, oder fiskalischen, öffentlichen oder privaten Interessen drohenden Nachteils verpflichteter Beamter, welcher, seiner Dienstverpflichtung zuwider, Maßregeln zu ergreifen oder Handlungen vorzunehmen unterläßt, durch welche solchem Nachteil vorgebeugt oder dieser abgestellt werden konnte, wird wegen dieser Untätigkeit der Gewalt, falls sie vorsätzlich begangen wird, oder falls sie aus Nachlässigkeit begangen wird und erheblicher Nachteil für die Verwaltungsordnung, oder für fiskalische, öffentliche oder private Interessen durch sie eintritt, bestraft:

mit Haft.

Wird diese Untätigkeit der Gewalt vorsätzlich begangen und tritt durch sie erheblicher Nachteil für die Verwaltungsordnung, oder für fiskalische, öffentliche oder private Interessen, oder Gefahr solchen Nachteils ein, oder wird diese Untätigkeit der Gewalt in gewinnsüchtiger Absicht begangen, so wird der Schuldige bestraft:

mit Korrektionshaus nicht über drei Jahren oder mit Gefängnis.

Tritt jedoch durch diese in gewinnsüchtiger Absicht begangene Untätigkeit der Gewalt erheblicher Nachteil für die Verwaltungsordnung, oder für fiskalische, öffentliche oder private Interessen, oder Gefahr eines solchen Nachteils ein, so wird der Schuldige bestraft:

mit Korrektionshaus.

Denselben Bestimmungen nach denselben Grundsätzen unterliegt ein Beamter, welcher zur Verfolgung von Verbrechen und Vergehen oder zur Vollstreckung rechtskräftiger Erkenntnisse oder Entscheidungen in Zivilsachen oder rechtskräftiger Erkenntnisse und Urteile in Strafsachen seiner Dienstverpflichtung zuwider Maßregeln zu ergreifen oder Handlungen vorzunehmen unterläßt.

§ 640. Ein Beamter, welcher seiner Dienstverpflichtung zuwider Maßregeln zur Verkündigung, Bekanntmachung oder Inkraftsetzung eines Gesetzes oder eines sonstigen Allerhöchsten Befehls zu ergreifen unterläßt, wird wegen dieser Untätigkeit der Gewalt, falls sie vorsätzlich begangen wird oder falls sie aus Nachlässigkeit begangen wird und erheblicher Nachteil für die Verwaltungsordnung, oder für fiskalische, öffentliche oder private Interessen durch sie eintritt, bestraft:

mit Gefängnis.

Wird diese Untätigkeit der Gewalt vorsätzlich begangen und tritt durch sie erheblicher Nachteil für die Verwaltungsordnung oder für fiskalische, öffentliche oder private Interessen, oder Gefahr solchen Nachteils ein, oder wird diese Untätigkeit der Gewalt in gewinnsüchtiger Absicht begangen, so wird der Schuldige bestraft:

mit Korrektionshaus.

Tritt jedoch durch diese in gewinnsüchtiger Absicht begangene Untätigkeit der Gewalt erheblicher Nachteil für die Verwaltungsordnung, oder für fiskalische, öffentliche oder private Interessen, oder Gefahr solchen Nachteils ein, so wird der Schuldige bestraft:

mit Zwangsarbeit nicht über acht Jahren.

§ 641. Ein Beamter, welcher seiner Dienstverpflichtung zuwider Maßregeln zur Veröffentlichung oder Inkraftsetzung einer verbindlichen Verordnung zu ergreifen unterläßt, wird wegen dieser Untätigkeit der Gewalt, falls sie vorsätzlich begangen wird, oder falls sie aus Nachlässigkeit begangen wird und erheblicher Nachteil für die Verwaltungsordnung, oder für fiskalische, öffentliche oder private Interessen durch sie eintritt, bestraft:

mit Haft.

Wird diese Untätigkeit der Gewalt vorsätzlich begangen und tritt durch sie erheblicher Nachteil für die Verwaltungsordnung oder für fiskalische, öffentliche oder private Interessen oder Gefahr solchen Nachteils ein, oder wird diese Untätigkeit der Gewalt in gewinnsüchtiger Absicht begangen. so wird der Schuldige bestraft:

mit Gefängnis.

Tritt jedoch durch diese in gewinnsüchtiger Absicht begangene Untätigkeit der Gewalt erheblicher Nachteil für die Verwaltungsordnung oder für fiskalische, öffentliche oder private Interessen oder Gefahr solchen Nachteils ein, so wird der Schuldige bestraft:

mit Korrektionshaus.

§ 642. Ein Beamter, welcher:

1) ihm obliegende Maßregeln zur Ausführung eines Ukas oder einer sonstigen Ordre einer ihm in der Subordinationsordnung vorgesetzten Behörde oder Obrigkeit zu ergreifen unterläßt;

2) seiner Obrigkeit oder der Anstalt, in deren Dienst er steht, den Empfang eines einlaufenden Papiers seiner Verpflichtung zuwider mitzuteilen unterläßt,

wird wegen dieser Untätigkeit der Gewalt, falls sie vorsätzlich begangen wird oder falls sie aus Nachlässigkeit begangen wird und erheblicher Nachteil für die Verwaltungsordnung oder für fiskalische, öffentliche oder private Interessen durch sie eintritt, bestraft:

mit Haft.

Wird diese Untätigkeit der Gewalt vorsätzlich begangen und tritt durch sie erheblicher Nachteil für die Verwaltungsordnung oder für fiskalische, öffentliche oder private Interessen oder Gefahr solchen Nachteils ein, oder wird diese Untätigkeit der Gewalt in gewinnsüchtiger Absicht begangen, so wird der Schuldige bestraft:

mit Gefängnis nicht über sechs Monaten.

Tritt jedoch durch diese in gewinnsüchtiger Absicht begangene Untätigkeit der Gewalt erheblicher Nachteil für die Verwaltungsordnung oder für fiskalische, öffentliche oder private Interessen oder Gefahr solchen Nachteils ein, so wird der Schuldige bestraft:

mit Gefängnis.

§ 643. Ein der Natur seines Dienstes gemäß zur Vorbeugung oder Abstellung strafbarer Handlungen verpflichteter Beamter, welcher trotz des notorischen Vorhandenseins der Beweise der Existenz geplanter oder unternommener Verbrechen oder Vergehen gehörige Maßregeln zur Vorbeugung oder Abstellung derselben zu ergreifen unterläßt, wird, falls diese Unterlassung die Begehung der Verbrechen oder Vergehen nach sich zieht, bestraft:

im Falle der Begehung eines Vergehens —

mit Gefängnis nicht unter drei Monaten;

im Falle der Begehung eines Verbrechens —

mit Korrektionshaus nicht über drei Jahren.

Wird die Ergreifung der Maßregeln zur Vorbeugung oder Abstellung eines in den §§ 99 bis 102 oder im § 108 vorgesehenen Verbrechens unterlassen, so wird der Schuldige bestraft:

im Falle der Nichtergreifung der Maßregeln in Bezug auf ein im § 99 vorgesehenes Verbrechen —

mit Zwangsarbeit nicht über acht Jahren;

in den übrigen Fällen —

mit Verschickung zur Ansiedlung.

Zieht jedoch solche Unterlassung die Begehung eines in den §§ 99 bis 102 oder im § 99 vorgesehenen Verbrechens nach sich, so wird der Schuldige bestraft:

im Falle der Begehung eines im §§ 99 vorgesehenen Verbrechens —

mit zeitiger Zwangsarbeit;

in den übrigen Fällen —

mit Zwangsarbeit nicht über acht Jahren.

Derselben Bestrafung nach denselben Grundsätzen unterliegt ein Beamter, welcher seine Obrigkeit oder die zuständige Behörde oder die bedrohte Person über ein geplantes oder unternommenes Verbrechen oder Vergehen, trotz des notorischen Vorhandenseins der Beweise ihrer Existenz zu benachrichtigen unterläßt oder in seiner Benachrichtigung einen für die Vorbeugung oder Abstellung des Verbrechens oder Vergehens wesentlichen Umstand verheimlicht.

§ 644. Ein Beamter, welcher seiner Obrigkeit oder der zuständigen Polizei- oder Gerichtsbehörde ein begangenes, nicht auf Privatklage hin zu verfolgendes Verbrechen oder Vergehen, oder eine Person, die an diesen teilgenommen, trotz des notorischen Vorhandenseins der Beweise ihrer Existenz, seiner Verpflichtung zuwider anzuzeigen unterläßt oder in der von ihm erstatteten Anzeige einen für die Aufdeckung des Verbrechens oder Vergehens oder einer Person, die an diesen teilgenommen, wesentlichen Umstand verheimlicht, wird wegen dieser Nichtanzeige, falls sie vorsätzlich begangen wird oder falls sie aus Nachlässigkeit begangen wird und erheblicher Nachteil für die Verwaltungsordnung oder für fiskalische, öffentliche oder private Interessen durch sie eintritt, bestraft:

mit Haft.

Wird diese Nichtanzeige vorsätzlich begangen und tritt durch sie erheblicher Nachteil für die Verwaltungsordnung oder für fiskalische, öffentliche oder private Interessen oder Gefahr solchen Nachteils ein, oder wird eine Nichtanzeige in gewinnsüchtiger Absicht begangen, so wird der Schuldige bestraft:

mit Gefängnis.

Tritt jedoch durch diese in gewinnsüchtiger Absicht begangene Nichtanzeige erheblicher Nachteil für die Verwaltungsordnung oder für fiskalische, öffentliche oder private Interessen oder Gefahr solchen Nachteils ein, so wird der Schuldige bestraft:

mit Korrektionshaus.

Bezieht sich die Nichtanzeige auf ein in den §§ 99 bis 102 oder im § 108 vorgesehenes Verbrechen oder auf eine Person, die an ihm teilgenommen, so wird der Schuldige bestraft:

falls die Nichtanzeige sich auf ein im § 99 vorgesehenes Verbrechen bezieht —

mit Zwangsarbeit nicht über acht Jahren;

in den übrigen Fällen —

mit Verschickung zur Ansiedlung.

§ 645. Ein Beamter, der seiner Dienstverpflichtung zuwider gehörige Maßregeln zur Festnahme von Personen zu ergreifen unterläßt, welche notorisch:

1) aus der Bewachung, oder aus dem Einsperrungsort oder aus der Ansiedlung entlaufen sind;

2) zur Vollstreckung von Freiheitsentziehungsurteilen an ihnen oder infolge einer über ihre Festnahme, als zur Untersuchung oder vor Gericht gezogener oder unter Anklage eines Verbrechens oder Vergehens gesuchter, erfolgten Verfügung der zuständigen Behörde festzunehmen sind;

3) als bei Verübung eines Verbrechens oder Vergehens oder sofort nach dessen Begehung überraschte festzunehmen sind,

wird wegen dieser Untätigkeit der Gewalt, falls sie vorsätzlich begangen wird oder falls sie aus Nachlässigkeit begangen wird und erheblicher Nachteil für die Verwaltungsordnung oder für fiskalische, öffentliche oder private Interessen durch sie eintritt, bestraft:

mit Haft.

Wird diese Untätigkeit der Gewalt vorsätzlich begangen und tritt durch sie erheblicher Nachteil für die Verwaltungsordnung oder für fiskalische, öffentliche oder private Interessen oder Gefahr solchen Nachteils ein, oder wird diese Untätigkeit der Gewalt in gewinnsüchtiger Absicht begangen, so wird der Schuldige bestraft:

mit Gefängnis.

Falls:

1) durch diese in gewinnsüchtiger Absicht begangene Untätigkeit der Gewalt erheblicher Nachteil für die Verwaltungsordnung oder für fiskalische, öffentliche oder private Interessen oder Gefahr solchen Nachteils eintritt;

2) die Ergreifung von Maßregeln zur Festnahme eines notorisch zur Zwangsarbeit Verurteilten unterlassen wird,

so wird der Schuldige bestraft:

mit Korrektionshaus.

Wird die Ergreifung von Maßregeln zur Festnahme einer Person, welche ein in den §§ 99 bis 102 oder im § 108 vorgesehenes Verbrechen notorisch begangen hat oder eines solchen Verbrechens angeklagt ist, unterlassen, so wird der Schuldige bestraft:

falls Ergreifung von Maßregeln anläßlich eines im § 99 vorgesehenen Verbrechens unterlassen wird —

mit Zwangsarbeit nicht über acht Jahren;

in den übrigen Fällen —

mit Verschickung zur Ansiedlung.

§ 646. Ein Beamter, welcher die ihm auferlegte Verpflichtung zur Beaufsichtigung der Befolgung der durch das Gesetz oder eine verbindliche Verordnung festgesetzten Bestimmungen über die Maßregeln zum Schutze der Volksgesundheit nicht erfüllt, wird bestraft:

mit Haft nicht über drei Monaten oder mit Geldstrafe nicht über dreihundert Rubel.

Bezieht sich die Nichtbefolgung der festgesetzten Bestimmungen auf Maßregeln zum Schutze der Volksgesundheit gegeu ansteckende Krankheiten, so wird der Schuldige bestraft:

mit Haft oder mit Geldstrafe nicht über fünfhundert Rubel.

Wird die Nichtbefolgung der festgesetzten Bestimmungen in einer Gegend begangen, in der in gesetzlich festgesetzter Ordnung das Inkrafttreten von Ausnahmebestimmungen bekanntgemacht wurde, welche für den Fall oder zur Zeit des Auftretens ansteckender, vom Gesetz den besonders gefährlichen zugerechneten Krankheiten erlassen sind, so wird derjenige, welcher die genannten Bestimmungen verletzt, falls in denselben keine sonstige Verantwortlichkeit wegen ihrer Nichtbefolgung festgesetzt ist, bestraft:

mit Korrektionshaus oder mit Gefängnis.

§ **647.** Ein Beamter, welcher die ihm auferlegte Verpflichtung zur Beaufsichtigung der Befolgung der durch das Gesetz oder eine verbindliche Verordnung festgesetzten Bestimmungen über die Sicherstellung der Unterstützung der Landleute mit Verpflegung oder zur Besäung der Felder nicht erfüllt, wird bestraft:

mit Haft oder mit Geldstrafe nicht über fünfhundert Rubel.

§ **648.** Ein Beamter, welcher die ihm auferlegte Verpflichtung zur Beaufsichtigung der Befolgung der durch das Gesetz oder eine verbindliche Verordnung festgesetzten Bestimmungen über Vorsichtsmaßregeln:

1) gegen Ansteckung von Haustieren, landwirtschaftlichen Pflanzen oder Obst- oder Baumanpflanzungen;

2) gegen Verbreitung für landwirtschaftliche Pflanzen oder Obst- oder Baumanpflanzungen schädlicher Insekten oder Tiere,

nicht erfüllt, wird bestraft:

mit Haft nicht über zwei Monaten oder mit Geldstrafe nicht über zweihundert Rubel.

§ **649.** Ein Beamter, welcher aus Unkenntnis seiner Verpflichtungen oder aus Nachlässigkeit durch Festnahme, Einsperrung, Verlängerung der Frist der Freiheitsentziehung oder durch Anwendung einer ungehörigen schwereren Art der Freiheitsentziehung eine Beraubung der persönlichen Freiheit begeht, wird bestraft:

mit Haft.

§ **650.** Ein Beamter, welcher in gesetzlich unerlaubter Ordnung eine Durchsuchung, Besichtigung oder Beschlagnahme vornimmt, wird bestraft:

mit Haft.

Benutzt der Schuldige dazu Gewalt gegen die Person oder strafbare Drohung, so wird er bestraft:

mit Gefängnis nicht über sechs Monaten.

Nimmt der Schuldige die Durchsuchung, Besichtigung oder Beschlagnahme zwar mit Erlaubnis des Herrn oder der ihn vertretenden Person vor, jedoch ohne gesetzlichen Grund, sondern nur unter erdichtetem Vorwand der Vornahme einer Diensthandlung, so wird er bestraft:

mit Gefängnis.

Nimmt der Schuldige die Durchsuchung, Besichtigung oder Beschlagnahme ohne gesetzlichen Grund unter erdichtetem Vorwande der Vornahme einer Diensthandlung vor und benutzt er dazu Gewalt gegen die Person oder strafbare Drohung, so wird er bestraft:

mit Gefängnis nicht uuter drei Monaten.

§ 651. Ein Beamter, welcher eine das Schamgefühl verletzende Untersuchung einer Person weiblichen Geschlechts ohne ihren Willen dazu und ohne die gehörige Ermächtigung zu dieser Handlung vornimmt, wird bestraft:

mit Gefängnis.

Nimmt der Schuldige eine solche Untersuchung zwar mit Willen der Untersuchten vor, jedoch ohne gesetzlichen Grund, sondern nur unter erdichtetem Vorwand der Erfüllung eines Dienstauftrages, so wird er bestraft:

mit Korrektionshaus nicht über drei Jahren.

Der Versuch ist strafbar.

§ 652. Ein Beamter, welcher die ihm anvertraute Beaufsichtigung eines Gefangenen vernachlässigt, wird, falls diese Vernachlässigung die Flucht des Gefangenen aus der Bewachung oder aus dem Einsperrungsorte zur Folge hat, bestraft:

mit Gefängnis.

Ist der entwichene Gefangene notorisch zu einer für Verbrechen festgesetzten Strafe verurteilt oder unter Anklage eines Verbrechens festgenommen, so wird der Schuldige bestraft:

mit Gefängnis nicht unter drei Monaten.

Ist der entwichene Gefangene notorisch unter Anklage eines in den §§ 99 bis 102 oder im § 108 vorgesehenen Verbrechens verurteilt oder festgenommen, so wird der Schuldige bestraft:

mit Korrektionshaus.

§ 653. Ein Beamter, welcher ihm dienstlich oder infolge Mißbrauchs seiner Dienstvollmachten bekanntgewordene und notorisch geheimzuhaltende Verfügungen, Mitteilungen oder Dokumente der Regierung offenbart, wird bestraft:

mit Haft.

Derselben Bestrafung unterliegt ein Beamter einer Post- und Telegraphenanstalt, welcher den Inhalt eines Telegramms oder der Postkorrespondenz offenbart oder mitteilt.

Konnte das Offenbarte der Verwaltungsordnung oder fiskalischen, öffentlichen oder privaten Interessen erheblichen Nachteil verursachen, so wird der Schuldige bestraft:

mit Gefängnis.

Bildet jedoch das vom Schuldigen offenbarte ein die äußere Sicherheit Rußlands betreffendes Geheimnis, so wird er, falls er nicht wegen Verrats zu bestrafen ist, bestraft:

mit Korrektionshaus oder mit Festungshaft.

§ 654. Ein Beamter, welcher aus Nachlässigkeit oder Nichtbefolgung der festgesetzten Bestimmungen Entwendung, Vernichtung oder Verlust im Interesse der äußeren Sicherheit Rußlands vor auswärtigen Staaten notorisch geheimzuhaltender Pläne, Zeichnungen oder Dokumente zuläßt oder aus Fahrlässigkeit solche Geheimnisse entdeckt, wird bestraft:

mit Gefängnis nicht unter drei Monaten.

§ 655. Ein Beamter, welcher ihm dienstlich oder infolge Mißbrauchs seiner Dienstvollmachten bekanntgewordene und notorisch geheimzuhaltende:

1) bei der Herstellung staatlicher Kreditpapiere angewendeten Verfahrungsweisen oder aber Geheimmerkmale jener Papiere;

2) der Regierung oder Privatpersonen gehörenden Geheimnisse besonderer Kunstgriffe der Produktion irgendwelcher Gegenstände oder der Ausführung irgend welcher Arbeiten;

3) Geheimnisse der Ausgebote fiskalischer oder öffentlicher Arbeitsübernahmen oder Lieferungen, wenn diese Ausgebote mittels versiegelter Angebote vorgenommen werden;

4) Mitteilungen, deren Offenbarung die Person, auf welche sie sich beziehen, entehren konnten;

5) Inhalte von Akten, welche, dem Wunsche der an denselben beteiligten gemäß, ohne Offenbarung ihres Inhalts an die Zeugen, in der in den Bestimmungen über das Notariatswesen festgesetzten Ordnung aufgenommen sind,

offenbart, wird bestraft:

in dem in Zif. 1 dieses Paragraphen bezeichneten Falle —

mit Gefängnis nicht unter drei Monaten;

in den übrigen Fällen —

mit Gefängnis nicht über sechs Monaten.

§ 656. Ein Beamter, welcher ein notorisch für eine von ihm begangene, in den Kreis seiner Dienstverpflichtungen einschlagende Handlung gegebenes Geschenk*) annimmt, wird bestraft:

mit Gefängnis nicht über sechs Monaten.

Nimmt ein Beamter ein Geschenk an, welches notorisch gegeben wird, um ihn zur Vornahme einer solchen Handlung zu bewegen, so wird er bestraft:

mit Gefängnis.

---

*) Geschenk in den §§ 656 bis 662 = Wsjatka, Geschenk zur Bestechung oder Belohnung.

Nimmt ein Beamter ein Geschenk an, welches notorisch um ihn zur Begehung einer strafbaren Handlung oder Dienstübertretung im Kreise seiner Verpflichtungen zu bewegen oder für solche von ihm begangene Handlung oder Übertretung gegeben wird, so wird er bestraft:

mit Korrektionshaus nicht über drei Jahren.

§ 657. Ein Beamter, welcher ein durch ihn angesichts der bevorstehenden Begehung einer in den Kreis seiner Dienstverpflichtungen einschlagenden Handlung oder für eine solche begangene Handlung abgefordertes Geschenk annimmt, wird bestraft:

mit Gefängnis nicht unter drei Monaten.

Nimmt ein Beamter ein durch ihn angesichts der bevorstehenden Begehung im Kreise seiner Verpflichtungen einer strafbaren Handlung oder Dienstübertretung oder für solche von ihm begangene Handlung oder Übertretung abgefordertes Geschenk an, so wird er bestraft:

mit Korrektionshaus nicht über drei Jahren.

Nimmt jedoch ein Beamter eine durch ihn angesichts der bevorstehenden Begehung einer Diensthandlung oder für eine solche von ihm begangene Handlung durch Bedrückung im Dienst oder durch Androhung derselben abgenötigtes Geschenk an, so wird er bestraft:

mit Korrekfionshaus.

Der Versuch strafbar.

Die Forderung eines Geschenks oder die Nötigung zu demselben wird als dessen versuchte Annahme erachtet.

§ 658. Ein Beamter, welcher zu seinen Gunsten ungesetzliche Abgaben festsetzt oder erhebt, wird bestraft:

mit Gefängnis nicht unter drei Monaten.

Erpreßt jedoch der Schuldige solche Abgaben durch Bedrückung im Dienst oder durch Androhung derselben, so wird er bestraft:

mit Korrektionshaus.

Der Versuch ist strafbar.

§ 659. Eine in die Liste der Geschworenen für eine bestimmte Gerichtssitzungsperiode eingetragene, oder zu der Geschworenenbank gehörende Person, welche ein ihr angebotenes oder durch sie abgefordertes Geschenk annimmt, wissend, daß es ihr wegen einer Sache gegeben ist, die ihrer Prüfung als eines Geschworenen unterliegen kann, wird bestraft:

mit Korrektionshaus nicht über drei Jahren.

§ 660. Ein Beamter, welcher einer Person, die eine in den §§ 656 bis 659 vorgesehene Bestechung begeht, durch Übergabe des Geschenks, dessen Annahme in seinem eigenen Namen oder durch sonstige Vermittelung wissentlich beisteht, wird wie ein Helfershelfer bei diesen Vergehen bestraft.

§ 661. Ein Beamter, welcher:

1) eine ihm zur Übergabe an einen anderen Beamten gegebene oder unter dem Vorwande der Übergabe an einen anderen Beamten angenommene Gabe sich aneignet;

2) sich für anderen Beamten ausgebend ein Geschenk in Aneignungsabsicht annimmt,

wird bestraft:

mit Korrektionshaus nicht über drei Jahren.

§ 662. Bei der Verurteilung wegen der in den §§ 656 bis 661 vorgesehenen Handlungen wird die dem Schuldigen zugefallene Gabe eingezogen, oder falls sie nicht vorhanden ist — deren Wert beigetrieben. Erkennt jedoch das Gericht, daß die Gabe abgenötigt war, so wird sie dem Herrn zurückgegeben. Besteht das Geschenk in der Schenkung eines Vermögensrechtes, so wird solche Schenkung für ungültig erklärt.

§ 663. Ein Beamter, dem die Beaufsichtigung der Ausführung von Bauarbeiten auferlegt ist, wird, wenn er Verwendung untauglicher Materialien oder von Materialien in ungenügender Quantität oder Nichtbefolgung der technischen Bestimmungen bei der Ausführung eines Gebäudes oder eines Bauwerks wissentlich zuläßt und diese Handlung die Zerstörung des Gebäudes, des Bauwerkes oder der Teile derselben zur Folge hat, bestraft:

mit Gefängnis.

Derselben Bestrafung unterliegt ein Abnehmer eines Gebäudes oder Bauwerkes, welcher in Kenntnis der Erbauung oder Errichtung desselben aus untauglichen Materialien, oder aus Materialien in ungenügender Quantität oder unter Verletzung der technischen Bestimmungen als tauglich abnimmt, falls infolge solcher Unregelmäßigkeiten die Zerstörung des Gebäudes, des Bauwerkes oder der Teile desselben eintritt.

§ 664. Ein Beamter, welcher notorisch ungebührende, unter dem Vorwand der Erfüllung des Gesetzes oder einer verbindlichen Verordnung, oder unter dem Vorwand der Erfüllung der Bedingungen des öffentlichen Ausgebotes oder eines Vertrages mit dem Fiskus oder unter dem Vorwande der festgesetzten Bezahlung für eine Diensthandlung durch ihn abgeforderte Geld- oder Naturaleingänge in Aneignungsabsicht annimmt, wird bestraft:

mit Korrektionshaus nicht über drei Jahren.

Wird dabei Vermögen einem Arrest, Verbot oder Verkauf unterzogen, so wird der Schuldige bestraft:

mit Korrektionshaus.

Der Versuch ist strafbar.

§ 665. Ein Beamter, welcher unentgeltliche oder unverhältnismäßig niedrig belohnte Erfüllung laut Ausschreibung wissentlich unverbindlicher Arbeiten oder ungebührender Naturalleistungen für sich oder einen anderen durch Bedrückung mit Hülfe der Dienstvollmacht, oder durch Androhung solcher Bedrückung oder durch sonstigen Mißbrauch der Dienstvollmacht abnötigt, wird bestraft:

mit Gefängnis nicht unter drei Monaten.

Der Versuch ist strafbar.

§ 666. Ein Beamter, welcher:

1) die über die Rechnungsführung und die Annahme-, Aufbewahrungs- und Ausgabeordnung von Geld oder sonstigem Vermögen festgesetzten Bestimmungen verletzt;

2) die bezüglich der Erhaltung und Führung der Kassenbücher bestimmte Ordnung nicht einhält;

3) die Bestimmungen über die Führung der zum Einschreiben irgendwelcher Gegenstände oder für sonstige Eintragungen festgesetzten Bücher, ebenso der zur Bekundung des Überganges oder der Beschränkung des Eigentumsrechtes an unbeweglichem Vermögen bestimmten Bücher nicht befolgt,

wird, falls diese Handlungen vorsätzlich begangen werden, oder zwar nicht vorsätzlich begangen werden, aber erhebliche Vernachlässigung oder Zerrüttung des dem Beamten anvertrauten Diensttätigkeitszweiges, oder erheblicher Nachteil für die Verwaltungsordnung, oder für fiskalische, öffentliche oder private Interessen durch sie eintritt, bestraft:

mit Haft.

Werden jedoch diese Handlungen in gewinnsüchtiger Absicht begangen, so wird der Schuldige bestraft:

mit Gefängnis nicht unter drei Monaten.

§ 667. Ein Beamter, welcher:

1) ein Dokument unter wissentlich unrichtiger Darstellung des durch dasselbe beglaubigten Umstandes ausfertigt;

2) in den zum Einschreiben von Geld oder sonstigen Gegenständen oder für sonstige Eintragungen von wesentlicher Bedeutung für die Verwaltungsordnung festgesetzten Büchern wissentlich falsche Angaben unterbringt,

wird bestraft:

mit Korrektionshaus.

Wird die wissentlich falsche Darstellung in den im § 443 vorgesehenen Dokumenten vorgenommen, so wird der Schuldige bestraft:

mit Gefängnis nicht über sechs Monaten.

§ 668. Ein Beamter, welcher einen Allerhöchsten Befehl, den er bekanntmacht, wissentlich falsch darstellt, wird bestraft:

mit zeitiger Zwangsarbeit.

§ 669. Ein Beamter, welcher aus Nachlässigkeit mündlich oder schriftlich unrichtige Angaben dienstlich mitteilt oder beglaubigt, durch welche erheblicher Nachteil für die Verwaltungsordnung, oder für fiskalische, öffentliche oder private Interessen eintritt, wird bestraft:

mit Haft.

§ 670. Ein Beamter, welcher mündlich wissentlich falsche Angaben dienstlich mitteilt oder beglaubigt, wird, falls diese Mitteilung der Verwaltungsordnung, oder fiskalischen, öffentlichen oder privaten Interessen Nachteil zufügt, bestraft:

mit Gefängnis.

Begeht der Schuldige dieses Vergehen in der Absicht, die Verurteilung eines notorisch Unschuldigen hervorzurufen oder auf einen solchen einen Verdacht zu lenken, so wird er bestraft:

mit Korrektionshaus.

§ 671. Ein Beamter, welcher Geldsummen oder Gegenstände, deren Einschreibung oder Absendung seine Dienstverpflichtung bildet, nicht rechtzeitig in die festgesetzten Bücher einschreibt oder nicht rechtzeitig absendet, wird, falls diese Handlung vorsätzlich begangen wird, außer der im allgemeinen Rechnungstatut bestimmten Geldbuße, bestraft:

mit Haft.

Wird diese Handlung in gewinnsüchtiger Absicht begangen, so wird der Schuldige bestraft:

mit Gefängnis nicht unter drei Monaten.

§ 672. Ein Notar oder ein sonstiger zur Aufnahme, Beglaubigung oder Bestätigung von Akten durch das Gesetz ermächtigter Beamte, welcher eine durch das Gesetz verbotene Akte aufnimmt, beglaubigt oder bestätigt, wird bestraft:

mit Haft.

Derselben Bestrafung unterliegt ein Beamter, welcher als Vertreter einer fiskalischen oder öffentlichen Anstalt an der Aufnahme, Beglaubigung oder Bestätigung der in diesem Paragraphen bezeichneten Akten teilnimmt.

§ 673. Ein Beamter, welcher eine in den Kreis seiner Dienstverpflichtungen einschlagende Handlung unter Verletzung solcher für diese Handlung durch das Gesetz oder eine verbindliche Verordnung festgesetzten Bestimmungen, Formen oder Zeremonien begeht, deren Nichtbeachtung die Ungültigkeit der Handlung selbst nach sich zieht, wird bestraft:

mit Haft.

Wird diese Verletzung der Bestimmungen, Formen und Zeremonieen in gewinnsüchtiger Absicht begangen, so wird der Schuldige bestraft:

mit Gefängnis nicht unter drei Monaten.

§ 674. Ein Obernotar, ein Notar oder ein sonstiger durch das Gesetz zur Aufnahme, Beglaubigung oder Bestätigung von Akten ermächtigter Beamte, welcher solche Formen oder Zeremonieen verletzt, deren Nichtbeachtung die Ungültigkeit der Bestätigung der Akte oder der Akte selbst nach sich zieht, oder diese letztere der Kraft einer Grund- oder notariellen Akte beraubt, wird, falls diese Verletzung der Formen und Zeremonieen in der Absicht, die Akte ungültig zu machen oder sie der Kraft einer Grund- oder notariellen Akte zu berauben, begangen wird, bestraft:

mit Gefängnis nicht unter drei Monaten.

Wird diese Handlung in gewinnsüchtiger Absicht begangen, so wird der Schuldige bestraft:

mit Korrektionshaus nicht unter drei Jahren.

§ 675. Ein Richter oder ein sonstiger durch das Gesetz zur Entscheidung von Zivilsachen oder Kriminal- oder Disziplinarverantwortlichkeitssachen ermächtigter Beamter oder ein Schiedsrichter, welcher eine wissentlich ungerechte Entscheidung fällt, wird bestraft;

mit Korrektionshaus.

Wird diese Handlung in gewinnsüchtiger Absicht begangen oder wird durch diese Entscheidung dem Angeklagten eine im Gesetz für Verbrechen festgesetzte Strafe wissentlich unregelmäßig auferlegt, so wird der Schuldige bestraft:

mit Korrektionshaus nicht unter drei Jahren.

§ 676. Ein Beamter, welcher in einem Verfahren in Zivilsachen oder in Kriminal- oder Disziplinarverantwortlichkeitssachen durch Mißbrauch der Dienstvollmachten oder durch mit der Rechtspflege unvereinbare Maßregeln das Geständnis eines Angeklagten oder die Aussage eines Zeugen oder Sachverständigen erpreßt, wird bestraft:

mit Gefängnis.

Begeht der Schuldige diese Handlung in der Absicht, die Verurteilung eines notorisch Unschuldigen hervorzurufen oder auf einen solchen einen Verdacht zu lenken, so wird er bestraft:

mit Korrektionshaus.

§ 677. Ein an der Entscheidung einer Sache teilnehmender Geschworener, welcher Geheimnisse der Beratung oder der Abstimmung der Geschworenen in dieser Sache vorsätzlich offenbart, wird bestraft:

mit Geldstrafe nicht über hundert Rubel.

§ 678. Ein Geschworener, welcher auf Ladung des Gerichts zur Erfüllung der Geschworenenpflicht zum dritten Male ohne gesetzliche Gründe nicht erscheint, wird bestraft:

mit Haft.

Derselben Bestrafung unterliegt ein Geschworener, welcher über einen Umstand, der als gesetzliche Veranlassung zum Ausschluß oder Ablehnung von der Teilnahme an der Sache als Geschworener dient, wissentlich falsch aussagt.

§ 679. Der auf Ladung des Gerichts zur Erfüllung der Geschworenenpflicht erschienene, welcher ohne triftigen Grund seine Pflicht zu erfüllen sich weigert, wird bestraft:

mit Haft nicht über einem Monat oder mit Geldstrafe nicht über hundert Rubel.

§ 680. Ein Angestellter einer Post- oder Telegraphenanstalt, welcher:

1) Postkorrespondenz oder ein Telegramm vernichtet, verheimlicht, sich aneignet oder deren Übersendung oder Ausgabe verzögert;

2) den Inhalt schriftlicher Postkorrespondenz oder eines Telegramms entstellt;

3) den Inhalt eines Telegramms oder verschlossener Postkorrespondenz, wenn auch nach dem Aufgeben seines Dienstes in diesen Anstalten, offenbart oder mitteilt, oder solche Telegramme oder

Korrespondenzen einer wissentlich nicht gehörigen Person zur Kenntnisnahme ihres Inhalts übergibt;

4) Postkorrespondenz oder ein Telegramm eröffnet,

wird, falls diese Handlung in gewinnsüchtiger Absicht begangen wird und er wegen des Begangenen keiner schweren Verantwortung unterliegt, bestraft:

in den in den Ziff. 1 oder 2 dieses Paragraphen bezeichneten Fällen —

mit Korrektionshaus nicht über drei Jahren;

in den übrigen Fällen —

mit Gefängnis.

Der Versuch ist strafbar.

Denselben Bestrafungen nach demselben Grundsatze unterliegt ein Angestellter einer Post- oder Telegraphenanstalt, welcher die Begehung der in diesem Paragraphen vorgesehenen strafbaren Handlungen durch einen anderen Angestellten solcher Anstalt zuläßt.

§ 681. Ein Beamter, welcher den öffentlichen Verkauf fremden Vermögens vollzieht oder beaufsichtigt, wird, wenn er dieses Vermögen zu unverhältnismäßig niedrigem Preise wissentlich mittels Verletzung der zur Vornahme öffentlicher Verkäufe festgesetzten Bestimmungen verkauft oder solchen Verkauf zuläßt, und wenn dabei diese Handlung in gewinnsüchtiger Absicht begangen wird, bestraft:

mit Korrektionshaus.

Derselben Bestrafung unterliegt ein Vorgesetzter der den öffentlichen Verkauf vollziehenden Person, welcher zur Begehung der erwähnten Handlung anstiftet.

§ 682. Ein Beamter, welcher der Art seines Dienstes gemäß durch das Gesetz verbotene Vermögensgeschäfte eingeht, wird bestraft:

mit Haft.

Derselben Bestrafung unterliegt ein Beamter, welcher Gewerbe, Handel oder eine sonstige Beschäftigung mit Vermögenseigenschaft oder einen Privatauftrag übernimmt, die ihm durch das Gesetz der Art seines Dienstes gemäß untersagt sind, oder die ihm seine Obrigkeit nicht erlaubt, falls das Gesetz solche Erlaubnis erfordert.

§ 683. Ein Beamter, dem die Verpflichtung der Beaufsichtigung von Vermögensunternehmungen oder des Abschlusses, der Bestätigung oder Ausführung von Übernahmen (podrjad), Lieferungen oder sonstigen Vermögensverträgen, oder der Vornahme von Ausgeboten oder die Verpflichtung der Aufsicht über die bezeichneten Handlungen obliegt, wird, wenn er einem gesetzlichen Verbot zuwider an diesen Unternehmungen, oder Verträgen oder vertragsgemäßen Kautionsleistungen in seinem Namen, oder im Namen seiner Frau oder durch eine vorgeschobene Person sich beteiligt, bestraft:

mit Gefängnis nicht unter drei Monaten.

Die vom Schuldigen geleistete Kaution wird eingezogen.

§ 684. Wer die Verpflichtungen des Verwalters eines Militärpferdebezirkes zu erfüllen hat, oder dessen Gehülfe, wird, falls er bei der Vornahme einer Militärpferde- oder Militärfuhrwerkezählung oder bei der Pferde- oder Fuhrwerkelieferung für das Heer der Verwaltung sich entzieht oder seinen Verpflichtungen betreffs der Verwaltung dieses Bezirks nicht nachkommt, bestraft:

mit Haft oder mit Geldstrafe nicht über fünfhundert Rubel.

Kommt der Schuldige seinen Verpflichtungen bei einer Pferde- oder Fuhrwerkslieferung für das Heer in Kriegszeiten nicht nach, so wird er bestraft:

mit Gefängnis.

§ 685. Ein Beamter, welcher:

1) eine Wage oder ein Maß in Kenntnis ihrer Fehlerhaftigkeit mit dem Stempel versieht;

2) ein der Stempelung unterliegendes Fabrikat mit einer wissentlich falschen Probe versieht,

wird bestraft:

mit Gefängniß.

§ 686. Ein Beamter, welchem die Verpflichtung Eß- oder sonstige Ware mit einem Stempel oder einem sonstigen ihre Gesundheitsunschädlichkeit beglaubigenden Zeichen zu versehen auferlegt ist, wird, falls er wissentlich nicht untersuchte Ware mit einem solchen Zeichen versieht, bestraft:

mit Haft.

Wird gesundheitsschädliche Eß- oder sonstige Ware mit einem solchen Zeichen versehen, so wird der Schuldige bestraft:

mit Gefängnis.

§ 687. Wer im Eisenbahndienst steht und in diesem Dienste seit dem Tage der Verkündigung eines Manifestes über die Mobilisierung der Armee zu verbleiben verpflichtet ist, wird, falls er diesen Dienst eigenmächtig verläßt oder zum bestimmten Termin ohne triftigen Grund sich nicht bei der Linie, an welche er abkommandiert ist, zur Erfüllung der Dienstpflichten einstellt, bestraft;

mit Gefängnis nicht über sechs Monaten.

Derselben Bestrafung unterliegt der Vorgesetzte eines in Abs. 1 dieses Paragraphen bezeichneten Eisenbahnbeamten, welcher diesen entläßt oder beurlaubt, in der Absicht, ihm die Möglichkeit zu geben, dem verbindlichen Dienst sich zu entziehen.

Unterschrieben: Der Vorsitzende des Staatsrats

Michaïl.

Beilagen.

Beilage I.

(zum § 73.)

Heilige Gegenstände sind: 1) nach den Vorschriften der ortodoxen Kirche: die Kelche, die Patenen, die Ciborien, die Monstranzen, die Asteriscen, die Abendmahllöffel, die Spieße, die gestielten Cherubsbilder, die Kreuze, die Evangelien, die Heiligenbilder, die Reliquien, ebenso die Einfassung und der Zierrat der Heiligenbilder, Kreuze und Reliquien, die Gefäße mit dem heiligen Salböl, die Meßtücher, die Decken und die Abendmahlsdecken, die zur Bedeckung der Kelche und der Patenen dienen, und die Bekleidung des Altars und des Opfertisches; 2) nach den Vorschriften der römisch-katholischen Kirche: die in den Monstranzen aufbewahrten geweihten Gaben; das Öl, welches bei der hl. Taufe, bei der Salbung und bei der letzten Ölung von Kranken gebraucht wird; die Kelche und die Patenen, die Ciborien (Monstrantia); die Monstranzen; die Steine auf den Altaren mit den hl. Reliquien, genannt altare portatile; die bei dem Gottesdienst gebrauchten Reliquien, Kreuze und Evangelien, darunter auch die Einfassung und der Zierrat der Kreuze, Heiligenbilder, Reliquien und Evangelien begriffen, und das hl. Wasser in den Taufbecken; 3) nach den Vorschriften der armenisch-gregorianischen Kirche: die Kelche, die Patenen, die Monstranzen, die Kreuze, die Evangelien, die gesalbten Heiligenbilder, die Reliquien, die Einfassungen der Kreuze, Heiligenbilder und Reliquien, die Decken der heiligen Gefäße, die Bekleidung der Altare und Opfertische, und an Stelle der Abendmahlsdecken, die in der armenischen Kirche zur Vornahme des Gottesdienstes auf dem Altar stehenden Steine, mit dem auf diesen ausgehauenen gesalbten Kreuz.

Beilage II.

(zum § 74.)

Durch den Gebrauch beim Gottesdienst geheiligte Gegenstände sind: 1) nach den Vorschriften der ortodoxen Kirche: die Taufbecken und die übrigen zur Wasserweihe dienenden großen Kelche, die Schüsseln, die Schöpfkellen, die Weihwasserwedel, die Bekleidung der Analogien, die Meßgewänder, die Weihrauchfäßer, die Leuchter, die Kronleuchter, ebenso die schon eingestellten Lichter, die Meßbücher außer der Evangelien, die Lämpchen und der den Heiligenbildern umgehängte Zierrat; 2) nach den Vorschriften der römisch-katolischen Kirche: die Gefäße zum Darbringen der hl. Kommunion an Kranke, die Gefäße zum Aufbewahren des hl. Öls, die Anhängsel (vota), die Bekleidung der Altare, Analogien und dgl., die kirchlichen Meßgewänder und die Wäsche, die Fahnen, die Glocken, die Glöckchen, die Leuchter, die Kronleuchter nebst den eingestellten Lichtern, die Weihrauchfässer und die Gefäße zu deren Aufbewahrung, die Ampeln, die Meßbücher und überhaupt alle beim Gottesdieust gebrauchten Gegenstände; 3) nach den Vorschriften der armenisch-gregorianischen Kirche: die zur Wasserweihe dienenden Kelche, die Schöpfkellen, die Meßgewänder, die Kronleuchter nebst den eingestellten Lichtern, die kleinen und großen Leuchter auf und vor dem Altar und vor den Reliquien, die Meßbücher und die Kirchentüren; 4) nach den Vorschriften der evangelisch-protestantischen Kirchen: die Kreuze (Kruzifixe), die hl. Schrift (Biblia), die Kelche, die Patenen, die Oblatenbehälter, die Taufbecken und die zur Aufbewahrung des beim Abendmahl verabreichten Weines bestimmten Gefäße.

Unterschrieben: Der Vorsitzende des Staatsrats
Michaïl.

Die Sammlung aufserdeutscher Strafgesetzbücher enthält bisher die folgenden Übersetzungen als Beilagen zu der **„Zeitschrift für die gesamte Strafrechtswissenschaft“** oder zu den **„Mitteilungen der Internationalen Kriminalistischen Vereinigung“:**

I. **Niederländisches** Str.G.B. v. 3. März 1881; **Französisches** Prefsgesetz v. 29. Juli 1881; **Österreichisches** Wuchergesetz v. 28. Mai 1881 (Zeitschrift Bd. 1).

II. **Dänisches** Militär-Str.G.B. v. 7. Mai 1881; **Schwedisches** Militär-Str.G.B. v. 7. Oktober 1881 nebst Einführungsgesetz u. Disziplinar-O. f. d. Kriegsmacht (Zeitschrift Bd. 2.)

III. **Italienisches** Ges. betr. die polit. Wahlen v. 22. Januar 1882 Art. 86—97 (Strafbestimmungen); **Ungarisches** Wuchergesetz v. 27. April 1883; **Niederländisches** Ges. z. Bekämpfung d. Trunksucht v. 28. Juni 1881 (Zeitschrift Bd. 3).

IV. **New Yorker** Str.G.B. v. 26. Juli 1881 (Zeitschrift Bd. 4.)

V. **Norwegische** Str.Proz.O. v. 1. Juli 1887 (Zeitschrift Bd. 9.)

VI. **Italienisches** Str.G.B. u. Ges. betr. öffentliche Sicherheit vom 30. Juni 1889 (Zeitschrift Bd. 10).

VII. **Finnländisches** Str.G.B. v. 19. Dezember 1889 u. Verordn. üb. d. Strafvollstreckung (Zeitschrift Bd. 11).

VIII. **Mexikanisches** Str.G.B. v. 7. Dezember 1871 (Zeitschrift Bd. 14)

IX. **Norwegisches** Ges. betreffend d. Behandlung verwahrl. Kinder v. 6. Juni 1896 (Zeitschrift Bd. 17).

X. Vorentwurf z. **Schweizerischen** Str.G.B. (Mitt. Bd. VI).

XI. Entwurf z. **Norwegischen** Str.G.B. (Mitt. Bd. VII).

XII. **Bulgarisches** Str.G.B. v. 2. Februar 1896 (Zeitschrift Bd. 18).

XIII. **Ungarische** Str.Proz.O. v. 4. Dezember 1896 (Zeitschr. Bd. 19).

XIV. Vorentwurf z. **Japanischen** Str.G.B. (Zeitschrift Bd. 20).

XV. **Chilenisches** Str.G.B. v. 1. März 1875 nebst Ergänzungs-Ges. (Zeitschrift Bd. 20).

XVI. **Dänisches** Str.G.B. v. 10. Februar 1866. **Dänisches** Ges. betr Gewalt gegen schuldlose Personen vom 11. Mai 1897 (Zeitschrift Bd. 21).

XVII. **Bulgarische** Str.Proz.O. v. 3. April 1897 (Zeitschrift Bd. 22).

XVIII. **Norwegisches** Militär-Str.G.B. und Militär-Str.Proz.O. und **Norwegische** Str.Proz.O., Änderungs-Ges. v. 1902 (Mitt. Bd. XI).

XIX. **Portugiesisches** Str.G.B. v. 16. September 1886 (Zeitschr. Bd. 24).

XX. **Norwegisches** Str.G.B. v. 22. Mai 1902 und **Norwegisches** Ges. gegen Arbeitsscheu u. Trunksucht v. 1900 (Mitt. Bd. XII).

XXI. **Ottomanische** Str.Proz.O. v. 25. Juni 1879 (Mitt. Bd. XII).

XXII. **Dänisches** Gesetz v. 1. April 1905 (sogen. **Prügelgesetz**) nebst Ausführungsbestimmungen (Mitt. Bd. XIII).

XXIII. **Japanisches** Str.G.B. vom 23. April 1907. (Zeitschr. Bd. 28.)

XXIV. **Russisches** Str.G.B. vom 22. März 1903.

Druck von Leonhard Simion Nf. in Berlin SW.

Sammlung

Außerdeutscher Strafgesetzbücher

in deutscher Übersetzung.

Herausgegeben von den Schriftleitungen

der

Zeitschrift für die gesamte Strafrechtswissenschaft

und der

Mitteilungen der Internationalen Kriminalistischen Vereinigung.

XXV.

Österreichischer Gesetzentwurf,

betreffend

die strafrechtliche Behandlung und den strafrechtlichen Schutz Jugendlicher.

1907.

BERLIN 1908.

J. Guttentag, Verlagsbuchhandlung,

G. m. b. H.

Österreichischer
Gesetzentwurf,

betreffend

die strafrechtliche Behandlung und den strafrechtlichen Schutz Jugendlicher,

1907.

BERLIN 1908.
J. Guttentag, Verlagsbuchhandlung,
G. m. b. H.

Die Bewährungsfrist beträgt

1. zehn Jahre bei Verurteilung zu einer einjährigen oder längeren Freiheitsstrafe,

2. acht Jahre bei Verurteilung zu einer Freiheitsstrafe in der Dauer von sechs Monaten bis zu einem Jahre,

3. sechs Jahre bei Verurteilung zu einer Freiheitsstrafe in der Dauer von einem Monate bis zu sechs Monaten oder bei einer kürzeren Freiheitsstrafe, wenn die Verurteilung wegen Diebstahles, Veruntreuung, der Teilnehmung an diesen strafbaren Handlungen oder wegen Betruges erfolgte,

4. vier Jahre in allen übrigen Fällen.

Die Bewährungsfrist beginnt mit Ablauf des Tages, an dem die Freiheitsstrafe abgebüßt, die Geldstrafe erlegt ist oder der Verurteilte verständiget wird, daß die Strafe durch Gnade erlassen wurde. Sofern gemäß den Bestimmungen dieses Gesetzes von der Verhängung oder dem Vollzuge einer Strafe abgesehen wird, beginnt die Bewährungsfrist mit dem Tage nach Eintritt der Rechtskraft des Urteiles.

Der Zeitraum, während dessen ein Verurteilter in einer Besserungsanstalt angehalten wird, ist in die Bewährungsfrist nicht einzurechnen.

§ 29.

Die Rehabilitation bewirkt Tilgung der Verurteilung und befreit von der Verpflichtung, die Verurteilung auf gerichtliches oder behördliches Befragen anzugeben. Auf die Verurteilung sich gründende Rechte dritter Personen bleiben unberührt.

Der Rehabilitierte kann bei dem Gerichte, das in der Strafsache in erster Instanz entschieden hat, begehren, daß die Rehabilitation im Strafakte, in der beim Strafregisteramte erliegenden Strafkarte und in den Vormerken der Verwaltungsbehörden angemerkt werde. Wenn diese Anmerkung erfolgt ist, darf die durch die Rehabilitation getilgte Verurteilung in Strafkarten-Ausfertigungen und Leumundsnoten nicht aufgenommen werden.

Die Strafgerichte und Staatsanwaltschaften sind berechtigt, in einem strafgerichtlichen Verfahren die Bekanntgabe einer durch Rehabilitation getilgten Verurteilung zu begehren, wenn die Kenntnis der Verurteilung für die Entscheidung der Schuldfrage von Bedeutung ist. Das Gericht kann unter dieser Voraussetzung auch beschließen, daß die Verurteilung in der Verhandlung bekanntgegeben werde.

Behörden, die zur Verleihung von Stellen im öffentlichen Dienste oder zur Übertragung einer diesem Dienste gleichzuachtenden öffentlichen Funktion berufen sind, können die Mitteilung einer durch Rehabilitation getilgten Verurteilung verlangen, wenn die Unbescholtenheit ein wesentliches Erfordernis für die Aufnahme in diesen Dienstzweig oder für die Übertragung der öffentlichen Funktion ist. Solche Auskünfte dürfen nur auf besonderes Begehren und unter ausdrücklicher Erwähnung der eingetretenen Rehabilitation erteilt werden. Die anfragende Behörde ist zur Geheimhaltung von Auskünften über eine durch Rehabilitation getilgte Verurteilung verpflichtet.

3. Die Überschrift des fünften Hauptstückes des ersten Teiles des Strafgesetzes hat zu lauten:

Von Anwendung der Erschwerungs- und Milderungsumstände, vom bedingten Straferlafs und der bedingten Entlassung.

4. Nach § 55 sind einzuschalten:

Bedingter Straferlaß.

§ 55a.

Wird eine Person, die zur Zeit der Tat das achtzehnte Lebensjahr noch nicht vollendet hat, zu einer Geldstrafe oder zu einer drei Monate nicht übersteigenden Freiheitsstrafe verurteilt, so kann das Gericht den Vollzug dieser Strafe und einer als Nebenstrafe ausgesprochenen Abschaffung unter gleichzeitiger Anordnung einer Bewährungsfrist von einem bis drei Jahren aussetzen, sofern

1. der Verurteilte bisher noch keine Freiheitsstrafe nach dem Strafgesetze verbüßt hat und es

2. nach seiner bisherigen Aufführung in Haus und Schule, in der Lehre oder Arbeit, nach den Beweggründen und den Umständen der Tat, sowie im Hinblick auf sein Verhalten nach deren Verübung mit Grund anzunehmen ist, daß es der Vollstreckung der Strafe nicht bedarf, um ihn von weiteren strafbaren Handlungen abzuhalten.

Die Aussetzung des Vollzuges ist unzulässig bei Personen, denen diese Begünstigung oder die Begünstigung des § 270 schon einmal gewährt worden ist, sowie bei Personen, deren Wohnsitz nicht festgestellt ist.

Die Bewährungsfrist beginnt mit Rechtskraft des Urteiles zu laufen.

§ 55b.

Mit der Aussetzung des Vollzuges einer die Dauer eines Monates übersteigenden Freiheitsstrafe kann die Anordnung einer Schutzaufsicht verbunden werden, wenn das Gericht dies zur Unterstützung der sittlichen Festigung und Besserung des Verurteilten für geraten hält und am Aufenthaltsorte des Verurteilten eine erfolgreiche Überwachung durch Vertrauenspersonen eingeleitet werden kann.

Bei Anordnung der Schutzaufsicht oder später können dem Verurteilten bestimmte Weisungen für sein Verhalten und seine Aufführung erteilt, der Aufenthalt an bestimmten Orten untersagt oder ihm die Bekanntgabe seines Aufenthaltes auferlegt werden. Weitere Freiheitsbeschränkungen sind unzulässig.

§ 55c.

Der Vollzug der ausgesetzten Strafe ist durch Beschluß des Gerichtes anzuordnen, wenn:

1. der Verurteilte wegen einer während der Bewährungsfrist begangenen und von Amts wegen zu verfolgenden vorsätzlichen strafbaren Handlung zu einer Freiheitsstrafe verurteilt wird oder wenn

2. der Verurteilte einer Weisung des Gerichtes in Betreff seines Verhaltens oder seiner Aufführung ungeachtet förmlicher Mahnung zuwiderhandelt oder wenn er sich fortgesetzt dem Trunke, Spiele, Müßiggang oder einem unsittlichen Lebenswandel ergibt.

Der Vollzug der ausgesetzten Strafe kann angeordnet werden, wenn der Jugendliche wegen einer fahrlässig begangenen strafbaren Handlung zu einer Freiheitsstrafe verurteilt wird.

Wird der Verurteilte wegen einer vor Beginn der Frist begangenen strafbaren Handlung zu einer Freiheitsstrafe verurteilt, so hat das erkennende Gericht unter Würdigung der Umstände des Falles zu entscheiden, ob der Strafvollzug für beide Fälle auszusetzen oder ob nunmehr beide Strafen zu vollstrecken seien.

Die neu verhängte Strafe und die Strafe, deren Vollzug ausgesetzt war, sind im unmittelbaren Anschlusse zu verbüßen.

Hat der Verurteilte sich bewährt, so gilt die Strafe als verbüßt und fällt eine als Nebenstrafe ausgesprochene Abschaffung weg; der Eintritt dieser Wirkung ist durch Beschluß festzustellen. Im Falle der späteren Begehung einer gleichen strafbaren Handlung kann die nicht vollstreckte Strafe bei der Strafbemessung nicht in Anschlag gebracht werden.

Der Beschluß, daß die ausgesetzte Strafe zu vollstrecken sei, hat nur rechtliche Wirkung, wenn er vor Ablauf von sechs Wochen nach dem Ende der Bewährungsfrist, falls aber bei Ablauf der Bewährungsfrist ein Strafverfahren gegen den Jugendlichen anhängig ist, innerhalb sechs Wochen nach rechtskräftiger Beendigung dieses Verfahrens gefaßt wird.

Die Aussetzung des Vollzuges, der Widerruf und der Erlaß der Strafe sind in das Strafregister einzutragen.

Bedingte Entlassung.

§ 55 d.

Sträflinge, die zu einer mindestens dreimonatlichen Freiheitsstrafe verurteilt sind, können, falls sie zur Zeit der Tat das achtzehnte Lebensjahr nicht vollendet hatten und wegen Verbrechens nicht vorbestraft waren, nach Abbüßung von zwei Dritteln der ihnen auferlegten Freiheitsstrafe mit ihrer Zustimmung bedingt entlassen werden, wenn sie sich während ihrer Anhaltung gut aufgeführt haben und ihr Vorleben sowie ihr Verhalten während des Strafvollzuges schließen läßt, daß sie sich in der Freiheit bewähren werden. Bei der Entlassung ist eine Bewährungsfrist festzusetzen, die bis zum Ablaufe der Strafzeit, mindestens aber sechs Monate dauern muß. Zugleich kann eine Schutzaufsicht angeordnet werden (§ 55 b, Absatz 1).

Die Strafvollzugsbehörde (Strafgericht, Leitung der Strafanstalt) hat, falls dies nicht schon in anderer Weise gesichert erscheint, im

Einvernehmen mit der Vormundschaftsbehörde oder auch mit Organen der Fürsorge für die Unterbringung des Entlassenen in einem redlichen Erwerbe zu sorgen. Sie kann ihm ferner entweder bei der Entlassung oder später bestimmte Weisungen in betreff seines Verhaltens und seiner Aufführung erteilen, den Aufenthalt an bestimmten Orten untersagen oder die Bekanntgabe seines Aufenthaltes auferlegen.

Weitere Freiheitsbeschränkungen sind unzulässig.

§ 55 e.

Die Entlassung ist zu widerrufen und der noch erübrigende Strafrest zu vollstrecken:

1. wenn der Verurteilte wegen einer nach seiner Freilassung begangenen und von Amts wegen zu verfolgenden vorsätzlichen strafbaren Handlung zu einer Freiheitsstrafe verurteilt wird, oder wenn

2. der Verurteilte einer Weisung der Strafvollzugsbehörde in betreff seines Verhaltens oder seiner Aufführung ungeachtet förmlicher Mahnung zuwiderhandelt oder wenn er sich fortgesetzt dem Trunke, Spiele, Müßiggang oder einem unsittlichen Lebenswandel ergibt.

Der Widerruf kann erfolgen, wenn der Entlassene wegen einer fahrlässig begangenen strafbaren Handlung zu einer Freiheitsstrafe verurteilt wird.

Der Widerruf ist nur bis zum Ablauf von sechs Wochen nach dem Ende der Bewährungsfrist zulässig. Liegt dringender Fluchtverdacht vor, so ist der Entlassene durch die Strafvollzugsbehörde bis zur Entscheidung über den Widerruf in vorläufige Verwahrung zu nehmen; die Zeit der Verwahrung ist in die Strafzeit einzurechnen.

Ist der Widerruf infolge Verurteilung zu einer Freiheitsstrafe erfolgt, die schwerer ist als die Freiheitsstrafe, aus welcher der Sträfling bedingt entlassen war, so ist zuerst die schwerere Freiheitsstrafe und sodann der Rest der anderen am Vollzugsorte der neu verhängten Strafe zu vollstrecken. Andernfalls erfolgt die Vollstreckung der neu verhängten Freiheitsstrafe am Vollzugsorte der vorausgegangenen Strafe.

§ 55 f.

Wird die Entlassung nicht vor Ablauf des im § 55 e, Absatz 3, bestimmten Zeitraumes widerrufen, so gilt die Freiheitsstrafe als verbüßt; ist bei Ablauf der Bewährungsfrist ein Strafverfahren gegen den Entlassenen anhängig, so kann der Widerruf noch innerhalb sechs Wochen nach rechtskräftiger Beendigung dieses Verfahrens erfolgen.

Die bedingte Entlassung kann auf Ansuchen des Sträflings oder auf Antrag der Strafvollzugsbehörde vom Oberlandesgerichte gewährt werden. Wird die bedingte Entlassung vom Sträfling selbst erbeten, so ist das Gutachten der Strafvollzugsbehörde vor der Entscheidung des Oberlandesgerichtes einzuholen. Ebenso entscheidet das Oberlandesgericht über den von der Strafvollzugsbehörde beantragten Widerruf.

Gegen diese beiden Entscheidungen sowie gegen Verfügungen,

mit denen eine Schutzaufsicht angeordnet oder Weisungen betreffs des Verhaltens oder der Aufführung während der Bewährungsfrist erteilt werden, ist ein Rechtsmittel nicht zulässig.

5. Die Bestimmungen der §§ 237 und 269 bis 273 werden aufgehoben; das dritte Hauptstück des zweiten Teiles des Strafgesetzes hat zu lauten:

Von der Behandlung Unmündiger und Jugendlicher.

§ 269.

Die Bestimmungen des § 4 a sind auch bei Vergehen und Übertretungen anzuwenden.

§ 270.

Begeht ein Jugendlicher vor vollendetem achtzehnten Lebensjahre eine strafbare Handlung, die nur mit einer Geldstrafe oder mit einer drei Monate nicht übersteigenden Freiheitsstrafe bedroht ist und liegen die in § 55 a, Z. 1 und 2, angegebenen Voraussetzungen vor, so kann das Gericht in besonders leichten Fällen nach Feststellung des Tatbestandes und des Verschuldens im Urteile aussprechen, daß es von der Verhängung einer Strafe absehe und an deren Stelle eine Ermahnung erteile.

Die Verurteilung ohne Verhängung einer Strafe ist unzulässig bei Personen, denen diese Begünstigung oder bedingter Straferlaß schon einmal gewährt worden ist.

§ 271.

Die Bestimmungen der § 28, 29 und 55 a bis f finden auch bei Verurteilungen und Verhängung von Strafen wegen Vergehen und Übertretungen Anwendung.

Artikel II.

Die strafrechtlichen Normen zum Schutze der Jugend werden durch folgende Bestimmungen ergänzt:

Gefährdung Unmündiger und Jugendlicher.

§ 1.

1. Wer jemanden vor vollendetem sechzehnten Lebensjahre zu einer Produktion, Schaustellung oder ähnlichen öffentlichen Vorführung verwendet, die für sich allein oder vermöge der besonderen Verhältnisse, denen sie den Unmündigen oder Jugendlichen aussetzt, geeignet ist, dessen Körper, Gesundheit oder Sittlichkeit zu gefährden, oder

2. wer eine Person im Alter unter sechzehn Jahren, deren Obhut ihm nach dem Gesetze oder nach übernommener Pflicht obliegt, einem anderen zu einem der in Z. 1 bezeichneten Zwecke überläßt,

wird wegen Übertretung mit Arrest von drei Tagen bis zu drei Monaten und mit Geldstrafe von hundert bis zu tausend Kronen bestraft.

§ 2.

Wer beim Ausschanke oder Kleinverschleiße von geistigen Getränken oder beim Handel mit diesen Getränken einem Unmündigen, der sich nicht in Begleitung einer erwachsenen Person befindet, geistige Getränke zum eigenen Genusse verabfolgt oder deren Verabfolgung zuläßt, wird wegen Übertretung mit Arrest von einem Tage bis zu sechs Wochen oder an Geld von zehn bis zu fünfhundert Kronen bestraft.

§ 3.

Wer einem Unmündigen geistige Getränke von solcher Art oder in solcher Menge oder Häufigkeit zum eigenen Genusse verabreicht oder verabreichen läßt, daß ihr Genuß die Gesundheit oder körperliche Entwicklung des Unmündigen zu gefährden vermag, wird wegen Übertretung mit Arrest von drei Tragen bis zu drei Monaten oder an Geld von zehn bis zu tausend Kronen bestraft.

Derselben Strafe unterliegt, wer einem seiner Aufsicht oder Obhut unterstehenden Unmündigen geistige Getränke von solcher Art oder in solcher Menge oder Häufigkeit genießen läßt, daß ihr Genuß die Gesundheit oder körperliche Entwicklung des Unmündigen zu gefährden vermag.

Vernachlässigung einer Erziehungs- oder Unterhaltspflicht.

§ 4.

Wer seine Pflicht zur Erziehung oder zum Unterhalte einer Person im Alter unter achtzehn Jahren, obschon er seine Pflicht zu erfüllen im stande ist, in solcher Weise vernachlässigt, daß diese Person dadurch der Gefahr der Verwahrlosung ausgesetzt wird oder sie der öffentlichen Fürsorgeerziehung zu überweisen ist, wird wegen Übertretung mit strengem Arrest von einem bis zu sechs Monaten bestraft.

Entehrung einer geschlechtlich unbescholtenen jugendlichen Frauensperson.

§ 5.

Wer ein geschlechtlich unbescholtenes Mädchen, welches das sechzehnte Lebensjahr nicht vollendet hat, zum Beischlafe verführt, wird wegen Übertretung mit strengem Arrest von einem bis zu sechs Monaten bestraft.

Verfahren und Urteilsfällung.

§ 6.

Das Verfahren und die Urteilsfällung hinsichtlich der in diesem Artikel angeführten Übertretungen steht den Bezirksgerichten zu.

Artikel III.

Die Strafprozeßordnung vom 23. Mai 1873, R. G. Bl. Nr. 119, wird durch folgende Bestimmungen abgeändert und ergänzt:

1. Nach § 9 ist einzuschalten:

§ 9 a.

Durch Verordnung kann festgesetzt werden, daß die Besorgung der Vormundschafts- und kuratelsbehördlichen Geschäfte, sofern sie städtischen Bezirksgerichten zustehen, nach Abschluß der Verlassenschaftsabhandlung bei einem oder einigen der in derselben Stadt bestehenden Bezirksgerichte vereinigt und eben diesen Gerichten auch die Ausübung der Strafgerichtsbarkeit in folgenden Übertretungssachen übertragen werde:

1. in Übertretungssachen, an denen Personen im Alter bis zum vollendeten achtzehnten Lebensjahre, sei es allein oder in Verbindung mit Erwachsenen als Angeklagte beteiligt sind;

2. in Übertretungssachen nach den §§ 335 St. G. begangen durch Überschreitung eines Züchtigungsrechtes, 360, 376 bis 378, 414 bis 418, 420, 421, 506, 512 St. G., nach § 2, Z. 2, des Gesetzes vom 24. Mai 1885, R. G. Bl. Nr. 89, sowie nach Artikel II, §§ 1, 3 bis 5 des Gesetzes vom . . . . R. G. Bl. Nr. . ., betreffend die strafrechtliche Behandlung und den strafrechtlichen Schutz Jugendlicher, sofern durch diese strafbaren Handlungen Unmündige oder Jugendliche gefährdet oder verletzt wurden.

2. Zwischen dem zweiten und dritten Absatze des § 41 sind als neue Absätze einzuschalten:

Angeklagten, die das achtzehnte Lebensjahr nicht vollendet haben, muß auch bei der Hauptverhandlung vor dem Gerichtshofe erster Instanz ein Verteidiger zur Seite stehen. Falls sie oder ihre gesetzlichen Vertreter einen solchen nicht bestellen, ist ihnen ein Verteidiger von Amts wegen beizugeben.

Dem für einen Jugendlichen von Amts wegen bestellten Verteidiger kommen hinsichtlich der Rechtsmittel dieselben Befugnisse wie dem Vater oder Vormunde zu.

3. Nach § 45 ist einzuschalten:

§ 45 a.

Der Vater oder Vormund eines minderjährigen Beschuldigten ist berechtigt, während des Vorverfahrens Beweisanträge zu stellen und während des Vorverfahrens oder später die Aufhebung der Verwahrungs- oder Untersuchungshaft des Beschuldigten zu beantragen; gegen die Zurückweisung seiner Anträge stehen ihm dieselben Rechtsmittel wie dem Beschuldigten uud zwar selbst gegen dessen Willen zu.

Welche weiteren Vertretungsrechte dem gesetzlichen Vertreter in der Hauptverhandlung, in dem Wiederaufnahmeverfahren und betreffs Anwendung von Rechtsmitteln zukommen, wird durch besondere Bestimmungen des Gesetzes geregelt.

4. Dem § 50 sind folgende Bestimmungen als Absatz 3 und 4 beizufügen:

Für Personen unter achtzehn Jahren und für Personen, die wegen Geisteskrankheit unter Kuratel stehen, wird das Recht zur Privatanklage, sofern das Strafgesetz nichts anderes bestimmt, durch deren gesetzliche Vertreter ausgeübt. Im Falle eines Widerstreites der Interessen ist wegen Bestellung der zur Erhebung der Privatanklage berechtigten Person nach den Bestimmungen des bürgerlichen Rechtes vorzugehen. Nach diesem ist auch zu beurteilen, inwiefern die oben gedachten Personen zum Anschlusse an das Strafverfahren der Mitwirkung des gesetzlichen Vertreters bedürfen.

Personen, die das achtzehnte Lebensjahr vollendet haben, bedürfen zur Privatanklage und zum Anschlusse an das Strafverfahren keines gesetzlichen Vertreters. Sie können sich in diesen Fällen selbständig eines Vertreters aus der Zahl der in die Verteidigerliste eingetragenen Personen bedienen. Letztere Befugnis steht auch Minderjährigen zu, die das erwähnte Alter noch nicht erreicht haben, wenn sie nach dem Strafgesetze zur selbständigen Ausübung des Klagerechtes berechtigt sind. Hiedurch werden die Bestimmungen des bürgerlichen Rechtes über die Voraussetzungen und den Umfang der Verpflichtungen aus dem Bevollmächtigungsvertrage nicht berührt.

5. Zu § 83 treten als Absatz 2 bis 4:

Von der Einleitung einer Voruntersuchung, der Verhängung einer Verwahrungs- oder Untersuchungshaft, von der Erhebung einer Anklage und von der Anordnung einer Hauptverhandlung oder Berufungsverhandlung gegen Minderjährige ist, sofern dies ohne Verzögerung des Verfahrens geschehen kann, deren gesetzlicher Vertreter derart rechtzeitig zu benachrichtigen, daß ihm Gelegenheit gegeben ist, von seinen ihm zustehenden Rechten Gebrauch zu machen. Von der Verurteilung sind der gesetzliche Vertreter und das Vormundschaftsgericht zu benachrichtigen.

Ist der gesetzliche Vertreter der Beteiligung an der strafbaren Handlung des Minderjährigen verdächtig, so haben die vorgeschriebenen Benachrichtigungen an ihn zu unterbleiben und es ist zum Zwecke der nötigen Vorkehrungen im Sinne der §§ 169, 176 bis 178, 218 und 254 a. b. G. B. das Vormundschaftsgericht zu benachrichtigen.

Die Benachrichtigung des Vormundschaftsgerichtes hat ferner zu erfolgen, wenn der gesetzliche Vertreter wegen einer an seinem Pflegebefohlenen verübten strafbaren Handlung verurteilt wird, oder wenn sich ergibt, daß der gesetzliche Vertreter seine Erziehungs- oder Unterhaltungspflichten vernachlässigt oder daß ein Jugendlicher zum Bettel oder zu einem unsittlichen Lebenswandel verleitet oder verwendet wurde, sowie überhaupt in allen Fällen, in denen eine Vorkehrung oder Vorsorge des Vormundschaftsgerichtes notwendig oder nützlich erscheint.

6. Dem § 184 ist als zweiter Absatz beizufügen:

Jugendliche Untersuchungsgefangene im Alter bis zum vollendeten achtzehnten Lebensjahre sind jeder für sich allein zu verwahren. Eine Ausnahme darf nur aus Rücksicht auf die Gesundheit des Gefangenen auf Grund ärztlicher Anordnung vom Richter zugelassen werden. Auch im sonstigen Verkehr des Gefangenhauses ist die Trennung der Jugendlichen von anderen Gefangenen derart durchzuführen, daß jede Berührung zwischen ihnen ausgeschlossen ist.

7. Dem § 209 ist als fünfter Absatz beizufügen:

Ist der Beschuldigte minderjährig, so ist auch sein gesetzlicher Vertreter innerhalb der dem Beschuldigten zustehenden Frist zum Einspruche, und zwar selbst gegen dessen Willen berechtigt.

8. Nach § 231 ist einzuschalten:

§ 231 a.

Gegen einen Angeklagten, der das achtzehnte Lebensjahr nicht vollendet hat, findet die Hauptverhandlung stets unter Ausschluß der Öffentlichkeit statt; dies gilt auch dann, wenn Erwachsene mitangeklagt sind, vorausgesetzt, daß nicht die Verhandlung gegen sie abgesondert geführt werden kann (§ 57). Außer den Personen, die in § 230 dieses Gesetzes und in Artikel IV, §§ 3 bis 5 des Gesetzes vom . . . . . ., R. G. Bl. Nr. . . . , betreffend die strafrechtliche Behandlung und den strafrechtlichen Schutz Jugendlicher, bezeichnet sind, können die Eltern und Pflegeeltern, der Vormund und der Arbeitgeber des Angeklagten bei der Verhandlung anwesend sein.

Die Verkündung des Urteiles findet gleichfalls unter Ausschluß der Öffentlichkeit statt, wenn durch die Öffentlichkeit die Besserung oder das Fortkommen des Angeklagten gefährdet würde oder wenn das Urteil bloß eine Ermahnung erteilt oder der Vollzug der Strafe bedingt ausgesetzt wird.

Das Erkenntnis auf Ausschluß der Öffentlichkeit der Verhandlung oder der Urteilsverkündung bedarf nicht der schriftlichen Ausfertigung.

Die öffentliche Verlautbarung des Inhaltes einer nicht öffentlichen Verhandlung oder eines nicht öffentlich verkündeten Urteiles ist untersagt.

9. Zu § 246 ist als dritter Absatz beizufügen:

Der anwesende gesetzliche Vertreter eines ohne Verteidiger erschienenen minderjährigen Angeklagten ist zur Stellung von Beweisanträgen berechtigt. Dem gesetzlichen Vertreter ist ferner im Laufe der Verhandlung Gelegenheit zu geben, tatsächliche Umstände anzuführen, die für die Beurteilung der Sache von Wert sein können.

10. § 260, Z. 3, hat zu lauten:

zu welcher Strafe der Angeklagte verurteilt oder daß von dem Ausspruche einer Strafe abgesehen und eine Ermahnung erteilt werde; —

Demselben Paragraphen ist am Schlusse beizufügen:

Wenn die bedingte Aussetzung des Vollzuges der Strafe angeordnet wird, ist auch dies im Urteil anzuführen.

11. Der letzte Satz des § 268 hat zu lauten:

Zugleich belehrt der Vorsitzende den Angeklagten über die ihm zustehenden Rechtsmittel und, falls im Verfahren gegen Jugendliche der Vollzug der Strafe bedingt ausgesetzt wurde, über die Folgen der Nichtbewährung.

12. Der Z. 7 des § 270 ist am Schlusse beizufügen:

In gleicher Weise sind die Erwägungen anzuführen, aus denen im Verfahren gegen Jugendliche von dem Ausspruche einer Strafe abgesehen und nur eine Ermahnung erteilt oder der Vollzug der Strafe bedingt ausgesetzt wurde.

13. Dem § 280 ist als zweiter Absatz beizufügen:

Gegen Urteile, in denen im Verfahren gegen Jugendliche von dem Ausspruche einer Strafe abgesehen und nur eine Ermahnung erteilt wurde, kann weder Nichtigkeitsbeschwerde noch Berufung ergriffen werden.

14. § 283 hat zu lauten:

Die Berufung kann ergriffen werden, soweit nicht der Nichtigkeitsgrund des § 281, Z. 11, vorliegt:

1. von den zur Ergreifung der Nichtigkeitsbeschwerde Berechtigten wegen des Anspruches über die Strafe, und zwar zum Nachteil des Angeklagten, wenn eine außerordentliche Strafmilderung oder eine Strafumwandlung erfolgt ist; zu Gunsten des Angeklagten, wenn der Gerichtshof von diesem ihm zustehenden Rechte nicht ohnehin schon Gebrauch gemacht hat;

2. von den zur Ergreifung der Nichtigkeitsbeschwerde Berechtigten deswegen, weil im Verfahren gegen Jugendliche der Vollzug der Strafe irriger- oder unbegründeterweise ausgesetzt oder die Aussetzung des Strafvollzuges unterlassen wurde (§ 55 a St. G.);

3. vom Angeklagten, dessen gesetzlichen Vertretern und Erben wegen des Inhaltes der über die privatrechtlichen Ansprüche gefällten Entscheidung.

15. In dem ersten Absatze des § 287, in § 456 und in dem ersten Absatze des § 472 ist an Stelle der „§§ 228 bis 231“ zu setzen: „§§ 228 bis 231 a.“

16. Dem zweiten Satze des ersten Absatzes des § 294 ist am Schlusse beizufügen:

oder wenn sie deswegen ergriffen wird, weil im Verfahren gegen Jugendliche die bedingte Aussetzung des Strafvollzuges unterlassen wurde.

17. § 345 hat zu lauten:

Die Berufung ist nach Maßgabe der Vorschriften des § 283 zulässig.

18. Nach § 401 ist einzuschalten:

§ 401 a.

Die Beschlüsse, durch die Vollzug einer ausgesetzten Strafe angeordnet oder der Eintritt der Wirkung eines günstigen Verlaufes der Bewährungsfrist ausgesprochen wird (§ 55 c St. G.), sind von der Ratskammer des Gerichtshofes, bei dem das Verfahren in erster Instanz anhängig war, nach Anhörung des öffentlichen Anklägers zu fassen.

Diese Beschlüsse können vom öffentlichen Ankläger und vom Verurteilten oder von dessen gesetzlichen Vertreter mittels Beschwerde, die binnen drei Tagen anzubringen ist, angefochten werden.

Gegen die im § 55 b St. G. bezeichneten Beschlüsse findet keine Beschwerde statt.

19. Dem § 427 ist als letzter Absatz beizufügen:

Gegen einen Angeklagten, der zur Zeit der Tat das achtzehnte Lebensjahr nicht vollendet hat, kann im Falle seiner Abwesenheit bei sonstiger Nichtigkeit weder die Hauptverhandlung vorgenommen noch das Urteil gefällt werden.

20. Dem zweiten Absatze des § 451 ist beizufügen:

Ist der Beschuldigte noch nicht achtzehn Jahre alt, so ist die sofortige Schöpfung des Urteiles nur dann zulässig, wenn die im Artikel IV, §§ 1 und 2 des Gesetzes vom . . . . . . , R. G. Bl. Nr. . . betreffend die strafrechtliche Behandlung und den strafrechtlichen Schutz Jugendlicher, erwähnten Umstände während der Verhandlung, erhoben werden können.

21. Dem § 455 sind als vierter, fünfter und sechster Absatz beizufügen:

Einem Angeklagten, der das achtzehnte Lebensjahr nicht vollendet hat, ist durch das Gericht ein Verteidiger für die Hauptverhandlung von Amts wegen beizugeben, wenn der gesetzliche Vertreter an der Straftat beteiligt ist oder wenn die geringere geistige Entwicklung des Jugendlichen eine solche Maßnahme notwendig oder zweckmäßig erscheinen läßt und nicht anderweitig für dessen Verteidigung gesorgt ist. Falls die Bestellung einer in die Verteidigerliste eingetragenen Person (§§ 39, 42) nicht tunlich ist, können zum Richteramte befähigte Beamte oder andere geeignete Personen, die zur Übernahme der Verteidigung bereit sind, als Verteidiger bestellt werden.

Dem von Amts wegen bestellten Verteidiger kommen hinsichtlich der Rechtsmittel dieselben Befugnisse wie dem Vater oder Vormunde zu.

Im übrigen findet die Beigebung eines Verteidigers von Amts wegen oder eines Armenvertreters nicht statt.

22. Dem § 459 ist als zweiter Absatz beizufügen:

Gegen einen Beschuldigten, der zur Zeit der Tat das achtzehnte Lebensjahr nicht vollendet hat, kann im Falle seiner Abwesenheit bei sonstiger Nichtigkeit weder das Verfahren begonnen noch das Urteil gefällt werden.

23. Dem § 460 ist als zweiter Absatz beizufügen:

Die Erlassung einer Strafverfügung gegen Personen, die zur Zeit der Tat das achtzehnte Lebensjahr nicht vollendet haben, ist unzulässig.

24. Dem gegenwärtigen Inhalte des § 462 ist als erster Absatz voranzustellen:

Ist der Beschuldigte minderjährig, so ist, falls Strafverfügung gegen ihn erlassen wird (§ 460, Absatz 2), auch sein gesetzlicher Vertreter, und zwar selbst gegen den Willen des Beschuldigten, innerhalb der diesem zustehenden Frist zum Einspruche berechtigt.

25. § 464, Z. 2, hat zu lauten:

wegen des Ausspruches über die Schuld und Strafe, wegen des letzteren jedoch nur unter den im § 283 bezeichneten Voraussetzungen, ferner wegen irriger oder unbegründeter Anordnung der Aussetzung des Strafvollzuges (§ 55a St. G.) oder wegen Unterlassung einer solchen Anordnung;

Demselben Paragraphen ist am Schlusse beizufügen:

Gegen Urteile, in denen im Verfahren gegen Jugendliche von dem Ausspruche einer Strafe abgesehen und nur eine Ermahnung erteilt wurde, ist die Berufung unzulässig.

26. In § 468, Z. 2, ist an Stelle der Worte: „§§ 456 und 458“ einzuschalten: „§§ 456, 458 und 459.“

27. Der Schlußsatz des § 469 hat zu lauten:

Bezieht sich die Berufung nur auf einen der im § 283 angeführten Punkte, so entscheidet der Gerichtshof sofort in der Sache selbst.

28. Dem ersten Absatze des § 471 ist beizusetzen:

Für einen Angeklagten, der das achtzehnte Lebensjahr nicht vollendet hat, ist beim Vorhandensein der im § 455, Absatz 4, angegebenen Voraussetzungen ein Verteidiger von Amts wegen zu bestellen.

29. Dem ersten Absatze des § 473 ist beizufügen:

Die dem gesetzlichen Vertreter eines minderjährigen Angeklagten in der Hauptverhandlung eingeräumten Rechte (§ 246, Absatz 3) stehen ihm auch in der Berufungsverhandlung zu.

Artikel IV.

§ 1.

In jedem Falle, in dem anzunehmen ist, daß ein Beschuldigter zur Zeit der Tat das zwanzigste Lebensjahr nicht vollendet hatte, ist sein Alter amtlich festzustellen.

Ergibt sich, daß ein Beschuldigter zur Zeit der Tat das vierzehnte Lebensjahr nicht vollendet hatte, so ist das Strafverfahren gegen ihn einzustellen.

§ 2.

Die Umstände, die zur Beurteilung der geistigen und sittlichen Reife einer Person, die das achtzehnte Lebensjahr nicht vollendet hat, dienen, die Verhältnisse, unter denen sie aufgewachsen ist, namentlich solche Tatsachen, die über eine Verwahrlosung Aufschluß geben können, sowie ihre bisherige Aufführung, sind zu erheben.

§ 3.

Das Strafgericht kann im Verfahren gegen Jugendliche vertrauenswürdige Männer oder Frauen, insbesondere die Waisenpfleger (Waisenpflegerinnen) oder Mitglieder von Vereinen, die sich mit dem Kinderschutz, der Jugendfürsorge oder der Fürsorge für entlassene Gefangene befassen, sofern sie zur Übernahme des Auftrages bereit sind, als Vertrauenspersonen behufs Erhebung der Verhältnisse, in denen sich der Jugendliche befindet, sowie seiner bisherigen Aufführung bestellen. Den Vertrauenspersonen ist insbesondere bei der Hauptverhandlung und erforderlichenfalls in der Berufungsverhandlung Gelegenheit zu geben, ihre Wahrnehmungen dem Gerichte mitzuteilen; bei ihrer Vernehmung sind die Vorschriften über die Zeugeneinvernahme zu beobachten.

§ 4.

Die Schutzaufsicht bei Aussetzung des Strafvollzuges und bei bedingter Entlassung aus einer Strafe (§ 55b und d St. G.) wird gleichfalls durch Vertrauenspersonen ausgeübt.

Sie besteht darin, daß die Vertrauensperson die Lebenshaltung und Beschäftigung des Jugendlichen überwacht, durch Belehrung auf ihn einwirkt und für Abstellung von Mißständen oder Besserung der Aufführung des Jugendlichen, nötigenfalls auch durch Erwirkung gerichtlicher Mahnungen sorgt.

Bei der Überwachung ist sorgfältig alles zu vermeiden, wodurch das Urteil der Umgebung des Jugendlichen über diesen ungünstig beeinflußt, das Vertrauen in ihn erschüttert, gegen ihn Verdacht geweckt oder sein ehrliches Fortkommen beeinträchtigt werden könnte.

Die Behörde kann anordnen, daß ihr in entsprechenden Zeitabschnitten Bericht erstattet werde.

Die näheren Bestimmungen sind im Verordnungswege zu treffen.

§ 5.

Das Amt einer Vertrauensperson ist ein unbesoldetes Ehrenamt. Die Bestellung geschieht durch den Vorsteher des Gerichtes oder durch den Leiter der Strafanstalt, und zwar entweder allgemein oder für einen einzelnen Fall. Die Vertrauenspersonen sind mittels mündlich oder schriftlich abgenommenen Gelöbnisses zur gewissenhaften Erfüllung der übernommenen Obliegenheiten und zur Verschwiegenheit gegenüber dritten Personen zu verpflichten.

Artikel V.

Bei Verurteilung wegen einer strafbaren Handlung, die vor dem vollendeten achtzehnten Lebensjahre begangen wurde, treten die sonst mit einem strafgerichtlichen Erkenntnisse nach dem Strafgesetze (§ 26 St. G.) oder kraft anderer gesetzlicher Vorschriften verbundenen nachteiligen Folgen nicht ein.

Artikel VI.

Dem § 4 des Gesetzes vom 10. Mai 1873, R. G. Bl. Nr. 108, ist als zweiter Absatz beizufügen:

Gegen Personen, die zur Zeit der Tat das achtzehnte Lebensjahr nicht vollendet haben, darf auf Zulässigkeit der Stellung unter Polizeiaufsicht nicht erkannt werden.

Artikel VII.

Die Vorschriften des Gesetzes vom 19. Juli 1877, R. G. Bl. Nr. 67, womit Bestimmungen zur Hintanhaltung der Trunkenheit getroffen werden, bleiben unberührt; in dem Geltungsgebiete dieses Gesetzes findet Artikel II, § 2 des gegenwärtigen Gesetzes keine Anwendung.

Artikel VIII.

Die Bestimmungen dieses Gesetzes treten drei Monate nach dem Tage seiner Kundmachung in Wirksamkeit.

Die durch Artikel I eingeführten neuen Bestimmungen der §§ 4 a, 269 und 270 St. G., die neuen Bestimmungen des § 55 a bis c St. G. und die Vorschrift des § 271 St. G., soweit sich letztere auf die Bestimmungen des § 55 a bis c St. G. bezieht, endlich die der Durchführung aller dieser Bestimmungen dienenden Abänderungen der Strafprozeßordnung sind auf strafbare Handlungen, die vor Beginn der Wirksamkeit dieses Gesetzes begangen wurden, anwendbar, wenn entweder im Zeitpunkt des Inkrafttretens des Gesetzes ein Urteil erster Instanz noch nicht gefällt war oder wenn dieses Urteil im Wege der Nichtigkeitsbeschwerde, Berufung oder Wiederaufnahme des Verfahrens beseitigt wird.

Die neuen Bestimmungen der §§ 28, 29, 55d bis f St. G. und die auf sie sich beziehende Vorschrift des § 271 St. G. sind anzuwenden, auch wenn die strafbare Handlung vor Beginn der Wirksamkeit des Gesetzes verübt wurde.

Mit dem Tage des Inkrafttretens des Gesetzes erlischt die als Folge einer strafgerichtlichen Verurteilung eingetretene Unfähigkeit eines Jugendlichen zur Erlangung von Vorzügen und Berechtigungen (Artikel V) und tritt die Polizeiaufsicht über Personen, die das achtzehnte Lebensjahr noch nicht vollendet haben, außer Kraft.

Die in Artikel III, Z. 3, 5 bis 9, 15, 19, 20, 22 bis 24, 26 und 29, sowie die in Artikel IV, § 1 bis 3 enthaltenen Abänderungen und Ergänzungen der Strafprozeßordnung sind auf alle zur Zeit des Inkrafttretens dieses Gesetzes anhängigen Strafverfahren, die Bestimmungen des Artikels III, Z. 2, 21 und 28, jedoch nur auf diejenigen anhängigen Strafverfahren anzuwenden, in welchen die Hauptverhandlung noch nicht angeordnet ist.

Artikel IX.

Mit dem Vollzuge dieses Gesetzes sind Meine Minister der Justiz und des Innern beauftragt.

Erläuternde Bemerkungen

zu dem

Entwurfe eines Gesetzes, betreffend die strafrechtliche Behandlung und den strafrechtlichen Schutz Jugendlicher.

Das geltende Strafgesetz, das in seinen Grundzügen auf das Strafgesetz vom Jahre 1803 zurückgeht, ist in Übereinstimmung mit den Anschauungen der Zeit seiner Entstehung noch ganz von dem Gedanken der Vergeltung beherrscht. Der Zweck der Strafe ist rechtliche Vergeltung. Die Rechtsidee verlangt Genugtuung für den Bruch der Rechtsordnung; der Rechtsbrecher soll leiden, damit das Bewußtsein lebendig erhalten werde, dafs solche Handlungen nicht verübt werden dürfen; nur ein Nebenzweck der Strafe ist die Besserung des Fehlerhaften. Von diesem Gedanken sind auch die Bestimmungen des Gesetzes über die strafrechtliche Verantwortlichkeit Unmündiger und Jugendlicher geleitet: So wie die Erreichung eines bestimmten Alters die Einsicht in die Strafbarkeit einer Handlung annehmen läfst, hat Bestrafung zu erfolgen.

Die mächtige Bewegung, die, von England ausgehend, sich die Fürsorge für die gefährdete, verwahrloste und kriminelle Jugend zum Ziele setzt und in den Unionstaaten von Nordamerika, in den englischen Kolonien und in der Mehrzahl der kontinentalen Staaten zu Reformen in der Gesetzgebung Anlaß gab, konnte bisher in Österreich in Werken der Gesetzgebung nicht zur Geltung gelangen; nicht etwa, weil unsere Verhältnisse sie nicht verlangten oder weil die Reformbedürftigkeit nicht erkannt worden wäre, sondern aus mehr zufälligen Gründen, die immer wieder hindernd in den Weg traten. Nur in den beiden Gesetzen vom 24. Mai 1885, R. G. Bl. Nr. 89 und 90, soweit sie sich mit der Nacherziehung Unmündiger und Jugendlicher in Besserungsanstalten befassen, finden wir einen schüchternen Versuch, den Forderungen der modernen Zeit gerecht zu werden. Aber auch diese Gesetze sind ohne eine Änderung der Vorschriften des Strafgesetzes über die Bestrafung des Jugenddeliktes geschaffen worden.

Die Bestimmungen des Strafgesetzes und dieser beiden Gesetze über die Behandlung Unmündiger und Jugendlicher, die eine strafbare Handlung begangen haben, sind folgende:

Das Strafgesetz unterscheidet drei Altersstufen:

1. Das Alter der Kindheit bis zum vollendeten zehnten Lebensjahre. Strafbare Handlungen, die während dieser begangen werden, sind bloß der häuslichen Zucht überlassen (§ 237 St. G.).

2. Das Alter der Unmündigkeit, das sich im Einklange mit dem bürgerlichen Rechte (§ 21 a. b. G. B.) bis zum vollendeten 14. Lebensjahre erstreckt. In diesem Zeitraume wird unterschieden, ob die strafbare Handlung — von Erwachsenen verübt — an sich Verbrechen oder nur Vergehen oder Übertretung wäre.

Im ersterwähnten Falle schließt das Gesetz aus der Schwere der Handlung auf die böse Gesinnung des Täters und bestraft sie als Übertretung mit Verschließung an einem abgesonderten Verwahrungsorte bis zu sechs Monaten; mit der Verschließung sind angemessene Arbeit und Unterricht zu verbinden (§§ 237, 269 bis 272 St. G.). Daneben kann der Strafrichter die Zulässigkeit der Abgabe des Unmündigen in eine Besserungsanstalt aussprechen (§ 8 des Gesetzes vom 24. Mai 1885, R. G. Bl. Nr. 89).

Die von Unmündigen begangenen strafbaren Handlungen der zweiten Art werden der häuslichen Züchtigung, in Ermanglung dieser oder bei besonderen Umständen der Ahndung und Vorkehrung der Sicherheitsbehörde überlassen (§ 273 St. G.). Die Sicherheitsbehörde kann die Abgabe des Unmündigen in eine Besserungsanstalt in Antrag bringen, wenn dieser gänzlich verwahrlost ist und ein anderes Mittel zur Erzielung einer ordentlichen Erziehung und Beaufsichtigung nicht ausfindig zu machen ist (§ 8 des Gesetzes vom 24. Mai 1885, R. G. Bl. Nr. 89).

3. Das Alter der Mündigkeit nach zurückgelegtem 14. Lebensjahre. Von diesem Zeitpunkte gelten alle Personen, wenn nicht besondere im Gesetze angegebene Gründe die Zurechnungsfähigkeit ausschließen, als voll verantwortlich.

Für die Frage der Strafe ist noch die Altersstufe von 20 Jahren von Bedeutung; das Alter unter 20 Jahren ist nicht nur als Milderungsumstand erklärt, sondern schließt die Anwendung der Todes- oder lebenslänglichen Kerkerstrafe aus (§§ 46a, 52, 264a St.G.).

Endlich kann bei Jugendlichen unter 18 Jahren, die eine der in den §§ 1—6 des Gesetzes vom 24. Mai 1885, R.G.Bl. Nr. 89, bezeichneten Übertretungen begangen haben, von denen Landstreicherei und Bettel die häufigsten Fälle bilden, neben der Strafe die Zulässigkeit der Abgabe in eine Besserungsanstalt vom Gerichte ausgesprochen werden (§ 7 dieses Gesetzes und § 13 des Gesetzes vom 24. Mai 1885, R.G.Bl. Nr. 90).

Die Nacherziehung kann daher immer nur neben einer Strafe und im Anschlusse an sie eintreten: zuerst Strafe, dann Anhaltung in einer Besserungsanstalt. Der Strafrichter vermag nur bei den vorerwähnten Übertretungen Nacherziehung zu verhängen, nicht aber bei anderen strafbaren Handlungen, zum Beispiel bei Diebstahl, Raub und dergl., wenn ihm auch die Verwahrlosung und die Notwendigkeit der Abgabe in eine Besserungsanstalt vollkommen erwiesen vorliegen sollten. Den beiden Gesetzen vom 24. Mai 1885 und ihrer Durchführung haften auch noch andere Gebrechen an, aber davon soll hier nicht gesprochen werden.

Die österreichische Statistik gibt über die Straffälligkeit der Jugendlichen keinen vollständigen Aufschluß, da das Alter der wegen Übertretungen Verurteilten nicht festgestellt wird und bei den wegen Verbrechen und Vergehen Verurteilten, abgesehen von den Altersklassen der Erwachsenen bis zum Jahre 1902, nur die Altersstufen von 14—16 Jahren und von 16—20 Jahren unterschieden wurden.

Im folgenden werden die Verurteilungen wegen Vergehen beiseite gelassen, da sie nach ihrer Natur für die Beurteilung der Kriminalität von geringer Bedeutung sind.

Die Verurteilungen Unmündiger wegen eines Verbrechens (§ 269 St.G.) sind vom Jahre 1883—1904 von 525 auf 1059 (Tabelle I)*), die Verurteilungen Jugendlicher im Alter von 14 bis zu 20 Jahren wegen eines Verbrechens im selben Zeitraume von 5256 auf 6900 gestiegen (Tabelle III).

Die Ziffern sind absolute und könnte aus ihnen allein ein Rückschluß auf die Bewegung der Straffälligkeit nicht gezogen werden. Die Steigerung ist aber auch wahrzunehmen, wenn die Zahl der Verurteilten in Beziehung zur Bevölkerungszahl derselben Altersklasse gebracht wird.

Im Zeitraume 1876—1885 entfielen auf 10 000 Personen der Altersklasse von 10 bis zu 14 Jahren 2,6, im Zeitraume 1886—1895 3,5 und im Zeitraume 1896—1900 4,4 wegen Übertretung der Unmündigen Verurteilte. In den letztabgelaufenen Jahren betrugen die Verhältniszahlen der verurteilten Unmündigen 1900 4,8, 1901 5,3, 1902 5,5, 1903 5,3, 1904 5,0.

Bei den Verurteilungen wegen Verbrechens hat sich in den Perioden 1876—1885, 1886—1895 und 1896—1900 die Verhältniszahl der Verurteilten männlichen Geschlechtes in der Altersstufe von 14 bis zu 16 Jahren von 12,2 auf 12,9 und 12,7 und in der Altersstufe von 16 bis zu 20 Jahren von 47,9 auf 49,8 und 52,8 gehoben (Tabelle IV).

Die Tabellen V—VII geben einen Einblick, in welcher Richtung dieses Anschwellen vor sich geht. Von 100 wegen Notzucht, Schändung oder anderer verbrecherischer Unsittlichkeitstaten Verurteilten gehörten im Jahre 1882 3,9, im Jahre 1904 7,2 der Altersstufe von 14 bis zu 16 Jahren an; ebenso ist der Prozentsatz dieser Altersstufe bei schwerer körperlicher Beschädigung von 0,6 auf 1,3 und bei den Verbrechen des Diebstahles und der Teilnehmung von 3 auf 5,3 gestiegen.

Diese Zahlen bestätigen die auch anderweitig gemachte Wahrnehmung, daß sich die aufsteigende Kriminalität der Jugendlichen insbesondere bei den Unsittlichkeitsstraftaten, bei Diebstahl und bei

*) Anhang I.

Straftaten aus Roheit beobachten lasse. Ähnlich dürfte es sich bei den Übertretungen verhalten, zumal die Jugendlichen aus dem Gebiete der kleineren Straffälligkeit erfahrungsgemäß stärker beteiligt sind.

Ein allerdings nicht verläßlicher Überblick über die Gesamtzahl der verurteilten Unmündigen und Jugendlichen läßt sich aus der vom Justizministerium mit Verordnung vom 9. April 1904, J.M.V.Bl. Nr. 6, angeordneten Zählung der wegen Übertretung nach § 269 St.G. (Begehung eines Verbrechens im unmündigen Alter) verurteilten Unmündigen und aller wegen Verbrechen, Vergehen oder Übertretungen in den Altersstufen vom 14. bis zum 16. Jahre und vom 16. bis zum 18. Jahre verurteilten Jugendlichen gewinnen.

Hienach wurden verurteilt:

	Im Alter von Jahren			
	10—14	14—16	16—18	zusammen
1905	1260	8754	12991	23005
1906	1235	9447	12832	23514

Man könnte behaupten, daß die steigende Kriminalität der Jugendlichen, die nach den dargelegten statistischen Ergebnissen nicht bezweifelt werden kann, nichts Gefahrdrohendes an sich habe, da die Zunahme der allgemeinen Straffälligkeit, insbesondere bei Verbrechen, nicht beträchtlich ist, in den Jahren 1902—1904 sogar einen Rückschritt wahrnehmen läßt und die Straffälligkeit, wenn sie im Alter zwischen dem 20. und 25. Jahre ihren Höhepunkt erreicht hat, ziemlich rasch wieder herabsinkt. Das Besorgniserregende liegt aber darin, daß das Anschwellen der Straffälligkeit sich gerade bei den Unmündigen und Jugendlichen zeigt. Wer vermag eine sichere Bürgschaft zu übernehmen, daß sie — so frühzeitig mit dem Strafgesetze in Konflikt geraten — aus eigener Kraft sich wieder aufzurichten vermögen? Müssen wir nicht befürchten, daß sie auf der abschüssigen Bahn, auf die sie geraten sind, noch weiter abwärts gleiten und immer mehr dem Verbrechen zufallen?

Diese nicht bloß bei uns, sondern fast in allen Staaten beobachtete Zunahme der Verurteilungen Jugendlicher hat unter dem Einflusse der soziologischen und sozialpolitischen Richtung der Gegenwart vielfache Erörterung in der Öffentlichkeit gefunden. Zahlreiche strafrechtliche und pädagogische Vereinigungen, Jugendschutzkongresse und Fürsorgevereine haben sich mit ihr befaßt. Man hat klarzulegen gesucht, inwieweit Jugendliche dem Strafgesetze zu unterstellen sind, ob sich dessen Strafmittel für Jugendliche eignen und in welchem Umfange es zulässig und geboten sei, an die Stelle der Strafe andere Maßnahmen zu setzen. Hierauf soll nun eingegangen werden.

Jeder Mensch bedarf einer geraumen Zeit seines Lebens der Erziehung, ehe er zu einer Ausbildung und Entfaltung seiner geistigen Kräfte gelangt, die ihn geeignet macht, als selbständiges und verantwortliches Mitglied in das menschliche Gemeinwesen einzutreten. Dieser Tatsache darf sich die Rechtsordnung nicht verschließen. Das Maß von Rechten und Pflichten, das sie dem einzelnen zuweist, muß im richtigen Verhältnis zu dem Maße seiner Entwicklung stehen. Von diesem Gesichtspunkte ausgehend, ist für das geltende österreichische Recht zunächst die Frage zu stellen, ob die Erziehung im 10. Lebensjahre schon einen derartigen Abschluß erreicht hat, daß man ein körperlich und gèistig normal entwickeltes Kind in diesem Alter auch nur beschränkt strafrechtlich verantwortlich machen kann.

Die Frage ist zu verneinen. Die Verstandeskraft wird in der Regel zwar genügend entwickelt sein, um zwischen Erlaubtem und Unerlaubtem zu unterscheiden, dagegen werden wir die sittliche Reife, die sich über die Gründe, warum eine bestimmte Handlung erlaubt oder verboten sei, Rechenschaft zu geben vermag und die zugleich zur Heranziehung vernünftiger Hemmungsvorstellungen gegenüber dem verbrecherischen Anreize befähigt, bei Kindern dieses Alters fast immer vermissen. Die Entwicklung der moralischen Ideen und Empfindungen geht langsamer vor sich als jene der Intelligenz. Das Kind mag eine Handlung zwar als verboten erkennen, Recht und Unrecht können ihm aber noch leere oder wenigstens schwankende Begriffe sein, und es wird zumeist die Widerstandskraft fehlen, um die von außen herantretenden schlechten Motive zu überwinden. Auch sind die Ungleichheiten der Entwicklung unter Altersgenossen in diesen Jahren so häufig, daß eine allgemeine Regel, die sich das 10. Lebensjahr zum Ausgangspunkte nimmt, augenscheinlich ungerecht ist.

Mit dem 14. Lebensjahre beginnt in unseren Breiten die Geschlechtsreife und endet bei uns die Schulpflicht. Der Staat anerkennt selbst die unvollkommene Entwicklung und Erziehungsbedürftigkeit, indem er Kindern unter dieser Altersstufe gegen bestimmte Verbrechen erweiterten Schutz gewährt und den Besuch der Volksschule bis zum 14. Lebensjahre vorschreibt. Bis dahin gehört das Kind in die Familie und in die Schule. So lange die Erziehung nicht einmal in dem vom Staate geforderten Mindestmaße abgeschlossen ist, soll gegen ein Kind, das sich gegen das Strafgesetz verfehlt, wohl eine strengere, ernstere Art der Erziehung, jedoch keine staatliche Strafe ausgesprochen werden, weil es einer vernünftigen Auffassung widerspricht, Strafe zu verhängen, so lange Intelligenz und sittliche Kraft noch nicht jenen Grad erreicht haben, um die Bedeutung und Folgen einer Handlung zu übersehen und sich frei zu entscheiden. Erst wenn das Kind nach normalen Verhältnissen fähig ist, in das öffentliche Leben einzutreten, dort Stellung zu finden, Rechte und Pflichten zu übernehmen, kann man es als vollen Menschen behandeln.

Auch nach vollendetem 14. Lebensjahre werden sich übrigens Unterschiede zeigen, die es nicht gestatten, ausreichende Verstandesentwicklung und sittliche Reife bei jedem Jugendlichen, der dieses Alter überschritten hat, schlechthin anzunehmen. Es entspricht dies der natürlichen Entwicklung der Jugendlichen, die selbstverständlich nicht gleichmäßig bei allen Personen der gleichen Altersstufe vor sich geht. Nicht nur Klima und Zugehörigkeit zu einem Volksstamme, sondern auch die individuellen Naturanlagen und die Lebensverhältnisse des einzelnen sind für die körperliche, geistige und sittliche Entwicklung von einschneidender Bedeutung. Ererbte oder erworbene Schädlichkeiten oder andere Hemmnisse können ihr Fortschreiten ungünstig beeinflussen. Dahin gehören schlechte Naturanlagen, Verwahrlosung in Pflege und Erziehung, materielle Not und andere die Entwicklung störende Bedingungen, die sich leider so vielfach geltend machen. Auch sind die Schwierigkeiten zu berücksichtigen, welche der Tatbestand einzelner strafbarer Handlungen der Einsicht Jugendlicher noch in einem Alter zu bereiten vermag, in dem ihnen die Strafbarkeit anderer Handlungen längst klar geworden ist.

Das geltende Strafrecht verschließt sich mit Unrecht diesen alltäglich zu beobachtenden Tatsachen, wenn es die volle Strafmündigkeit ohne Unterscheidung mit dem 14. Lebensjahre festsetzt und die Einschaltung einer Zwischenstufe unterläßt, während welcher es dem Richter obliegen soll, zu beurteilen, ob die psychische Ausbildung bis zu dem die strafrechtliche Zurechnung bedingenden Grade vorgeschritten ist.

Diese Erwägungen würden schon für sich allein die Forderung begründet erscheinen lassen, Unmündige und Jugendliche, die nach ihrer zurückgebliebenen Entwicklung Unmündigen gleichkommen, aus dem Strafrechte auszuscheiden und sie anstatt einer kriminellen Strafe, wenn notwendig, der staatlich überwachten Erziehung zu überweisen. Hiefür sprechen überdies mehrere Gründe strafpolitischer Natur.

Schon die öffentliche Verhandlung und das Bekanntwerden der Verfehlung in weiteren Kreisen kann für das spätere Fortkommen Folgen haben, die nicht immer im Verhältnisse zur Bedeutung der Tat stehen.

Unverdorbene werden in ihrem Ehrgefühle abgestumpft, Verdorbene, die sich als Mittelpunkt einer öffentlichen Verhandlung sehen und vielleicht erwarten, ihren Namen in den Zeitungsnachrichten zu lesen, in ihrer Eitelkeit bestärkt.

Mit dem Vollzuge der ersten Strafe verringert sich häufig die Furcht vor der Strafe. Die Scheu, welche den Knaben bisher vor dem Gefängnisse erfüllte und ihn vor Fehltritten bewahrte, geht verloren, wenn er findet, daß seine Befürchtungen im großen und ganzen grundlos waren.

Ebenso wenig läßt sich übersehen, daß die Anhaltung im Gefängnisse jugendliche Personen gewissen Gefahren aussetzt.

Die Justizverwaltung war bemüht, durch einschneidende Maßnahmen alle vermeidbaren Nachteile der Haft von jugendlichen Gefangenen ferne zu halten und eine Grundlage für ihre dauernde Besserung zu schaffen. Mit Verordnung vom 30. September 1905 wurden neue Anordnungen getroffen, deren Hauptziele sich dahin formulieren lassen: Vollständige Trennung der Jugendlichen von erwachsenen Sträflingen, Absonderung während der Nacht, vermehrte Sorge für Unterricht, religiöse Erziehung und Unterweisung in einer für den Jugendlichen passenden und sein späteres Fortkommen sichernden Beschäftigung. Nach diesen Grundsätzen wurden nicht nur die Jugendabteilungen in den Strafanstalten eingerichtet, sondern in einer Reihe von Gerichtshofgefängnissen Jugendabteilungen geschaffen. Die Kreierung solcher Abteilungen bei allen Gerichtshöfen war teils wegen der namhaften Kosten, die mit der Bestellung eigener Lehrkräfte und den sonstigen besonderen Einrichtungen verbunden sind, teils wegen der glücklicherweise doch nicht übergroßen Anzahl straffälliger Jugendlicher nicht ausführbar. Gerichtshöfe, die über keine Jugendabteilung verfügen, sowie die Bezirksgerichte haben Jugendliche, die zu einer längeren Strafe (in der Regel mehr als drei Wochen) verurteilt werden, an die nächstgelegene Abteilung abzugeben. Für Jugendliche, die bei diesen Gerichten zu kürzeren Strafen verurteilt werden, gelten im allgemeinen dieselben Anordnungen wie für Abteilungen, doch ist es klar, daß für den einzelnen nicht jene umfassenden Vorkehrungen in erziehlicher Hinsicht getroffen werden können, wie dies für eine größere Zahl möglich ist.

Die Erfolge, die in den Abteilungen durch die kräftige Betonung der erziehlichen Momente erreicht wurden, werden von den zur Besichtigung und Begutachtung entsandten Fachleuten anerkannt, und es ist ein nicht zu leugnender Fortschritt gegenüber den früheren Verhältnissen wahrzunehmen, wenn auch noch manches zu bessern und zu ändern sein wird.

Durch diese Darlegung dürften zugleich die Grenzen der Leistungsfähigkeit des Strafvollzuges gegenüber Jugendlichen gekennzeichnet sein. Bei einer längeren Strafdauer ist an sich die Möglichkeit vorhanden, durch eine intensive Ausnutzung der Mittel des Unterrichtes und der Beschäftigung erziehend und bessernd tätig zu werden.

Bei kürzeren Strafen ist diese Einflußnahme sowohl nach ihrer Dauer als nach den Mitteln, die zur Verfügung stehen, eine geringere und die Strafe kann in der Hauptsache nur eine Wirkung als Freiheitsentziehung üben.

Diesem wichtigen Zweige des Strafvollzuges wird gewiß fortgesetzt Aufmerksamkeit zugewendet werden; man darf sich aber keinen Illusionen hingeben; nach den Erfahrungen aller Praktiker des Strafvollzuges bieten auch die besten Einrichtungen keine volle Gewähr, daß der Besserungszweck in allen Fällen wirklich erreicht werde, und keine Bürgschaft dafür, daß nicht einzelne das Gefängnis moralisch verschlechtert verlassen.

Diese strafpolitischen Erwägungen, die es mindestens als zweifelhaft hinstellen, ob die Strafe immer das geeignete Mittel zur Besserung sei, besitzen nicht bloß für die strafrechtliche Behandlung Unmündiger, sondern der Jugendlichen überhaupt Bedeutung und führen zur weiteren Frage, ob in einzelnen Fällen und unter bestimmten Voraussetzungen auch auf eine an sich gerechtfertigte Bestrafung solcher Jugendlicher verzichtet werden könnte, die nach ihrer Entwicklung schon als straffähig erscheinen.

Die Entwicklung ist auch nach erreichter Mündigkeit weder körperlich noch geistig abgeschlossen. Die Gefühle und Regungen der jugendlichen Seele sind unausgeglichen und die Tätigkeit der Einbildungskraft eine allzu rege, dagegen fehlt es an Lebenserfahrung und an Einsicht in den ursächlichen Zusammenhang der Dinge. Der Gesichtskreis ist eng begrenzt und die Widerstandskraft gegen äußere Einflüsse, gegen Verleitung und Verführung eine geringe. Die hauptsächliche Ursache jugendlicher Verirrungen ist aber in mangelhafter oder gänzlich fehlender Erziehung, in der Verwahrlosung gelegen, für die nicht der Jugendliche, sondern andere Personen verantwortlich erscheinen.

Die Handlungen Jugendlicher können daher nicht mit demselben Maße gemessen werden wie jene der Erwachsenen. Ihr Verschulden ist ein an und für sich geringeres. In demselben Verhältnisse kann der Vergeltungsgedanke zurücktreten, ohne daß eine Erschütterung der Rechtsordnung zu besorgen wäre. Damit rechtfertigt es sich, daß bei geringfügigen Verfehlungen gutgearteter und besserungsfähiger Jugendlicher von einer Strafe, sei es mit oder ohne Bewährung, abgesehen werde, und daß unter Umständen Fürsorgeerziehung an die Stelle der Strafe trete.

Im Zusammenhange mit diesen wichtigen Fragen werden noch einige weniger bedeutsame, gleichfalls durch den Charakter des Jugenddeliktes bedingte Änderungen des materiellen Strafrechts angeregt und eine Ergänzung des formellen Rechtes als wünschenswert bezeichnet, um die Stellung der Jugendlichen im Verfahren ihrem Alter gemäß zu gestalten, insbesondere für Vertretung und Verteidigung in umfassender Weise zu sorgen und durch Ausschluß der Öffentlichkeit jene Schäden abzuwenden, zu denen bisher das Verfahren Anlaß gegeben hat.

Aber noch in einer anderen Richtung bedarf unser Recht einer Ausgestaltung. Die wirtschaftlichen und gesellschaftlichen Verhältnisse der Gegenwart vermehren die Gefahren, die das jugendliche Alter bedrohen, und es ist das Bedürfnis nach einem stärkeren Schutz jugendlicher Personen gegen strafwürdige Angriffe auf ihre körperliche, intellektuelle und moralische Tüchtigkeit hervorgetreten.

Der Wunsch nach Reformen, der durch den Hinweis auf die Beispiele so vieler ausländischer Gesetzgebungen unterstützt wird, ist ein so allgemeiner geworden, daß es als eine Pflicht erschien, diesen Problemen näher zu treten.

Die Regierung mußte sich allerdings die Frage vorlegen, ob es im gegenwärtigen Zeitpunkte noch geraten sei, mit einer Teilreform hervorzutreten. Die Frage konnte bejaht werden. Die Behandlung jugendlicher Rechtsbrecher läßt sich aus dem Rahmen des übrigen Strafrechts ohne Schwierigkeit herausheben, da sich gerade auf diesem Gebiete die Gegensätze im Laufe der Zeit wesentlich gemildert haben, heute beinahe Übereinstimmung der Anschauungen herrscht und es insbesondere keinem Widerspruche begegnet, daß die Idee der Vergeltung Jugendlichen gegenüber zurücktrete und daß erziehliche Vorkehrungen in den Vordergrund rücken. Die Reform des Strafrechtes wird dadurch weder behindert noch verzögert werden.

Aber auch nach einer anderen Richtung ist sich die Regierung bewußt, daß der Gesetzesvorschlag nur einen Teil der Reformen enthält, die wir in Ansehung der Jugendlichen durchführen müssen. Die zweite, ebenso wichtige Aufgabe ist die Schaffung eines Gesetzes über Fürsorgeerziehung.

Die Fürsorgeerziehung soll in geeigneten Fällen an die Stelle der strafrechtlichen Repression treten. Soweit sich davon ein Erfolg erwarten läßt, wird der verdorbene oder moralisch gefährdete Jugendliche einer länger andauernden Erziehung unterzogen werden. Auf diese Weise soll statt des ungeeigneten Mittels der Strafe das Erfolg versprechende der erziehlichen Einwirkung Anwendung finden. Da dieses zwar als Wohltat gedacht ist und als solche geboten wird, aber doch dem Betroffenen meist größere Beschränkungen auferlegt als eine kürzere Strafe, so ist auch nicht zu befürchten, daß die Rechtsordnung durch die Einschränkung der Strafe zugunsten der Erziehung eine wirksame Stütze verlieren wird. Der Vollständigkeit halber sei noch bemerkt, daß sich in dem Ersatze strafrechtlicher Repression weder die Anwendungsfälle noch der Zweck der Fürsorgeerziehung erschöpfen, indem diese zum Teile auch neben eine Strafe treten kann, ganz besonders aber dann einzuleiten ist, wenn der Zögling sich noch nicht gegen die Rechtsordnung vergangen hat, sondern auf andere Weise die gefahrdrohende Verwahrlosung oder das Vorhandensein größerer, aber noch behebbarer moralischer Schäden hervorkommt.

Der Regierung liegt bereits der Entwurf eines Fürsorgeerziehungsgesetzes vor und die Vorarbeiten für diesen Entwurf sind nahezu abgeschlossen. Der Entwurf wird unverweilt zur parlamentarischen Verhandlung vorgelegt werden, sobald die Verhandlungen über die finanzielle Fundierung des Gesetzesprojektes zu Ende geführt sind.

Die konkreten Vorschläge des Entwurfes betreffen:

I. Die strafrechtliche Behandlung Jugendlicher; in Verbindung mit diesen Vorschriften werden auch die Bestimmungen des Verfahrens besprochen werden, die zu ihrer Durchführung dienen.

II. Strafgesetzliche Bestimmungen zum Schutze des jugendlichen Alters.

III. Strafprozessuale Bestimmungen.

In dem Entwurfe wurde eine Form gewählt, die es gestattet, den größeren Teil der neuen Vorschriften in das geltende Recht einzufügen; für den ersten Augenblick wird dadurch wohl die Übersicht erschwert, dagegen bietet die Einreihung in das geltende Recht für die praktische Handhabung Vorteile, die diesen geringen Nachteil weit überwiegen*).

I. Strafrechtliche Behandlung Jugendlicher.

In Antrag werden gebracht: Absolute Strafunmündigkeit bis zum vollendeten 14. Lebensjahre, relative Strafunmündigkeit vom vollendeten 14. bis zum vollendeten 18. Lebensjahre, die richterliche Befugnis, in bestimmten Fällen von der Verhängung einer Strafe abzusehen und nur eine Ermahnung zu erteilen, bedingter Straferlaß, bedingte Entlassung, Ausschluß von Rechtsfolgen einer Verurteilung, Unzulässigkeit des Ausspruches einer Polizeiaufsicht und Rehabilitation.

Die ausländischen Rechte berücksichtigen das jugendliche Alter auch im Strafensystem. Übereinstimmend schließen sie die Todesstrafe und die lebenslange Freiheitsstrafe aus und ersetzen die schwerste Art der Freiheitsstrafe durch die nächst mildere Form. Im übrigen zeigen sie eine bunte Mannigfaltigkeit, die sich teils durch die Verschiedenheit der Strafensysteme, teils durch die verschiedenen Altersgrenzen erklärt, bis zu denen sie das Studium der Halbreife annehmen. In einigen Gesetzen werden die Höchst- und Mindestmaße ermäßigt, in anderen bloß die Höchstmaße, in anderen wieder bloß die Mindestmaße**).

Da die Anwendung der Todesstrafe und der lebenslangen Kerkerstrafe bei Jugendlichen schon nach dem geltenden Rechte (§ 52 St. G.) ausgeschlossen ist und der Richter in Anwendung des außerordentlichen Milderungsrechtes nicht nur jede Strafe unter das Mindestmaß kürzen (10 bis 20 Jahre bis auf 3 Jahre, 5 bis 10 Jahre

---

*) Eine Zusammenstellung der Bestimmungen des ausländischen Rechtes, des österreichischen Strafgesetzentwurfes 1891 und des Schweizer Entwurfes über die Behandlung Jugendlicher im Strafrechte und den Jugendschutz sowie die Beschlüsse des deutschen Juristentages 1904 sind im Anhange II beigegeben.

**) Frankreich Code pénal, Artikel 67, 69, Belgien Code pénal, Artikel 73 bis 75, Italien Codice penale, Artikel 54 bis 56, Niederlande Gesetz vom 12. Februar 1901, Deutsches Strafgesetz § 57, Ungarn §§ 85, 87 St. G., Schweden § 2 des Gesetzes vom 27. Juni 1902, Norwegen § 55 St. G., Dänemark § 16 des Gesetzes vom 1. April 1905 und §§ 21, 37 St. G.

bis auf 1 Jahr, alle übrigen Strafen ohne Beschränkung), sondern auch — die schwersten Fälle ausgenommen — die Strafart mildern kann, ist kein Bedürfnis vorhanden, eine Änderung im Strafensystem für Jugendliche vorzunehmen.

Im Entwurfe eines Gesetzes über Fürsorgeerziehung werden Bestimmungen darüber zu treffen sein, inwiefern eine Überweisung zur Fürsorgeerziehung, namentlich in der Form der Anhaltung in einer Besserungsanstalt, neben einer Strafe oder an Stelle einer Strafe zu erfolgen habe.

1. Absolute Strafunmündigkeit und Alter der problematischen Reife.

Nach den Bestimmungen der neuen §§ 4a und 269 St. G. (Artikel I, Punkt 1 und 5) wird sich die Strafunmündigkeit bis zum vollendeten 14. Lebensjahre erstrecken und bis dahin jede strafrechtliche Verantwortlichkeit ausgeschlossen sein.

Es muß zugegeben werden, daß in vereinzelten Fällen auch Unmündige infolge ihrer individuellen Frühreife als für ihre Handlungen verantwortlich erscheinen mögen und daß es dem Prinzipe der Individualisierung vielleicht entsprechen würde, keine absolute Altersgrenze zu bestimmen, sondern es der richterlichen Prüfung zu überlassen, ob Verantwortung mit Rücksicht auf das Alter anzunehmen sei. Der Entwurf hat sich aus den eingangs erwähnten Gründen für eine feste Zeitgrenze entschieden. Das Gesetz soll ohne zwingenden Grund wegen einzelner Ausnahmsfälle eine allgemeine Norm schon deshalb nicht durchbrechen, weil die richterliche Beurteilung solcher Ausnahmsfälle auf große Schwierigkeiten stößt. Gewöhnlich besteht auch hier nur eine einseitige geistige Frühreife, mit der die sittliche Reife nicht gleichen Schritt hält.

Ebensowenig ließe sich mit Rücksicht auf die etwas frühere Entwicklung der Jugend in unseren südlichen Kronländern rechtfertigen, dort die Strafmündigkeit mit einem früheren Lebensjahre als mit dem vierzehnten eintreten zu lassen.

Der Zeitraum der relativen Strafunmündigkeit wird die Altersstufe vom vollendeten 14. bis zum vollendeten 18. Lebensjahre umfassen.

Nach französischem Rechte (Artikel 66 Code pénal) und in einer Reihe ihm nachgebildeter anderer Strafgesetze ist in den Jahren der problematischen Reife zu prüfen, ob der Beschuldigte mit oder ohne Unterscheidungsvermögen (Discernement) gehandelt hat. Gleicherweise ordnet das deutsche Strafgesetz (§ 56) an, daß der Jugendliche freizusprechen sei, wenn er bei Begehung der strafbaren Handlung nicht die zur Kenntnis ihrer Strafbarkeit erforderliche Einsicht besaß. Einseitig wird in diesen Gesetzen die Fähigkeit des Verstandes hervorgehoben: die bloße Kenntnis des Unterschiedes zwischen Recht und Unrecht bildet aber, wie schon dargelegt, keinen genügenden Maßstab für die strafrechtliche Verantwortlichkeit, es kommt auf die

Gesamtentwicklung der Person, nicht bloß des Verstandes, sondern auch des Willens an. Beide Momente müssen beurteilt werden. Die sogenannte „Einsichtsklausel“ des französischen und deutschen Rechtes ist ungenügend und es wird ihre Unzulänglichkeit in Deutschland auch erkannt.

Aus diesen Gründen bestimmt der neue § 4a St. G., daß sowohl die Fähigkeit, das Unrecht einer Tat einzusehen, als die Fähigkeit, den Willen dieser Einsicht gemäß zu bestimmen, zu berücksichtigen sind; damit wird mit aller Deutlichkeit ausgesprochen, daß der Gesetzgeber die Bestrafung von Jugendlichen vermieden wissen will, die nach ihrer Entwicklung auf der Stufe von Unmündigen stehen.

Der Richter wird von Fall zu Fall zu entscheiden haben, ob der vor ihm stehende Beschuldigte, den er aus dem persönlichen Verkehr in der Verhandlung, aus den Mitteilungen der Schule und den Urteilen seiner Umgebung kennen lernt, die erforderliche Reife besessen habe oder nicht. Kommt er zur ersteren Überzeugung, so ist der Beschuldigte zu verurteilen, andernfalls ist das Verfahren je nach seinem Stande durch Einstellung oder Freispruch zu erledigen.

Unmündige, die eine strafbare Handlung begangen haben, und straffrei erkannte Jugendliche unterliegen der häuslichen Züchtigung; Fürsorgeerziehung wird einzuleiten sein, wenn diese zu ihrer dauernden Besserung oder zur Verhütung ihrer Verwahrlosung notwendig ist.

Die Bestimmungen über die Anordnung der Fürsorgeerziehung sind dem Entwurfe eines Gesetzes über Fürsorgeerziehung vorbehalten.

Das englische, italienische, deutsche und ungarische Recht, der österreichische Entwurf 1891 geben ebenso, wie der vorliegende Entwurf dies beabsichtigt, zwei Altersstufen an: eine Stufe der absoluten und eine Stufe der relativen Strafunmündigkeit. Die Grenze bilden in England das vollendete 7. und 14., in Italien Artikel 53, 54 C. p. das vollendete 9. und 14., im Deutschen Reiche §§ 55, 56 St. G. das vollendete 12. und 18., in Ungarn §§ 83, 84 St. G. das vollendete 12. und 16., im österreichischen Entwurfe 1891 §§ 60, 61 das vollendete 12. und 18. Lebensjahr.

Nach Artikel 66 des französischen Code pénal reicht das Alter, in dem Freispruch wegen mangelnden Discernements erfolgen kann, bis zum vollendeten 18., in Belgien bis zum vollendeten 16. Lebensjahre; zwischen absoluter und relativer Strafunmündigkeit wird nicht unterschieden.

Nach der schwedischen Strafgesetznovelle vom 27. Juni 1902, § 1, erstreckt sich die Strafunmündigkeit bis zum vollendeten 15. Lebensjahre, nach dem Strafgesetze Norwegens vom 22. Mai 1902, § 46, der dänischen Strafgesetznovelle vom 1. April 1905, § 15, dem Schweizer Entwurfe, Artikel 13, bis zum vollendeten 14. Lebensjahre. Eine Altersstufe der problematischen Reife kennen diese Gesetze nicht; sie lassen aber ebenso wie das niederländische Strafgesetz, das gar keine die strafrechtliche Verantwortung unbedingt ausschließende Altersgrenze aufstellt, für das Stadium der Halbreife unter bestimmten Voraussetzungen statt der Strafe erziehliche Maßnahmen oder besondere Strafmittel zu. Das Stadium der Halbreife endet in Norwegen mit dem vollendeten 16., in Schweden, Dänemark, in den Niederlanden und nach dem Schweizer Entwurf mit dem vollendeten 18. Lebensjahre.

2. Richterliche Befugnis, von der Verhängung einer Strafe abzusehen und eine Ermahnung zu erteilen.

Mit der Einführung dieses Institutes folgen wir einer Rechtsentwicklung, die sich sowohl in England als im Deutschen Reiche bewährt und seither in anderen Staaten in verschiedenen Formen Eingang gefunden hat.

Nach dem Summary Jurisdiction Act 1879 kann der englische Richter sogar gegenüber Erwachsenen bei Vergehen von geringerer Schwere von einer Strafe ganz absehen und den Schuldigen nur zur Zahlung der Kosten und eines Schadenersatzes verpflichten. Das deutsche Strafgesetz gibt im § 57, Z. 4, dem Richter die Macht, bei Jugendlichen im Alter zwischen dem 12. und 18. Lebensjahre in besonders leichten Fällen eines Vergehens oder einer Übertretung auf Verweis zu erkennen. Die Erweiterung des Anwendungsgebietes des Verweises wurde vom deutschen Juristentag 1904 in seinem Beschlusse I, Punkt 6, empfohlen.

In Belgien ist gegen Jugendliche unter 16 Jahren, die eine mit Polizeistrafe bedrohte Übertretung begangen haben, in den Niederlanden gegen Jugendliche unter 18 Jahren der Verweis zulässig (belgisches Gesetz vom 15. Februar 1897, niederländisches Gesetz vom 12. Februar 1901), der Schweizer Entwurf läßt den Verweis sowohl bei Verbrechen als bei Übertretungen Jugendlicher zu (Artikel 14 und 226); ebenso gestatten die Gesetze der amerikanischen Unionstaaten dem Richter, bei Jugendlichen von einer Strafe abzusehen und entweder eine Ermahnung zu erteilen oder erziehliche Maßnahmen anzuordnen.

In den Gesetzen zweier Staaten wird zugunsten Jugendlicher das Legalitätsprinzip durchbrochen.

In Norwegen kann bei Jugendlichen unter 16 Jahren an Stelle der Strafe häusliche Züchtigung, Schulstrafe oder Fürsorgeerziehung treten, wenn die Anklagebehörde nach den Umständen annimmt, daß diese Vorkehrungen zur Besserung ausreichen (Gesetz vom 6. Juni 1896, § 43). In Dänemark ist der Justizminister ermächtigt zu bestimmen, daß eine Anklage gegen eine Person unter 18 Jahren wegfalle, wenn die Strafe voraussichtlich den niederen Grad der Zwangsarbeit nicht übersteigen würde und der Schuldige durch eine bestimmte Anzahl von Jahren einer geeigneten Aufsicht, insbesondere eines Fürsorgevereines, unterstellt wird. Das Verfahren ist auf Anordnung des Justizministers wieder aufzunehmen, wenn der Betreffende sich vor

Ablauf dieser Frist eines neuen Verbrechens oder einer wesentlichen Übertretung der ihm von der Aufsichtsbehörde erteilten Vorschriften schuldig macht (§ 16 der Strafgesetznovelle vom 1. April 1905).

Auch der deutsche Juristentag 1904 (Beschluß II, Punkt 1) hat eine Beschränkung der Anklagepflicht der Staatsanwaltschaft beim Jugenddelikt vorgeschlagen; an die Stelle der Anklage hätte eine Mitteilung an das Vormundschaftsgericht zur Anordnung geeigneter Maßnahmen zu treten. Endlich hat die deutsche Strafprozeßordnungskommission in ihrem Beschlusse zu § 152 St. P. O. (Protokolle II, 39 ff.) sich für das Opportunitätsprinzip ausgesprochen. Nach diesem Antrage soll bei Übertretungen Jugendlicher und Erwachsener und bei Verbrechen und Vergehen von Personen im Alter unter 14 Jahren von der Verfolgung abgesehen werden, wenn diese nicht im öffentlichen Interesse liegt.

Wir sehen daher in den ausländischen Rechten zwei Richtungen vertreten; während von den erstangeführten Gesetzen die Entscheidung über Strafe oder Ermahnung oder eine andere Maßnahme dem Richter zugeteilt ist, will die weitergehende Richtung schon der Anklagebehörde diese Befugnis zugestehen.

Wenn es nun auch wünschenswert wäre, der Anklagebehörde diese Macht einzuräumen, scheinen die Nachteile der Durchbrechung des Legalitätsprinzipes doch die erreichbaren Vorteile zu überwiegen. An sich ist die Anklagebehörde weniger geeignet, eine Anordnung zu treffen, die ihrer Zweckbestimmung fremd ist. Eine genaue Grenzlinie für die Fälle, in denen eine Verfolgung zu unterbleiben hätte, ließe sich kaum aufstellen und wäre daher bei der Organisation der Anklagebehörden als Administrativorgane um so mehr zu besorgen, daß ihre Verfügungen als parteiische angefochten werden könnten. Auch empfiehlt es sich nicht, eine so grundlegende Frage, wie es zweifellos die Beschränkung des Legalitätsprinzipes ist, aus Anlaß einer Novellargesetzgebung zu lösen. Aus diesen Erwägungen hat der Entwurf es vermieden, an dem Legalitätsprinzipe zu rütteln und die Entscheidung, ob Strafe zu verhängen sei, dem Richter zugewiesen.

Das Anwendungsgebiet der Ermahnung (neue Fassung des § 270 St. G.) ist sowohl persönlich als sachlich derart begrenzt, daß sie nicht als eine Schwächung der Strafdrohung, sondern nur als eine dem jugendlichen Alter entsprechende Handhabung des Strafrechtes empfunden werden wird.

Nur solche Jugendliche können ihrer teilhaftig werden, die bisher noch keine Freiheitsstrafe nach dem Strafgesetze verbüßten und nach ihrer bisherigen Aufführung, den Beweggründen und den Umständen der Tat sowie im Hinblick auf ihr Verhalten nach deren Verübung erwarten lassen, daß eine ernste Mahnung, eine Einwirkung auf ihr Ehrgefühl genügt, um sie von weiteren Fehltritten abzuhalten und den Vollzug der Strafe entbehrlich macht. Die Begünstigung einer Ermahnung kann demselben Jugendlichen nur einmal zuteil werden.

Wer schon einmal ermahnt wurde oder bedingten Straferlaß erlangt hat und neuerlich eine strafbare Handlung begeht, ist des Anrechtes auf Strafnachsicht verlustig.

Das sachliche Anwendungsgebiet ist nach zwei Richtungen umschrieben, einerseits durch die Voraussetzung, daß das Vergehen oder die Übertretung im Gesetze nur mit einer, drei Monate nicht übersteigenden Freiheitsstrafe oder bloß mit Geldstrafe bedroht ist, andrerseits durch das Erfordernis, daß die Verfehlung sich als eine besonders leichte darstellt. Bei Beurteilung der ersteren Voraussetzung ist, wie wohl selbstverständlich, nur der Strafsatz, dem die strafbare Handlung zufolge ihrer konkreten Gestaltung unterliegt, maßgebend; daß etwa unter bestimmten, bei der Anklagetat jedoch nicht zutreffenden Umständen ein höherer Strafsatz im Gesetze angedroht ist, bleibt außer Belang. Nach den gezogenen Grenzlinien werden es hauptsächlich Übertretungen polizeilicher Gebote, die bekanntlich ziemlich zahlreich im geltenden Strafgesetze vertreten sind, sowie Handlungen aus Fahrlässigkeit sein, bei denen die Ermahnung Anwendung finden wird. Einen weiteren Spielraum zu eröffnen und die Ermahnung etwa auch bei Diebstahl, Veruntreuung, Betrug und ähnlichen schwereren Straftaten zuzulassen, schien um so weniger geboten, als der Entwurf auch den bedingten Straferlaß aufgenommen hat und berücksichtigungswerte Fälle dieser Art dort Beachtung finden können.

Wie § 270 St. G. durch die Worte: „Es kann im Urteile von der Verhängung einer Strafe abgesehen und nur eine Ermahnung erteilt werden“ deutlich ausspricht, ist die Ermahnung keine Strafe; sie trägt vielmehr den Charakter einer väterlichen Erinnerung zur Befolgung des Gesetzes, ohne den Makel einer erlittenen Strafe nach sich zu ziehen.

Die prozessuale Durchführung ist in den Änderungen und Zusätzen zu den §§ 260, 270, 280, 464 St. P. O. vorgesehen. Der Richter hat den Schuldspruch, wie bei jedem anderen verurteilenden Erkenntnisse, zu verkünden und es wird sich das Urteil von einem anderen Strafurteile nur durch den Ausspruch des Richters unterscheiden: er sehe von der Verhängung einer Strafe ab und erteile an deren Stelle eine Ermahnung; der Ausspruch ist zu begründen; über die Verpflichtung zu einer privatrechtlichen Leistung und zum Ersatze der Verfahrenskosten ist wie sonst zu entscheiden (§§ 260, 270 St. P. O.). Die Rechtsmittel der Nichtigkeitsbeschwerde und Berufung sind ausgeschlossen (§§ 280, 464 St. P. O.).

Man könnte vielleicht bemängeln, daß überhaupt die Form eines Urteiles und nicht eine andere Form der Erledigung, so jene einer Einstellung, gewählt wurde. Darauf ist zu bemerken, daß das Urteil die regelmäßige Form der Strafprozeßordnung, in der über die Schuldfrage entschieden wird, bildet und daß eine andere Form weder für die Tragung der Kosten noch für den Zuspruch allfälliger privatrechtlicher Ansprüche eine Lösung finden läßt. Die durch andere

Bestimmungen eingeführte Rehabilitation (§§ 28, 29 St. G.) weist dem Verurteilten den Weg, wie er sich die Tilgung der Verurteilung zu verdienen habe.

Für den Ausschluß der ordentlichen Rechtsmittel war die Erwägung maßgebend, daß das Institut der Ermahnung nur dann von Wert und Bedeutung sein kann, wenn dem Ermessen des erkennenden Richters, der in der Hauptverhandlung den Sachverhalt mit allen Nebenumständen kennen gelernt, mit dem Angeklagten persönlich verkehrt und den unmittelbaren Eindruck seiner Persönlichkeit erhalten hat, ausschlaggebende Bedeutung beigelegt und durch seinen Ausspruch die Sache endgültig entschieden wird. Dadurch wird selbstverständlich die Anfechtung eines Urteiles nicht abgeschnitten, das nicht nur eine Ermahnung wegen einer strafbaren Handlung, deren der Angeklagte schuldig erkannt wurde, sondern auch einen Freispruch von andern strafbaren Handlungen enthält, die dem Jugendlichen überdies zur Last gelegt worden waren.

3. Bedingter Straferlafs.

Bei ernsteren Verfehlungen Jugendlicher, bei denen das Gesetz sich nicht mehr mit der Ermahnung begnügen kann, läßt sich die dem amerikanischen Rechte entstammende Einrichtung der Bewährung verwerten, um in gleicher Weise den Bedürfnissen der Strafrechtspflege und der Eigenart des Jugenddeliktes gerecht zu werden. Ihr ethischer Grundgedanke ist, ein begangenes Vergehen könne durch andauerndes Wohlverhalten gutgemacht werden und der Rechtsbrecher Verzeihung seiner Tat und Nachsicht der Strafe erlangen. Die typischen Formen, in denen diese Einrichtung bisher verwirklicht wurde, sind folgende:

In Boston (Staat Massachusetts) wurde das Probationssystem seit dem Jahre 1869 in der Praxis der Gerichte bei jugendlichen Beschuldigten angewendet und im Jahre 1878 durch Gesetz geordnet. Bald danach ist das System durch die Gesetze vom Jahre 1880 und vom 28. Mai 1891 für den ganzen Staat Massachusetts eingeführt und auch bei Erwachsenen zugelassen worden. Jedes Gericht hat einen eigenen Probationsofficer zu bestellen, der über die Persönlichkeit und die Lebensverhältnisse des Beschuldigten Erhebungen einzuziehen hat und beantragen kann, daß ihm der Beschuldigte ohne Urteil zur Schutzfürsorge für eine von ihm zu bestimmende Frist überlassen werde. Der Urteilsspruch wird ausgesetzt; bewährt sich der Beschuldigte, so wird er bei Ablauf der Frist außer Verfolgung gesetzt, dagegen bei schlechter Führung neuerlich vor Gericht gestellt und abgeurteilt. Nach dem späteren Gesetze vom 10. Juli 1900 kann sogleich ein Urteil geschöpft und nur der Vollzug aufgeschoben werden.

Nach dem englischen Summary Jurisdiction Act 1879 kann der Schuldigbefundene bei Vergehen von geringerer Schwere gegen Leistung einer Bürgschaft für sein Wohlverhalten unter der Bedingung freigelassen werden, daß die Straffestsetzung später erfolgt, wenn der Verurteilte sich innerhalb einer bestimmten Frist eines schlechten Verhaltens schuldig macht. Durch den Probation of First Offenders Act 1887 ist das Gericht befugt, bei strafbaren Handlungen, die höchstens mit zwei Jahren Gefängnis bedroht sind, bei noch nicht bestraften Schuldigen die Festsetzung der Strafe auf eine bestimmte Zeit mit oder ohne Bürgschaft des Wohlverhaltens aufzuschieben, wenn dies unter Berücksichtigung der Jugend, des Charakters, der Vergangenheit des Täters sowie der Geringfügigkeit der Gesetzesverletzung angemessen erscheint.

Das belgische Gesetz vom 31. Mai 1888 über die bedingte Entlassung und die bedingte Verurteilung gestattet im Artikel 9 den Gerichten bei sechs Monate nicht überschreitenden Gefängnisstrafen und bei Geldstrafen den bedingten Aufschub der Strafvollstreckung auf eine fünf Jahre nicht überschreitende Bewährungsfrist zu bewilligen, wenn der Täter bisher wegen Verbrechens oder Vergehens nicht vorbestraft ist. Erleidet der Täter innerhalb der Frist keine neue Strafe wegen Verbrechens oder Vergehens, so gilt die Verurteilung als nicht erfolgt, im entgegengesetzten Falle wird die Strafe vollzogen.

In den Staaten des Deutschen Reiches wurden seit dem Jahre 1895 die obersten Justizverwaltungsbehörden durch landesherrliche Anordnung zur Bewilligung eines Strafaufschubes mit Aussicht auf Begnadigung ermächtigt. Die bedingte Begnadigung beschränkt sich in der Regel auf Freiheitsstrafen, die drei bis sechs Monate nicht übersteigen, jedoch mit Einschluß derjenigen, die an die Stelle einer nicht einbringlichen Strafe treten; die bedingte Begnadigung wird überwiegend Jugendlichen zuteil. Die Dauer der Probezeit wird nach den Umständen des einzelnen Falles festgesetzt; eine besondere Überwachung des Verurteilten während der Probezeit findet nicht statt, der Verurteilte ist aber zur Anzeige eines etwaigen Wohnungswechsels verpflichtet. Bei Beurteilung der Bewährung wird das gesamte Verhalten des Verurteilten während der Probezeit in Betracht gezogen.

Das System des Staates Massachusetts sowie die Systeme Englands und Belgiens haben in anderen Staaten Nachahmung gefunden.

Die Systeme lassen folgende Unterschiede erkennen:

1. Das nordamerikanische, sogenannte Probationssystem, das in mehreren Unionsstaaten, in Neuseeland und am Kontinent im Kanton Neuenburg*) eingeführt wurde, schiebt entweder den Urteilspruch oder den Vollzug der Strafe auf und überweist den Beschuldigten

*) New Jersey, Gesetz vom 23. März 1900, Vermont, Gesetze vom 16. November 1898 und 27. November 1900, New York, Gesetz vom 17. April 1901, Neuseeland, Gesetz vom Jahre 1886. Nach den Gesetzen Vermonts und New Yorks wird entweder das Urteil oder dessen Vollzug aufgeschoben. Kanton Neuenburg, Code pénal vom 12. Februar 1891, Artikel 400 bis 403; seither abgeändert durch Gesetz vom 28. März 1904 im Sinne des französischen Rechtes.

einer Schutzaufsicht. Bei guter Führung wird das Urteil gar nicht gesprochen, beziehungsweise nicht vollzogen.

2. Nach englischem System, das auch von mehreren Kolonien Englands übernommen wurde,*) tritt Schuldspruch unter Aufschiebung der Strafverhängung ein; in der Regel wird Friedensbürgschaft verlangt.

3. In Belgien und diesem folgend in Frankreich, Luxemburg, Portugal, Genf, Waadt, Wallis, Tessin und Italien**) wird ein volles Urteil gegeben und der Vollzug ausgesetzt. Nur die Verurteilung wegen bestimmter schwerer strafbarer Handlungen gilt als Widerrufsgrund. Unterbleibt eine solche während der Bewährungsfrist, so gilt das Urteil als nicht gesprochen; es war also wirklich bedingt.

4. Es wird unbedingt verurteilt und nur der Strafvollzug unter der Bedingung des Wohlverhaltens erlassen; dieser bedingte Straferlaß ist ein gnadenweiser in den deutschen Staaten, dagegen ein richterlicher in Norwegen und Schweden.***)

In den Staaten ad 2 bis 4 wird eine Schutzaufsicht nicht eingeleitet.

Am klarsten erscheint das Prinzip der Probation. Es liegt darin, die besserungsbedürftigen und besserungsfähigen Rechtsbrecher durch Schutzaufsicht vor Rückfall zu bewahren. Bei den anderen Systemen benutzt der Staat die Motive von Furcht und Hoffnung zur Deliktsverhütung: Furcht vor Vollstreckung der Strafe und Hoffnung auf deren Wegfall. Alle diese Gesetze gehen von der zuerst bei der parlamentarischen Beratung des belgischen Gesetzes klar ausgesprochenen Absicht aus, das Übel der kurzen Freiheitsstrafen einzudämmen. Inwieweit dieser Zweck erreicht werden kann und ob bei dem Bestande der Einrichtung eine Steigerung der Straffälligkeit zu besorgen ist, darüber geben die dem deutschen Reichstage vorgelegten Berichte des Reichsjustizamtes (Reichstagsdrucksache Nr. 702 von 1903/05 und Nr. 280 von 1905/06) vollen Aufschluß.

---

*) Kanada übernahm in seinem Gesetze vom 20. März 1889 und später im Strafgesetze vom Jahre 1892 den englischen Probation of First Offenders Act. Queensland (Australien) gewährt im Probationsakt 1886 Unbescholtenen Aussetzung der Strafe mit oder ohne Sicherheit bei Delikten, die mit höchstens dreijähriger Freiheitsstrafe bedroht sind. Südaustralien hat in dem Gesetze vom 16. November 1887, Viktoria in dem Gesetze vom 1. Juni 1894 das Gesetz des Staates Queensland rezipiert, Südaustralien jedoch nur für Strafen bis zu zwei Jahren, Viktoria nur für Beschuldigte unter 21 Jahren. Westaustralien vereinigte in seinem Probationsakte 1892 die beiden englischen Gesetze.

**) Frankreich, Gesetz vom 26. März 1891, Luxemburg, Gesetz vom 10. Mai 1892, Portugal, Gesetz vom 6. Juli 1893, Genf, Gesetz vom 29. Oktober 1892, Waadt, Gesetz vom 13. Mai 1897, Wallis, Gesetz vom 23. Mai 1899, Tessin, Gesetz vom 14. November 1900, Italien, Gesetz vom 26. Juni 1904.

***) Norwegen, Strafgesetz vom 22. Mai 1902, §§ 52 bis 54; Schweden, Gesetz vom 22. Juni 1906.

Im Deutschen Reiche ist die Zahl der Fälle, in denen die Aussetzung der Vollstreckung gewährt wurde, seit Einführung der bedingten Begnadigung im Jahre 1895 stetig gestiegen; sie betrug bis Ende 1898 jährlich durchschnittlich 6041, im Jahre 1904 16 389. Die Gesamtzahl der Fälle bis Ende 1905 ist 97 219.

Dem in Deutschland festgelegten Grundsatze, den Straferlaß hauptsächlich Jugendlichen bis zu 18 Jahren zu bewilligen, entspricht es, daß vier Fünftel aller Fälle Jugendliche betreffen. In der Regel werden bloß Personen berücksichtigt, die noch zu keiner Freiheitsstrafe verurteilt wurden; nur 2 Prozent der Begünstigten hatten bereits eine Freiheitsstrafe verbüßt. Die strafbaren Handlungen, auf die sich die Aussetzung des Vollzuges bezieht, sind zumeist Vergehen (67 Prozent), die übrigen Fälle verteilen sich auf Verbrechen und Übertretungen (19, respektive 14 Prozent). Vorwiegend sind es Gefängnisstrafen (86 Prozent), seltener Haftstrafen (14 Prozent) und nur vereinzelt Zuchthaus- oder Festungshaftstrafen. Die Dauer der ausgesetzten Gefängnisstrafen beträgt in drei Fünftel der Fälle eine Woche oder weniger; die Zahl der Fälle, in denen die Strafe einen Monat überschritt, ist nur etwa ein Achtel der Gesamtzahl. Die Bewährungsfrist war in der großen Mehrzahl der Fälle weniger als drei Jahre, nur bei 19 Prozent aller Fälle war sie mit drei Jahren und mehr bemessen.

Das deutsche Reichsjustizamt hat in seinem Berichte No. 702/1905 einen Vergleich des Prozentsatzes der ungünstig abgelaufenen Bewährungsfälle und der während einer gleichen Zeitperiode erstmalig Rückfälligen gezogen.

Von den im Jahre 1900 bis 1904 abgelaufenen Fällen hatten im Durchschnitte 79,9 Prozent (bei Erwachsenen 81 Prozent, bei Jugendlichen 78 Prozent) den Erfolg der Begnadigung, während bei 20,1 Prozent der Vollzug eingeleitet wurde. Der aus den erstmalig Verurteilten des ganzen Reiches berechnete Prozentsatz jener, die in einer $3^1/_2$ jährigen Frist — entsprechend der durchschnittlichen Bewährungsfrist — rückfällig werden, betrug 13 Prozent. Der Prozentsatz dieser Rückfälligen (13) ist also geringer als die Verhältniszahl der ungünstig verlaufenen Fälle der bedingten Begnadigung (20,1 Prozent). Die Ziffern sind vergleichbar, da die Fälle eines Widerrufes wegen schlechter Führung selten vorkommen. Daran knüpfte das Reichsjustizamt die Bemerkung:

„Läßt sich hienach zur Zeit wohl die Frage aufwerfen, inwieweit die bedingte Begnadigung einen besonders geeigneten Weg zur Verhütung von Rückfällen biete, so wird der Einrichtung doch in anderen Beziehungen nach wie vor eine segensreiche Wirkung beizumessen sein. Namentlich bleibt die Tatsache bestehen, daß immerhin der weitaus größte Teil der bedingt Begnadigten sich bewährt hat und daß ihnen gegenüber der hauptsächliche Zweck der Strafe erreicht werden konnte, ohne daß zum Vollzuge derselben geschritten zu werden brauchte. Dadurch sind nicht nur die Betroffenen vor einem schweren Eingriff in ihre soziale Stellung und einer Beeinträchtigung ihres Fortkommens bewahrt, sondern es sind auch dem Staate nicht unerhebliche Kosten erspart worden."

Die analogen Vergleichungen in dem Berichte No. 280 von 1905/06 weisen mit geringen Schwankungen dieselben Ergebnisse auf.

Die überschwänglichen Hoffnungen, die seinerzeit namentlich in Frankreich mit der Einrichtung verbunden waren, haben sich also nicht ganz erfüllt. Desungeachtet besitzt sie eine weitgehende soziale Bedeutung, ohne daß eine nachteilige Wirkung auf die allgemeine Kriminalität zu befürchten wäre. Über diesen Punkt spricht sich der zuletzt erwähnte Bericht des deutschen Reichsjustizamtes mit den Worten aus: „es könne aus den vorliegenden Zahlen kein Beweis dafür entnommen werden, daß die bedingte Begnadigung die allgemeine Kriminalität ungünstig beeinflußt habe". Auf diesen, durch ein reiches statistisches Material gestützten Grundlagen hat die deutsche Strafprozeßordnungskommission einmütig ihrer Ansicht Ausdruck gegeben, daß die bedingte Begnadigung jedenfalls so lange unentbehrlich sei, als nicht durch eine Reform des Strafvollzuges insbesondere gegenüber Jugendlichen, und durch eine Änderung des materiellen Rechtes, namentlich im Sinne der Herabsetzung der angedrohten Mindestmaße sowie der Ausdehnung der Geldstrafe und der Strafe des Verweises den schädigenden Wirkungen einer Bestrafung nach Möglichkeit vorgebeugt werden könne. (Protokolle II, 305 ff.).

Immerhin dürfte aber Anlaß vorhanden sein, sich von jener allzulargen Anwendung ferne zu halten, die sich in Belgien und Frankreich eingebürgert hat und die sich neuestens in Italien einzubürgern scheint. In diesem Sinne hat schon der Strafgesetzausschuß im Jahre 1891 bei Beratung des damaligen Strafgesetzentwurfes in ganz richtiger Würdigung der Verhältnisse seine warnende Stimme erhoben: „Es müsse vermieden werden, die Meinung in der Bevölkerung zu bilden, als dürfe man ungestraft eine einmalige Gesetzesverletzung begehen; die erfahrungsgemäße Anwendung der Ermächtigung muß in dem bedingten Strafausspruche eine Wohltat erkennen, die nur dem Würdigen zuteil wird." (210 der Beilagen, XI. Session 1891, Seite 113.).

Die Wahl des Systems bedarf ernster Erwägung; zunächst entsteht die Frage, ob es dem Wesen des bedingten Straferlasses mehr entspricht, ihn als Rechtsinstitut ins Leben zu rufen oder die Anwendung wie im Deutschen Reiche dem Gnadenrechte der Krone vorzubehalten.

Für die deutsche Form wird geltend gemacht: die Erfahrungen in Frankreich und Belgien beweisen, daß von den Gerichten in sehr verschiedenem Umfang von der Ermächtigung Gebrauch gemacht wird und daß sich eine schablonenhafte Anwendung einbürgere; manche Gerichte gewähren in einer übergroßen Zahl von Fällen, andere wieder nur ganz ausnahmsweise die Aussetzung des Vollzuges der Strafe. Nur durch die Vereinigung in der Hand einer Instanz könne eine gleichmäßige Handhabung erzielt werden; es sei ferner nicht ohne Bedenken, den Gerichten Entscheidungen zu überlassen, die nach außen den Charakter einer gewissen Willkür annehmen können. Führe aber die bedingte Aussetzung der Strafe zu ihrem Erlasse, dann verzichte der Staat auf einen festgestellten Strafanspruch, worin ein Akt der Gnade gelegen sei.

Die Bedeutung dieser Gründe soll nicht verkannt werden; gewichtige Erwägungen sprechen jedoch für die Einführung des bedingten Straferlasses als eines Rechtsinstitutes. Der Gedanke, daß von dem Ausspruche oder dem Vollzuge einer Strafe gegen Bewährung abgesehen werden könne, wurde in weiterer Ausbildung und Fortentwicklung des bestehenden Rechtes gewonnen, er bildet eine Form der modernen Rechtspflege und ist zu einem Gedanken rechtlichen Inhaltes und von rechtlicher Bedeutung geworden. Daß der Staat auf einen Strafanspruch im Wege des Gesetzes verzichte, findet sich auch bei der Verjährung und bei der bedingten Entlassung, im österreichischen Rechte überdies bei der nachträglichen Würdigung von Milderungsgründen, die zur Zeit des Urteiles nicht bekannt oder nicht vorhanden waren. (§ 410 St. P. O.).

Diese Ansicht ist die weit vorherrschende; alle Gesetzgebungen mit Ausnahme des Deutschen Reiches haben die Einrichtung als Rechtsinstitut aufgefaßt und sie in diesem Sinne geregelt; in gleicher Weise haben die österreichischen Strafgesetzentwürfe der Jahre 1889 und 1891 die Gesetzesform vorgeschlagen. Daß die subjektive Auffassung der Richter die Anwendung der Gesetze beeinflusse, läßt sich weder hier noch sonst vollkommen hintanhalten; ebensowenig dürfte eine administrative Regelung von diesem Vorwurfe frei bleiben.

Eine weitere Frage ist, ob bei Bewilligung der Strafaussetzung der Urteilsspruch aufzuschieben oder ob das Urteil zu schöpfen und bloß mit dem Vollzug der Strafe innezuhalten sei; die zweite Alternative ist vorzuziehen. Die Schuld des Angeklagten muß in zweifelloser Weise durch ein der regelmäßigen Anfechtung unterliegendes, rechtskräftig gewordenes Urteil erwiesen sein, da die Voraussetzung der Unterwerfung unter eine Bewährung nur in der Schuld des Angeklagten gelegen sein kann. Ferner kommt zu erwägen, daß dem gesprochenen Urteil eine viel größere Kraft innewohnt, auf den Verurteilten moralisch einzuwirken. Begnügt man sich mit einer Feststellung des Tatbestandes und des Verschuldens, so mag der Schuldige noch immer hoffen, daß er sich in einem späteren Verfahren der Verurteilung und Strafe werde entziehen können. Dieser Kalkül würde in den meisten Fällen richtig sein. Der Richter wird sich nach mehreren Jahren durch den früher ermittelten Sachverhalt nicht mehr gebunden erachten können, wenn ihm anscheinend neue Entlastungsbeweise vorgebracht werden. Die frühere Feststellung wird daher zumeist ungenügend sein, um die Grundlage für einen Schuldspruch zu bilden, eine neue Erhebung bei dem Verlaufe längerer Zeit ist aber höchst unsicher.

Schließlich ist die Frage zu entscheiden, ob wenigstens unter gewissen Voraussetzungen eine Schutzaufsicht während der Bewährungsfrist in Aussicht zu nehmen sein wird. Daß wir den Jugendlichen, der auf Abwege geraten ist und der keine Stütze in seiner Familie oder bei anderen ihm nahestehenden Personen besitzt, nicht sich selbst überlassen können, daß wir ihm vielmehr einen moralischen Halt geben müssen, wenn wir auf einen Erfolg der Bewährung rechnen wollen, wird von niemand bestritten. Man wendet aber ein, daß sich das amerikanische Probationsystem nicht ohne weiteres auf unsere Verhältnisse anwenden lasse und daß seine Einführung mit einem Mißerfolge enden könnte. Allein es ist nicht einzusehen, weshalb gerade bei uns in dem Belange die Verhältnisse so anders liegen sollten wie in den Unionstaaten. Warum soll es bei uns unmöglich sein, Männer und Frauen zu finden, die bereit wären, ihre Kraft in den Dienst der Allgemeinheit zu stellen, und den Schutz über einen Jugendlichen zu übernehmen, um ihn vor weiteren Fehltritten zu behüten?

Bei Durchführung der deutschen Fürsorgegesetze hat sich gezeigt, daß sich durch eine umsichtige und zielbewußte Tätigkeit der Behörden zahlreiche Anhänger der humanitären Bestrebungen dieser Gesetze in der Bevölkerung finden lassen. Zuerst wurden durch das badische Gesetz vom 4. Mai 1886 Fürsorger berufen, um das Verhalten der in Familien untergebrachten Zöglinge zu überwachen; durch die Bemühungen der Behörden und die Mitwirkung der karitativen Vereine wurde allmählich das Interesse der Bevölkerung in solchem Maße geweckt, daß sich den Behörden zahlreiche geeignete Personen zur Verfügung stellen; seither haben auch die späteren deutschen Fürsorgegesetze das Amt des Fürsorgers übernommen. In Belgien wird die Überwachung der aus den Staatsfürsorgeschulen Entlassenen und der bei Landwirten und in gewerblichen Betrieben untergebrachten, in Fürsorgeerziehung stehenden Jugendlichen durch Patronagevereine besorgt (Gesetz vom 15. Februar 1897). Auch in den Fürsorgegesetzen anderer Staaten finden sich Bestimmungen, durch die Anordnungen über die Überwachung der in Familien untergebrachten oder aus der Fürsorgeerziehung entlassenen Zöglinge getroffen werden. (England, Reformatory and Industrial Schools Act 1899, Norwegen, Gesetz vom 6. Juni 1896, §§ 24, 33, Schweden, Gesetz vom 13. Juni 1902, § 20 und Gesetz vom 27. Juni 1902, § 6, Dänemark, Gesetz vom 14. April 1905, §§ 22 und 31.) Nach diesen Erfahrungen auf ganz verwandten Gebieten dürfte es weder als ungewöhnlich noch als gewagt erscheinen, wenn in bestimmten Fällen einer Strafaussetzung die Einleitung einer Schutzaufsicht angestrebt wird.

Von diesen Gesichtspunkten ausgehend, schlägt der Entwurf in den §§ 55a bis c und 271 St. G. ein System vor, das zwischen dem amerikanischen und belgischen System die Mitte hält. Nur der Vollzug der Strafe und nicht die Schöpfung des Urteils wird ausgesetzt;

eine Schutzaufsicht ist bloß in schwereren Fällen nach richterlichem Ermessen einzuleiten. Widerruf ist nicht bloß bei Begehung von strafbaren Handlungen, sondern auch bei schlechter Führung zulässig. Bei Bewährung gilt die Strafe als verbüßt.

Die Voraussetzungen in Ansehung der Person und der Würdigkeit des Verurteilten, dem bedingter Straferlaß gewährt werden soll, sind dieselben wie bei der Ermahnung (§ 55a, Z. 1 und 2 und vorletzter Absatz); nur die weitere Beschränkung ist beigefügt, daß die Aussetzung des Strafvollzuges Personen nicht bewilligt werden darf, deren Wohnsitz nicht festgestellt ist.

Die Strafe kann entweder eine Geldstrafe oder eine Freiheitsstrafe sein, welche die Dauer von drei Monaten nicht übersteigt.

Die ausländischen Gesetze haben entweder für die Dauer der Freiheitsstrafe, deren Vollzug aufgeschoben wird, keine Grenzen gesetzt (Frankreich, Luxemburg, Portugal) oder sie geben das Höchstmaß mit sechs Monaten (Belgien, Italien) oder sie stellen es bei Haft mit sechs Monaten, bei Gefängnis mit drei Monaten auf (Norwegen). In den deutschen Staaten ist das Höchstmaß mit drei bis sechs Monaten als Regel gegeben, ohne daß aber die Höhe der Strafe grundsätzlich ein Hindernis bilden würde.

Der österreichische Strafgesetzentwurf 1889 und der Ausschußentwurf desselben Jahres (§ 25) hatten ein Höchstmaß von sechs Monaten, die Regierungsvorlage 1891 (§ 25) ein solches von einem Monate und der Ausschußbeschluß 1893 (§ 24) ein solches von drei Monaten Freiheitsstrafe im Auge.

Das im gegenwärtigen Entwurfe in Aussicht genommene Höchstmaß von drei Monaten wird vollkommen ausreichend erscheinen, wenn berücksichtigt wird, daß im Jahre 1904 von den wegen Verbrechen verurteilten 34 202 Personen nur 15 364, von den wegen Vergehen verurteilten 8388 nur 186 und von den wegen Übertretung verurteilten 560 058 nur 1016, daher von der Gesamtzahl der verurteilten 602 648 bloß 16 566 zu einer drei Monate übersteigenden Freiheitsstrafe verurteilt wurden.

Die Aussetzung des Vollzuges erstreckt sich auf die erkannte Freiheits- oder Geldstrafe und auch auf eine als Nebenstrafe ausgesprochene Abschaffung, nicht aber auf andere Nebenstrafen oder den Ausspruch über die privatrechtlichen Ansprüche oder die Kosten des Verfahrens. Daß auch bezüglich einer Abschaffung die Aussetzung der Vollstreckung zugelassen wird, erklärt sich aus den Bestimmungen des Strafgesetzes, die selbst bei geringfügigen Straftaten, zum Beispiel bei der Übertretung des verbotenen Spieles (§ 522 St. G.) Abschaffung obligatorisch vorschreiben; es wäre widersinnig, den Vollzug der Freiheitsstrafe zu suspendieren und die Abschaffung durchführen zu lassen.

Die Bewährungsfrist ist nach richterlichem Ermessen zwischen einem und drei Jahren zu bestimmen (§ 55a). Die Probezeit ist in Norwegen fest drei Jahre, in Frankreich und Dänemark fest fünf

Jahre, nach Ermessen des Richters oder der Administrativbehörde in Belgien, Deutschland und Italien bis fünf Jahre, in Portugal zwischen zwei bis fünf, im früheren österreichischen Strafgesetzentwurfe zwischen ein bis drei Jahren. Da das Höchstmaß der Freiheitsstrafe mit nur drei Monaten bestimmt wird, dürfte eine Bewährungsfrist bis zu drei Jahren entsprechen.

Mit der Aussetzung des Vollzuges einer die Dauer eines Monates übersteigenden Freiheitsstrafe kann eine Schutzaufsicht durch Vertrauenspersonen verbunden und können dem Verurteilten auch Weisungen für sein Verhalten gegeben, der Aufenthalt an bestimmten Orten untersagt oder die Bekanntgabe seines Aufenthaltes auferlegt werden. Weitere Freiheitsbeschränkungen sind unzulässig (§ 55b).

Eine Schutzfürsorge in allen Fällen einer Strafaussetzung ist weder notwendig noch wäre sie zu organisieren; deshalb wurden bloß die schwereren Fälle in Betracht gezogen und auch dem Richter nur eine Ermächtigung eingeräumt; sind entsprechende Garantien für eine erfolgreiche Überwachung durch die Eltern des Verurteilten oder andere Personen, unter deren Obhut er steht, ohnehin vorhanden, wird sie entbehrlich sein; liegen die Verhältnisse aber nicht so günstig, dann soll dem Jugendlichen eine geordnete Fürsorge helfend und unterstützend zur Seite treten.

Die Vertrauenspersonen sind vom Gericht zu bestellen (Artikel IV, § 5). Ihre Pflichten sind ungefähr derselben Art, wie sie in den deutschen Staaten den Fürsorgern obliegen, die nach den Fürsorgegesetzen bei Übergabe in Familienerziehung bestellt werden; sie haben die Lebenshaltung und Beschäftigung des Jugendlichen zu überwachen, durch Belehrung auf ihn einzuwirken, für die Abstellung von Mißständen zu sorgen und auf Verlangen dem Gerichte in entsprechenden Zeitabschnitten zu berichten. Die Schutzaufsicht darf nie den Charakter einer polizeilichen Aufsicht erlangen, und ist alles zu vermeiden, wodurch der Ruf und das Fortkommen des Jugendlichen beeinträchtigt werden könnte (Artikel IV, § 4).

Der Widerruf kann obligatorisch oder fakultativ eintreten.

Er ist obligatorisch vorgeschrieben, wenn der Jugendliche wegen einer in der Bewährungsfrist begangenen und von Amts wegen zu verfolgenden vorsätzlichen strafbaren Handlung zu einer Freiheitsstrafe verurteilt wird, wenn er den Weisungen des Gerichtes in betreff seines Verhaltens oder seiner Aufführung beharrlich entgegenhandelt oder wenn er sich fortgesetzt einem ungeordneten oder unsittlichen Lebenswandel ergibt (§ 55 c, Absatz 1).

Dagegen ist der Widerruf in das Ermessen des Gerichtes gelegt, falls die Verurteilung zu einer Freiheitsstrafe wegen einer fahrlässig begangenen strafbaren Handlung erfolgt (§ 55c, Absatz 2).

Der Verurteilung wegen einer Privatanklagetat wurde die Bedeutung eines obligatorisch wirkenden Widerrufsgrundes nicht beigemessen, um nicht dem Privatankläger, in dessen Belieben die Erhebung oder Zurückziehung einer Anklage steht, einen unmittelbaren

Einfluß auf den Widerruf einer bewilligten Strafaussetzung einzuräumen.

Eine besondere Vorschrift ist im § 55c, Absatz 3, für den Fall gegeben, wenn der Jugendliche wegen einer vor Beginn der Bewährungsfrist begangenen strafbaren Handlung zu einer Freiheitsstrafe verurteilt wird. Das erkennende Gericht hat unter Würdigung aller Umstände zu entscheiden, ob der Strafvollzug für beide Fälle auszusetzen oder ob nunmehr beide Strafen zu vollstrecken sind.

Bei günstigem Verlauf der Bewährungsfrist gilt die Strafe als verbüßt und fällt eine als Nebenstrafe ausgesprochene Abschaffung weg (§ 55c, Absatz 5). Begeht der Verurteilte in der Folge eine strafbare Handlung derselben Art, so darf die erlassene Strafe bei der Bemessung der neuen Strafe nicht in Anschlag gebracht werden; sie kann weder als erschwerender Umstand noch zur Begründung einer Rückfallsbestimmung verwertet werden.

Die im belgischen Gesetz und auch in anderen Gesetzen der Bewährung beigelegte Wirkung, daß die Verurteilung selbst als nicht geschehen gelte, wurde nicht übernommen, da die Vorschriften des Gesetzes über Rehabilitation ebenso wie bei der Ermahnung auch beim bedingten Straferlaß ergänzend eingreifen und durch sie dem Verurteilten die Möglichkeit gegeben wird, die Tilgung der Verurteilung zu erreichen.

Die beiden letzten Absätze des § 55c enthalten die Bestimmungen über den Zeitraum, innerhalb dessen der Widerruf zulässig ist und über die Durchführung im Strafregister.

Die prozessualrechtliche Regelung wird in den Zusätzen und Abänderungen der §§ 260, 268, 270, 283, 294, 345, 464, 469 und in dem neuen § 401a St.P.O. gegeben.

Die Aussetzung des Vollzuges ist in das Urteil aufzunehmen und zu begründen; der Schuldige ist über die Folgen der Nichtbewährung zu belehren (§§ 260, 268, 270 St.P.O.). Die Berufung wird den zur Ergreifung der Nichtigkeitsbeschwerde Berechtigten eingeräumt, und zwar sowohl wenn der Vollzug der Strafe irriger- oder unbegründeterweise ausgesetzt, als auch wenn die Aussetzung des Vollzuges unterlassen wurde (§§ 283, 345, 464, 469 St.P.O.), sie hat suspensive Wirkung (§§ 294 St.P.O.). Die Berufung wurde nicht bloß zugunsten des Beschuldigten, sondern auch zu dessen Nachteil zugelassen, um eine gleichmäßige Anwendung zu sichern und dadurch den von verschiedenen Seiten ausgesprochenen Besorgnissen zu begegnen, daß durch eine Begünstigung sozial besser gestellter Angeklagter der Grundsatz der Gleichheit vor dem Gesetz durchbrochen und das Rechtsgefühl verletzt werden könnte.

Die Beschlüsse, durch die der Vollzug einer ausgesetzten Strafe angeordnet oder der günstige Verlauf der Bewährungsfrist festgestellt wird, sind von der Ratskammer des Gerichtshofes erster Instanz, bei dem das Verfahren anhängig war (im bezirksgerichtlichen Verfahren von dem erkennenden Bezirksgerichte, § 447 St. P. O.) nach Anhörung des öffentlichen Anklägers zu fassen und unterliegen der Beschwerde. Dagegen sind die Beschlüsse, mit denen eine Schutzaufsicht angeordnet, Weisungen für das Verhalten erteilt oder die Bekanntgabe des Aufenthaltes aufgetragen werden, der Anfechtung entzogen (§ 401a St. P. O.).

Keiner besonderen Hervorhebung bedarf es, daß der im dritten Absatze des § 55c St. G. geordnete Fall einer Verurteilung wegen einer vor Beginn der Bewährungsfrist begangenen strafbaren Handlung nicht der Bestimmung des § 401a St. P. O. unterliegt. In diesem Falle hat das über die neu bekannt gewordene Tat erkennende Gericht eine Entscheidung zu treffen, die sich auf die Aussetzung des Vollzuges beider Strafen (der neu verhängten und der früher erkannten) bezieht. Beide Strafen sind in ihrer Gesamtheit zu berücksichtigen und danach über die Aufschiebung des Vollzuges im Urteil zu entscheiden.

4. Bedingte Entlassung.

Die vorläufige Entlassung hat in den neueren Strafgesetzen allgemeine Aufnahme gefunden, und wäre es überflüssig, die Zweckmäßigkeit dieser Einrichtung nachweisen zu wollen. Jugendlichen gegenüber müssen die sonst allgemein angenommenen Bedingungen und Voraussetzungen bezüglich der Strafdauer und des verbüßten Teiles der Strafe erleichtert werden.*)

Nach dem Entwurfe (§§ 55d und 271 St. G.) wird die bedingte Entlassung bei Sträflingen, die zu einer mindestens dreimonatigen Freiheitsstrafe verurteilt werden, das 18. Lebensjahr zur Zeit der Tat nicht vollendet haben, und wegen Verbrechens nicht vorbestraft sind, nach Abbüßung von zwei Dritteln der Strafe zulässig sein, wenn sie sich während der Anhaltung gut aufgeführt haben und ihr Vorleben sowie ihr gesamtes Verhalten während des Vollzuges der Strafe begründete Hoffnung auf Bewährung in der Freiheit geben.

Die Bewährungsfrist dauert bis zum Ablaufe der Strafzeit; ist der Strafrest kürzer als sechs Monate, so gelten sechs Monate als Bewährungsfrist.

Eine Schutzaufsicht durch Vertrauenspersonen kann eingeleitet werden. Der Strafvollzugsbehörde obliegt es, den Entlassenen, wenn nicht schon anderweitig für sein Fortkommen gesorgt ist, im Einvernehmen mit der Vormundschaftsbehörde oder mit Organen der Fürsorge in einem redlichen Erwerbe unterzubringen: diese Behörde kann dem Entlassenen auch Weisungen in betreff seines Verhaltens erteilen, den Aufenthalt an bestimmten Orten untersagen oder die Bekanntgabe des Aufenthaltes fordern (§ 55d St. G.).

Die Gründe für den Widerruf sind analog wie beim bedingten Straferlasse aufgestellt (§ 55e St. G.). Bei günstigem Verlaufe der

* Beschluß des deutschen Juristentages 1904, III, Punkt 3: „Von der vorläufigen Entlassung ist bei Jugendlichen im ausgedehnteren Maße Gebrauch zu machen; insbesondere soll die Entlassung nicht an die für Erwachsene geltenden Beschränkungen gebunden sein.“

Bewährungsfrist gilt die restliche Strafe als verbüßt (§ 55f St. G.). In dem Entwurfe eines Gesetzes über Fürsorgeerziehung wird dafür zu sorgen sein, daß in solchen Fällen auch der Vollzug einer etwa im Urteile ausgesprochenen Überweisung in Fürsorgeerziehung zu unterbleiben habe, um dem gegenwärtig nicht selten beobachteten Übelstande vorzubeugen, daß Sträflinge, die seinerzeit im Urteile für eine korrektionelle Nachhaft bestimmt wurden, ungeachtet ihres tadellosen Verhaltens und überzeugender Proben ihrer Besserung nach verbüßter Strafe in Besserungsanstalten abgegeben werden; ein derartiger Vorgang ist an sich zwecklos, für den Betroffenen unbillig und nicht ohne Gefahr für sein weiteres Fortkommen.

Der dritte und vierte Absatz des § 55e St. G. enthalten besondere Vorschriften über die Haftnahme eines Verurteilten, bei dem der Widerruf der Entlassung im Zuge ist und über den Vollzug des Strafrestes und einer neu verhängten Strafe, die zum Widerruf geführt hat.

Die Entscheidungen über die bedingte Entlassung und ihren Widerruf sind unter Ausschluß eines Rechtsmittels dem Oberlandesgerichte übertragen (§ 55f St. G.).

5. Ehrenfolgen.

Die Natur des Jugenddeliktes als einer von einem Halbreifen begangenen Tat, läßt die Forderung berechtigt erscheinen, daß mit der Verurteilung nicht Rechtsfolgen und Wirkungen verbunden werden, die kraft gesetzlicher Vorschrift noch über die Dauer der Strafe hinaus sich geltend machen. Der Entwurf schlägt daher in Artikel V vor, daß bei Verurteilung wegen einer vor vollendetem 18. Lebensjahre verübten strafbaren Handlung die sonst mit einem strafgerichtlichen Erkenntnisse nach dem Strafgesetze (§ 26) oder kraft anderer gesetzlicher Vorschriften verbundenen nachteiligen Folgen nicht eintreten, und bestimmt in Artikel VIII, Absatz 4, daß mit dem Tage der Wirksamkeit dieses Gesetzes die als Folgen einer Verurteilung eingetretene Unfähigkeit eines Jugendlichen zur Erlangung von Vorzügen und Berechtigungen erlösche.

Durch diese Bestimmung werden für Jugendliche nur die kraft Gesetzes an eine Verurteilung geknüpften Folgen beseitigt; die in gesetzlichen und anderen Vorschriften begründete Befugnis der Behörden, die Würdigkeit eines Bewerbers bei einer Anstellung in öffentlichen Diensten oder bei Verleihung von bestimmten Berechtigungen u. dgl. zu prüfen, bleiben selbstredend unberührt.

Ebensolche Bestimmungen für Jugendliche finden sich in ausländischen Rechten: deutsches Strafgesetz, § 57, Z. 5: „auf Verlust der bürgerlichen Ehrenrechte ist nicht zu erkennen"; ungarisches Strafgesetz, § 85: „auf Amtsverlust oder Entziehung der politischen Rechte kann nicht erkannt werden"; italienisches Strafgesetz, Artikel 54, 55: „Unfähigkeit zur Bekleidung öffentlicher Ämter kommt nicht zur Anwendung". Der deutsche Juristentag 1904 bezeichnete den Verlust bürgerlicher Ehrenrechte als ein für Jugendliche ungeeignetes Strafmittel (Beschluß I, 4).

6. Polizeiaufsicht.

Von ähnlichen Erwägungen wie beim Vorschlage, mit dem Jugenddelikte keine Rechtsfolgen zu verbinden, geht der Entwurf beim Antrage aus, die Polizeiaufsicht über Jugendliche auszuschließen (Artikel VI und Übergangsbestimmung, Artikel VIII, Absatz 4). Auch hier befindet sich der Entwurf in Übereinstimmung mit dem deutschen Strafgesetze (§ 57, Z. 5), dem italienischen Strafgesetze (Artikel 54 und 55) und dem Beschlusse des deutschen Juristentages 1904 (I, 4).

7. Rehabilitation.

Die Frage der Rehabilitation ist in der Öffentlichkeit so vielfach zur Sprache gebracht worden, daß ein gedrängter Überblick der historischen Entwicklung dieser Einrichtung und des gegenwärtigen Standes der Frage genügen dürfte.

Das römische, altdeutsche und das französische Recht ließen die strafweise Entziehung aller bürgerlichen und politischen Rechte zu; der Verbrecher wurde aus der bürgerlichen Gesellschaft ausgestoßen (bürgerlicher Tod, Friedlosigkeit). Mit der fortschreitenden Kultur begnügten sich die Gesetze damit, dem Verurteilten nur einen Kreis von Rechten, deren Ausübung Unbescholtenheit voraussetzt, die sogenannten bürgerlichen Ehrenrechte zu entziehen. In den meisten Gesetzen trat der Verlust auf Lebensdauer ein. Die darin gelegene Härte und die erhöhte Bedeutung, die allmählich dem Momente der Besserung im Strafrechte beigelegt wurde, führte zu einer weiteren Reform.

Einzelne Gesetze schränkten die mit der Hauptstrafe verbundene Aberkennung der Ehrenrechte auf bestimmte Zeitdauer ein; andere Gesetze suchten den Härten dadurch zu begegnen, daß sie entweder an Stelle dieses automatischen Wegfalles der Ehrenstrafe oder neben demselben die Rehabilitation als Wiedereinsetzung in die bürgerlichen Ehrenrechte zuließen.

Das erste Gesetz, das sich mit der Rehabilitation im eigentlichen Sinne befaßte, war das französische Strafgesetz vom Jahre 1791 (Titel VII). Es verlangte, daß seit Verbüßung der Strafe zehn Jahre verstrichen sind, von denen die beiden letzten Jahre in der Gemeinde zugebracht sein mußten, bei der das Gesuch überreicht wurde. Dem Gesuche waren Zeugnisse aller Aufenthaltsgemeinden beizulegen. Der Gemeinderat hatte sich über die Genehmigung des Gesuches zu entscheiden, worauf das Kriminalgericht des Ortes ohne weitere Prüfung die Rehabilitation aussprach. Aus dem französischen Rechte wurde das Institut in die Gesetze anderer Staaten mit verschiedenen Änderungen übernommen.

Die deutsche Strafrechtswissenschaft hat sich bis in die jüngste Zeit mit der Frage nicht eingehender befaßt. Sie kam erst in Fluß, als Briefe und Mitteilungen von Verurteilten in die Öffentlichkeit gelangten, in denen geschildert wurde, wie eine einzige Verurteilung und ihr Makel das ganze Leben belasten und trotz jahrelangen redlichen Verhaltens noch in späten Jahren zu Kränkungen und wirtschaftlichen Nachteilen Anlaß geben könne. Seither ist die internationale kriminalistische Vereinigung der Frage nähergetreten; die Hamburger Versammlung 1905 stellte Thesen auf (Mitteilungen XIII/2, Seite 547 ff.), auch der Juristentag 1904 zog die Rehabilitation in bezug auf Jugendliche in Besprechung (4. Band, Seite 386 ff.).

Unter Rehabilitation im technischen Sinne wird nun die durch staatlichen Akt auf Grund von Wohlverhalten erfolgende vorzeitige Aufhebung des strafweisen Entzuges der bürgerlichen und politischen Rechte verstanden. Ihre allgemeine Voraussetzung ist somit, daß mit dem Urteile, sei es kraft Gesetzes oder kraft richterlichen Ausspruches, eine Aberkennung dieser Rechte stattgefunden habe.

Als Bedingungen der Rehabilitation kommen in Betracht: die Verbüßung der Strafe, Ersatz des verursachten Schadens und der Prozeßkosten, längeres Wohlverhalten.

Die Rehabilitation wird entweder im Wege der verwaltenden oder der richterlichen Tätigkeit des Staates (réhabilitation gracieuse, réhabilitation judiciaire) ausgesprochen; im letzteren Falle erlangt der Verurteilte ein subjektives Recht auf Wiedereinsetzung.

Die Wirkung besteht in der Aufhebung der eingetretenen Beschränkung der Rechtsfähigkeit; je nach dem verschiedenen Umfange, in dem die Gesetze Ehrenfolgen eintreten lassen, ist daher ihre Wirkung verschieden. Die Tatsache der geschehenen Verurteilung bleibt aber bestehen.

Über die dargelegten Voraussetzungen und Wirkungen der Rehabilitation sind die französischen Gesetze vom 14. August 1885 10. März 1898 und vom 5. August 1899 hinausgegangen, zu deren Verständnis die Bemerkung dienen mag, daß nach dem französischen Rechte die Rechtsfolgen einer Verurteilung wegen Verbrechens nicht zeitlich beschränkt sind, sondern eine dauernde Wirkung besitzen (Artikel 8, 9, 28, 34, 35 und 43 Code pénal und Gesetz vom 31. Mai 1854 über die Aufhebung des bürgerlichen Todes).

Die Artikel 619 bis 634 des Code d'instruction criminelle in der Fassung der beiden ersterwähnten Gesetze ordnen die réhabilitation judiciaire, die bei Verbrechen in der Regel nach Ablauf von 5 Jahren, bei Vergehen nach Ablauf von 3 Jahren seit Verbüßung der Strafe unter Nachweis der im Gesetze aufgestellten Bedingungen nachgesucht werden kann. In diesen Punkten weicht das Gesetz von den herkömmlichen Bestimmungen der Rehabilitationsfrage nicht ab; die entscheidende Bestimmung enthält Artikel 634: die Rehabilitation beseitigt die Verurteilung und läßt alle Unfähigkeiten für die Zukunft entfallen, die aus der Verurteilung hervorgingen.

Das Gesetz vom 5. August 1899 gibt Vorschriften über die Führung des Strafregisters und regelt im Anschlusse die réhabilitation de droit. Nach Artikel VIII dieses Gesetzes darf eine erlittene Strafe nach Verlauf bestimmter Frist in die Strafkarte nicht mehr aufgenommen werden, die dem Verurteilten auf sein Verlangen hinausgegeben werden kann (sogenanntes bulletin Nr. 3), und zwar

1. eine einmalige Verurteilung zu weniger als sechs Tagen Gefängnis oder zu einer Geldstrafe von höchstens 50 Franken nach zwei Jahren,

2. eine einmalige Verurteilung zu sechs Monaten Gefängnis oder zu einer Geldstrafe von mehr als 50 Franken nach fünf Jahren,

3. eine einmalige Verurteilung zu einer Strafe bis zu zwei Jahren oder mehrere Verurteilungen, die zusammen ein Jahr nicht übersteigen, nach zehn Jahren,

4. eine einmalige Verurteilung zu mehr als zwei Jahren Gefängnis nach 15 Jahren.

Wenn in den Fällen ad 1 und 2 zehn Jahre, ad 3 15 Jahre, ad 4 20 Jahre vergehen, ohne daß der Verurteilte zu einer anderen als zu einer Geldstrafe verurteilt wird, erwirbt er die volle Rehabilitation (la réhabilitation lui sera acquise de plein droit. Artikel X).

Das französische Recht hat somit zwei Formen der Rehabilitation: 1. die réhabilitation judiciaire auf Grund der Bestimmungen der Strafprozeßordnung, 2. die réhabilitation de plein droit auf Grund des Artikels X des Gesetzes vom Jahre 1899.

Ad 1. Indem Artikel 634 der Strafprozeßordnung erklärt „la réhabilitation efface la condamnation“, spricht er aus, daß die Verurteilung von dem Momente der Wiedereinsetzung als gar nicht erfolgt betrachtet wird und daher für die Zukunft jeder Bedeutung entbehre. Nach Artikel 633 darf eine solche Verurteilung nicht mehr in das bulletin Nr. 3 aufgenommen werden; die Strafe wird der Kenntnisnahme dritter Personen entzogen, der Rehabilitierte gilt allen Dritten gegenüber als nicht vorbestraft.

Durch diese beiden Wirkungen ist das Wesen der Rehabilitation gegenüber allen anderen Gesetzen weiter ausgestaltet worden und hat nicht bloß für Personen, deren Ehrenrechte geschmälert wurden, sondern für alle Verurteilten Wichtigkeit erlangt, da ihre Wirkung über die Wiederverleihung der geschmälerten Rechtsfähigkeit hinausgeht und die Verurteilung selbst berührt.

Die Strafprozeßordnung des Kantons Neuenburg (§§ 537 und 539), das belgische Gesetz vom 24. April 1896 und das bulgarische Strafgesetz vom 2. Februar 1896, Artikel 88 bis 97, haben die Bestimmungen der Artikel 633 und 634 der französischen Strafprozeßordnung übernommen.

Ad 2. Die französische réhabilitation de plein droit ist bloß an die Tatsache des Verlaufes längerer Zeit und daran geknüpft, daß der Verurteilte in diesem Zeitraum höchstens zu einer Geldstrafe verurteilt wurde. Ihre Wirkungen sind dieselben wie jene der réhabilitation judiciaire.

Daß die Rehabilitation das Erlöschen der Rechtsfolgen einer Verurteilung bewirken soll, ist außer Streit; Meinungsverschiedenheit besteht nur hinsichtlich der Frage, ob man mit der Rehabilitation die weitergehende Wirkung der Tilgung der Verurteilung verbinden könne, wie dies im französischen Rechte geschieht.

Als Gründe dagegen werden angeführt: Die Verurteilung sei wie jede andere Ereignung eine Tatsache der Erscheinungswelt. Historische Tatsachen könne man aber nicht durch eine Fiktion aus der Welt schaffen. Gegen die Tatsache der Verurteilung sei der Betreffende niemals geschützt, davor könne ihn auch das Gesetz nicht schützen, wenn es die Rehabilitation einführt.

In dem Momente, in dem die Nichtbestraften mit den bloß nachträglich wieder als gebessert Erklärten gleichgestellt werden, verliere die wirkliche Unbescholtenheit an Wert, die Unbescholtenen werden auf das Niveau der Bestraften herabgedrückt, da niemand mehr seine tatsächliche Unbescholtenheit zu beweisen vermöge. Die Unbescholtenheit werde in den Augen der Bevölkerung diskreditiert und damit alle Hemmungen geschwächt, die aus dem Bestreben hervorgehen, sich von strafbaren Handlungen fernzuhalten, um die bürgerliche Ehre zu bewahren.

Auch werden Nachteile für die Rechtspflege besorgt. Zum Wesen der freien Beweiswürdigung gehöre es, daß der Richter den Wert einer Zeugenaussage beurteilen könne; dies werde aber im hohen Grade durch die Kenntnis von Vorstrafen des Zeugen wegen bestimmter Delikte tangiert. Dem Richter müsse ferner die Möglichkeit gegeben sein, den Angeklagten in seiner ganzen Persönlichkeit kennen zu lernen. Gerade die neuere Strafrechtswissenschaft lege einen großen Wert darauf, daß nicht die einzelne isolierte Tat aus dem Leben des Angeklagten, sondern der Angeklagte in seiner ganzen Persönlichkeit dem Gerichte bekannt werde. Dazu sei nun die Kenntnis seines Vorlebens unerläßlich.

Ungeachtet dieser von manchen Seiten erhobenen Bedenken hat sich der Entwurf für die Einführung der Rehabilitation bei Verurteilung Jugendlicher im Sinne des französischen Rechtes entschieden.

Ausschlaggebend war die Erwägung, daß ein in der Jugend verübtes Vergehen einen Menschen nicht für sein ganzes Leben brandmarken soll, wenn er sich in der Folge rechtschaffen beträgt. Das Gesetz folgt der Stimme des Volkes, wenn es der Tat eines Jugendlichen eine geringere Bedeutung als der Tat eines erwachsenen und reifen Mannes beilegt und wenn es Jugendverirrungen auch rechtlich in Vergessenheit geraten läßt.

Indem das Gesetz der Rehabilitation die Wirkung beilegt, daß die Verurteilung getilgt werde, will es nicht die Wahrheit trüben, sondern nur aussprechen, daß die frühere Verurteilung aufgehört habe, eine rechtlich relevante Tatsache zu sein und daß deshalb ihre Anführung in den Ausfertigungen der Register zu entfallen habe.

Die sonst gegen die Rehabilitation vorgebrachten Bedenken verlieren an Gewicht, wenn sie auf Jugendliche beschränkt wird. Dem Jugendlichen ist bei seiner geringeren Lebenserfahrung und bei seiner Unüberlegtheit die Wichtigkeit der Unbescholtenheit für das bürgerliche Leben zumeist nicht klar; er handelt, ohne daran zu denken, daß er durch das Vergehen seine ganze künftige Existenz gefährde und sich einen Makel aufdrücke, der ihm untilgbar und unverlöschbar anhaften werde. Der Hemmungsgrund, sich die Unbescholtenheit zu erhalten, hat daher bei Jugendlichen nicht jenes Gewicht wie bei Erwachsenen.

Dagegen lassen sich die psychologisch erziehlichen Momente, die der Einrichtung der Rehabilitation eigen sind und die im Sinne der Deliktsverhütung wirksam werden, nicht verkennen. Gerade die Hoffnung auf Erlangung der Rehabilitation kann für den Jugendlichen, dem durch die Verurteilung und Strafe der Ernst des Gesetzes vor Augen geführt wurde, zur mächtigen Triebfeder werden, sich dem Gesetze gemäß zu benehmen und den Fleck an der Ehre zu tilgen.

Die Gefahren, die für die Rechtspflege befürchtet werden, werden durch die Forderung einer lange dauernden Bewährung beinahe ganz beseitigt, zumal die Kenntnis einer weit in der Vergangenheit gelegenen Verurteilung nur in höchst seltenen Fälllen für die Beurteilung eines neuen Straffalles, sei es des Rehabilitierten, sei es einer dritten Person, important sein wird. Übrigens können in dem Punkte Ausnahmen gemacht werden.

Nach dem Entwurfe (§ 28) kann Rehabilitation nur erlangen, wer zur Zeit der verübten Tat noch nicht 18 Jahre alt und bis dahin unbescholten war; bei strafbaren Handlungen, die mit Kerker von 10 bis 20 Jahren oder strenger bedroht sind, ist die Rehabilitation gänzlich ausgeschlossen.

Der Verurteilte muß sich während der Bewährungsfrist vollkommen straflos verhalten. Durch jede nachfolgende Verurteilung wird der Anspruch verwirkt. Es wird aber nur soziale Besserung verlangt und die Rehabilitation ohne weiteres Verfahren erworben. Würde man eine gerichtliche Prüfung des Wohlverhaltens fordern, so wäre der Gebesserte der Gefahr ausgesetzt, daß durch dieses Verfahren seine frühere Verurteilung bekannt werde. Viele, und zwar gerade die wirklich Gebesserten, würden sich scheuen, ein solches Verfahren über sich ergehen zu lassen. Zudem ist zu erwägen, daß Zeugnisse über das Wohl- oder Übelverhalten — auf dies würde ja die ganze Erhebung schließlich hinauskommen — so sehr von subjektiven Momenten beeinflußt werden, daß die Prüfung auf einer höchst unsicheren Grundlage vorgenommen werden müßte.

Die Bewährungsfrist ist nach der Dauer der Strafe und der Beschaffenheit des Deliktes zwischen vier und zehn Jahren festgesetzt; nähere Anordnungen über ihre Berechnung werden in dem vorletzten Absatze des § 28 gegeben.

Die Anhaltung eines Verurteilten in einer Besserungsanstalt hemmt den Ablauf der Bewährungsfrist (§ 28, letzter Absatz). Insolange die Anhaltung dauert, wird der Verurteilte durch den Zwang und die Disziplin der Anstalt vor Abwegen bewahrt, ein strafloses Verhalten ist kein Beweis einer freien Betätigung seiner Besserung; aus diesem Grunde kann der Zeitraum der Anhaltung nicht in die Bewährungsfrist eingerechnet werden. Die Bestimmung wird auch nach Inkrafttreten eines Gesetzes über Fürsorgeerziehung Bedeutung besitzen und auf alle Fälle anzuwenden sein, in denen ein der Fürsorgeerziehung überwiesener Jugendlicher in einer Besserungsanstalt untergebracht ist.

Von der Wirkung der Rehabilitation handelt § 29. Ihre vornehmste Wirkung, aus der sich alle anderen Wirkungen erklären und als Folgerungen ergeben, ist die Tilgung der Verurteilung. Diese ist, soweit das Rechtsgebiet in Frage kommt, dahin zu verstehen, daß die Verurteilung aufhört, rechtlich relevant zu sein; sie darf daher in allen jenen Beziehungen nicht mehr in Betracht gezogen werden, in denen ein Gesetz oder eine andere, auf gesetzlicher Grundlage beruhende Vorschrift an die Tatsache einer Verurteilung bestimmter Art oder an die Tatsache des Verlustes der gerichtlichen Unbescholtenheit eine Wirkung oder einen Nachteil knüpft. Die getilgte Verurteilung kann in einem späteren Verfahren keine Rückfallsfolgen begründen; die Eidesunfähigkeit im Sinne des § 170, Z. 3 St. P. O. und § 336 Z. P. O. erlischt; der Ausschluß vom Antritte eines freien Gewerbes (§ 5 G. O.) kann nicht mehr durch den bloßen Hinweis auf die Verurteilung begründet werden usw. Die eigentlichen Rechtsfolgen einer Verurteilung kommen dagegen nicht in Betracht, da sie bei Jugendlichen überhaupt nicht eintreten (Artikel V).

Rechte dritter Personen, die sich auf die Verurteilung gründen, bleiben unberührt; hieher gehören die privatrechtlichen Ansprüche des Verletzten, die Geltendmachung einer Erbunwürdigkeit nach § 540 a. b. G B.

Der Rehabilitierte wird ferner von der Verpflichtung befreit, die Verurteilung auf gerichtliches oder behördliches Befragen anzugeben, und ist berechtigt, zu verlangen, daß die Rehabilitation im Strafakte, im Strafregister und in den Vormerkungen der Verwaltungsbehörden angemerkt werde. Ist diese Anmerkung vollzogen, so darf die getilgte Verurteilung in Strafkartenausfertigungen und Leumundsmitteilungen nicht mehr aufgenommen werden.

Von diesen Normen werden zwei Ausnahmen im öffentlichen Interesse zugelassen.

In einem neuerlichen Strafverfahren gegen den Rehabilitierten sowie in einem Strafverfahren gegen eine dritte Person darf vom Strafgerichte und der Staatsanwaltschaft die Bekanntgabe einer durch Rehabilitation getilgten Verurteilung begehrt werden, wenn die Kenntnis der Verurteilung für die Entscheidung der Schuldfrage von Bedeutung ist. Unter dieser Bedingung kann die Verurteilung auf Grund Gerichtsbeschlusses auch in der Verhandlung mitgeteilt werden. Durch diese Bestimmung glaubt der Entwurf den Widerstreit zwischen den Interessen der Strafrechtspflege und des Rehabilitierten ausgleichend gelöst zu haben. Läßt sich die Schuldfrage in beruhigender Weise nur entscheiden, wenn die Tatsache einer früheren Verurteilung des Angeklagten oder eines Zeugen dem Gerichte mitgeteilt wird und in den Kreis der Erwägungen gezogen werden kann, so hat das Privatinteresse des Rehabilitierten gegenüber den Anforderungen der Strafrechtspflege zurückzutreten. Handelt es sich dagegen nur um nebensächliche Fragen oder ist die frühere Verurteilung für die neue Strafsache ganz belanglos, dann soll der Rehabilitierte vor einer Bekanntgabe seiner Verurteilung geschützt sein.

Die zweite Ausnahme mußte im Interesse des öffentlichen Dienstes gemacht werden. Nach der öffentlichen Stellung und dem Pflichtenkreise der Angehörigen bestimmter Berufszweige des öffentlichen Dienstes bildet die Unbescholtenheit ein wesentliches Erfordernis für die Aufnahme in diesen Dienst oder für die Betrauung mit einer öffentlichen Funktion. Den Behörden, die sich mit der Verleihung dieser Stellen oder mit der Übertragung solcher Funktionen zu befassen haben, muß die Möglichkeit gegeben werden, sich die Kenntnis zu verschaffen, ob die betreffende Person dieses Erfordernis besitze. Um jedoch einen Mißbrauch zu verhüten, wurde ausdrücklich angeordnet, daß die Auskunft über eine durch Rehabilitation getilgte Verurteilung nur auf besonderes Begehren dieser Behörden und unter Hinweis auf die eingetretene Rehabilitation erteilt werden dürfe und daß die anfragende Stelle zur Geheimhaltung der Auskunft verpflichtet sei.

II. Strafgesetzliche Bestimmungen zum Schutze des jugendlichen Alters.

Das geltende Recht besitzt bereits eine Reihe von Strafbestimmungen zum Schutze des jugendlichen Alters, so gegen

Kindesweglegung (§ 149), Entführung (§ 96), unsittliche Angriffe (§§ 127, 128, 132, 504, 505), Unterlassung der schuldigen Aufsicht (§§ 376 bis 378), Mißhandlung bei häuslicher Zucht (§§ 413 bis 418, 420, 421) und gegen Verwendung Unmündiger beim Bettel (§ 2 Z. 2 des Gesetzes vom 24. Mai 1885, R. Bl. No. 89). Diesen Bestimmungen sollen einige neue beigefügt werden.

a) Mißbrauch jugendlicher Arbeitskraft.

Die Gewerbeordnung (§§ 94 bis 96 b) und das Gesetz vom 21. Juni 1884, R. G. Bl. No. 115 enthalten schon gegenwärtig Vorschriften über die Verwendung von Kindern und Jugendlichen in gewerblichen und industriellen Betrieben und beim Bergbau. Ein anderes Gebiet, nämlich das der Heimarbeit, ist bisher gesetzlich nicht geregelt; es sind aber umfassende Vorarbeiten im Zuge, um auch hier die nötigen Grundlagen für eine gesetzgeberische Aktion zur Verhütung des Mißbrauches und der Ausbeutung der jugendlichen Arbeitskraft zu gewinnen. Die Normen werden sich den einzelnen Zweigen der Heimarbeit unter Bedachtnahme auf ihre technischen Verschiedenheiten anzupassen haben.

Wenn man die Tatbestände, wie sie in der Gewerbeordnung und in dem Gesetze vom 21. Juni 1884 statuiert sind, ins Auge faßt, gelangt man zur Überzeugung, daß sich manche nur als Zuwiderhandlungen gegen Ordnungsvorschriften charakterisieren, daß aber ein anderer Teil — die schwereren Tatbestände — mit den strafgesetzlichen Bestimmungen gegen Gefährdung der Gesundheit und der körperlichen Sicherheit nahe verwandt ist; so dürfte niemand zweifeln, daß die Verwendung von Kindern zarten Alters zur Fabriksarbeit oder zu einer anhaltenden anderen regelmäßigen gewerblichen Beschäftigung oder zu Arbeiten unter Tag in Bergwerken die Gesundheit zu gefährden und zu schädigen vermag. Das Wesen der Delikte dieser Art würde es daher verlangen, strafgesetzliche Sanktionen zu geben. Ähnliches dürfte für das Gebiet der Heimarbeit anzunehmen sein.

Im gegenwärtigen Zeitpunkte wäre es an sich möglich, aus der Gewerbeordnung und dem Gesetze vom 21. Juni 1884 die schwereren Tatbestände zu entnehmen und sie gerichtlich strafbar zu erklären; dagegen fehlen bei den Betrieben, die der Gewerbeordnung und dem erwähnten Gesetze nicht unterliegen, und für die Heimarbeit derzeit positive Normen, die eine Grundlage für strafgesetzliche Bestimmungen bieten könnten.

Bei dieser Sachlage glaubte der Entwurf — wenigstens gegenwärtig — davon absehen zu sollen, strafrechtliche Normen aufzustellen, die nur eine teilweise Regelung brächten. Dagegen stand nichts im Wege, einen Spezialfall einer verbotenen Beschäftigung in den Entwurf aufzunehmen.

Im § 1 des Artikels II wird die Verwendung Jugendlicher im Alter vor vollendetem 16. Jahre zu Produktionen, Schaustellungen oder ähnlichen öffentlichen Vorführungen, die für sich allein oder vermöge der besonderen Verhältnisse, denen sie den Unmündigen oder Jugendlichen aussetzen, geeignet sind, dessen Körper, Gesundheit oder Sittlichkeit zu gefährden, unter Strafe gestellt, desgleichen die Überlassung Unmündiger und Jugendlicher an andere zu diesem Zwecke.

Analoge Strafdrohungen wurden im englischen Prevention of cruelty to children Act 1894, im französischen Gesetze vom 19. April 1898, Artikel 3, im niederländischen Strafgesetze, § 253, im deutschen Reichsgesetze vom 30. März 1903, betreffend die Kinderarbeit in gewerblichen Betrieben, und im norwegischen Strafgesetze (§ 381) gegeben.

b) Gefährdung durch den Genuß von Alkohol.

Die schädlichen Wirkungen geistiger Getränke auf den jugendlichen Körper und die damit verbundene Gefahr der Gewöhnung an einen die Gesundheit zerstörenden Übergenuß verpflichten die Gesetzgebung, sich dem Beispiel anderer Staaten anzuschließen, in denen schon längst Bestimmungen bestehen, um den frühzeitigen Alkoholgenuß zu hindern. (England, Licensing Act, 1872, Punkt 7, Frankreich, Gesetz vom 23. Jänner 1873, Belgien, Gesetz vom 16. August 1887, Artikel 6 und 8, Niederlande, Gesetz vom 28. Juni 1881, Artikel 17 und 19, Schweden, Verordnungen vom 16. November 1841 und vom 29. Mai 1885, Norwegen, Gesetz vom 31. Mai 1900, § 23).

Artikel II schlägt in den §§ 2 und 3 zwei Strafdrohungen vor:

§ 2 wendet sich gegen Inhaber und Bedienstete von Gewerben, die sich mit dem Vertriebe geistiger Getränke befassen, und verbietet die Verabfolgung solcher Getränke an Unmündige zum eigenen Genuß, wenn sich diese nicht in Begleitung einer erwachsenen Person befinden.

Dagegen ist die Vorschrift des § 3 eine allgemeine. Sie verbietet jedermann, Unmündigen geistige Getränke von solcher Art oder in einer Menge oder Häufigkeit zu verabreichen, daß der Genuß die Gesundheit oder die körperliche Entwicklung zu gefährden vermag. Den Eltern, Erziehern und überhaupt allen Personen, unter deren Aufsicht und Obhut Unmündige sich befinden, wird noch eine besondere Verpflichtung der Obsorge auferlegt; sie werden auch dann strafbar, wenn sie einen solchen Genuß gestatten.

Eine dem § 2 inhaltlich konforme Bestimmung ist schon im § 1 des galizischen Trunkenheitsgesetzes vom 19. Juli 1877, R. G. Bl. No. 67, enthalten; nach § 7 dieses Gesetzes kann bei wiederholter Verurteilung wegen dieser oder anderer dort bezeichneter Übertretungen die Berechtigung zum Betriebe eines Gast- oder Schankgeschäftes von der politischen Behörde auf bestimmte Zeit oder für immer entzogen werden. Da kein Grund vorliegt, letztere Bestimmung aufzuheben, schien es gesetzestechnisch am zweckmäßigsten, das Trunkenheitsgesetz vom 19. Juli 1877 in seiner Gänze aufrecht zu erhalten und zugleich zu verfügen, daß Artikel II, § 2 des gegenwärtigen Gesetzes in dem Geltungsgebiete des ersteren Gesetzes keine Anwendung finde (Artikel VII). Für den Geltungsbereich des neuen Gesetzes wird die gewerberechtliche Frage der Konzessionsentziehung durch den in Vorbereitung befindlichen Entwurf eines allgemeinen Gesetzes zur Hintanhaltung der Trunkenheit zu ordnen sein.

c) Vernachlässigung einer Erziehungs- oder Unterhaltspflicht.

Eine der traurigsten Erscheinungen unserer Zeit bildet die Tatsache, daß in manchen Kreisen der Bevölkerung den Eltern das Bewußtsein ihrer Verpflichtungen gegenüber den eigenen Kindern abhanden gekommen ist. Gerichtsverhandlungen und die Beobachtungen der Vereine, die sich mit dem Kinderschutz befassen, beweisen, wie häufig Vater und Mutter ihren Kindern lieblos und geradezu feindselig gegenüberstehen und, vergessend der Pflichten, die Natur, Religion und Gesetz den Eltern auferlegen, sich der Sorge für den Unterhalt der Kinder zu entziehen suchen und deren Erziehung gänzlich vernachlässigen.

Wir finden dieses Bild abstoßender sittlicher Verkommenheit nicht nur in großen Städten, sondern auch unter ländlichen Verhältnissen, und es haben sich schon vor mehreren Jahren die Landesausschüsse von Oberösterreich und Salzburg an die Regierung mit dem Ersuchen gewendet, gesetzliche Bestimmungen zur Abhilfe in Erwägung zu ziehen.

Im Deutschen Reiche fand sich die Gesetzgebung genötigt, durch die Novelle vom 13. März 1894 die absichtliche Verletzung der Unterhaltspflicht unter Strafe zu stellen (§ 361, Z. 10 deutschen St. G., s. a. Z. 5 dieses Paragraphen). Die Gesetze anderer Staaten wenden sich nicht nur gegen die Verletzung der Unterhaltspflicht, sondern auch gegen die Vernachlässigung der Erziehungspflicht (England, Prevention of cruelty to children Act 1894; Frankreich, Gesetz vom 19. April 1898, Artikel 1; Norwegen, Strafgesetz § 219; Dänemark, Fürsorgegesetz vom 14. April 1905, § 40, Schweizer Entwurf, Artikel 141).

Die Notwendigkeit strafgesetzlicher Normen steht daher wohl außer Frage; andererseits dürfte es aber sich empfehlen, eine gewisse Zurückhaltung zu beobachten, da eine Überspannung der strafrechtlichen Zwangsmittel unter Umständen Nachteile herbeiführen kann, die den möglicherweise erreichbaren Nutzen überwiegen. Aus diesem Grunde beschränkt sich Artikel II in seinem § 4 darauf, schwere Fälle einer Vernachlässigung der Erziehungs- oder Unterhaltspflicht zu ahnden, nämlich nur solche Fälle, durch die eine Person unter 18 Jahren der Gefahr der Verwahrlosung ausgesetzt oder ihre Überweisung zur Fürsorgeerziehung notwendig wird.

d) Entehrung einer geschlechtlich unbescholtenen Frauensperson.

Das im geltenden Rechte angenommene Schutzalter gegen unsittliche Angriffe, das sich bis zur erreichten Mündigkeit erstreckt, dürfte im allgemeinen zutreffend gewählt erscheinen und nur eine Ergänzung nach der Seite bedürfen, daß geschlechtlich unbescholtenen Mädchen noch über dieses Alter hinaus bis zum vollendeten 16. Lebensjahre ein Schutz gegen Verführung gewährt werde.

In diesem Sinne schlägt der § 5 des Artikels II vor, die Verführung und Entehrung eines geschlechtlich unbescholtenen Mädchens dieses Alters als Übertretung zu bestrafen. Wird das Versprechen der Ehe als Mittel der Verführung angewendet und dieses Versprechen nicht gehalten, so wird Konkurrenz mit der Übertretung nach § 506 St. G. gegeben sein. Dagegen wäre die Strafbestimmung des § 132, IV, St G. anzuwenden, wenn die Verführung in kupplerischer Absicht zugunsten eines Dritten unternommen wird.

Im Deutschen Reiche (§ 182 St. G.) und in Dänemark (§ 174 St. G.) ist gleichfalls bloß die Verführung eines Mädchens dieses Alters unter Strafe gestellt; dagegen in Artikel 245 des niederländischen Strafgesetzes überhaupt der Beischlaf und in § 196 des norwegischen Strafgesetzes sowie in Artikel 335 des italienischen Strafgesetzes die Verübung unzüchtiger Handlungen mit Mädchen unter 16 Jahren.

III. Strafprozessuale Bestimmungen.

Das Justizministerium hat bereits durch Verordnungen den Besonderheiten Rechnung zu tragen gesucht, welche das jugendliche Alter und die geringere Fähigkeit, sich sachgemäß zu vertreten, erheischen. Die Anordnungen mußten sich im Rahmen des geltenden Rechtes bewegen und konnten daher keine durchgreifenden sein. Der Entwurf strebt nun an, das Verfahren gegen Jugendliche im Wege des Gesetzes ihrer Eigenart gemäß zu gestalten.

Die neuen Bestimmungen des Prozeßrechtes betreffen, soweit sie nicht der Durchführung der Neuerungen im materiellen Rechte dienen, die Erhebung der persönlichen Verhältnisse des Beschuldigten, die Beiziehung von Auskunftspersonen zur Unterstützung des Richters, die Vertretung und Verteidigung, die Art der Anhaltung während einer Verwahrungs- oder Untersuchungshaft, den Ausschluß der Öffentlichkeit der Verhandlungen, das Verbot des Kontumazialverfahrens und der Erlassung von Strafverfügungen, die Verständigung des Vormundschaftsgerichtes zum Zwecke der Einleitung pflegschaftsbehördlicher Vorkehrungen und die Errrichtung von Jugendgerichten.

1. Erhebung der persönlichen Verhältnisse des Beschuldigten und Verwendung von Auskunftspersonen zur Unterstützung des Richters.

Der Richter kann die schwierige Aufgabe, in jedem einzelnen Falle die Frage der Zurechnung zu beurteilen und die angemessene Methode (Ermahnung, Strafverhängung, Strafaussetzung oder Fürsorgeerziehung) zu wählen, nur befriedigend lösen, wenn er mit den Verhältnissen und der Vergangenheit des jugendlichen Übeltäters bekanntgemacht wird. Die gewöhnlichen Mitteilungen der Sicherheitsbehörden, die nur dürftige Nachrichten über die Person des Beschuldigten geben, genügen nicht; es ist ein tieferes Eingehen notwendig, damit eine zuverlässige Grundlage für eine der Individualität des Beschuldigten entsprechende Entscheidung gewonnen werde.

Der Entwurf glaubt ausgiebigere Ermittelungen durch folgende Anordnungen sicherstellen zu können.

Das Alter des Beschuldigten ist amtlich festzustellen, wenn anzunehmen ist, daß dieser zur Zeit der Tat das 20. Lebensjahr nicht vollendet hat (Artikel IV, § 1). Diese Vorschrift bezweckt zunächst, die Anwendung der für Jugendliche überhaupt geltenden Vorschriften des materiellen und formellen Rechtes sicherzustellen.

Bei Jugendlichen, die zur Zeit der Tat noch nicht 18 Jahre alt waren, ordnet Artikel IV, § 2, im Anschlusse an das niederländische Gesetz vom 12. Februar 1901, das schwedische Gesetz vom 27. Juni 1902 (§ 1) und den Vorschlag des deutschen Juristentages 1904, Beschluß II, Punkt 3, an, daß zu erheben sind: die Umstände, die zur Beurteilung der geistigen und sittlichen Reife dienen, die Verhältnisse, unter denen der Jugendliche aufgewachsen ist, namentlich solche Tatsachen, die über seine Verwahrlosung Aufschluß geben können, endlich die bisherige Aufführung.

Mit diesen Erhebungen können vom Gerichte Vertrauenspersonen betraut werden. Von der Ernennung und den Aufgaben dieser Personen handeln die §§ 3 bis 5 des Artikels IV. Das Amt ist ein unbesoldetes Ehrenamt, die Bestellung geschieht durch das Gericht entweder allgemein oder für den einzelnen Fall. Die Vertrauenspersonen sind durch Gelöbnis zur gewissenhaften Erfüllung der übernommenen Obliegenheiten und zur Verschwiegenheit gegenüber dritten Personen zu verpflichten.

In erster Linie werden Waisenpfleger und Waisenpflegerinnen*),

---

*) Die Einführung von Waisenpflegern und Waisenpflegerinnen ist in der Novelle zum allgemeinen bürgerlichen Gesetzbuch in Aussicht genommen und wird an dieser Stelle ihr Wirkungskreis näher geordnet werden.

ferner Mitglieder von Vereinen, auch Frauen, die sich mit dem Kinderschutz, der Jugendfürsorge oder der Fürsorge für entlassene Gefangene befassen, in Betracht kommen. Bei dem Interesse, das sich in der Bevölkerung für die Jugendschutzbestrebungen kundgibt, dürfte die Erwartung nicht unbegründet sein, daß sich in der Folge auch andere vertrauenswürdige Männer und Frauen dem Gerichte zu diesem Zwecke zur Verfügung stellen.

Den Vertrauenspersonen ist insbesondere in der Hauptverhandlung und erforderlichenfalls in der Berufungsverhandlung Gelegenheit zu geben, ihre Wahrnehmungen dem Gerichte mitzuteilen, bei ihrer Vernehmung sind die Vorschriften über die Zeugeneinvernahme zu beobachten. Wie schon erwähnt, wird den Vertrauenspersonen nur die Erhebung der persönlichen Verhältnisse und der Aufführung übertragen; die Feststellung des Tatbestandes der strafbaren Handlung bleibt nach wie vor den Sicherheitsbehörden vorbehalten.

Die besonderen Aufgaben, die den Vertrauenspersonen für den Fall zugedacht sind, als ihnen die Schutzaufsicht bei Aussetzung des Strafvollzuges und bei einer bedingten Entlassung aus einer Strafe übertragen wird, sind bereits in Verbindung mit den Vorschriften über den bedingten Straferlaß besprochen worden.

Mit den Bestimmungen des Artikels IV, §§ 1 und 2, steht die vorgeschlagene Ergänzung des § 451 St.P.O. im Zusammenhang. Nach dieser Gesetzesstelle kann der Richter im Übertretungsverfahren mit Zustimmung des Beschuldigten sogleich die Verhandlung vornehmen und das Urteil fällen, wenn der vorgeführte Beschuldigte die ihm zur Last gelegte Tat gesteht oder wenn Ankläger und Beschuldigter zugleich vor Gericht erscheinen und alle Beweise für die Anklage und Verteidigung zur Hand sind. Der neue Zusatz zum Absatz 2 des § 451 St.P.O. ordnet nun an, daß die sofortige Schöpfung des Urteils über einen Jugendlichen nur zulässig ist, wenn die persönlichen Verhältnisse während der Verhandlung erhoben werden konnten.

2. Beistandschaft und Verteidigung.

Die Strafprozeßordnung enthält keine Bestimmungen über die Prozeßfähigkeit, sie geht von dem Grundsatze aus: wer deliktsfähig ist, ist auch prozeßfähig. Die prinzipielle Richtigkeit dieses Grundsatzes kann nicht bezweifelt werden. Der Unterschied, daß der Minderjährige im Strafverfahren Prozeßfähigkeit besitzt, während er im Zivilverfahren im allgemeinen als prozeßunfähig erscheint, ist eine Folge der Verschiedenheit der beiden materiellen Rechte. Das bürgerliche Recht läßt, von einzelnen Ausnahmen abgesehen, die Handlungsfähigkeit erst mit der Volljährigkeit eintreten, das Strafrecht dagegen schon in einem früheren Alter. Wer aber handlungsfähig ist, dem muß auch die Fähigkeit zugesprochen werden, seine Handlungen in den Formen des Rechts zu vertreten.

Aber geradeso wie auf anderen Gebieten, durch gewerberechtliche Vorschriften und Arbeiterschutzgesetze, das jugendliche Alter durch das Gesetz vor Gefahren geschützt wird, müssen auch im Prozeßrechte Einrichtungen getroffen werden, welche die Gefahren abwenden oder doch verringern, die sich hier aus der geringeren Fähigkeit, seine Angelegenheit selbst zu führen und sich zu vertreten, ergeben. Die Prozeßordnung läßt schon gegenwärtig eine Ausnahme von der allgemeinen Regel über Prozeßfähigkeit zu, indem sie im schwurgerichtlichen Verfahren dem Angeklagten einen Verteidiger auch dann zur Seite stellt, wenn er sich eines solchen nicht bedienen will (§ 41). Dieser Besonderheit, die sich aus der Eigenart des schwurgerichtlichen Verfahrens erklärt, sollen nun einige andere Singularitäten beigefügt werden, die in der Person des Beschuldigten ihre Begründung finden.

a) Beistandschaft.

Gegenwärtig sind dem gesetzlichen Vertreter eines Minderjährigen nur das Recht, auch wider den Willen des Pflegebefohlenen einen Verteidiger zu bestellen (§ 39 St.P.O.), das Rechtsmittel der Nichtigkeitsbeschwerde und der Berufung selbst gegen den Willen des Minderjährigen (§§ 282, 283 und 465 St.P.O.) und die Befugnis, die Wiederaufnahme des Verfahrens zu beantragen (§§ 354 und 480 St.P.O.), ausdrücklich zugestanden. Ob dem gesetzlichen Vertreter ein Vertretungsrecht im Verfahren zukomme, darüber schweigt die Prozeßordnung, und es ist die Frage eine überaus zweifelhafte, ob die aus dem bürgerlichen Rechte fließende Vertretungsbefugnis sich auch auf das Strafverfahren beziehe. Die neuen Bestimmungen suchen die Lücke des Gesetzes auszufüllen.

Der Vater und der Vormund eines minderjährigen Beschuldigten werden berechtigt, während des Vorverfahrens Beweisanträge zu stellen und während des Vorverfahrens oder später die Aufhebung einer Verwahrungs- oder Untersuchungshaft zu beantragen. Gegen die Zurückweisung solcher Anträge stehen ihm dieselben Rechtsmittel wie dem Beschuldigten zu (neuer § 45a St.P.O.). Sie werden ferner befugt, Einspruch gegen die Anklage innerhalb der dem Beschuldigten zustehenden Frist zu erheben (§ 209 St. P. O., neuer 5. Absatz).

In der Hauptverhandlung wird dem gesetzlichen Vertreter gestattet, tatsächliche Umstände, die für die Beurteilung der Sache von Wichtigkeit sind, vorzubringen und, falls der Minderjährige ohne Verteidigung erscheint, selbständige Beweisanträge zu stellen (Beistand im eigentlichen Sinne); dieselben Befugnisse sind ihm für die Berufungsverhandlung in Übertretungsfällen eingeräumt (§ 246, neuer 3. Absatz, und § 473, Zusatz zu dem 1. Absatze dieses Paragraphen).

Der gesetzliche Vertreter eines minderjährigen Angeklagten kann gegen eine Strafverfügung innerhalb der für den Beschuldigten geltenden Frist Einspruch erheben (§ 462, neuer 1. Absatz).

Zum Gebrauch der vorbezeichneten Rechtsmittel wird der gesetzliche Vertreter auch gegen den Willen des Minderjährigen legitimiert sein.

Nicht nur im Vergleiche zur geltenden Strafprozeßordnung, sondern auch im Vergleiche zur deutschen Strafprozeßordnung werden durch diese Bestimmungen die Rechte des gesetzlichen Vertreters bedeutend erweitert. Die deutsche Strafprozeßordnung gibt dem gesetzlichen Vertreter wohl ebenso wie der Entwurf das Recht, von den zulässigen Rechtsmitteln selbständig Gebrauch zu machen (§ 340 deutscher St.P.O.) und die Befugnis, in der Hauptverhandlung als Beistand aufzutreten; im Vorverfahren unterliegt aber nach deutschem Recht seine Zulassung als Beistand dem richterlichen Ermessen (§ 149 deutscher St.P.O.).

Um den gesetzlichen Vertreter in die Lage zu bringen, von seinen Rechten Gebrauch zu machen, wird in Ergänzung des § 83 St.P.O. angeordnet, daß er von allen entscheidenden Schritten im Verfahren, von der Einleitung einer Voruntersuchung, der Verhängung einer Verwahrungs- oder Untersuchungshaft, der Erhebung einer Anklage, von der Anordnung einer Haupt- oder Berufungsverhandlung und von dem verurteilenden Erkenntnisse zu verständigen sei, sofern dies ohne Verzögerung des Verfahrens geschehen kann. Eine Ausnahme findet nur statt, wenn der gesetzliche Vertreter selbst der Beteiligung an der strafbaren Handlung verdächtig ist. In diesem Falle ist das Vormundschaftsgericht zum Zwecke eventueller Vorkehrungen auf Grund der Bestimmungen des bürgerlichen Rechts zu benachrichtigen (neue Absätze 2 und 3 des § 83 St.P.O.).

b) Verteidigung.

Die Anordnungen des Entwurfs über die Erweiterung der notwendigen Verteidigung beziehen sich nur auf Jugendliche, die das 18. Lebensjahr nicht vollendet haben.

Diesen Jugendlichen ist, wenn nicht anderweitig für die Verteidigung gesorgt ist, ein Verteidiger für die Hauptverhandlung im Erkenntnisverfahren der Gerichtshöfe in allen Fällen und für die Haupt- und Berufungsverhandlung im bezirksgerichtlichen Verfahren dann beizugeben, wenn der gesetzliche Vertreter an der strafbaren Verhandlung beteiligt ist oder die geringere geistige Entwicklung des Jugendlichen eine solche Maßnahme notwendig oder zweckmäßig erscheinen läßt. Dem von Amtswegen bestellten Verteidiger kommen hinsichtlich der Rechtsmittel dieselben Befugnisse wie dem Vater oder Vormunde zu (neue Zusätze zu den §§ 41, 455 und 471 St.P.O.).

Im geltenden Rechte (§ 41, Absätze 2 und 3 St.P.O.) ist die notwendige Verteidigung im schwurgerichtlichen Verfahren und die Armenvertretung im schwurgerichtlichen und Erkenntnisverfahren vorgesehen; eine Erweiterung ist daher nach zwei Richtungen beabsichtigt, einerseits im Erkenntnisverfahren, für welches die Bestellung eines Verteidigers zur Hauptverhandlung, gleichgültig, ob sie vom Jugendlichen verlangt wird, angeordnet ist, und andrerseits im Übertretungs- und Berufungsverfahren, in dem unter bestimmten Voraussetzungen ein Verteidiger zur Hauptverhandlung beizuziehen sein wird.

Diese Anordnungen werden eine Mehrbelastung des Verteidigerberufes mit zum Teil unentlohnten Vertretungen herbeiführen. Die Mehrbelastung wird jedoch nur eine geringe sein, da der Personenkreis schon nach der Altersgrenze ein beschränkter ist, im Verfahren der Gerichtshöfe der Anspruch auf Beigebung eines Armenvertreters bereits derzeit besteht und für das Übertretungsverfahren durch den neuen 4. Absatz des § 455 St.P.O. die Bestimmung getroffen wird, daß nicht nur zum Richteramte befugte Beamte, sondern auch andere geeignete Personen als Verteidiger herangezogen werden können, wenn die Bestellung einer in die Verteidigerliste aufgenommenen Person sich nicht als tunlich erweisen sollte.

Das Justizministerium glaubt, für diese geringfügige Ausdehnung der notwendigen Verteidigung um so eher eintreten zu können, als mehrere Advokatenkammern auf die in der Verordnung vom 23. Mai 1905, J. M. V. Bl. Nr. 9, zum Ausdrucke gelangten Bestrebungen des Justizministeriums, Jugendlichen schon derzeit einen erhöhten Verteidigerschutz zu gewähren, mit dankenswerter Bereitwilligkeit eingegangen sind und die freiwillige Mitwirkung ihrer Mitglieder zugesagt haben. In zwei Kammersprengeln wurden sogar besondere Einrichtungen geschaffen, um den Gerichten die Beistellung von Kuratoren und Verteidigern in Gemäßheit dieser Verordnung zu erleichtern.

Nach diesem bereitwilligen Entgegenkommen, in dem sich eine hohe Auffassung der Berufsaufgaben des Advokatenstandes kundgibt, meint das Justizministerium annehmen zu können, daß die in Aussicht genommene Regelung vom Verteidigerstande nicht wegen der damit verbundenen Mehrbelastung bekämpft werden wird.

Nach der deutschen Strafprozeßordnung ist die Verteidigung vor dem Landgerichte eine notwendige, wenn der Angeklagte noch nicht 16 Jahre alt ist oder wenn ein Verbrechen den Gegenstand der Anklage bildet und der Beschuldigte die Beistellung eines Verteidigers begehrt. In anderen Fällen kann der Vorsitzende auf Antrag oder von Amts wegen einen Verteidiger bestellen (§§ 140, 141 deutscher St.P.O.); die deutsche Strafprozeßordnungskommission ist in ihren Beschlüssen zu § 140 (Protokolle I, 122 ff., und II, 159 ff.) dafür eingetreten, daß die Verteidigung für Personen, die zwar das 16., aber noch nicht das 18. Lebensjahr vollendet haben, vor dem mittleren Schöffengerichte erster Instanz und vor dem großen Schöffengerichte als Berufungsinstanz für notwendig erklärt werde.

Nur in einem losen Zusammenhange mit dem übrigen Inhalte des Entwurfs stehen die beiden neuen Absätze des § 50 St.P.O., die sich auf die Befugnis Minderjähriger, Privatanklage zu erheben und sich einem Strafverfahren als Privatbeteiligte anzuschließen, beziehen und gleichfalls eine Lücke des Prozeßrechts ausfüllen sollen.

Mangels einer Anordnung der Prozeßordnung war die Frage der Ausübung des Klagerechts durch Minderjährige und ihre Berechtigung, als Privatbeteiligte aufzutreten, seit Jahren strittig. Der Kassationshof hat in seiner Entscheidung vom 25. Jänner 1904, Sammlung 2912, eine Lösung versucht, die aber nicht vollkommen befriedigt, da sie Personen, die kaum die Grenze der Unmündigkeit überschritten haben, die Ausübung eines Klagerechts überläßt.

Den praktischen Bedürfnissen des Verfahrens dürften die Bestimmungen der beiden neuen Absätze des § 50 entsprechen.

Für Personen unter 18 Jahren und für Geisteskranke ist das Recht zur Privatanklage durch ihre Vertreter auszuüben, sofern das Strafgesetz nichts anderes bestimmt. Im Falle der Kollision der Interessen ist nach den Bestimmungen des bürgerlichen Rechts ein Vertreter zur Erhebung der Privatanklage zu bestellen. Die Berechtigung zur Anschlußerklärung als Privatbeteiligter ist nach bürgerlichem Rechte zu beurteilen.

Dagegen bedürfen Personen, die das 18. Lebensjahr vollendet haben, zur Privatanklage und zum Anschlusse an das Strafverfahren keines gesetzlichen Vertreters; sie werden für selbständig handlungsfähig erklärt, diese Rechtsakte vorzunehmen, ohne daß aber dadurch die Berechtigung ihrer gesetzlichen Vertreter aufgehoben würde, in ihrem Namen einzuschreiten und sie zu vertreten; sowohl der Minderjährige als sein gesetzlicher Vertreter werden hienach zur Privatanklage und zur Anschlußerklärung legitimiert erscheinen.

Zur selbständigen Vertretung befugte Minderjährige werden berechtigt, sich einen Vertreter aus der Verteidigerliste zu bestellen; ob und inwieweit aber aus diesem Bevollmächtigungsvertrage eine zivilrechtliche Verbindlichkeit entstehe, ist nach bürgerlichem Rechte zu entscheiden.

3. Verwahrungs- und Untersuchungshaft.

Schon das gegenwärtige Recht stellt im § 184 St.P.O. den Grundsatz auf, daß die Anhaltung während der Untersuchungshaft in Einzelhaft zu geschehen habe; die Anordnung verliert aber durch den Beisatz: „so viel als möglich“ ihren bindenden Charakter. Um nun wenigstens für Jugendliche im Alter bis zum 18. Lebensjahre die Anhaltung in Einzelhaft zu verbürgen, schreibt der neue zweite Absatz des § 184 für solche Gefangene die Einzelhaft obligatorisch vor. Ausnahmen dürfen nur aus Gesundheitsrücksichten auf Grund ärztlicher Anordnung zugelassen werden. Eine mehr instruktionelle Bedeutung besitzt die weitere Anordnung, daß auch im sonstigen Verkehre des Gefangenhauses die Trennung der Jugendlichen von anderen Gefangenen in einer Weise durchzuführen ist, die jede Berührung zwischen ihnen vermeiden läßt.

Der von mehreren Seiten gegebenen Anregung, die Verwahrung auch außerhalb eines Gefangenhauses zu gestatten, stehen Schwierigkeiten der Durchführung entgegen. Eine generelle Vorsorge bei allen Gerichten läßt sich nicht treffen, da die Fälle einer Vorhaft Jugendlicher nicht zahlreich sind; es müßte daher die Anordnung der Vorkehrungen im einzelnen Falle dem Ermessen überlassen werden und dürften mancherlei Fehlgriffe zu besorgen sein.

Bisher haben auch nur wenige Gesetzgebungen eine solche Verwahrung gestattet. Der englische Youthful offenders Act 1901 bebestimmt, daß die in eine Reformschule verwiesenen Jugendlichen bis zur Durchführung dieser Anordnung nicht in Untersuchungshaft gehalten werden dürfen, sondern der Obhut einer geeigneten Person oder dem Werkhause anzuvertrauen sind; die Gesetze der amerikanischen Staaten über Jugendgerichte ordnen die Unterbringung in einem Schutzhause an, ebenso läßt das niederländische Gesetz vom 12. Februar 1901 die Verwahrung außerhalb eines Gefangenhauses zu.

4. Öffentlichkeit der Verhandlung.

Im Verfahren gegen Jugendliche unter 18 Jahren wird die Öffentlichkeit der Verhandlungen, und zwar auch dann, wenn Erwachsene mitangeklagt sind, ausgeschlossen und der Zutritt nur den im § 230, St.P.O., bezeichneten Personen, den Vertrauenspersonen (Artikel IV §§ 3—5) und den Eltern und Pflegeeltern, dem Vormunde und Arbeitgeber des Angeklagten gestattet. Urteile, in denen bloß eine Ermahnung erteilt oder der Vollzug der Strafe bedingt ausgesetzt wird, dürfen nicht öffentlich verkündet werden; in anderen Fällen ist der Ausschluß der Öffentlichkeit bei Verkündung des Urteils in das Ermessen des Gerichts gelegt. Die öffentliche Verlautbarung des Inhalts einer solchen Verhandlung sowie eines nicht öffentlich verkündeten Urteils wird verboten (neuer § 231a und Änderungen der §§ 287, 456 und 472 St.P.O., siehe Artikel III Punkt 15). Eine gesetzwidrige Verlautbarung wird die Übertretung oder das Vergehen nach den §§ 309 und 310 St.G. begründen.

Die neuen Anordnungen finden in der Erwägung ihre Begründung, daß es an sich bedenklich ist, Jugendliche zum Mittelpunkte einer öffentlichen Verhandlung zu machen, und daß in vielen Fällen der Besserungszweck oder das künftige Fortkommen durch die Öffentlichkeit gefährdet werden kann. Die Nachteile erscheinen so bedeutend, daß sie eine Durchbrechung des Prinzipes der Öffentlichkeit rechtfertigen.

Aus gleichen Gründen war es ferner notwendig, die Anordnung zu treffen, daß unter Umständen auch die öffentliche Verkündung des Urteiles zu unterbleiben habe. Bei der Ermahnung und bei Urteilen, in denen der Vollzug der Strafe gegen Bewährung aufgeschoben wird, wurde diese Ausnahme von der Regel der öffentlichen Verkündung obligatorisch vorgeschrieben, da das Gericht mit der Gewährung dieser Begünstigungen die Besserungsfähigkeit des Angeklagten anerkennt und in diesem Falle ein Bekanntwerden seines Fehltrittes nicht als wünschenswert erscheinen kann. Da sich ähnliche Gesichtspunkte, namentlich die Rücksicht auf die Besserung oder das weitere Fortkommen auch bei anderen Urteilen geltend machen können, wurde dem Gerichte auch allgemein die Ermächtigung eingeräumt, beim Vorhandensein solcher konkret zu würdigender Voraussetzungen von der Öffentlichkeit der Urteilsverkündung abzusehen.

Nach dem niederländischen Gesetze vom 12. Februar 1901 ist die Verhandlung gegen Jugendliche nicht öffentlich durchzuführen und haben nur die Eltern anwesend zu sein. Der deutsche Juristentag 1904 hat die Beschränkung der Öffentlichkeit des Verfahrens auf die Zulassung der Gewalthaber, Seelsorger, Lehrer, Dienst- und Lehrherren und ähnlicher in persönlicher Beziehung zu dem Jugendlichen stehender Personen empfohlen (Beschluß II, Punkt 5). Die deutsche Strafprozeßordnungskommission sprach sich in ihrem Beschlusse zu § 173, Gerichtsverfassungsgesetz, Protokoll I, 368, 373 ff., II, 235, 239 ff., dafür aus, daß die Öffentlichkeit im Verfahren gegen noch nicht 18jährige Personen auf Antrag eines Prozeßbeteiligten ausgeschlossen werden könne, falls die anderen Beteiligten nicht widersprechen. Dieses Widerspruchsrecht würde die praktische Verwertbarkeit der Vorschrift illusorisch machen, weshalb sich der Entwurf für den ausnahmslosen Auschluß der Öffentlichkeit entschied.

5. Kontumazialverfahren und Strafverfügungen.

Im Zusammenhange mit den Bestimmungen über relative Strafunmündigkeit stehen die Ergänzungen der §§ 427, 459, 468 und 460 St.P.O. Die drei ersteren betreffen den Ausschluß des Kontumazialverfahrens, die letztere die Unzulässigkeit von Strafverfügungen gegen Jugendliche, die im Alter der problematischen Reife sich befinden.

Der Richter vermag nur durch den unmittelbaren Verkehr mit dem Beschuldigten ein vollständiges Bild seines Wesens und seiner Charaktereigenschaften zu erlangen, um sich daraus ein Urteil über die strafrechtliche Verantwortlichkeit zu bilden. Allfällige Erhebungen und Mitteilungen anderer Behörden und Angaben von Auskunftspersonen können ihm Anhaltspunkte bieten und zu seiner Information beitragen, wären aber nicht zureichend, den persönlichen Eindruck zu ersetzen. Das Verfahren in Abwesenheit des Angeklagten und die Erlassung einer Strafverfügung mußten daher ganz ohne Rücksicht, ob etwa solche Aufklärungen über die Person des Angeklagten vorliegen oder nicht, ausgeschlossen werden.

6. Benachrichtigung des Vormundschaftsgerichts.

Die in den neuen Zusätzen zu § 83 St.P.O. vorgeschriebene Benachrichtigung des Vormundschaftsgerichtes verfolgt den Zweck, die Aufmerksamkeit dieses Gerichtes auf Vorkommnisse zu lenken, die ein pflegschaftsbehördliches Einschreiten erfordern könnten. Die einzelnen Fälle sind folgende: Das Strafgericht hat die Vormundschaftsbehörde zu benachrichtigen, wenn ein Minderjähriger verurteilt wird, wenn der gesetzliche Vertreter der Beteiligung an der strafbaren Handlung des Minderjährigen verdächtig ist, oder wenn er wegen einer an seinem Pflegebefohlenen verübten strafbaren Handlung verurteilt wird, wenn sich aus dem Verfahren ergibt, daß der gesetzliche Vertreter seine Erziehungs- oder Unterhaltspflicht vernachlässigt, oder daß ein Jugendlicher zum Bettel oder zu einem unsittlichen Lebenswandel verleitet oder verwendet wurde, sowie überhaupt in allen Fällen, in denen eine Vorkehrung oder Vorsorge des Vormundschaftsgerichtes notwendig oder nützlich erscheint.

7. Jugendgerichte.

In einzelnen großen Städteu der Vereinigten Staaten sind eigene Jugendgerichte (Juvenile Courts) errichtet worden; das erste Gesetz, das Jugendgerichte einführte, kam in Illinois im Jahre 1899 zu stande. Die Einrichtung hat sich rasch verbreitet und bestehen derzeit in acht Unionstaaten Jugendgerichte: in Illinois seit 1899, Pennsylvanien, Wisconsin seit 1901, in New York seit 1902, in Colorado, Kalifornien, Missouri und New Jersey seit 1903. Im Jahre 1905 hat auch der Staat Süd-Wales in Australien ein Gesetz über Jugendgerichte geschaffen, in demselben Jahre wurde in Ägypten ein Jugendgericht in Abdin (Kairo) errichtet.*)

Diese Gerichte fungieren entweder als abgesonderte Abteilungen größerer Gerichte oder als selbständige Gerichte. Die Aburteilung jugendlicher Gesetzesübertreter wird einzelnen Richtern als Spezialgebiet übertragen; die Richter halten ihre Sitzungen an Orten und zu einer Zeit, in denen eine Berührung jugendlicher Angeklagter mit erwachsenen Beschuldigten ausgeschlossen ist. Sie vermeiden es,

---

*) Das Gesetz des Staates Süd-Wales ist im Anhang II bei England zum Abdrucke gebracht.

soweit als möglich, Untersuchungshaft zu verhängen und arbeiten stets Hand in Hand mit den großen Erziehungsvereinen.

Die Zuständigkeit erstreckt sich nicht bloß auf straffällige, sondern auch auf verlassene und verwahrloste Kinder.

In Strafsachen steht ihnen die Gerichtsbarkeit über fast alle Delikte Jugendlicher zu; nur bei schweren Verbrechen hat eine Verweisung an die Anklage- und Urteilsjury zu erfolgen. Der Richter ist ermächtigt, im weiten Umfange von der Ermahnung, dem Urteilsaufschube, der Stellung unter Bewährung und von erziehlichen Maßnahmen (Unterbringung in einer Familie oder in einer Industrialschule, Übergabe an einen Verein oder an eine Anstalt) Gebrauch zu machen.

Eine besondere Stellung nehmen bei den amerikanischen Jugendgerichten die vom Gerichte ernannten Probation officers ein: „Sie leisten dem Richter die Dienste eines Untersuchungsrichters, eines Beraters und eines Fürsorgers. Sie erforschen den Tatbestand der strafbaren Handlung oder der Verwahrlosung, sie gehen aber auch den Ursachen nach, erheben die Familienverhältnisse, das Vorleben und alle Umstände, die für die Beurteilung des Falles und die Entscheidung, die getroffen werden kann, von Wichtigkeit sind. Sie beraten den Richter bezüglich der Maßnahmen, die für den einzelnen Fall die geeigneten sein könnten, wenn es sich um die Übergabe an eine Anstalt oder in die Obhut einer Familie handelt — sie leisten aber auch die Dienste von Fürsorgern, solange über die betreffende Person noch nicht endgültig entschieden werden kann, beobachten dieselbe und berichten neuerlich dem Richter über alles, was sich im Stadium des Prozesses für die Sache Entscheidendes ergibt — sie übernehmen endlich die Aufsicht und Obhut über jene Jugendlichen, die durch Entscheidung des Richters in der eigenen Familie belassen oder in einer fremden untergebracht werden.“ (Baernreither, Jugendfürsorge und Strafrecht in den Vereinigten Staaten von Amerika.)

Die Vorteile, die sich für die Rechtsprechung und für die Jugendfürsorge aus der Einrichtung ergeben, lassen sich nicht verkennen.

Schon die Trennung der Jugendlichen von den Erwachsenen bedeutet einen Gewinn; der Übeltäter wird von vornherein als Jugendlicher behandelt und von der Atmosphäre der gewöhnlichen Gerichtssäle ferngehalten. Die Vereinigung der Jugendstrafsachen eines größeren Sprengels bei einem Gerichte macht es möglich, einige wenige Richter mit diesen Agenden zu betrauen, die sich hierdurch eine größere Vertrautheit mit den Eigenschaften Jugendlicher und eine besondere Eignung für die Besorgung dieses Zweiges der richterlichen Tätigkeit erwerben. Die Vereinigung von straf- und vormundschaftsbehördlicher Gewalt ist in jenen zahlreichen Fällen von Wichtigkeit, in denen die strafbare Handlung auf Vernachlässigung der Erziehungspflichten oder auf andere Umstände und Verhältnisse zurückzuführen ist, die ein Einschreiten im Wirkungskreise der Vormundschaftsbehörde geboten erscheinen lassen. Die Konzentration bei einem Gerichte erleichtert und fördert die Tätigkeit der Fürsorgeorgane.

Bei der Verschiedenheit des materiellen und formellen Rechtes kann an eine einfache Übertragung der amerikanischen Form auf unsere Verhältnisse selbstverständlich nicht gedacht werden; die Vorteile der Einrichtung sollen aber auch bei uns fruchtbar werden und hat sich der Entwurf in der neuen Bestimmung des § 9a St. P. O. wesentlich von den Ideen des amerikanischen Rechtes leiten lassen.

Nach dem Antrage des Entwurfes soll es der Verordnungsgewalt übertragen werden, anzuordnen, daß die Besorgung der vormundschafts- und kuratelsbehördlichen Geschäfte, sofern sie städtischen Bezirksgerichten zustehen, bei einem oder einigen der in derselben Stadt bestehenden Bezirksgerichte vereinigt und daß diesen Gerichten die Ausübung der Strafgerichtsbarkeit in folgenden Übertretungssachen übertragen werde:

1. in Übertretungssachen, in denen Jugendliche im Alter bis zum vollendeten 18. Lebensjahre entweder allein oder in Verbindung mit Erwachsenen beteiligt sind,

2. in einer Reihe speziell angeführter Übertretungssachen, wenn durch die Handlung Unmündige oder Jugendliche gefährdet oder verletzt wurden. Es sind dies die Übertretungen nach § 335 St. G., begangen durch Überschreitung eines Züchtigungsrechtes, ferner die Übertretungen der Vernachlässigung eines Kranken von Seite seiner Angehörigen (§ 360), der Unterlassung der schuldigen Aufsicht bei Kindern (§§ 376 bis 378), der Überschreitung eines Züchtigungsrechtes (§§ 414 bis 418, 420 und 421), der Entehrung unter Zusage der Ehe (§ 506), der Kuppelei (§ 512), der Verwendung von Unmündigen zum Bettel (§ 2, Z. 2 des Gesetzes vom 24. Mai 1885, R. G. Bl. Nr. 89), der Gefährdung Unmündiger und Jugendlicher in den Fällen der §§ 1 und 3 des Artikels II des gegenwärtigen Gesetzes, der Vernachlässigung einer Erziehungs- oder Unterhaltspflicht und der Verführung einer geschlechtlich unbescholtenen jugendlichen Frauensperson (§§ 4 und 5 desselben Artikels).

Auf Grund dieser Bestimmungen werden in den größeren Städten alle Übertretungssachen Jugendlicher, sofern sie nicht vermöge einer Konnexität der Zuständigkeit eines Gerichtshofes zufallen, und alle Übertretungen, die an Unmündigen und Jugendlichen begangen werden und regelmäßig zu einer Maßnahme der Vormundschaftsbehörde Anlaß geben, bei einem mit vormundschaftsbehördlicher Gewalt ausgerüsteten Gerichte oder bei mehreren Gerichten dieser Art vereinigt werden können; das Justizministerium wird durch besondere Anordnung dafür Sorge tragen, daß die Ausübung der Gerichtsbarkeit Richtern zugewiesen werde, die zugleich zur Führung vormundschaftsbehördlicher Geschäfte berufen sind, und daß diesen Gerichten entsprechende abgesonderte Räumlichkeiten und geeignete Detentionsräume zur Verfügung stehen.

Die Grundlage für die Heranziehung von Vertrauenspersonen zur Unterstützung des Richters und für eine Kooperation der Gerichte mit den karitativen Vereinen ist durch die Bestimmungen des Artikels IV, §§ 3 bis 5, geschaffen und dürfte zu hoffen sein, daß durch die engere Beziehung, in welche die Gerichte zu diesen Vereinen gebracht werden, die Tätigkeit der Vereine, die sich der Jugendfürsorge widmen, eine mächtige Anregung erfahre und sich fruchtbar gestalte.

Bei den übrigen Gerichten beabsichtigt die Justizverwaltung durch die Geschäftsverteilung die Ausübung der Gerichtsbarkeit in Jugendstrafsachen Vormundschaftsrichtern zu übertragen.

Anhang I.

Statistische Daten.

I. Verurteilungen Jugendlicher in den Altersklassen

1883 bis

Jahr	Es wurden verurteilt wegen Verbrechen im Alter von Jahren							Es wurden verurteilt wegen		
	10 bis 14 (männlich und weiblich)	14 bis 16			16 bis 20			14 bis 16		
		männlich	weiblich	zusammen	männlich	weiblich	zusammen	männlich	weiblich	zusammen
1883	525	494	118	612	3882	762	4644	16	3	19
1884	579	591	128	719	3987	832	4819	17	11	28
1885	566	551	114	665	3836	748	4584	36	8	44
1886	546	559	126	685	3831	771	4602	22	4	26
1887	625	593	135	728	3838	792	4630	16	5	21
1888	593	559	143	702	3827	712	4539	20	7	27
1889	614	603	142	745	4095	777	4872	29	3	32
1890	578	605	140	745	4464	792	5256	43	12	55
1891	650	614	165	779	4182	818	5000	30	3	33
1892	803	665	144	809	4538	891	5429	25	3	28
1893	842	653	146	799	4343	817	5160	28	1	29
1894	826	615	160	775	4775	828	5603	39	2	41
1895	766	656	149	805	4423	748	5171	42	7	49
1896	818	518	128	646	4587	712	5299	24	10	34
1897	812	516	116	632	4957	884	5841	33	4	37
1898	1026	736	133	869	5839	861	6700	53	7	60
1899	1015	595	128	723	5103	839	5942	44	9	53
1900	1032	854	187	1041	4357	730	5087	44	8	52
1901	1129	994	186	1180	5045	788	5833	43	8	51
1902	1176	973	219	1192	4808	812	5620	51	9	60
1903	1130	946	213	1159	4652	767	5419	54	9	63
1904	1059	972	184	1156	4922	822	5744	34	6	40

von 10 bis 20 Jahren wegen Verbrechen und Vergehen.

1904.

Vergehen im Alter von Jahren			Es wurden verurteilt überhaupt wegen					
16 bis 20			Verbrechen			Vergehen		
männlich	weiblich	zusammen	männlich	weiblich	zusammen	männlich	weiblich	zusammen
169	44	213	25 882	4477	30 359	3514	659	4173
165	44	209	26 014	4578	30 592	4503	808	5311
227	60	287	26 453	4412	30 865	4864	881	5745
235	59	294	25 452	4254	29 706	4632	768	5400
144	42	186	24 497	4248	28 745	4183	806	4989
123	42	165	23 983	4129	28 112	4081	749	4830
189	49	238	24 247	4269	28 516	4169	767	4936
362	45	407	24 849	4241	29 090	4783	729	5512
279	34	313	24 117	4316	28 433	5248	879	6127
235	35	270	26 330	4537	30 867	4837	787	5624
311	50	361	24 184	4314	28 498	4790	772	5562
302	64	366	25 803	4330	30 133	6012	973	6985
352	60	412	24 564	4145	28 709	6544	1052	7596
336	45	381	24 833	4065	28 898	5615	1032	6647
373	61	434	25 372	4280	29 652	6391	1004	7395
408	49	457	29 803	4646	34 449	6109	977	7086
506	55	561	28 984	4679	33 663	7033	1205	8238
321	46	367	28 926	4621	33 547	6886	1145	8031
389	42	431	31 349	4956	36 305	7812	1206	9018
362	40	402	30 435	5060	35 495	7359	1253	8612
354	60	414	29 072	4868	33 940	7308	1257	8565
309	46	355	29 391	4811	34 202	7255	1133	8388

II. Verurteilung Unmündiger wegen eines verbrecherischen Tatbestandes (§ 269 St. G.) unter Anführung der Strafe.

1883 bis 1904.

Jahr	Angeklagt	Freigesprochen	Verurteilt: zur Strafe der Verschließung in der Dauer von: mehr als 3 Monaten	mehr als 1 bis zu 3 Monaten	mehr als 8 Tagen bis zu 1 Monat	8 Tagen und darunter	zu Geld- oder Vermögensstrafen	zum Verluste von Rechten und Befugnissen	Zu einem Verweise	Zusammen
1883	691	174	17	48	173	279	8	—	—	525
1884	822	245	11	51	215	291	6	5	—	579
1885	859	297	12	53	201	297	2	—	1	566
1886	780	237	11	58	187	265	24	1	—	546
1887	910	292	22	84	208	296	15	—	—	625
1888	856	271	11	50	208	315	8	—	1	593
1889	879	284	12	60	195	343	4	—	—	614
1890	877	311	10	52	179	320	15	—	2	578
1891	933	309	19	55	200	357	3	—	16	650
1892	1105	331	13	54	270	456	10	—	—	803
1893	1149	340	8	62	262	467	39	—	4	842
1894	1275	470	14	60	255	474	22	1	—	826
1895	1155	403	21	50	219	467	9	—	—	766
1896	1307	511	15	60	235	497	8	2	1	818
1897	1276	494	6	50	252	486	14	—	4	812
1898	1595	587	9	66	321	596	18	—	16	1026
1899	1643	655	14	71	301	591	25	—	13	1015
1900	1633	642	10	75	310	622	9	—	6	1032
1901	1785	698	10	65	342	662	40	1	8	1128
—	—	—	3 bis 6 Monate	1 Monat bis unter 3 Monate	1 Woche bis unter 1 Monat	unter 1 Woche	—	—	—	—
1902	1795	619	13	105	422	592	13	—	31	1176
1903	1779	649	16	93	423	542	7	—	49	1130
1904	1723	664	8	82	384	578	7	—	—	1059

Im Jahre 1902 wurde in 95, im Jahre 1903 in 68 und im Jahre 1904 in 75 Fällen die Zulässigkeit der Abgabe in eine Besserungsanstalt ausgesprochen. Bemerkt wird, daß die Verurteilungen zu Geld- oder Vermögensstrafen, wenn sie nicht etwa auf irrtümliche statistische Eintragungen zurückzuführen sind, rechtsirrtümliche waren.

III. Verurteilung Unmündiger wegen eines verbrecherischen Tatbestandes (§ 269 a St. G.) und Verurteilung Jugendlicher wegen eines Verbrechens. 1881 bis 1904.

Jahr	Zahl der wegen Verbrechen verurteilten Personen	Zahl der jugendlichen Verbrecher			Auf 100 Verurteilte entfielen jugendliche Verbrecher
		vom 11. bis 14. Lebensjahre	über 14 Jahre bis 20 Jahre	Zusammen	
1881	33 469	460	5405	5865	17,5
1882	32 092	525	5258	5783	18,0
1883	30 359	525	5256	5781	19,0
1884	30 592	579	5538	6117	19,9
1885	30 865	566	5249	5815	18,8
1886	29 706	546	5287	5833	19,6
1887	28 745	625	5358	5983	20,8
1888	28 112	593	5241	5834	20,8
1889	28 516	614	5617	6231	21,8
1890	29 090	578	6001	6579	22,6
1891	28 433	650	5779	6429	22,2
1892	30 867	803	6238	7041	22,8
1893	28 498	842	5959	6801	23,2
1894	30 133	826	6378	7204	23,9
1895	28 709	766	5976	6742	23,5
1896	28 898	818	5945	6763	23,4
1897	29 652	812	6473	7285	24,5
1898	34 449	1026	7569	8595	24,9
1899	33 663	1015	6665	7680	22,8
1900	33 547	1032	6128	7160	21,3
1901	36 305	1129	7013	8142	22,4
1902	35 495	1176	6812	7988	22,5
1903	33 940	1130	6578	7708	22,7
1904	34 202	1059	6900	7959	23,3

Die Ziffern dieser Tabelle sind absolute, und wäre es irrig, aus ihrem Ansteigen und ihrem Verhältnisse zur Gesamtstraffälligkeit Schlüsse in der Richtung zu ziehen, als wäre die Straffälligkeit der Jugendlichen in diesem Zeitraume in demselben Verhältnisse gewachsen.

IV. Darstellung der Alterskriminalität unter Berechnung auf 10 000 derselben Altersklasse. 1876 bis 1900.

Altersklassen nach vollendeten Lebensjahren	Zeiträume	Zahl der anwesenden Bevölkerung in jeder Altersklasse nach den Volkszählungen von 1880, 1890, 1900		Zahl der im betreffenden Zeitraume jahrdurchschnittlich wegen Verbrechens (respektive Übertretung des § 269 St. G.) Verurteilten		Auf 10 000 derselben Altersklasse entfielen durchschnittlich wegen Verbrechens (beziehungsweise Übertretung nach § 269 St. G.) Verurteilte	
		männlich	weiblich	männl.	weiblich	männl.	weiblich
10—14	1876—1885	1 743 736		450		2,6	
	1886—1895	1 951 543		684		3,5	
	1896—1900	2 128 910		941		4,4	
14—16	1876—1885	423 560	435 201	515	118	12,2	2,7
	1886—1895	473 637	484 640	612	145	12,9	2,0
	1896—1900	508 258	523 895	644	138	12,7	2,6
16—20	1876—1885	789 996	848 440	3 787	734	47,9	8,6
	1886—1895	849 116	908 388	4 232	795	49,8	8,7
	1896—1900	940 596	1 007 451	4 969	805	52,8	8,0
20—30	1876—1885	1 733 066	1 818 640	10 769	1 611	62,1	8,9
	1886—1895	1 867 425	1 963 067	10 237	1 493	54,8	7,6
	1896—1900	2 077 705	2 124 722	10 909	1 466	52,5	6,9
30—60	1876—1885	3 401 701	3 689 145	11 070	2 080	32,5	5,6
	1886—1895	3 635 353	3 878 678	9 146	1 729	25,2	4,5
	1896—1900	3 944 857	4 141 591	10 171	1 876	25,8	4,5
über 60	1876—1885	723 549	758 849	652	116	9,0	1,5
	1886—1895	791 758	881 719	576	116	7,3	1,3
	1896—1900	881 761	1 000 711	819	164	9,3	1,6

Die Tafel zeigt unter Zugrundelegung der drei letzten Volkszählungen, in welchem Umfange sich die Verbrechensstraffälligkeit in den einzelnen Altersstufen sowie die Straffälligkeit der 10- bis 14jährigen nach § 269 St. G. im letzten abgelaufenen Vierteljahrhundert bis einschließlich 1900 für das ganze Staatsgebiet verändert hat.

Die Verhältniszahl der wegen Übertretung nach § 269 St. G. verurteilten Unmündigen betrug in dem Zeitraume 1876—1885 2,6, ist in dem folgenden Jahrzehnt auf 3,5 und im Jahrfünft 1896 bis 1900 auf 4,4 gestiegen. In den letzten Jahren war die Verhältniszahl

1900	4,8,
1901	5,3,
1902	5,5,
1903	5,3,
1904	5,0.

Die Steigerung ist eine andauernde und weist seit 1876 (2,6) eine Verdopplung der Kriminalität nach.

Die Verhältniszahlen der wegen Verbrechen verurteilten Personen männlichen Geschlechtes der Altersklasse vom vollendeten 14. bis zum vollendeten 16. Lebensjahre hob sich in dem Zeitraume 1876 bis 1900 unbedeutend, dagegen stieg jene der Altersstufe von 16 bis 20 Jahren von 47,9 auf 52,8.

V. Wegen Notzucht, Schändung und anderer verbrecherischer Unsittlichkeiten wurden verurteilt:

Jahr	Im gesamten	Im Alter unter 16 Jahren	Im Alter über 16—20 Jahre	Zusammen	Im höheren Alter	Es kamen daher auf 100 Verurteilte solche im Alter unter 16 Jahren	über 16—20 Jahre	Zusammen	von mehr als 20 Jahren
1882	665	26	161	137	478	3,9	24,2	28,1	71,9
1883	622	25	146	171	451	4,0	23,5	27,5	72,5
1884	664	36	173	209	455	5,4	26,1	31,5	68,5
1885	784	38	202	245	544	4,8	25,8	30,6	69,4
1886	750	45	167	212	538	6,0	22,3	28,3	71,7
1887	843	74	184	258	585	8,8	21,8	30,6	69,4
1888	842	54	205	259	583	6,4	24,3	30,7	69,3
1889	917	50	254	304	613	5,5	27,7	33,2	66,8
1890	925	62	247	309	616	6,7	26,7	33,4	66,6
1891	957	55	276	331	626	5,7	28,8	34,5	65,5
1892	989	74	261	335	664	7,5	26,4	33,9	66,1
1893	1 032	84	292	376	656	8,1	28,3	36,4	63,6
1894	1 097	61	299	360	737	5,6	27,3	32,9	67,1
1895	1 078	74	290	364	714	6,9	27,9	34,8	65,2
1896	1 208	57	332	389	819	4,7	27,5	32,2	67,8
1897	1 156	54	335	389	767	4,7	29,0	33,7	66,3
1898	1 292	86	365	451	841	6,7	28,3	35,0	65,0
1899	1 366	62	337	399	967	4,5	24,7	29,2	70,8
1900	1 396	104	298	402	994	7,4	21,3	28,7	71,3
1901	1 460	103	314	417	1 043	7,1	21,5	28,6	71,4
1902	1 528	134	335	469	1 059	8,8	21,9	30,7	69,3
1903	1 360	114	315	429	931	8,4	23,1	31,5	68,5
1904	1 283	92	278	370	913	7,2	21,7	28,8	71,2

VI. Wegen schwerer körperlicher Beschädigung wurden verurteilt:

Jahr	Im gesamten	Im Alter unter 16 Jahren	Im Alter über 16 bis 20 Jahre	Zusammen	Im höheren Alter	Es kamen daher auf 100 Verurteilte solche im Alter unter 16 Jahren	über 16 bis 20 Jahre	Zusammen	von mehr als 20 Jahren
1882	4 595	26	483	509	4 086	0,6	10,5	11,1	88,9
1883	4 332	32	530	562	3 770	0,7	12,2	12,9	87,1
1884	4 467	21	572	593	3 874	0,5	12,8	13,3	86,7
1885	4 732	25	568	593	4 139	0,5	12,0	12,5	87,5
1886	4 787	25	652	677	4 110	0,5	13,6	14,1	85,9
1887	4 959	36	613	649	4 310	0,7	12,4	13,1	86,9
1888	4 767	31	609	640	4 127	0,7	12,8	13,5	86,5
1889	4 547	30	590	620	3 927	0,6	13,0	13,6	86,4
1890	4 462	15	692	707	3 755	0,3	15,5	15,8	84,2
1891	4 511	29	615	644	3 867	0,6	13,6	14,2	85,8
1892	4 483	41	640	681	3 802	0,9	14,3	15,2	84,8
1893	4 483	40	648	688	3 795	0,9	14,5	15,4	84,6
1894	4 765	41	718	759	4 006	0,9	15,1	16,0	84,0
1895	4 691	37	715	752	3 939	0,8	15,2	16,0	84,0
1896	4 819	33	683	716	4 103	0,7	14,2	14,9	85,1
1897	4 707	32	700	732	3 975	0,7	14,9	15,6	84,4
1898	5 084	38	764	802	4 282	0,7	15,0	15,7	84,3
1899	5 864	46	832	878	4 986	0,8	14,2	15,0	85,0
1900	5 532	55	641	696	4 836	1,0	11,6	12,6	87,4
1901	5 971	58	788	846	5 125	1,0	13,2	14,2	85,8
1902	5 346	49	633	682	4 664	0,9	11,8	12,7	87,3
1903	5 274	64	670	734	4 540	1,2	12,7	13,9	86,1
1904	5 344	68	712	780	4 564	1,3	13,3	14,6	85,4

VII. Wegen Verbrechens des Diebstahls und Teilnehmung hieran wurden verurteilt:

Jahr	Im gesamten	Im Alter		Zusammen	Im höheren Alter	Es kamen daher auf 100 Verurteilte solche im Alter:			
		unter 16 Jahren	über 16 bis 20 Jahre			unter 16 Jahren	über 16 bis 20 Jahre	Zusammen	von mehr als 20 Jahren
1882	17 818	530	3142	3672	14 146	3,0	17,6	20,6	79,4
1883	17 034	468	3178	3646	13 388	2,7	18,7	21,4	78,6
1884	16 601	581	3183	3764	12 837	3,5	19,2	22,7	77,3
1885	16 415	511	2960	3471	12 944	3,1	18,0	21,1	78,9
1886	15 054	539	2854	3393	11 661	3,6	19,0	22,6	77,4
1887	14 270	535	2950	3485	10 785	3,7	20,7	24,4	75,6
1888	13 651	513	2771	3284	10 367	3,8	20,3	24,1	75,9
1889	14 511	579	3085	3664	10 847	4,0	21,3	25,3	74,7
1890	14 266	556	3161	3717	10 549	3,9	22,2	26,1	73,9
1891	14 291	605	3163	3768	10 523	4,2	22,1	26,3	73,7
1892	16 245	590	3518	4108	12 137	3,6	21,8	25,4	74,6
1893	13 659	565	3131	3696	9 963	4,1	22,9	27,0	73,0
1894	14 165	575	3251	3826	10 339	4,1	23,0	27,1	72,9
1895	13 281	584	3017	3601	9 680	4,4	22,7	27,1	72,9
1896	13 064	468	3123	3591	9 473	3,6	23,9	27,5	72,5
1897	13 682	459	3510	3969	9 713	3,4	25,7	29,1	70,9
1898	16 110	616	3930	4546	11 564	3,8	24,4	28,2	71,8
1899	14 568	513	3392	3905	10 663	3,5	23,3	26,8	73,2
1900	14 425	760	2972	3732	10 693	5,3	20,6	25,9	74,1
1901	16 034	847	3383	4230	11 804	5,3	21,1	26,4	73,6
1902	15 806	853	3379	4232	11 574	5,4	21,4	26,8	73,2
1903	15 113	835	3202	4037	11 076	5,5	21,2	26,7	73,3
1904	15 807	834	3517	4351	11 456	5,3	22,2	27,5	72,5

Die Tabellen V bis VII wollen darstellen, wie viele von 100 wegen eines bestimmten Verbrechens Verurteilten den Altersklassen vom 14. bis 16. und vom 16. bis 20. Lebensjahre angehörten.

Die Tabellen lassen eine steigende Kriminalität erkennen.

Von 100 Verurteilten entfielen auf die Altersklasse von 14—16 Jahren:

bei Notzucht und anderen Unsittlichkeitsstraftaten 1882 3,9 %, 1904 7,2 %,
bei schwerer körperlicher Beschädigung . . . . 1882 0,6 %, 1904 1,3 %,
bei Diebstahl und Teilnehmung hieran . . . . 1882 3 %, 1904 5,3 %.

Bei schwerer körperlicher Beschädigung und bei Diebstahl und Teilnehmung tritt dieselbe Erscheinung auch in der Altersstufe von 16 bis 20 Jahren hervor.

Anhang II.

1. Bestimmungen ausländischer Gesetze, des österreichischen Strafgesetzentwurfes 1891 und des Schweizer Entwurfes, betreffend die strafrechtliche Behandlung Jugendlicher und den Jugendschutz.

2. Beschlüsse des Deutschen Juristentages 1904.

1. Bestimmungen ausländischer Gesetze und Entwürfe.

England.

Das englische Recht stellt die Vermutung auf, daß Kinder vom 7. bis zum 14. Jahre noch nicht die erforderliche Reife haben, um Recht von Unrecht unterscheiden zu können. Ein Gegenbeweis gegen diese Vermutung ist zulässig.

Nach dem Summary Jurisdiction Act vom Jahre 1879 unterliegen alle strafbaren Handlungen von Jugendlichen bis zu 16 Jahren — Mord allein ausgenommen — der summarischen Gerichtsbarkeit vor zwei Friedensrichtern, beziehungsweise in Städten mit Polizeigerichtsbarkeit vor einem Polizeirichter, wenn der Jugendliche oder sein gesetzlicher Vertreter keinen Einspruch dagegen erheben. Im summarischen Verfahren ist eine weitgehende Strafmilderung möglich; bei Geringfügigkeit des Deliktes ist das Gericht überdies befugt, von einer Strafe ganz abzusehen oder nur auf Schadenersatz oder Geldstrafe zu erkennen. Da bei Nichterlag der Geldstrafe doch wieder Haft eintreten müßte, bestimmt der Youthful Offenders Act 1901, daß die Eltern für den durch das straffällige Kind angerichteten Schaden haftbar sind, wenn sie die strafbare Handlung unmittelbar oder mittelbar durch Vernachlässigung ihrer Pflichten mitveranlaßt haben.

Nach dem Reformatory Schools Act 1899 steht es dem Gerichte frei, einen noch nicht 16jährigen Jugendlichen, statt ihn zu Gefängnis zu verurteilen, in eine Reformatory School zu verweisen. Eine vorgängige Anhaltung im Gefängnis ist in diesem Falle jetzt — nach dem Gesetz 1854 war sie obligatorisch, nach dem Gesetz 1893 fakultativ — ausgeschlossen.

Straffällige Kinder im Alter von 7 bis 12 Jahren und bei geringfügigen Eigentumsdelikten auch solche bis zu 14 Jahren werden statt in Reformatory Schools regelmäßig in Industrial Schools abgegeben.

Da die Unterbringung des Jugendlichen in einer Reform- oder Industrieschule meist nicht sofort durchgeführt werden kann, ergibt sich in vielen Fällen die Notwendigkeit, sich der Person des Jugendlichen für die Zeit zwischen Anordnung und Durchführung zu versichern. Der Youthful Offenders Act 1901 bestimmt, daß auch hinsichtlich der in eine Reformschule verwiesenen Jugendlichen die Anhaltung nicht in Form der Untersuchungshaft vollstreckt werden dürfe, daß diese Jugendlichen vielmehr der Obhut einer geeigneten, zu ihrer Aufnahme bereiten Person oder dem Workhouse anzuvertrauen seien.

Einen strafrechtlichen Schutz gegen Mißhandlung und Vernachlässigung der Unterhaltspflichten sowie gegen Verwendung zu Beschäftigungen, welche Gesundheit und Sittlichkeit bedrohen, gewährt der Prevention of Cruelty to Children Act 1894. Dieses Gesetz bedroht diejenigen, welchen die pflichtgemäße Aufsicht, Obhut oder Sorge über Kinder unter 16 Jahren zusteht, mit Strafe, wenn sie diese Kinder mißhandeln, vernachlässigen, verlassen oder aussetzen, so daß diese Kinder unnötigem Leiden oder einer Schädigung ihrer Gesundheit ausgesetzt werden. Ferner enthält das Gesetz — allerdings nicht ausnahmslose — Verbote, Kinder unter 16, beziehungsweise 14 Jahren zu gewissen Beschäftigungen zu verwenden, welche mit Gefahr für die Sitten oder die Gesundheit des Kindes verbunden sind, wie: Bettel, Schaustellungen oder Zirkuskünste. Zur Sicherung dieser Verbote kann den Eltern, beziehungsweise Aufsichtspersonen Friedensbürgschaft auferlegt werden oder es kann das Kind an einem sicheren Ort (Place of Savety) vorläufig untergebracht werden; als „sichere Orte“ kommen vor allem die Armenhäuser in Betracht, ferner die Amtsräume der National Society for the Prevention of Cruelty, Polizeistationen und Spitäler. Werden die Eltern verurteilt, so ordnet das Gericht die definitive Unterbringung des Kindes bis zu dessen 16. Lebensjahr oder für einen kürzeren Zeitraum bei einer verwandten oder einer anderen Person desselben religiösen Bekenntnisses an. Liegen die Voraussetzungen für die Unterbringung des Kindes in einer Industrialschule vor, so kann das Gericht das Kind in eine solche verweisen. Das Gericht kann die Eltern zur Beitragsleistung für den Unterhalt des Kindes verurteilen.

Der Licensing Act vom 10. August 1872 bestimmt, daß jeder Lizenzbesitzer, der an Personen anscheinend im Alter unter 16 Jahren irgend eine Art von geistigen Getränken, die im Verkaufsraume zu genießen sind, verkauft oder den Verkauf zuläßt, das erste Mal bis zu 20 Schilling, im Rückfalle bis zu 40 Schilling zu bestrafen ist.

Da die Fortentwicklung des englischen Rechtes in den englischen Kolonien von besonderem Interesse ist, werden die Bestimmungen des Gesetzes des Staates Südwales vom Jahre 1905, betreffend die verwahrlosten Kinder und jugendlichen Übeltäter, in Kürze auszugsweise beigefügt, soweit sie strafrechtlich und strafprozessual von Bedeutung erscheinen.

Das Gesetz bezieht sich auf Knaben und Mädchen über 5 und unter 16 Jahren und unterscheidet zwischen jugendlichen Übeltätern, verwahrlosten und unbeaufsichtigten Kindern. Über Anordnung des Gouverneurs sind Schutzhäuser zur vorübergehenden Aufnahme, ferner Industrieschulen und Besserungsschulen zu errichten. In der Folge werden mit dem Worte „Anstalt“ nur die Industrie- und Besserungsschulen verstanden.

Der Gouverneur hat besondere Kindergerichte zu errichten und deren Bezirk zu bezeichnen. An anderen Orten wird die Gerichtsbarkeit eines Kindergerichtes durch eine besondere Behörde oder zwei

Friedensrichter ausgeübt. Das Kindergericht hat die Befugnis der Polizeibehörden, Gerichte der kleinen Session oder Friedensrichter in Ansehung von Kindern und Straftaten, die durch oder an Kindern begangen werden.

Die Kindergerichte sollen womöglich in der Nähe eines Schutzhauses eingerichtet werden; werden Räume eines anderen Gerichtes oder einer Polizeibehörde hiezu bestimmt, so darf ein Verhör nicht zu einer Stunde stattfinden, zu der die gewöhnlichen Geschäfte vorgenommen werden.

Das Gericht kann unbeteiligte Personen von der Verhandlung ausschließen. Wenn es nötig ist, sind die Eltern zu vernehmen und kann ihr Erscheinen erzwungen werden.

Wird ein Kind in Verwahrungshaft genommen, so ist es bis zur Entscheidung des Gerichtes in einem Schutzhause unterzubringen.

Entscheidung betreffs verwahrloster oder unbeaufsichtigter Kinder (Art. 23).

Das Gericht kann das Kind:

a) auf Probe für eine bestimmte Zeit entlassen und Bedingungen festsetzen;

b) für eine bestimmte Zeit entweder einem Schutzhause übergeben oder einer Person anvertrauen, die bereit ist, das Kind zu übernehmen;

c) einer Anstalt übergeben.

Entscheidung betreffs summarisch überwiesener straffälliger Kinder, wenn die Strafe Gefängnis ist (Art. 24).

a), b) und c), wie Art. 23 oder

d) das Kind verurteilen.

Im letzteren Falle hat das Gericht an den Minister zn berichten, der berechtigt ist, die Abgabe in eine Anstalt zu verfügen.

Nach Art. 25 kann das Gericht, wenn das Kind zu einer Geldstrafe, Schadenersatz oder zu Kosten verurteilt wird und die Eltern überwiesen werden, durch absichtliche Verabsäumung oder gewohnheitsmäßige Vernachlässigung ihrer Pflichten hiezu beigetragen zu haben, anordnen, daß diese Beträge von den Eltern bezahlt werden.

Entscheidung betreffs Kinder, die einer Anklagestraftat (mit Ausnahme Mord und Raub) beschuldigt werden (Art. 26).

a), b) und c), wie Art. 23

oder d) das Kind zur Verhandlung gemäß dem Gesetze bestimmen.

Im letzteren Falle hat das Gericht an den Minister zu berichten, welcher die Abgabe in eine Anstalt anordnen kann, jedoch nur dann, wenn der Oberstaatsanwalt keine Anklage erhebt, das Kind oder seine Eltern zustimmen oder ein Beweis zugunsten des Kindes erbracht wurde.

Nach Art. 30 ist der Richter befugt, wenn das einer Anklagetat beschuldigte Kind verurteilt wird, neben oder an Stelle der Strafe Anhaltung in einer Anstalt auszusprechen.

Bei dem Ausspruche auf Überweisung in eine Anstalt (Art. 31) hat sich das Gericht eines allgemeinen Ausdruckes zu bedienen, dem Minister aber die Art der Anstalt vorzuschlagen, jedoch so, daß mit einer klagbaren Straftat belastete Kinder in eine Besserungsschule zu übergeben sind, und zwar für eine Zeit, die nicht kürzer als ein Jahr und nicht länger als fünf Jahre ist.

Bei Entlassung auf Probe, Anhaltung in einem Schutzhause oder Übergabe an eine Person, die die Obsorge übernimmt, ist das Kind durch besondere Beamte zu überwachen. Die Person, die ein Kind übernommen hat, wird wegen Vernachlässigung oder schlechter Behandlung des Kindes strafbar (Art. 28 und 29).

Das Kind, das die ihm bei Entlassung auf Probe auferlegten Bedingungen bricht, ist einer Anstalt zu übergeben.

Unionstaaten.

Die Entwicklung des Strafrechtes in den amerikanischen Unionstaaten geht, wenn auch die Gesetze vielfache Verschiedenheiten aufweisen, beinahe überall dahin, die Strafe bis zu einem gewissen Alter (dem 16. oder 18. Jahre) ganz oder nahezu ganz durch andere Maßnahmen zu ersetzen: durch Ermahnung, Beaufsichtigung in einer Familie, Überweisung an einen Fürsorgeverein oder durch Zwangserziehung. Nur für besonders schwere Straftaten wird die ordentliche Strafe aufrecht erhalten. Manche Staaten erkennen zwar prinzipiell die Verantwortlichkeit der Jugendlichen nach dem allgemeinen Strafgesetze an; die Praxis ist aber geneigt, mangelndes Unterscheidungsvermögen und daher Unverantwortlichkeit vor dem Strafgesetze anzunehmen.

Frankreich.

Code pénal.

Artikel 66.*)

Ist der Angeklagte noch nicht 18 Jahre alt und wird entschieden, daß er ohne Unterscheidungsvermögen gehandelt habe, so wird er freigesprochen; er wird aber, den Umständen nach, seinen Eltern zurückgegeben oder in eine Zuchtschule (Colonie pénitentiaire) gebracht, um dort erzogen und so viele Jahre lang, als das Urteil bestimmt, angehalten zu werden. Die Anhaltung darf den Zeitpunkt seiner Großjährigkeit nicht überschreiten.

Artikel 67.*)

Wird entschieden, daß der Jugendliche mit Unterscheidungsvermögen gehandelt habe, so werden, wenn er noch nicht 16 Jahre alt ist, die Strafen in folgender Art erkannt: Hat er die Todesstrafe, die Strafe der Zwangsarbeit auf Lebenszeit oder der Deportation

*) In der Fassung des Gesetzes vom 14. April 1906.

verwirkt, so wird er zu 10- bis 20jähriger Gefängnisstrafe in einem Besserungshause (Colonie correctionnelle) verurteilt. Hat er die Strafe der Zwangsarbeit auf bestimmte Zeit oder Zuchthausstrafe verwirkt, so wird er zur Anhaltung in einer Zuchtschule oder einem Besserungshause auf eine Zeit verurteilt, die wenigstens einem Drittel und höchstens der Hälfte derjenigen Zeit gleich ist, auf welche er zu einer dieser Strafen hätte verurteilt werden können. In allen anderen Fällen kann ihm verboten werden, während einer Frist von 5 bis 10 Jahren an bestimmten, ihm von der Behörde bekannt gegebenen Örtlichkeiten zu erscheinen. Hat er die Strafe des Verlustes der bürgerlichen Ehrenrechte oder die Strafe der Verbannung verwirkt, so wird er zu ein- bis fünfjähriger Anhaltung in einer Zuchtschule oder in einem Besserungshause verurteilt.

Artikel 68.

Wird ein noch nicht 16jähriger Beschuldigter, der keine älteren als 16jährige Mitbeschuldigte hat, wegen eines anderen als eines mit Tod, lebenslänglicher Zwangsarbeit, Deportation oder Festung bedrohten Verbrechens angeklagt, so wird er von den Zuchtpolizeigerichten abgeurteilt, die gemäß der beiden vorigen Artikel vorzugehen haben.

Artikel 69.

Hat ein noch nicht 16 Jahre alter Jugendlicher sich bloß eines Vergehens schuldig gemacht, so darf die Strafe niemals die Hälfte des Höchstmaßes überschreiten, das zur Anwendung gekommen wäre, wenn er das 16. Lebensjahr vollendet gehabt hätte.

Hiezu kommen folgende Bestimmungen des Gesetzes vom 5. August 1850, betreffend Erziehungs- und Fürsorgemaßnahmen für jugendliche Gefangene in Betracht.

Artikel 3.

Jugendliche, die gemäß Artikel 66 Code pénal wegen mangelnden Unterscheidungsvermögens freigesprochen, aber nicht ihren Eltern überlassen werden, kommen in eine Zuchtschule (Colonie pénitentiaire); dort werden sie gemeinschaftlich erzogen, unter strenger Zucht gehalten und mit landwirtschaftlichen, wie auch den hauptsächlichsten gewerblichen Arbeiten beschäftigt. Für ihre Unterweisung in den Gegenständen der Volksschule ist vorgesorgt.

Artikel 4.

. . . .

Während der ersten drei Monate werden diese jugendlichen Verurteilten in Einzelhaft gehalten.

Nach dieser Frist kann sie der Direktor nach Maßgabe ihrer Führung den landwirtschaftlichen Arbeiten in der Anstalt zuteilen.

Artikel 9.

Die in den Zuchtschulen angehaltenen Jugendlichen können unter bestimmten Bedingungen bedingt entlassen werden.

Artikel 10.

In Frankreich oder in Algier werden eine oder mehrere Besserungsanstalten (Colonie correctionnelle) errichtet, in die eingewiesen werden:

1. . . . .

2. diejenigen in Zuchtschulen angehaltenen Jugendlichen, die als unbotmäßig befunden werden. Dieser Befund wird auf Antrag des Direktors vom Überwachungsrat abgegeben und unterliegt der Genehmigung des Ministers des Innern.

Artikel 19.

Die in den Artikeln 3, 4, 10 und 16, Absatz 2 und 3, bezeichneten Jugendlichen werden bei ihrer Entlassung auf die Dauer von mindestens drei Jahren unter die öffentliche Schutzfürsorge gestellt.

Gesetz vom 19. April 1898, betreffend die Kindermifshandlungen und Vernachlässigung der Unterhalts- und Erziehungspflichten.

Artikel 1.

Dem Artikel 312 Code pénal wird folgende Bestimmung angefügt: Wer ein Kind unter 15 Jahren vorsätzlich verwundet oder schlägt, ingleichen, wer es vorsätzlich der Mittel zum Unterhalte oder der Sorge für seine Person in solchem Maße entblößt, daß die Gesundheit des Kindes Schaden leiden könnte, wird mit Gefängnis von ein bis drei Jahren und einer Geldbuße von 16 bis 1000 Franken bestraft.

Ist aus der Verwundung, den Schlägen, der Entziehung des Unterhaltes und der Sorge um die Person eine Krankheit oder Arbeitsunfähigkeit von mehr als 20 Tagen entstanden, oder wurde die strafbare Handlung mit Vorbedacht oder mit Hinterlist begangen, so ist die Strafe Gefängnis von zwei bis fünf Jahren und Geldbuße von 16 bis 2000 Franken; auch kann der Schuldige der im Artikel 42 Code pénal bezeichneten Rechte für die Dauer von 5 bis 10 Jahren entkleidet werden.

Sind die Schuldigen der rechtmäßige leibliche oder Adoptivvater und die rechtmäßige leibliche oder Adoptivmutter oder andere rechtmäßige Aszendenten oder überhaupt Personen, denen das Kind Ehrfurcht schuldet oder die zur Sorge für das Kind verpflichtet sind, so tritt, wenn keine Krankheit oder Arbeitsunfähigkeit von mehr als 20 Tagen erfolgt ist und die strafbare Handlung ohne Vorbedacht oder Hinterlist begangen wurde, die im vorigen Abschnitte bezeichnete Strafe, andernfalls Zuchthaus ein.

Haben die Verwundungen, die Schläge, die Entziehung des Unterhaltes oder der Sorge um die Person, die Verstümmelung, den Verlust oder die Gebrauchsunfähigkeit eines Gliedes, die Blindheit, den Verlust des Auges oder andere bleibende Nachteile für die Gesundheit zur Folge gehabt oder haben sie unbeabsichtigterweise den Tod verursacht, so ist die Strafe zeitliche, sofern aber die Schuldigen dem im letzten Absatze bezeichneten Personenkreise angehören, lebenslängliche Zwangsarbeit.

Sind die Grausamkeiten gewohnheitsmäßig und in der Absicht begangen worden, den Tod herbeizuführen, so werden die Täter mit der auf den vollbrachten, beziehungsweise versuchten Mord gesetzten Strafe bestraft.

Artikel 3.

Artikel 2 des Gesetzes vom 7. Dezember 1874 enthält folgende Fassung:

Väter, Mütter, Vormünder und Lehrmeister, wie überhaupt alle Personen, denen das Kind Ehrfurcht schuldet oder die zur Sorge für das Kind verpflichtet sind, werden, wenn sie ihr noch nicht 16jähriges Kind oder Mündel, beziehungsweise ihren noch nicht 16jährigen Lehrling Akrobaten, Seiltänzern, Marktschreiern, Tierbändigern oder Zirkusdirektoren, sei es entgeltlich oder unentgeltlich, ausliefern, oder wenn sie das Kind unter die Landstreicher, die heimatslosen Leute oder die gewerbsmäßigen Bettler schicken, mit Gefängnis von 6 Monaten bis zu 2 Jahren und Geldstrafen von 16 bis zu 200 Franken bestraft.

Die gleiche Strafe trifft die Unterhändler und Mittelspersonen, die das Kind ausgeliefert haben oder ausliefern ließen sowie auch diejenigen, die ein noch nicht 16jähriges Kind dazu bestimmt haben, den Wohnort seiner Eltern oder Vormünder zu verlassen, um den oben bezeichneten fahrenden Leuten zu folgen.

Die Verurteilung zieht für die Vormünder die Entsetzung von der Vormundschaft nach sich. Der Vater und die Mutter können der elterlichen Gewalt entkleidet werden.

Artikel 4.

In allen Fällen, in denen Verbrechen und Vergehen von Kindern oder an Kindern begangen werden, kann der Untersuchungsrichter jederzeit nach Anhörung der Staatsanwaltschaft anordnen, daß die Obsorge über das Kind vorläufig bis zur endgültigen Entscheidung einem Elternteile oder einer von ihm bestimmten Person oder Wohltätigkeitsanstalt oder endlich der öffentlichen Fürsorge übertragen werde.

Gegen diese Anordnung haben die Verwandten des Kindes bis zum fünften Grad, sein Vormund oder Mitvormund und der Staatsanwalt die Beschwerde an die Ratskammer des Gerichtshofes.

Artikel 5.

In den gleichen Fällen können die Schwur- und Zuchtpolizeigerichte, die mit Aburteilung eines Verbrechens oder Vergehens befaßt sind, nach Anhörung der Staatsanwaltschaft endgültig über die Obsorge für das Kind entscheiden.

Gesetz vom 28. Jänner über die Bekämpfung des Alkoholismus.

Verkäufer geistiger Getränke, die Minderjährigen unter 16 Jahren geistige Getränke verabreichen, werden an Geld von 1 bis 5 Franken bestraft. Im Rückfalle tritt Gefängnis bis zu einem Monat und Geldstrafe bis zu 300 Franken ein, und können Ehrenfolgen sowie die Schließung des Verkaufslokales ausgesprochen werden.

Wer einen Minderjährigen unter 16 Jahren bis zur Trunkenheit zu trinken veranlaßt, wird mit Gefängnis von 6 Tagen bis zu einem Monat und Geldstrafe bis zu 300 Franken bestraft.

Belgien.

Der belgische Code pénal bestimmt:

Bei Jugendlichen unter 16 Jahren hat das Gericht zu entscheiden, ob der Jugendliche mit oder ohne Unterscheidungsvermögen gehandelt hat. Ersterenfalls wird der Jugendliche milder bestraft; letzerenfalls wird er freigesprochen, kann aber der Regierung zur Unterbringung in einer Besserungsanstalt oder in einem Asyl überwiesen werden (Artikel 72—75).

Die Gesetze vom 27. November 1891 und 15. Februar 1897 haben nun eine wesentliche Änderung gebracht, die dahin zu charakterisieren ist, daß die für Erwachsene bestimmten Strafen bei Jugendlichen durch andere, vor allem erziehliche Maßnahmen in leichteren Fällen ersetzt, in schwereren Fällen ergänzt werden sollen:

1. Ein Jugendlicher unter 16 Jahren, der zwar mit Unterscheidungsvermögen gehandelt, aber lediglich eine mit Polizeistrafe bedrohte Übertretung begangen hat, kann dieserwegen selbst im Rückfalle niemals zu einer Freiheits- oder Geldstrafe verurteilt werden. Das Gericht hat die Wahl, dem Jugendlichen einen Verweis zu erteilen oder ihn, wenn dies die Natur und die Schwere der Tat oder die Umstände des Falles erfordern, der Regierung zur Verfügung stellen. In beiden Fällen wird der Jugendliche und solidarisch mit ihm die für ihn verantwortlichen Personen zum Kostenersatz und erforderlichenfalls zur Rückstellung und zum Schadenersatz verurteilt (Artikel 25 in der Fassung des Gesetzes von 1897.)

2. Ein Jugendlicher unter 18 Jahren, der sich der Gewohnheit des Bettels oder der Landstreicherei ergibt oder der Zuhälter einer öffentlichen Dirne ist, wird vom Friedensrichter der Regierung zur Verfügung gestellt (Artikel 24).

3. Die Gerichtshöfe haben die Befugnis, einen noch nicht 18jährigen Jugendlichen, den sie wegen irgend einer Straftat zu Gefängnis verurteilen, der Regierung nach Verbüßung der Strafe zur Verfügung zu stellen (Artikel 26).

Die der Regierung zur Verfügung gestellten Jugendlichen werden in eine Staatsfürsorgeschule (école de bienfaisance de l'Etat) verwiesen.

Das Gesetz von 1897 (neue Fassung des Artikels 25) bestimmt weiters, daß die Verurteilungen Jugendlicher wegen mit Polizeistrafe bedrohter Übertretungen, wegen Bettels, Landstreicherei und Zuhälterei (oben Ziffer 1 und 2) in den Auskünften, welche in der Folge betreffs ihrer gegeben werden, nicht erwähnt werden dürfen.

Das Gesetz vom 16. August 1887, betreffend die öffentliche Trunkenheit, enthält folgende Bestimmungen:

Artikel 6.

Mit Geld von 5 bis zu 25 Franken werden Schankwirte und Getränkeverkäufer sowie ihre Angestellten bestraft, welche in der Ausübung ihres Gewerbes berauschende Getränke an einen Minderjährigen unter 16 Jahren verabfolgen, wenn dieser sich nicht unter der Aufsicht einer anderen Person befindet.

Artikel 7.

Für die in den beiden vorhergehenden Artikeln vorgesehenen Übertretungen wird der Mindestbetrag der Geldbuße im Rückfalle innerhalb 12 Monaten auf 10 Franken festgesetzt; im neuen Rückfalle innerhalb 12 Monaten nach der vorhergehenden Verurteilung beträgt die Geldstrafe 26 bis 50 Franken.

Artikel 8.

Mit Geldstrafe von 26 bis zu 100 Franken wird bestraft, wer einen Minderjährigen unter 16 Jahren bis zur offenbaren Trunkenheit trinken läßt.

Wenn der Schuldige das Gewerbe eines Schankwirtes oder Getränkeverkäufers betreibt, so ist die Strafe zu verdoppeln.

Jedoch soll der Angeschuldigte in den durch den gegenwärtigen Artikel und die beiden vorhergehenden Artikel vorgesehenen Fälle straffrei sein, wenn er nachweist, daß er über das Alter des Minderjährigen irregeführt worden ist.

Artikel 9.

Im Rückfalle innerhalb 12 Monaten nach dem Datum der Verurteilung ist das im Artikel 8 vorgesehene Vergehen mit Gefängnis von 8 Tagen bis zu 3 Monaten und mit Geld von 50 bis zu 200 Franken oder mit einer dieser Strafen allein zu ahnden.

Nach Artikel 12 können mit der Verurteilung wegen der Übertretung nach Artikel 9 Ehrenfolgen und die Untersagung des Gewerbes als Schankwirt oder Getränkeverkäufer verbunden werden.

Italien.

Strafgesetz vom 30. Juni 1889.

Artikel 53.

Ein Verfahren findet gegen denjenigen nicht statt, der zur Zeit der Begehung der Handlung noch nicht 9 Jahre alt war.

Doch kann, falls die Handlung gesetzlich als Verbrechen mit Zuchthaus oder Einschließung bedroht ist, oder die Gefängnisstrafe nicht weniger als ein Jahr beträgt, der Zivilgerichtspräsident auf Antrag des Staatsanwaltes in widerruflicher Verfügung anordnen, daß der Minderjährige in einer Erziehungs- und Besserungsanstalt bis höchstens zur Erreichung der Großjährigkeit eingeschlossen werde; oder aber den Eltern oder denen, welche für die Erziehung des Minderjährigen zu sorgen verpflichtet sind, auferlegen, auf sein Betragen acht zu haben, unter Androhung einer Buße bis zu 2000 Lire für den Fall der Unterlassung der pflichtmäßigen Sorge und der Begehung eines Verbrechens seitens des Minderjährigen.

Artikel 54.

Wer zur Zeit der Begehung der Handlung 9 Jahre, aber noch nicht 14 Jahre alt war, unterliegt einer Bestrafung nicht, falls sich nicht ergibt, daß er mit Unterscheidungsvermögen gehandelt hat. Doch kann der Richter, falls die Handlung gesetzlich als ein mit Zuchthaus oder Einschließung oder aber Gefängnis nicht unter einem Jahre bedrohtes Verbrechen vorgesehen ist, die eine oder andere der im vorangehenden Artikel bezeichneten Verfügungen treffen.

Ergibt sich, daß er mit Unterscheidungsvermögen gehandelt hat, so wird die für die begangene strafbare Handlung bestimmte Strafe nach folgenden Regeln herabgesetzt:

1. An Stelle von Zuchthaus tritt Einschließung von 6 bis 15 Jahren;
2. die anderen Strafen kommen in dem in Nr. 3 und 4 des Artikels 47 bezeichneten herabgesetzten Maße zur Anwendung.

Ist die Strafe Freiheitsstrafe, mag sie auch an Stelle einer Geldstrafe getreten sein, so verbüßt sie der zur Zeit der Verurteilung noch nicht 18 Jahre alte Schuldige in einer Besserungsanstalt.

Unfähigkeit zur Bekleidung öffentlicher Ämter und Stellung unter Polizeiaufsicht kommen nicht zur Anwendung.

Artikel 55.

Wer zur Zeit der Begehung der Handlung 14, aber noch nicht 18 Jahre alt war, wird nach folgenden Regeln bestraft:

1. An Stelle von Zuchthaus tritt Einschließung von 12 bis 20 Jahren;
2. zeitige 12 Jahre übersteigende Strafe wird auf 6 bis 12 Jahre, 6 aber nicht 12 Jahre übersteigende auf 3 bis 6 Jahre verhängt und in den anderen Fällen die Strafe auf die Hälfte herabgesetzt.
3. Geldstrafe wird um ein Drittel herabgesetzt.

War zur Zeit der Verurteilung der Schuldige noch nicht 18 Jahre alt, so kann der Richter die Verbüßung der Freiheitsstrafe in einem Besserungshause anordnen. Unfähigkeit zur Bekleidung öffentlicher Ämter und Stellung unter Polizeiaufsicht kommen nicht zur Anwendung.

Artikel 56.

Wer zur Zeit der Begehung der Handlung 18, aber noch nicht 21 Jahre alt war, unterliegt der Einschließung auf 25 bis 30 Jahre, wenn die für die strafbare Handlung bestimmte Strafe Zuchthaus ist, und in den anderen Fällen der für sie bestimmten, um ein Sechstel herabgesetzten Strafe.

Artikel 335.

Wer mittels wollüstiger Handlungen eine Person unter 16 Jahren schändet, wird mit Einschließung bis zu 30 Monaten und mit Geldstrafe von 50 bis zu 1500 Lire bestraft.

Ist das Vergehen mit Hinterlist begangen, oder ist der Täter ein Aszendent der minderjährigen Person, oder ist ihm die Pflege, die Erziehung, der Unterricht, die Beaufsichtigung oder die Bewahrung derselben auch nur vorübergehend anvertraut, so besteht die Strafe in Einschließung von 1 bis zu 6 Jahren und in Geldstrafe von 100 bis zu 3000 Lire.

Artikel 336 enthält Bestimmungen, in welchen Fällen dieses Delikt auf Antrag und in welchen es von Amts wegen zu verfolgen ist.

Niederlande.

Das Gesetz vom 12. Februar 1901, welches das Strafgesetz abänderte, kennt keine die strafrechtliche Verantwortlichkeit unbedingt ausschließende Altersgrenze. Statt dessen stellt es den Grundsatz auf, daß Jugendliche unter 18 Jahren nicht den für Erwachsene bestimmten, sondern besonderen Strafen, beziehungsweise erziehlichen Maßnahmen unterliegen sollen, und gibt dem Richter die Freiheit, Jugendliche unter 16 Jahren ihren Eltern oder Vormündern zurückzugeben, statt sie zu verurteilen.

Die besonderen für Jugendliche bestimmten Strafen und Maßnahmen, von denen die strengeren übrigens auf Jugendliche unter 14 Jahren nur in beschränkterem Umfange Anwendung finden, sind: Verweis, Geldstrafe bis zu 90 fl., Anhaltung in einer Zuchtschule durch 1 Monat bis zu 1 Jahr und Überweisung an die Regierung zur Unterbringung in einer staatlichen oder autorisierten privaten Besserungsanstalt oder in einer Familie. Die Verurteilung zur Zuchtschule kann auch bedingt erfolgen, und zwar für sich allein oder in Verbindung mit einem Verweise. Nur bei Jugendlichen zwischen 16 und 18 Jahren kann der Richter auch auf die für Erwachsene bestimmten Strafen erkennen, wenn er findet, daß der Jugendliche voll gereift ist; doch bleibt auch in diesem Falle Gemeinschaftshaft ausgeschlossen.

In strafprozessualer Hinsicht bestimmt das Gesetz vom 12. Februar 1901, daß gegen Jugendliche regelmäßig die Voruntersuchung einzuleiten ist und in dieser Vorleben und Anlagen des Jugendlichen festzustellen sind; eine Verwahrungshaft außerhalb des Gefangenhauses ist möglich; die Ratskammer kann das Strafverfahren gegen einen schuldigen Jugendlichen einstellen, wenn die weitere Verfolgung nicht wünschenswert erscheint. Die Verhandlung gegen Jugendliche ist nicht öffentlich, doch haben die Eltern anwesend zu sein.

Auf den Jugendschutz beziehen sich folgende Vorschriften des Strafgesetzes:

Artikel 245.

Wer den Beischlaf mit einer Frauensperson zwischen 12 und 16 Jahren vollzieht, wird mit Gefängnis bis zu acht Jahren bestraft.

Verfolgung tritt, abgesehen von dem Fall des Artikels 248 (schwere Verletzung oder Tod), nur auf Klage ein.

Artikel 253.

Wer ein unter seiner gesetzlichen Obhut stehendes Kind unter 12 Jahren einem anderen abtritt oder überläßt, wissend, daß es zur Verübung der Bettelei oder bei derselben, zu gefährlichen Kunstproduktionen oder zu gefährlicher oder gesundheitsschädlicher Arbeit gebraucht werden soll, wird mit Gefängnis bis zu 3 Jahren bestraft.

Artikel 255.

Wer vorsätzlich jemanden, zu dessen Unterhalt, Verpflegung oder Versorgung er gesetzlich oder vertragsmäßig verpflichtet ist, in einen hilflosen Zustand bringt oder in demselben verläßt, wird mit Gefängnis bis zu 2 Jahren oder Geldbuße bis zu 300 fl. bestraft.

Artikel 257.

Hat eine der in den Artikeln 255 und 256 bezeichneten Handlungen schwere Körperverletzung zur Folge, so tritt Gefängnis bis zu sieben Jahren und 6 Monaten ein.

Hat eine derselben den Tod zur Folge, so tritt Gefängnis bis zu 9 Jahren ein.

Das Gesetz vom 28. Juni 1881 über den Verkauf geistiger Getränke bestimmt:

Artikel 17.

Mit Gefängnis von einem bis zu 21 Tagen oder mit Geldbuße von 50 Cents bis 100 fl. wird bestraft:

1. Der Verkäufer von geistigen Getränken oder sein Stellvertreter, der in Ausübung seines Gewerbes in einer für das Publikum zugänglichen Lokalität einem Kinde unter 16 Jahren geistige Getränke anbietet oder verkauft.

Artikel 19.

Mit Gefängnis von einem Tage bis zu 9 Monaten oder einer Geldbuße von 50 Cents bis 300 fl. wird bestraft:

1. wer ein Kind unter 16 Jahren betrunken macht.

Deutsches Reich.

Strafgesetz vom 15. Mai 1871.

4. Abschnitt. Gründe, welche die Strafe ausschließen oder mildern.

§ 55.

Wer bei Begehung der Handlung das 12. Lebensjahr nicht vollendet hat, kann wegen derselben nicht strafrechtlich verfolgt werden.

Gegen denselben können jedoch nach Maßgabe der landesgesetzlichen Vorschriften die zur Besserung und Beaufsichtigung geeigneten

Maßregeln getroffen werden. Insbesondere kann die Unterbringung in eine Erziehungs- oder Besserungsanstalt erfolgen, nachdem durch Beschluß der Vormundschaftsbehörde die Begehung der Handlung festgestellt und die Unterbringung für zulässig erklärt ist.

§ 56.

Ein Angeschuldigter, welcher zu einer Zeit, als er das 12., aber nicht das 18. Lebensjahr vollendet hatte, eine strafbare Handlung begangen hat, ist freizusprechen, wenn er bei Begehung derselben die zur Erkenntnis ihrer Strafbarkeit erforderliche Einsicht nicht besaß.

In dem Urteile ist zu bestimmen, ob der Angeschuldigte seiner Familie überwiesen oder in eine Erziehungs- oder Besserungsanstalt gebracht werden soll. In der Anstalt ist er so lange zu behalten, als die der Anstalt vorgesetzte Verwaltungsbehörde solches für erforderlich erachtet, jedoch nicht über das vollendete 20. Lebensjahr.

§ 57.

Wenn ein Angeschuldigter, welcher zu einer Zeit, als er das 12., aber nicht das 18. Lebensjahr vollendet hatte, eine strafbare Handlung begangen hat, bei Begehung derselben die zur Erkenntnis ihrer Strafbarkeit erforderliche Einsicht besaß, so kommen gegen ihn folgende Bestimmungen zur Anwendung:

1. Ist die Handlung mit dem Tode oder mit lebenslänglichem Zuchthaus bedroht, so ist auf Gefängnis von 3 bis zu 15 Jahren zu erkennen;
2. ist die Handlung mit lebenslänglicher Festungshaft bedroht, so ist auf Festungshaft von 3 bis zu 15 Jahren zu erkennen;
3. ist die Handlung mit Zuchthaus oder mit einer anderen Strafart bedroht, so ist die Strafe zwischen dem gesetzlichen Mindestbetrage der angedrohten Strafart und der Hälfte des Höchstbetrages der angedrohten Strafe zu bestimmen.

   Ist die so bestimmte Strafe Zuchthaus, so tritt Gefängnisstrafe von gleicher Dauer an ihre Stelle;
4. ist die Handlung ein Vergehen oder eine Übertretung, so kann in besonders leichten Fällen auf Verweis erkannt werden;
5. auf Verlust der bürgerlichen Ehrenrechte überhaupt oder einzelner bürgerlicher Ehrenrechte sowie auf Zulässigkeit von Polizeiaufsicht ist nicht zu erkennen.

Die Freiheitsstrafe ist in besonderen, zur Verbüßung von Strafen jugendlicher Personen bestimmten Anstalten oder Räumen zu vollziehen.

§ 65.

Der Verletzte, welcher das 18. Lebensjahr vollendet hat, ist selbständig zu dem Antrage auf Bestrafung berechtigt.

Solange der Verletzte minderjährig ist, hat der gesetzliche Vertreter desselben, unabhängig von der eigenen Befugnis des Verletzten, das Recht, den Antrag zu stellen . . . .

§ 182.

Wer ein unbescholtenes Mädchen, welches das 16. Lebensjahr nicht vollendet hat, zum Beischlafe verführt, wird mit Gefängnis bis zu einem Jahre bestraft.

Die Verfolgung tritt nur auf Antrag der Eltern oder des Vormundes der Verführten ein.

§ 361.

Mit Haft wird bestraft:

5. Wer sich dem Spiel, Trunk oder Müßiggang dergestalt hingibt, daß er in einen Zustand gerät, in welchem zu seinem Unterhalte oder zum Unterhalte derjenigen, zu deren Ernährung er verpflichtet ist, durch Vermittlung der Behörde fremde Hilfe in Anspruch genommen werden muß;
9. wer Kinder oder andere unter seiner Gewalt stehende Personen, welche seiner Aufsicht untergeben sind und zu seiner Hausgenossenschaft gehören, von der Begehung von Diebstählen sowie von der Begehung strafbarer Verletzungen der Zoll- und Steuergesetze oder der Gesetze zum Schutze der Forsten, der Feldfrüchte, der Jagd oder der Fischerei abzuhalten unterläßt. Die Vorschriften dieser Gesetze über die Haftbarkeit für die den Täter treffenden Geldstrafen oder anderen Geldleistungen werden hierdurch nicht berührt;
10. wer, obschon er in der Lage ist, diejenigen, zu deren Ernährung er verpflichtet ist, zu unterhalten, sich der Unterhaltspflicht trotz der Aufforderung der zuständigen Behörde derart entzieht, daß durch Vermittlung der Behörde fremde Hilfe in Anspruch genommen werden muß.

In den Fällen der No. 9 und 10 kann statt der Haft Geldstrafe bis zu 150 Mark erkannt werden.

Gesetz vom 30. März 1903 über die Kinderarbeit.

§ 2.

Als Kinder im Sinne dieses Gesetzes gelten Knaben und Mädchen unter 13 Jahren sowie solche Knaben und Mädchen über 13 Jahre, welche noch zum Besuche der Volksschule verpflichtet sind.

§ 6.

Bei öffentlichen theatralischen Vorstellungen und anderen öffentlichen Schaustellungen dürfen Kinder nicht beschäftigt werden.

Bei solchen Vorstellungen und Schaustellungen, bei denen ein höheres Interesse der Kunst oder Wissenschaft obwaltet, kann die untere Verwaltungsbehörde nach Anhörung der Schulaufsichtsbehörde Ausnahmen zulassen.

§ 15.

Auf die Beschäftigung eigener Kinder bei öffentlichen theatralischen Vorstellungen und anderen öffentlichen Schaustellungen finden die Bestimmungen des § 6 Anwendung.

§ 23.

Mit Geldstrafe bis zu 2000 Mark wird bestraft, wer den §§ 4 bis 8 zuwiderhandelt.

Im Falle gewohnheitsmäßiger Zuwiderhandlung kann auf Gefängnisstrafe bis zu sechs Monaten erkannt werden.

§ 25.

Mit Geldstrafe bis zu 150 Mark wird bestraft:

1. Wer den §§ 12 bis 16, § 17, Absatz 1, zuwiderhandelt.

Im Falle gewohnheitsmäßiger Zuwiderhandlung kann auf Haft erkannt werden.

Gerichtsverfassungsgesetz.

§ 73.

Die Strafkammern sind als erkennende Gerichte zuständig:

3. für die Verbrechen der Personen, welche zur Zeit der Tat das 18. Lebensjahr noch nicht vollendet hatten.

Strafprozeſsordnung.

§ 140.

Die Verteidigung ist notwendig in den Sachen, welche vor dem Reichsgericht in I. Instanz oder vor dem Schwurgericht zu verhandeln sind.

In Sachen, welche vor dem Landgerichte in I. Instanz zu verhandeln sind, ist die Verteidigung notwendig:

1. Wenn der Angeschuldigte taub oder stumm ist oder das 16. Lebensjahr noch nicht vollendet hat;

2. wenn ein Verbrechen den Gegenstand der Untersuchung bildet und der Beschuldigte oder sein gesetzlicher Vertreter die Bestellung eines Verteidigers beantragt.

Diese Bestimmung findet nicht Anwendung, wenn die strafbare Handlung nur deshalb als ein Verbrechen sich darstellt, weil sie im Rückfall begangen ist.

In den Fällen des Absatzes 1 und des Absatzes 2, Nr. 1, ist dem Angeschuldigten, welcher einen Verteidiger noch nicht gewählt hat, ein solcher von Amts wegen zu bestellen, sobald die im § 199 vorgeschriebene Aufforderung stattgefunden hat. In dem Falle des Absatzes 2, Nr. 2, ist der Antrag binnen einer Frist von 3 Tagen nach der Aufforderung zu stellen.

§ 141.

In anderen als den im § 140 bezeichneten Fällen kann das Gericht und bei vorhandener Dringlichkeit der Vorsitzende desselben auf Antrag oder von Amts wegen einen Verteidiger bestellen.

§ 149.

Der Ehemann einer Angeklagten ist in der Hauptverhandlung als Beistand derselben zuzulassen und auf sein Verlangen zu hören.

Dasselbe gilt von dem gesetzlichen Vertreter eines Angeklagten.

In dem Vorverfahren unterliegt die Zulassung solcher Beistände dem richterlichen Ermessen.

§ 268.

Urteile, durch welche die Unterbringung des Angeklagten in eine Erziehungs- oder Besserungsansalt angeordnet wird, sind auch dessen gesetzlichen Vertreter zuzustellen, sofern nicht der letztere in der Hauptverhandlung als Beistand des Angeklagten aufgetreten und bei der Verkündung des Urteils gegenwärtig gewesen ist.

§ 340.

Der gesetzliche Vertreter eines Beschuldigten, desgleichen der Ehemann einer beschuldigten Frau können binnen der für den Beschuldigten laufenden Frist selbständig von den zulässigen Rechtsmitteln Gebrauch machen.

Auf ein solches Rechtsmittel und auf das Verfahren finden die über die Rechtsmittel des Beschuldigten geltenden Vorschriften entsprechende Anwendung.

§ 414.

Hat der Verletzte einen gesetzlichen Vertreter, so wird die Befugnis zur Erhebung der Privatklage durch diesen wahrgenommen.

Ungarn.

Strafgesetz vom Jahre 1878.

§ 42.

Bei solchen zur Gefängnisstrafe verurteilten Personen, welche das 20. Lebensjahr noch nicht überschritten haben, kann das Gericht zum Zwecke ihrer Besserung im Urteile anordnen, daß sie ihre Strafzeit, falls diese sechs Monate nicht übersteigt — oder wenn die Strafzeit länger dauern sollte, einen Teil derselben — welcher aber sechs Monate nicht überschreiten darf, in Einzelhaft zu verbringen haben.

Das Gericht kann im Urteile auch aussprechen, daß solche jugendliche Individuen nicht in Einzelhaft zu halten, sondern anstatt dessen in eine Besserungsanstalt zu transportieren sind; wenn diese Verfügung im Urteile nicht getroffen wurde, sich jedoch mit Rücksicht auf die Besserung als zweckmäßig darstellt, so kann sie durch den Justizminister über Vorschlag der Aufsichtskommission angeordnet werden.

§ 83.

Wer zur Zeit der Verübung eines Verbrechens oder Vergehens das 12. Lebensjahr noch nicht zurückgelegt hat, kann nicht strafrechtlich verfolgt werden.

§ 84.

Wer zur Zeit der Verübung eines Verbrechens oder Vergehens das 12. Lebensjahr bereits zurückgelegt, das 16. Lebensjahr aber noch nicht erreicht hat, kann, wenn ihm die zur Erkenntnis der Strafbarkeit einer Handlung erforderliche Einsicht gefehlt hat, wegen dieser Handlung nicht gestraft werden.

Ein solcher Minderjähriger kann aber zur Unterbringung in eine Besserungsanstalt verurteilt werden, in welcher er jedoch nicht über das 20. Lebensjahr angehalten werden darf.

§ 85.

Wenn solche jugendliche Personen, welche in dem im vorhergehenden Paragraphen bezeichneten Alter stehen, zur Zeit der Begehung der Handlung imstande waren, die Strafbarkeit derselben einzusehen, so sind sie nach den folgenden Bestimmungen zu bestrafen:

1. Wegen eines Verbrechens, auf welches Todes- oder lebenslängliche Zuchthausstrafe gesetzt ist, mit Kerker von 2 bis zu 5 Jahren;

2. wegen eines Verbrechens, auf welches Zuchthaus oder Staatsgefängnis von 5 bis zu 15 Jahren gesetzt ist, mit Kerker, beziehungsweise Staatsgefängnis bis zu 2 Jahren;

3. wegen eines anderen Verbrechens mit Gefängnis bis zu 2 Jahren;

4. wegen eines Vergebens mit einer Polizeistrafe.

Bei solchen Personen, welche im Sinne dieses Paragraphen zu bestrafen sind, kann auf Amtsverlust oder Entziehung der politischen Rechte nicht erkannt werden.

§ 86.

Die nach dem vorigen Paragraphen zu bestrafenden Personen müssen während der ganzen Dauer der Freiheitsstrafe von den übrigen Gefangenen abgesondert werden.

§ 87.

Wer zur Zeit der Begehung des Verbrechens das 20. Lebensjahr noch nicht zurückgelegt hat, darf zur Todes- oder lebenslänglichen Zuchthausstrafe nicht verurteilt werden.

Schweden.

Gesetz vom 27. Juni 1902,

betreffend Änderung des Wortlautes von Kapitel 5, §§ 1, 2, 3 und 6 des Strafgesetzes.

§ 1.

Eine sonst strafbare Handlung ist straffrei, wenn sie von einem Kinde begangen ist, bevor es das 15. Lebensjahr vollendet hat.

§ 2.

Begeht jemand ein Verbrechen, der das 15., noch nicht aber das 18. Lebensjahr vollendet hat, so soll Todesstrafe oder lebenslängliche Strafarbeit auf solche Arbeit von einschließlich 6 bis zu einschließlich 10 Jahren ermäßigt werden und kann auch Strafarbeit auf bestimmte Zeit auf die Hälfte der sonst für das Verbrechen festgesetzten Minderstrafzeit, jedoch nicht auf weniger als 2 Monate ermäßigt werden.

Ist das Verbrechen mit einer Folge belegt, wie sie im Kapitel 2, § 19, genannt ist, so hat das Gericht den Umständen gemäß zu erwägen, ob solche Folge hier eintreten soll.

§ 3.

Ist das Verbrechen von jemandem begangen worden, der das 15., noch nicht aber das 18. Lebensjahr vollendet hat, und wird er hierfür zu Geldstrafen oder zu Gefängnis von höchstens 6 Monaten verurteilt, so kann das Gericht, wo die Gemütsbeschaffenheit und Umgebung des Verbrechers und der Grad seiner Verstandesentwicklung dazu Veranlassung geben, verordnen, daß er, anstatt die auferlegte Strafe abzubüßen, einer öffentlichen Erziehungsanstalt übergeben werde.

Gelangen gleichzeitig eine solche Verordnung und ein anderer früher mitgeteilter Beschluß, wodurch dieselbe Person zu einer Strafe verurteilt worden ist, zur Ausführung, so soll diese Strafe, soweit sie aus Gefängnis oder Geldstrafe besteht und die verschuldeten Strafen zusammen nicht Gefängnis von mehr als 6 Monaten betragen, als in die Verordnung einbegriffen angesehen werden.

Trifft ein derartiger Fall ein, daß eine erlassene Strafverordnung gemäß besonderer Bestimmung verfallen ist, so gilt von der Vereinigung oder Zusammenlegung der zugesprochenen Strafe mit einer anderen Strafe und von ihrer Vollziehung, was sonst vorgeschrieben ist.*)

Gesetz vom 27. Juni 1902,

enthaltend Bestimmungen über das Verfahren in Kriminalsachen betreffs Minderjähriger.

§ 1.

Wird jemand, der das 18. Lebensjahr noch nicht vollendet hat, wegen einer Handlung angeklagt, die im allgemeinen Strafgesetz mit Strafe belegt ist, soll in das Protokoll, außer was im allgemeinen zur Vollständigkeit der Untersuchung erforderlich ist, auch ein Bericht über die Verhältnisse aufgenommen werden, unter denen der Angeklagte aufgewachsen ist und ob er zuvor durch Verwahrlostheit sich bekannt gemacht hat.

Das Kinderaufsichtsamt soll auf Verlangen des öffentlichen Anklägers die im Protokoll des Amtes und der Anzeichnungsliste zugänglichen Aufklärungen in obgenannten Hinsichten mitteilen, wie auch sich betreffs der Umstände im übrigen äußern, die für

*) Über die Vollziehung der gerichtlichen Anordnung einer Zwangserziehung ist das besondere Gesetz vom 27. Juni 1902 erflossen.

die Beurteilung der Frage nach der Angemessenheit der Unterbringung des Angeklagten in einer Zwangserziehungsanstalt von Gewicht sein können.

§ 2.

Das Gericht darf nicht gemäß Kapitel 5, § 3 des Strafgesetzes die Verordnung der Unterbringung eines Minderjährigen in einer öffentlichen Erziehungsanstalt aussprechen, sofern nicht der Vormund des Minderjährigen, wo solches geschehen kann, in der Sache gehört worden ist.

§ 3.

Nachdem im Untergericht die Untersuchung im Prozeß gegen jemand, der noch nicht das 18. Lebensjahr vollendet hat, zu Ende geführt worden ist, soll das Urteil am selben oder spätestens am darauffolgenden Tage verkündet werden, sofern nicht in der Weitläufigkeit des Prozesses oder sonst Hindernisse entgegenstehen.

Die k. Verordnung vom 16. November 1841 enthält in § 1 eine Strafdrohung gegen jenen, der einen Minderjährigen zum übermäßigen Genuß von starken Getränken verleitet. Durch § 28 der k. Verordnung vom 29. Mai 1885 wird die Abgabe von Branntwein an Minderjährige in Ausschankstellen verboten.

Norwegen.

Strafgesetz vom 22. Mai 1902.

§ 19, Absatz 2, 1. Satz.

Frauen, die nähren, dürfen nicht mit geschärftem Gefängnis und Personen unter 18 Jahren nicht mit Gefängnis bei Wasser und Brot bestraft werden.

§ 46.

Niemand kann wegen einer Handlung bestraft werden, die er vor dem zurückgelegten 14. Jahre vorgenommen hat.

§ 55.

Wegen strafbarer Handlungen, die vor dem zurückgelegten 18. Lebensjahre begangen sind, ist auf lebenslängliche Freiheitsstrafe nicht zu erkennen und die Strafe kann innerhalb derselben Strafart unter das angedrohte Mindestmaß herabgesetzt werden.

§ 61.

Die Bestimmungen über Strafverschärfung im Rückfalle finden nur auf diejenigen Anwendung, die bei der Begehung der früheren strafbaren Handlung das 18. Lebensjahr vollendet hatten und die neue strafbare Handlung nach gänzlicher oder teilweiser Verbüßung der früheren Strafe begangen haben.

§ 196.

Wer mit einem Kinde unter 16 Jahren unzüchtigen Umgang hat, wird mit Gefängnis bis zu drei Jahren bestraft.

§ 218.

Mit Gefängnis bis zu drei Jahren wird bestraft, wer

1. ein unter seiner Obhut oder Gewalt stehendes Kind unter 16 Jahren in einer Weise beschäftigt, die seiner Gesundheit, Sittlichkeit oder Rechtschaffenheit verderblich ist oder wer eine solche Beschäftigung erlaubt oder

2. wer durch Mißbrauch seiner Gewalt bewirkt oder dazu mitwirkt, daß eine ihm untergebene Person unter 16 Jahren in solcher Weise beschäftigt wird.

Gleiche Strafe trifft den, der durch Verleitung oder Anreizung zu einer oben erwähnten Handlung mitwirkt.

Ist das Verbrechen in der Ausübung eines Berufes oder Gewerbes begangen, so kann dem Täter das Recht aberkannt werden, den Beruf oder das Gewerbe fortzusetzen.

§ 219.

Mit Gefängnis bis zu zwei Jahren wird bestraft, wer eine seinem Hausstande angehörige Person dadurch der Not aussetzt, daß er sich böswillig der ihm obliegenden Unterhaltspflicht entzieht; oder wer durch Verwahrlosung, Mißhandlung oder anderes ähnliches Verhalten seine Pflichten gegen Ehegatten oder Kinder oder gegen seinem Hausstande angehörige oder seiner Obhut stehende Personen, welche wegen Krankheit, Alters oder anderer Umstände sich selbst zu helfen außer stande sind, des öfteren oder gröblich verletzt. Hat das Verbrechen den Tod oder eine schwere Körperverletzung oder Gesundheitsschädigung zur Folge gehabt, so tritt Gefängnis bis zu sechs Jahren ein.

In gleicher Weise wird bestraft, wer durch Verleitung oder Anreizung zu einer oben erwähnten Handlung mitwirkt.

§ 381.

Mit Geldstrafe oder mit Gefängnis bis zu drei Monaten wird bestraft, wer . . .

4. ohne Erlaubnis der Obrigkeit ein Kind unter 16 Jahren zum Auftreten bei öffentlichen Vorstellungen oder Vorweisungen verwendet oder anderen ein Kind zu diesem Zwecke überläßt oder

5. während einer öffentlichen Vorstellung oder um auf eine solche vorzubereiten, mit einem Kinde unter 16 Jahren gefährliche oder unnatürliche Leibesübungen vornimmt oder vornehmen läßt oder andern ein Kind dazu überläßt.

Gesetz vom 6. Juni 1896, betreffend die Behandlung verwahrloster Kinder.

Kapitel VI.

Über das Verhalten der Anklagebehörde gegenüber strafbaren Handlungen von Kindern.

§ 42.

Wenn ein Kind, das das 14. Lebensjahr nicht zurückgelegt hat und daher nicht bestraft werden kann, eine strafbare Handlung begangen hat, so können dennoch sowohl gerichtliche wie außergerichtliche Ermittlungen in der Sache angestellt werden.

Wenn die Anklagebehörde eine Unterbringung des Kindes gemäß § 1 nicht für nötig findet, so kann sie den Vorgesetzten des Kindes zu Hause oder in der Schule anheimgeben, dem Kind eine solche angemessene Züchtigung, wie sie gesetzlich gestattet ist, in nachweisbarer Weise zu erteilen. Hievon ist der Vormundschaftsrat zu benachrichtigen, desgleichen davon, ob dem Anheimgeben Folge geleistet ist.

Wenn dagegen die Anklagebehörde die Unterbringung des Kindes für nötig findet, so hat sie die Sache dem Vormundschaftsrat des Wohn- oder Aufenthaltsortes des Kindes vorzulegen. Bei diesem kann die Sache auch dann angebracht werden, wenn dem vorerwähnten Anheimgeben keine Folge geleistet werden wird.

§ 43.

Ist außer dem in § 44 behandelten Fall eine strafbare Handlung von einem Kinde unter 16 Jahren nach zurückgelegtem 14. Lebensjahre begangen worden, so kann von Strafverfolgung abgesehen werden, wenn die Anklagebehörde nach den Umständen annimmt, daß eine solche Züchtigung, wie im § 42, Absatz 2, erwähnt, oder eine Verfügung von Seite des Vormundschaftsrates ausreichen.

§ 44.

Wenn eine in einer Erziehungsanstalt untergebrachte oder aus einer solchen auf Probe entlassene Person nach zurückgelegtem 14. Lebensjahre eine strafbare Handlung begangen hat, so kann die Anklagebehörde von Strafverfolgung absehen, sofern sie in Erwägung des Alters des Täters und der Beschaffenheit der Tat annimmt, daß die Züchtigung in der Anstalt gemäß § 37 genügt.

§ 45.

Wo die Anklagebehörde von ihrer Befugnis, gemäß §§ 43, 44 von der Strafverfolgung abzusehen, Gebrauch macht, kann auch der durch die strafbare Handlung Verletzte keine Strafklage erheben.

Gesetz über Arbeitsscheu, Bettelei und Trunksucht vom 31. Mai 1900.

§ 23.

Mit Geldstrafe wird bestraft, wer in einem als Gewerbe betriebenen Ausschank von geistigen Getränken

a) solche Getränke an offenbar betrunkene Personen oder an eine Person, die offenbar unter 18 Jahren ist, ausschenkt oder ausschenken läßt.

Dieselbe Strafe trifft den, der in einem als Gewerbe betriebenen Verkaufsgeschäft geistige Getränke, Wein, Branntwein oder damit gemischte Getränke einem Kind, das offenbar unter 15 Jahre alt ist, aushändigt

Ist der Schuldige früher im Laufe der letzten zwei Jahre nach diesem Paragraphen oder den §§ 22 oder 24 bestraft worden, so kann Gefängnis bis zu drei Monaten angewendet werden.

Vorstehendes hindert nicht, daß ein Ausschank anderer Getränke als Branntwein auch an Personen unter 18 Jahren zur Erquickung bei Mahlzeiten oder auf Reisen stattfinden kann.

Dänemark.

Strafgesetznovelle vom 1. April 1905.

§ 15.

Gesetzübertretungen, deren Kinder unter 14 Jahren sich schuldig machen, werden nicht geahndet. Nach vorgängiger krimineller Untersuchung werden anstatt Strafen solchen Kindern gegenüber die erforderlichen Erziehungs- und Sicherungsmittel zur Anwendung gebracht, als da sind Verwarnung des Kindes und des Erziehers desselben, Unterstützung des Erziehers durch einen zuverlässigen Mann oder eine zuverlässige Frau, die hiezu geeignet sind und sich dazu bereit erklären, ein Befehl, daß das Kind eine Tagesarbeitsschule, eine Arbeitsschule oder ähnliche Einrichtungen, wo diese sich finden, besucht, ein dem Erzieher zu erteilender Befehl, dem Kinde eine passende Züchtigung unter solcher Aufsicht zu erteilen wie zweckentsprechend befunden wird, sowie endlich, daß das Kind außerhalb seines Heims in einer ehrbaren und vertrauenswürdigen Familie, in einem Asyl oder in einer Erziehungsanstalt untergebracht wird in Verbindung damit, daß das Recht der Erziehung einer dazu befähigten Person übertragen wird. Wenn die letzterwähnte Maßnahme nicht erforderlich ist, so muß doch dem Inhaber des Erziehungsrechtes bekanntgegeben werden, er könne erwarten, daß dieses Recht ihm genommen werde, wenn er dem ihm gewordenen Auftrage nicht nachkommt oder der Aufsicht Hindernisse in den Weg legt oder wenn es sich um des Kindes willen notwendig erweist.

Die untergeordneten Behörden, in Kopenhagen der Polizeidirektor, können, wo von einem Unterkommen außerhalb des Heims keine Rede ist, oder in Fällen, in welchen Eltern oder Vormünder ihre Zustimmung dazu erteilt haben, Bestimmung in Betreff der zu ergreifenden Maßregeln treffen. Doch kann die Entscheidung der erwähnten Behörden seitens der Eltern oder des Vormundes des Kindes zum Gegenstand einer Klage bei der Oberbehörde gemacht werden, und nur diese kann, ohne Zustimmung der Eltern oder des Vormundes, das Unterkommen des Kindes außerhalb des Heims und die Übertragung des Erziehungsrechtes an andere anordnen. Ein solches Unterkommen kann bis zum 18. Lebensjahre des Kindes ausgedehnt werden. Unter besonderen Umständen kann der Justizminister die Entscheidung treffen, daß dies Unterkommen über das bezeichnete Alter hinaus bis zum dritten Jahre, nachdem das Kind untergebracht ist, fortgesetzt werde.

Die Kosten der in diesen Paragraphen erwähnten Erziehungs- und Sicherungsmaßnahmen werden wie Kosten des Strafverfahrens bestritten. Die öffentlichen Kassen, aus denen diese Kosten bestritten werden, können nach Bestimmung der Oberbehörde verlangen, daß diese Kosten unter den im § 9*) des Armengesetzes enthaltenen Bedingungen und den in dem erwähnten Paragraphen aufgestellten Regeln gemäß ersetzt werden.

Während der kriminellen Untersuchung, betreffend die Gesetzesübertretungen von Kindern, darf eine Untersuchungshaft diesen gegenüber nur stattfinden, wenn die Umstände es nicht erlauben, das Kind unter Aufsicht zuverlässiger Personen zu stellen.

§ 16.

Die Bestimmungen, die für die Verfolgung und Bestrafung der von Personen zwischen 15 und 18 Jahren begangenen Gesetzesübertretungen gelten, werden dahin erweitert, daß sie auch auf im Alter zwischen 14 und 15 Jahren begangene Übertretungen Anwendung finden sollen. Doch soll die körperliche Züchtigung, zu der nach den Regeln des allgemeinen bürgerlichen Strafgesetzbuches und dieses Paragraphen in gewissen Fällen Knaben zwischen 14 und 15 Jahren verurteilt werden können, in Rutenstreichen bestehen.

Personen zwischen 14 und 18 Jahren dürfen, wie bisher, auch ferner nicht zu Gefängnisstrafe bei Wasser und Brot verurteilt werden. Die Regel, daß auf männliche Personen in diesem Alter anstatt Gefängnisstrafe bei Wasser und Brot körperliche Züchtigung zur Anwendung kommen kann, wird auf die Fälle beschränkt, in denen dieselben wegen Vergewaltigung verurteilt werden.

Wenn erachtet wird, daß die Strafe für eine Person zwischen 14 und 18 Jahren den niedrigen Grad von Zwangsarbeit nicht übersteigen wird, so kann der Justizminister bestimmen, daß die Anklage unter der Bedingung hinwegfällt, daß der Jugendliche in Verhältnissen untergebracht wird, die als genügend angesehen werden dürfen, und daß er während einer nach Beschaffenheit des Falles festgesetzten Anzahl von Jahren, die sich bis zu seinem vollendeten 21. Lebensjahre erstrecken können, einer hiezu geeigneten Aufsicht durch einen zu solchem Zwecke wirkenden Verein unterworfen oder in anderer Weise der Beaufsichtigung unterstellt werde. Es bedarf zur Durchführung einer derartigen Maßnahme keiner Zustimmung der Eltern oder des Vormundes des Jugendlichen. Die Sache wird nach Bestimmung des Justizministers wieder aufgenommen, wenn der Jugendliche vor Ablauf der festgesetzten Zeitfrist sich entweder

*) Wenn der, dem die Versorgung des Kindes obliegt, ohne selbst der Unterstützung bedürftig zu sein, seinen Verpflichtungen nicht nachkommt, so kann die Oberbehörde unter Berücksichtigung der ökonomischen Lage des Betreffenden die Höhe der Alimente festsetzen, doch dergestalt, daß dieser die Entscheidung des Justizministers anrufen kann.

eines neuen Verbrechens oder einer wesentlichen Übertretung der ihm von der Aufsichtsbehörde erteilten Vorschriften schuldig macht. Die Kosten einer derartigen Maßnahme, die nicht auf privatem Wege zu entrichten sind, werden wie die Kosten des Strafverfahrens bestritten. Auf den Kostenersatz der Versorgungspflichtigen findet die Bestimmung des § 13 in fine Anwendung.

Strafgesetz vom 10. Februar 1866.

§ 37.

Wird eine strafbare Handlung von einer Person zwischen 15 und 18 Jahren begangen, so ist die im Gesetz angedrohte Strafe je nach den Umständen bis auf die Hälfte zu ermäßigen. Jedoch kann keinesfalls gegen Personen in dem angegebenen Alter eine höhere Strafe als Strafarbeit bis zu 8 Jahren verhängt werden.

§ 174.

Wer ein Mädchen im Alter von 12 bis 16 Jahren zur Unzucht verführt, wird mit Gefängnis, und zwar nicht unter 2 Monaten einfachem Gefängnis oder unter erschwerenden Umständen mit Strafarbeit bis zu 4 Jahren bestraft. Klage wird jedoch nur auf Antrag der Eltern oder Vormünder erhoben.

§ 183.

Eltern, Vormünder, Lehrer oder andere, welche ihre Kinder, Mündel oder die ihrer Fürsorge oder Erziehung anvertrauten Personen zur Liederlichkeit verführen, werden mit Strafarbeit bis zu sechs Jahren bestraft. . . .

Gesetz vom 14. April 1905,

betreffend die Erziehung jugendlicher Verbrecher und fehlbarer oder verwahrloster Kinder.

§ 1.

Die durch das Gesetz zugelassenen Erziehungs- und Besserungsmaßnahmen sind auf folgende Personen in dem für ihr Wohl erforderlichen Maße anwendbar:

a) auf Jugendliche unter 18 Jahren, die eine strafbare Handlung begangen haben, aus der frühzeitige Verderbtheit oder moralische Haltlosigkeit hervorleuchtet (§ 9), sowie auf Unmündige, die sich eine gleiche, nur wegen ihrer Unmündigkeit straflose Handlung zu Schulden kommen ließen;

b) auf Jugendliche unter 15 Jahren, die ohne eine Handlung begangen zu haben, die für ältere strafbar wäre, sittlich verwahrlost sind oder denen infolge Vernachlässigung oder infolge des schlechten Beispieles ihrer Eltern oder anderer Erzieher oder infolge der Schwierigkeit, die für ihre Eltern oder ihre anderen Erzieher besteht, sie zu erziehen oder ausreichend zu überwachen, die sittliche Verwahrlosung droht.

Bei Vorliegen besonderer Umstände oder überhaupt auf bloße Bitte der Eltern oder Vormünder ist diese Bestimmung gleicherweise anwendbar auf Jugendliche von 15 bis 18 Jahren, namentlich dann, wenn diese infolge allzu langsamer oder gehemmter geistiger Entwicklung nicht die Reife ihres Alters besitzen.

c) auf Jugendliche unter 15 Jahren, die von ihren Eltern oder Erziehern mißhandelt werden und deren Gesundheit oder körperliche Entwicklung schwer geschädigt werden könnte.

§ 9.

Der Vormundschaftsrat entscheidet über die Anwendung der Erziehungs- und Besserungsmaßnahmen in den im § 1 vorgesehenen Fällen. Handelt es sich um eine von einem noch nicht 18jährigen Jugendlichen verübte Straftat, den sein Alter nicht mehr unbedingt von jeder Verurteilung befreit, so kann der Vormundschaftsrat nur dann eine Entscheidung treffen, wenn die strafgerichtliche Untersuchung unter dem Vorbehalte niedergeschlagen wird, daß auf den Jugendlichen die durch das gegenwärtige Gesetz getroffenen Erziehungsmaßnahmen zur Anwendung kommen, oder wenn dem Jugendlichen die bereits verhängte Strafe unter dem gleichen Vorbehalte ganz oder teilweise gemäß den allgemeinen gesetzlichen Bestimmungen erlassen wird.

§ 10.

Eltern und andere Erzieher, die sich ihren eigenen oder den ihrer Fürsorge anvertrauten fremden Kindern gegenüber unzüchtiger Handlungen oder grober Vernachlässigung schuldig machen, werden auf Verlangen des Vormundschaftsgerichtes mit Gefängnis oder Zwangsarbeit bestraft, insofern keine höhere Strafe verschuldet ist.

Österreich.

Der letzte Entwurf enthielt nach den Anträgen des Ausschusses des Abgeordnetenhauses, 709 der Beilagen, XI. Session 1893, folgende Bestimmungen:

§ 60.

Auf Unmündige, welche bei Begehung einer Handlung das 12. Jahr noch nicht zurückgelegt haben, findet das Strafgesetz keine Anwendung. Ist jedoch die Handlung mit einer Verbrechens- oder Vergehensstrafe bedroht, so kann die Sicherheitsbehörde nach Umständen die angemessene Bestrafung des Unmündigen durch dessen Eltern oder durch andere Personen verfügen, und hat dieselbe mit Zustimmung der Pflegschaftsbehörde nötigenfalls für die Unterbringung in einer geeigneten Familie oder in einer Erziehungs- oder Besserungsanstalt Sorge zu tragen, welche Unterbringung jedoch nicht über das vollendete 18. Lebensjahr andauern darf.

§ 61.

Auf Personen, welche bei Begehung einer strafbaren Handlung das 12., aber noch nicht das 18. Lebensjahr zurückgelegt haben, findet das Strafgesetz dann keine Anwendung, wenn ihnen die zur vollen Erkenntnis des begangenen Unrechtes erforderliche Reife gefehlt hat.

In diesem Falle hat aber das Gericht nach Umständen die angemessene Bestrafung des Beschuldigten durch seine Angehörigen oder dessen Unterbringung in einer geeigneten Familie oder in einer Erziehungs- oder Besserungsanstalt anzuordnen, welche Unterbringung jedoch nicht über das vollendete 20. Lebensjahr andauern darf.

§ 62.

Personen, welche zur Zeit der Verübung einer strafbaren Handlung das 12., aber nicht das 18. Lebensjahr zurückgelegt haben, sind, wenn der Fall des § 61 nicht gegeben ist, nach den folgenden Bestimmungen zu bestrafen:

1. Ist die Handlung mit dem Tode bedroht, so ist auf Gefängnis von 3 bis zu 20 Jahren zu erkennen.

2. In anderen Fällen darf die Strafe die Hälfte des Höchstmaßes der auf die Handlung angedrohten Strafe nicht übersteigen und kann bis auf das gesetzliche Mindestmaß der angedrohten Strafart (§ 14) herabgegangen werden. Statt Zuchthaus ist jedoch Gefängnis in gleicher Dauer zu verhängen.

Die Freiheitsstrafen solcher jugendlicher Personen sind nach Möglichkeit in besonderen Anstalten oder Räumen zu vollziehen; jedenfalls sind diese Personen von anderen Sträflingen, welche einen nachteiligen Einfluß auf dieselben üben könnten, strenge gesondert zu halten.

Gegen denjenigen, welcher zu einer Zeit, wo er zwar das 18., aber nicht das 20. Lebensjahr zurückgelegt hatte, eine Tat beging, auf welches das Gesetz die Todesstrafe verhängt, ist auf Zuchthaus nicht unter 10 Jahren zu erkennen.

Artikel XLVI. Einführungsgesetz:

Der Gerichtshof I. Instanz kann die im zweiten Absatze des § 61 des Strafgesetzes angeführten Vorkehrungen gegen jugendliche Personen anordnen, ohne daß es hiezu einer Versetzung in den Anklagestand oder einer Hauptverhandlung bedarf.

Diese Verfügung ist auf Grund der für nötig erachteten Erhebungen nach Anhörung der Staatsanwaltschaft von der Ratskammer zu treffen, welche den Beschuldigten unmittelbar einzuvernehmen hat. Gegen die Entscheidung der Ratskammer steht die Beschwerde an das Oberlandesgericht, welche sich nach den im § 114 der Strafprozeßordnung enthaltenen Vorschriften richtet, offen.

Das gleiche gilt von der in der Hauptverhandlung ergehenden Entscheidung, unbeschadet der Geltendmachung eines etwaigen Nichtigkeitsgrundes durch Nichtigkeitsbeschwerde.

Schweiz.

Entwurf vom Juni 1908.

Artikel 13.

§ 1.

Begeht ein Kind, welches das 14. Altersjahr noch nicht zurückgelegt hat, eine als Verbrechen bedrohte Tat, so wird es nicht strafrechtlich verfolgt. Der Richter stellt den Sachverhalt fest und zieht über den Zustand und die Erziehung des Kindes genaue Berichte ein.

§ 2.

Ist das Kind verwahrlost oder sittlich verdorben oder sittlich gefährdet, so überweist es der Richter der Verwaltungsbehörde zur Versorgung.

§ 3.

Erfordert der Zustand des Kindes eine besondere Behandlung, ist es insbesondere geisteskrank, schwachsinnig, taubstumm oder epileptisch, so überweist es der Richter der Verwaltungsbehörde.

Die Verwaltungsbehörde ordnet die Behandlung an, die der Zustand des Kindes erfordert.

§ 4.

Ist das Kind weder verwahrlost noch sittlich verdorben oder gefährdet und bedarf es keiner besonderen Behandlung, so überweist es der Richter der Schulbehörde.

Die Schulbehörde wendet Verweis oder Schularrest gegen das Kind an, wenn sie es fehlbar befindet.

Artikel 14.

Das jugendliche Alter ist das Alter vom Beginn des 15. bis zum vollendeten 18. Lebensjahre.

Ein Jugendlicher, der eine als Verbrechen bedrohte Tat begeht, wird nach folgenden Grundsätzen behandelt:

§ 1.

Ist er verwahrlost oder sittlich verdorben, so verweist ihn der Richter in eine Zwangserziehungsanstalt, die ausschließlich diesem Zwecke dient. Er verbleibt in der Anstalt, bis er gebessert erscheint, jedoch mindestens ein Jahr und höchstens bis zum zurückgelegten 20. Altersjahr.

Ist er sittlich so verdorben, daß er in eine Zwangserziehungsanstalt nicht aufgenommen werden kann, so verweist ihn der Richter in eine Besserungsanstalt für Jugendliche, die ausschließlich diesem Zwecke dient. Er verbleibt in dieser Anstalt, bis er gebessert erscheint, jedoch mindestens drei Jahre und höchstens zwölf Jahre.

Kann ein Jugendlicher wegen seiner sittlichen Verderbnis in einer Zwangserziehungsanstalt nicht verbleiben, so verweist ihn die zuständige Behörde in eine Besserungsanstalt für Jugendliche.

Über die Entlassung eines Jugendlichen aus einer Zwangserziehungsanstalt oder der Besserungsanstalt entscheidet die zuständige Behörde nach Anhörung der Beamten der Anstalt. Die Entlassung ist vorläufig.

Die Behörde, die den Jugendlichen entläßt, sorgt mit den Organen der Schutzaufsicht für seine Unterkunft und überwacht ihn. Mißbraucht der Entlassene die Freiheit innerhalb eines Jahres nach seiner Entlassung, so wird er in die Anstalt zurückversetzt; andernfalls ist die Entlassung endgültig, doch soll ihm die Schutzaufsichtsbehörde auch nach dieser Zeit Schutz und Hilfe gewähren.

Hat der Täter am Tage der richterlichen Entscheidung das 18. Lebensjahr zurückgelegt, so verurteilt ihn der Richter zu der gesetzlichen Strafe, die jedoch gemildert wird (Artikel 49).

§ 2.

Erfordert der Zustand des Jugendlichen eine besondere Behandlung, ist er insbesondere geisteskrank, schwachsinnig, taubstumm, epileptisch oder ist er in seiner geistigen oder sittlichen Entwicklung ungewöhnlich zurückgeblieben, so ordnet der Richter die Behandlung an, die der Zustand des Jugendlichen erfordert.

§ 3.

Ist der Jugendliche weder verwahrlost noch sittlich verdorben und bedarf er keiner besonderen Behandlung, so wendet der Richter Verweis oder abgesonderte Einschließung von drei Tagen bis zu zwei Monaten als Zuchtmittel gegen den Fehlbaren an. Die Einschließung findet in einem Gebäude statt, das nicht zur Freiheitsentziehung für Erwachsene dient. Der Jugendliche wird angemessen beschäftigt.

Der Richter kann den Vollzug der Einschließung aufschieben und dem Jugendlichen eine Probezeit von sechs Monaten bis zu einem Jahre auferlegen, wenn nach dem Charakter und der bisherigen Aufführung des Jugendlichen zu erwarten ist, daß er dadurch von weiteren Verbrechen abgehalten werde und sich bessere. Rechtfertigt er diese Erwartung bis zum Ablauf der Probezeit, so fällt die Einschließung weg, andernfalls wird sie vollzogen.

Artikel 225.

Begeht ein Kind, welches das 14. Altersjahr nicht zurückgelegt hat, eine als Übertretung bedrohte Tat, so überweist es die Strafverfolgungsbehörde der Schulbehörde. Die Schulbehörde wendet Verweis oder Schularrest gegen das Kind an, wenn sie es fehlbar befindet.

Ist das Kind verwahrlost, sittlich verdorben oder sittlich gefährdet oder bedarf es einer besonderen Behandlung (Artikel 13, § 3), so veranlaßt die Schulbehörde die Versorgung des Kindes.

Artikel 226.

Ist ein Jugendlicher, der eine als Übertretung bedrohte Tat begeht, verwahrlost oder sittlich verdorben oder bedarf er einer besonderen Behandlung (Artikel 14, § 2), so überweist ihn der Richter der Verwaltungsbehörde zur Versorgung; andernfalls wendet der

Richter Verweis oder Buße bis zu 200 Franken oder abgesonderte Einschließung bis zu acht Tagen als Zuchtmittel gegen den Fehlbaren an.

Artikel 26.

Die Zuchthausstrafe wird auf ein bis fünfzehn Jahre erkannt; in den gesetzlich bestimmten Fällen ist sie lebenslänglich. Hat der Täter zur Zeit der Tat das 20. Altersjahr nicht zurückgelegt, so wird anstatt der lebenslänglichen Zuchthausstrafe auf Zuchthaus nicht unter zehn Jahren erkannt.

Die Zuchthausstrafe wird in einem Gebäude vollzogen, das ausschließlich diesem Zwecke dient.

Artikel 48.

Die Strafe kann gemildert werden:

wenn der Schuldige zur Zeit der Tat das 18., aber nicht das 20. Altersjahr zurückgelegt hatte.

Artikel 77.

Wer die körperlichen oder geistigen Kräfte seines minderjährigen Kindes oder einer Frauensperson oder minderjährigen männlichen Person, die ihm als Angestellter, Arbeiter, Lehrling, Dienstbote, Zögling oder Pflegling unterstellt ist, aus Eigennutz, Selbstsucht oder Bosheit derart überanstrengt, daß ihre Gesundheit dadurch Schaden leidet oder ernstlich gefährdet ist, wird mit Gefängnis oder Buße bis zu 10000 Franken bestraft.

Wird die Gesundheit der Person zerstört und konnte der Täter dies voraussehen, so ist die Strafe Zuchthaus bis zu fünf Jahren.

Artikel 122.

Wer ein Kind, welches das 16. Altersjahr noch nicht zurückgelegt hat, zum Beischlaf oder zu einer dem Beischlaf ähnlichen Handlung mißbraucht, wird mit Zuchthaus nicht unter zwei Jahren bestraft.

Wer mit einem Kinde, welches das 16. Altersjahr noch nicht zurückgelegt hat, eine andere unzüchtige Handlung vornimmt, wird mit Zuchthaus bis zu zehn Jahren oder mit Gefängnis nicht unter drei Monaten bestraft.

Wer ein Kind, welches das 16. Altersjahr noch nicht zurückgelegt hat, zu einer unzüchtigen Handlung verleitet oder aus geschlechtlicher Lust eine unzüchtige Handlung vor einem Kinde dieses Alters vornimmt, wird mit Gefängnis nicht unter drei Monaten oder mit Zuchthaus bis zu sechs Jahren bestraft.

Artikel 141.

§ 1.

Eltern, Stiefeltern, Pflegeeltern, Vormünder und Erzieher, welche Kinder, die ihrer Fürsorge und Pflege anvertraut sind, grob vernachlässigen oder grausam behandeln, werden mit Gefängnis nicht unter einem Monat bestraft.

§ 2.

Wird die Gesundheit oder die Entwicklung des Kindes dadurch schwer geschädigt oder gefährdet, so ist die Strafe Zuchthaus bis zu fünf Jahren.

§ 3.

Stirbt das Kind infolge der groben Vernachlässigung oder grausamen Behandlung und konnte der Täter diesen Ausgang voraussehen, so ist die Strafe Zuchthaus bis zu zehn Jahren.

§ 4.

Der Richter veranlaßt die Verwaltungsbehörde, das Kind anderswo unterzubringen.

Dem Schuldigen wird die elterliche oder vormundschaftliche Gewalt für 10 bis 15 Jahre entzogen.

Artikel 235.

Wer einem Kinde unter 16 Jahren geistige Getränke von der Art oder in dem Maße verabreicht, daß deren Genuß seine Gesundheit gefährdet, wird mit Haft bestraft. War zur Zeit der Tat noch nicht ein Jahr abgelaufen, seit er eine Strafe wegen Verabreichens geistiger Getränke erstanden hat, so kann ihm der Richter den Handel mit geistigen Getränken und die Ausübung des Wirtschaftsgewerbes auf bestimmte Zeit untersagen.

---

2. Beschlüsse des deutschen Juristentages 1904.

Die gegenwärtige Gesetzgebung über die strafrechtliche Behandlung der jugendlichen Personen bedarf dringend der Abänderung.

I. In Bezug auf Strafrecht.

1. Die Altersstufe der absoluten Strafunmündigkeit ist bis zu dem vollendeten schulpflichtigen Alter — zur Zeit das vollendete 14. Lebensjahr — zu erstrecken unter der Voraussetzung ausreichender disziplinärer und vormundschaftlicher Maßregeln.

2. Gegen Personen zwischen dem 14. und 18. Jahre hat Bestrafung nur dann einzutreten, wenn die Person so weit günstig entwickelt ist, daß der Zweck der Strafe erreicht werden kann.

3. Als obere Grenze des Alters der relativen Strafmündigkeit ist das vollendete 18. Lebensjahr festzuhalten.

4. Von den heutigen Strafmitteln sind zur Anwendung gegen Jugendliche ungeeignet:

a) die Todesstrafe;

b) die Zuchthausstrafe;

c) die Überweisung an die Landespolizeibehörde zur Unterbringung in einem Arbeitshause;
d) der Verlust der bürgerlichen Ehrenrechte;
e) die Polizeiaufsicht.

5. Von Freiheitsstrafen sind für Jugendliche geeignet Gefängnis bis zur Höchstdauer von 15 Jahren und Haftstrafe.

6. Das Anwendungsgebiet des Verweises und der Geldstrafe ist zu erweitern unter gesetzlicher Ausgestaltung dieser Strafmittel nach Inhalt und Vollzug.

7. Die Erweiterung der Haftbarkeit der Gewalthaber der Jugendlichen für die von diesen begangenen Straftaten ist ins Auge zu fassen.

8. Anstatt oder neben der Strafe kann der Strafrichter staatlich überwachte Erziehung der Jugendlichen (Zwangserziehung, Fürsorgeerziehung) anordnen. Die Ausführung steht den dazu bestimmten Organen zu; gegen die vorzeitige Aufhebung hat die Staatsanwaltschaft ein Widerspruchsrecht, über welche das Vormundschaftsgericht entscheidet.

II. In Bezug auf den Strafprozeß.

1. Beschränkung der Anklagepflicht der Staatsanwaltschaft; an die Stelle der Anklage kann Mitteilung an das Vormundschaftsgericht zur Anordnung geeigneter Maßnahmen treten.

2. Beschleunigung des Verfahrens.

3. Zuziehung geeigneter Auskunftspersonen zur Feststellung der geistigen und sittlichen Reife der Jugendlichen. Die Zurechnungsfähigkeit muß unter Mitwirkung entsprechend vorgebildeter Ärzte geprüft werden.

4. Notwendige Verteidigung.

5. Beschränkung der Öffentlichkeit des Verfahrens auf die Zulassung der Gewalthaber, Seelsorger, Lehrer, Dienst- und Lehrherren und ähnlicher in persönlicher Beziehung zu den Jugendlichen stehenden Personen.

6. Regelung der Untersuchungshaft dahin, daß jugendliche Untersuchungsgefangene in der Regel allein, mit Erwachsenen niemals zusammen zu verwahren sind.

III. In Bezug auf den Strafvollzug.

1. Alle Freiheitsstrafen gegen Jugendliche müssen in besonderen, nur für sie bestimmten Abteilungen oder Anstalten vollzogen werden.

2. Die Einrichtung und Leitung dieser Abteilungen und Anstalten sowie die Behandlung der Jugendlichen muß derart geordnet sein, daß neben dem Ernste der Strafe die geistige, sittliche und körperliche Erziehung der Jugendlichen zu ihrem vollen Rechte kommt.

3. Von dem Strafaufschube und der vorläufigen Entlassung ist bei Jugendlichen in ausgedehnterem Maße Gebrauch zu machen; insbesondere soll die letztere nicht an die für Erwachsene geltenden Beschränkungen gebunden sein.

4. Die Fürsorge für solche Jugendliche, welche aus der Strafhaft vorläufig oder endgültig entlassen sind oder welchen Strafaufschub mit Aussicht auf Begnadigung bewilligt ist oder welche bei Einführung der bedingten Verurteilung bedingt verurteilt sind, ist gesetzlich dahin zu regeln, daß dabei der Staat durch die Vormundschaftsorgane mitwirkt.

5. Die Strafe der Jugendlichen soll aus den Strafregistern gelöscht werden, wenn sie während einer Zeit, welche der gesetzlichen Verjährungsfrist entspricht und mindestens zwei, höchstens zehn Jahre betragen darf, sich tadellos verhalten haben. Damit soll nicht ausgeschlossen sein, daß ähnliche Maßregeln nicht auch für Erwachsene ergriffen werden.

Die Sammlung aufserdeutscher Strafgesetzbücher enthält bisher die folgenden Übersetzungen als Beilagen zu der **„Zeitschrift für die gesamte Strafrechtswissenschaft“** oder zu den **„Mitteilungen der Internationalen Kriminalistischen Vereinigung“**:

I. **Niederländisches** Str.G.B. v. 3. März 1881; **Französisches** Prefsgesetz v. 29. Juli 1881; **Österreichisches** Wuchergesetz v. 28. Mai 1881 (Zeitschrift Bd. 1).

II. **Dänisches** Militär-Str.G.B. v. 7. Mai 1881; **Schwedisches** Militär-Str.G.B. v. 7. Oktober 1881 nebst Einführungsgesetz u. Disziplinar-O. f. d. Kriegsmacht (Zeitschrift Bd. 2.)

III. **Italienisches** Ges. betr. die polit. Wahlen v. 22. Januar 1882 Art. 86—97 (Strafbestimmungen); **Ungarisches** Wuchergesetz v. 27. April 1883; **Niederländisches** Ges. z. Bekämpfung d. Trunksucht v. 28. Juni 1881 (Zeitschrift Bd. 3).

IV. **New Yorker** Str.G.B. v. 26. Juli 1881 (Zeitschrift Bd. 4.)

V. **Norwegische** Str.Proz.O. v. 1. Juli 1887 (Zeitschrift Bd. 9.)

VI. **Italienisches** Str.G.B. u. Ges. betr. öffentliche Sicherheit vom 30. Juni 1889 (Zeitschrift Bd. 10).

VII. **Finnländisches** Str.G.B. v. 19. Dezember 1889 u. Verordn. üb. d. Strafvollstreckung (Zeitschrift Bd. 11).

VIII. **Mexikanisches** Str.G.B. v. 7. Dezember 1871 (Zeitschrift Bd. 14)

IX. **Norwegisches** Ges. betreffend d. Behandlung verwahrl. Kinder v. 6. Juni 1896 (Zeitschrift Bd. 17).

X. Vorentwurf z. **Schweizerischen** Str.G.B. (Mitt. Bd. VI).

XI. Entwurf z. **Norwegischen** Str.G.B. (Mitt. Bd. VII).

XII. **Bulgarisches** Str.G.B. v. 2. Februar 1896 (Zeitschrift Bd. 18).

XIII. **Ungarische** Str.Proz.O. v. 4. Dezember 1896 (Zeitschr. Bd. 19).

XIV. Vorentwurf z. **Japanischen** Str.G.B. (Zeitschrift Bd. 20).

XV. **Chilenisches** Str.G.B. v. 1. März 1875 nebst Ergänzungs-Ges. (Zeitschrift Bd. 20).

XVI. **Dänisches** Str.G.B. v. 10. Februar 1866. **Dänisches** Ges. betr. Gewalt gegen schuldlose Personen vom 11. Mai 1897 (Zeitschrift Bd. 21).

XVII. **Bulgarische** Str.Proz.O. v. 3. April 1897 (Zeitschrift Bd. 22).

XVIII. **Norwegisches** Militär-Str.G.B. und Militär-Str.Proz.O. und **Norwegische** Str.Proz.O., Änderungs-Ges. v. 1902 (Mitt. Bd. XI).

XIX. **Portugiesisches** Str.G.B. v. 16. September 1886 (Zeitschr. Bd. 24).

XX. **Norwegisches** Str.G.B. v. 22. Mai 1902 und **Norwegisches** Ges. gegen Arbeitsscheu u. Trunksucht v. 1900 (Mitt. Bd. XII).

XXI. **Ottomanische** Str.Proz.O. v. 25. Juni 1879 (Mitt. Bd. XII).

XXII. **Dänisches** Gesetz v. 1. April 1905 (sogen. **Prügelgesetz**) nebst Ausführungsbestimmungen (Mitt. Bd. XIII).

XXIII. **Japanisches** Str.G.B. vom 23. April 1907. (Zeitschr. Bd. 28.)

XXIV. **Russisches** Str.G.B. vom 22. März 1903 (Zeitschr. Bd. 28).

XXV. **Österreichischer** Gesetzentwurf betr. die strafrechtl. Behandlung u. d. strafrechtl. Schutz Jugendlicher, 1907 (Mitt. Bd. XV).

Druck von Leonhard Simion Nf. in Berlin SW.

FSC
www.fsc.org
MIX
Papier | Fördert gute Waldnutzung
FSC® C083411

Kolibri 360 GmbH
Ferdinand-Jühlke-Straße 7
99095 Erfurt, Deutschland
produktsicherheit@kolibri360.de